HENRI IV EN GASCOGNE

POITIERS. — TYPOGRAPHIE OUDIN.

HENRI IV
EN GASCOGNE

[1553-1589]

ESSAI HISTORIQUE

PAR

CH. DE BATZ-TRENQUELLÉON

Ouvrage orné d'un **portrait** à *l'eau-forte et du* **fac-similé** *d'une des lettres les plus célèbres de Henri IV.*

PARIS

LIBRAIRIE H. OUDIN, ÉDITEUR

17, RUE BONAPARTE, 17

1885

Tous droits réservés.

INTRODUCTION

Il est des hommes si universellement aimés, qu'on voudrait tout connaître d'eux, au risque d'arriver à la désillusion. Cette remarque, faite depuis longtemps, n'a jamais été plus justifiée que par la curiosité, mêlée d'enthousiasme et de vénération, qui s'est constamment attachée aux moindres détails comme aux actes solennels de la vie de Henri IV. Ses batailles et ses négociations, ses lettres et ses propos, ce qu'il a fait et ce qu'il a projeté, tout son personnage et toute sa personne, enfin, seront toujours, comme ils l'ont toujours été, un des nobles régals de l'esprit humain.

Ce n'est pas nous qui réagirons contre ce culte passionné. Des mille volumes d'inégal renom que trois siècles ont consacrés à la gloire de Henri IV, il en est peu où nous n'ayons cherché une raison de multiplier par elle-même, en quelque sorte, notre admiration pour le roi qui reçut tous les dons en partage et les mit au service de son pays, pour l'homme qui eut la grandeur héroïque et l'invincible charme. Mais, au milieu de cette bibliothèque sans cesse accrue par la piété des générations, nous avons vainement cherché le livre dont voici l'ébauche.

Henri de Bourbon, roi de France, se révèle à tous dans plusieurs écrits de notre temps, composés d'après ceux du xvie et du xvii^e

siècle, rectifiés et complétés par des correspondances heureusement exhumées, surtout par le recueil des Lettres royales. De 1589 à 1610, « Henri IV » revit tout entier dans les ouvrages auxquels nous faisons allusion, et il est probable qu'une nouvelle édition de l'*Histoire* de Poirson, qui bénéficierait des travaux parus depuis la première, serait, pour cette vaste période, le livre définitif.

Mais, en attendant un nouveau Poirson, nous sommes condamnés à poursuivre le « roi de Navarre » parmi d'épais in-folio non lisibles pour tous, d'énormes compilations où se perdent parfois ses traces, des Mémoires qui souvent racontent et jugent en sens divers, des lettres, caractéristiques et précieuses, mais dont le commentaire est un travail et la seule lecture, une étude (1).

Ce fut de ces impressions personnelles que naquirent en nous, d'abord le regret de ne pas connaître un livre qui les épargnât au public, et ensuite la pensée d'essayer de l'écrire. Mais, à travers les lignes encore confuses du plan, nous eûmes tout à coup la claire vision d'un fait considérable, peut-être soupçonné auparavant, non indiqué toutefois, et que certainement pas un des historiens ni des biographes de Henri IV n'a mis en lumière. Le voici, tel qu'il ressort, à nos yeux, de l'histoire des années antérieures à l'avènement de ce prince au trône de France.

Quelque digne de l'admiration universelle que soit l'œuvre de Henri IV depuis 1589 jusqu'à sa mort, il n'en est presque rien de grand, presque rien d'heureux pour la France, que le roi de Navarre n'eût déjà manifestement voulu, projeté et entrepris. Avant de succéder à Henri III, il avait donné la mesure de son génie et laissé lire jusqu'au fond de son cœur. Capitaine, il portait en lui les secrets de la victoire, depuis Cahors et Coutras; politique, il arrivait au trône avec la connaissance approfondie des hommes, des

---

(1) Appendice : I.

idées et des besoins de son temps; pasteur de peuples, il avait fait entendre, le premier, au milieu des guerres civiles, ces mots sacrés de paix, de tolérance, de pitié, oubliés dans la fièvre des compétitions et la barbarie des luttes. Henri de Bourbon était « Henri IV » avant que le flot des événements l'eût transporté de « Gascogne » en « France », comme on disait au XVIe siècle. Quand il y fut, l'homme et l'œuvre s'accomplirent.

Cette vérité, qui explique l'apparente incorrection de notre titre, ne sera contestée, nous l'espérons, par aucun des lecteurs de *Henri IV en Gascogne*.

HENRI IV EN GASCOGNE

(1553-1589)

LIVRE PREMIER

(1553-1575)

CHAPITRE PREMIER

Le royaume de Navarre depuis les Carlovingiens jusqu'aux Valois. — Son démembrement par Ferdinand le Catholique. — Les États de la Maison d'Albret. — Les prétendants de Jeanne d'Albret. — Ses fiançailles, à Châtellerault, avec le duc de Clèves. — Marguerite, reine de Navarre, et la Réforme. — — Antoine de Bourbon, duc de Vendôme, épouse Jeanne d'Albret. — Leurs deux premiers enfants. — Mort de la reine Marguerite. — Henri d'Albret et sa fille. — Naissance de Henri de Bourbon, prince de Navarre. — Ses huit nourrices. — Le baptême catholique de Henri. — Le calvinisme en 1553.

Quand on veut faire revivre dans un récit, même épisodique, la France du XVIe siècle, il faut avoir présente à l'esprit l'histoire de ce petit royaume de Navarre qui exerça une si grande influence sur nos destinées nationales. De même la figure de Henri IV n'apparaîtrait pas en pleine lumière, si l'on n'avait d'abord entrevu, tout au moins sous forme d'esquisse, la figure de Jeanne d'Albret. Dans les pages qui vont suivre, on verra longtemps la mère auprès du fils, et de cette vie à deux se dégageront quelques-unes des clartés nécessaires auxquelles nous venons de faire allusion. Les autres, celles qui tiennent à l'existence et à la situation du royaume de Navarre, doivent être mises avant tout à la portée du lecteur.

La Navarre, après d'ardentes luttes contre Pepin, Charlemagne et ses successeurs, s'était définitivement affranchie de la domination des Carlovingiens en l'an 860, où elle forma un royaume indépendant, avec Pampelune pour capitale. En 1224, Thibaut IV, comte de Champagne, neveu de Sanche IV, roi de Navarre, lui succéda par voie d'adoption, et ce fut en 1488, par le mariage de Catherine de Foix, sœur et héritière de François Phœbus, avec Jean d'Albret, que les ancêtres maternels de Henri IV entrèrent en possession de ce royaume, qui ne tarda pas à être démembré. Dix-sept ans après, en 1512, Ferdinand le Catholique, roi de Castille et d'Aragon, voulut faire de Jean d'Albret son allié dans une guerre contre Louis XII, et exigea le passage à main armée sur ses terres. Allié naturel du roi de France, Jean refusa, et Ferdinand, après avoir obtenu du pape Jules II une bulle d'excommunication contre le roi de Navarre, envahit les Etats de ce prince, incapable de lui opposer une sérieuse résistance. Ainsi fut perdue pour la Maison d'Albret toute la Navarre transpyrénéenne, qu'on appelait la Haute-Navarre. Constamment revendiquée par les successeurs de Jean, elle ne fut jamais restituée, et les lettres de Henri de Bourbon, avant son avènement au trône de France, font souvent allusion à cet acte de violence et d'iniquité.

La Basse-Navarre, sur laquelle Henri d'Albret régnait en 1553, n'était donc qu'une province de l'ancien royaume. Son étendue et celle du Béarn, autre pays souverain, égalaient à peine la superficie d'un de nos grands départements actuels. Outre ces Etats, la Maison d'Albret possédait, à titre de fiefs, ou gouvernait pour la couronne de France, les comtés de Foix, de Bigorre et d'Armagnac, la vicomté d'Albret, dont Nérac était la capitale, la Guienne, qui englobait le Languedoc ; et enfin ses droits s'étendaient sur plusieurs autres seigneuries de moindre importance.

A vrai dire, le royaume de Navarre n'était plus qu'un nom, mais la Maison d'Albret était une puissance réelle, et lorsque, en 1548, elle s'unit à la Maison de Bourbon par le mariage de Jeanne avec Antoine, duc de Vendôme, prince du sang, les esprits pénétrants auraient pu noter cet agrandissement en quelque sorte dynastique. Il n'en fut pas ainsi : les politiques du temps semblent avoir vu dans cette alliance, du côté de la Maison d'Albret, plutôt un pis-aller qu'un progrès. C'est que Jeanne d'Albret, avant de devenir duchessse de Vendôme, avait paru destinée à s'asseoir sur un des premiers trônes du monde : son mariage avec Philippe, fils et héritier présomptif de Charles-Quint, fut considéré quelque temps comme probable, et malgré l'antipathie de François Ier pour le vainqueur de Pavie, il se fût peut-être accompli, si l'on avait pu s'entendre pour la restitution de la Haute-Navarre.

En 1540, le roi de France, saisissant l'accasion de créer un grave embarras à la Maison d'Autriche, résolut de marier Jeanne, sa nièce, avec le duc de Clèves et de Julliers, qui avait à se plaindre de l'Empereur. Henri d'Albret et Marguerite, par déférence, donnèrent leur consentement, quoique les Etats de Béarn se fussent élevés avec énergie contre ce projet, que la princesse elle-même, à peine âgée de douze ans, avait accueilli avec une répugnance manifeste. Le mariage religieux fut célébré, le 15 juillet, à Châtellerault. François Ier voulut qu'on déployât dans cette solennité toutes les magnificences royales ; Brantôme raconte que Jeanne était si chargée d'atours et de pierreries, qu'elle dut être « portée à l'église » dans les bras du connétable de Montmorency. Mais ce n'étaient là que des fiançailles. Trois ans ne s'étaient pas écoulés, que le duc de Clèves, trahissant les intérêts de François Ier, par une soumission honteuse à l'Empereur, s'attira l'inimitié du roi. Paul III accorda une bulle d'annulation. Le mariage définitif de Jeanne d'Albret eut lieu sous le règne de Henri II. Le roi et la reine de Navarre hésitaient, depuis longtemps, entre plusieurs projets d'union, et leur plein agrément n'était pas acquis à Antoine de Bourbon, que présentait le successeur de François Ier ; mais la préférence de Jeanne s'étant manifestée, le duc de Vendôme épousa, le 20 octobre 1548, l'héritière du royaume de Navarre.

De l'aveu de tous les historiens, Jeanne, surnommée la « mignonne des rois », était une princesse accomplie. Elle tenait de son père et aussi de François Ier, son oncle, un cœur chevaleresque, un caractère noblement altier ; sa mère, la savante et poétique Marguerite, l'avait dotée d'un esprit cultivé, peut-être un peu trop libre, en même temps que d'un reflet de cette beauté et de cette grâce qui charmèrent un demi-siècle et dont trois siècles écoulés n'ont pu ternir l'éclat. La reine de Navarre avait transporté avec elle, à Pau et à Nérac, quelques-unes des splendeurs de la Renaissance et des élégances raffinées de la cour des Valois. On a prétendu qu'elle y avait fait éclore la Réforme, dont elle aurait même embrassé les doctrines. La vérité est que, d'un esprit curieux et hardi, elle voulut connaître la rhétorique du calvinisme, lui donna accès auprès d'elle, dans la personne de ses docteurs et de ses poètes, l'étudia, la discuta, la loua sur plus d'un point, et, sans s'en apercevoir, favorisa dangereusement l'œuvre d'une secte. Mais, sectaire ou même néophyte, elle ne le fut point, tous les témoignages le proclament : Marguerite vécut et mourut en catholique. Il n'en est pas moins certain que l'espèce de « libertinage » intellectuel dont Jeanne eut le spectacle à la cour de sa mère devait avoir sur son avenir une influence décisive, pour peu que les circonstances vinssent réveiller de vifs souvenirs et seconder de vagues penchants. Mais, à l'heure où se négociait son mariage, rien ne faisait pressentir en elle la princesse politique et la zélatrice de la Réforme qui, plus tard, méritèrent tantôt les admirations, tantôt les sévérités de l'histoire (1).

Antoine de Bourbon, qu'elle allait épouser, était le chef de la Maison de Vendôme, issue de saint Louis. La terre de Vendôme était passée dans la famille de Bourbon en 1364, par le mariage de Catherine de Vendôme avec Jean de Bourbon, comte de la Marche. Ce domaine avait été érigé en duché par François Ier, l'année de son avènement, et Henri II tenait en réserve, pour l'apanage de son cousin, de nouveaux accroissements, tels que le duché-pairie d'Albret, formé de l'ancienne vicomté de ce nom et d'une importante fraction de la Gascogne. Né en 1518, Antoine de Bourbon avait la réputation d'un prince vaillant, « car de cette race de Bourbon », dit Brantôme, « il n'y en a point d'autres. » De grand air et de belle humeur, il eût joué un rôle prépondérant dans les luttes de cette époque, si la versatilité de son caractère et ses galanteries sans frein ne l'eussent jeté en proie aux intrigues de cour.

Le mariage d'Antoine et de Jeanne fut célébré à Moulins. Le roi et la reine de France, le roi et la reine de Navarre y assistèrent, avec la plupart des princes et des grands seigneurs, empressement qui s'explique aisément quand on songe que, la loi salique n'existant pas en Navarre, Jeanne d'Albret apportait en dot au duc de Vendôme, déjà prince du sang de France, non seulement la couronne de Navarre et la principauté de Béarn, mais encore de riches do-

---

(1) Appendice : II.

maines. Par cette union, les Maisons de Bourbon et d'Albret semblaient prendre possession d'un avenir que plus d'une famille princière devait envier ou redouter.

A peine mariée, la duchesse de Vendôme dut se familiariser avec l'existence guerrière et nomade qui était celle d'Antoine de Bourbon. Ses deux premiers enfants vinrent au monde au milieu du bruit des combats. Le duc de Beaumont, né en 1551, mourut l'année suivante, à La Flèche, étouffé, pour ainsi dire, par sa gouvernante, la baillive d'Orléans, qui, dans son horreur maniaque du froid, mesurait parcimonieusement l'air aux poumons de l'enfant. Le second, nommé en naissant comte de Marle, donnait les plus belles espérances, et faisait à la fois la consolation et l'orgueil de Henri d'Albret, lorsqu'il périt à Mont-de-Marsan, de la façon la plus inopinée : sa nourrice le laissa choir par une fenêtre.

Ce fut un deuil inexprimable pour la cour de Navarre, surtout pour le roi, toujours profondément attristé de son veuvage. Marguerite était morte en 1549. Depuis la perte de son frère, ce magnifique François Ier qu'elle avait aimé jusqu'à l'idolâtrie, la reine de Navarre ne faisait plus que languir. Une pleurésie précipita sa fin. Elle séjournait au château d'Odos, près de Tarbes. Pendant une nuit de décembre, l'apparition d'une comète ayant excité sa curiosité, elle commit l'imprudence d'observer ce phénomène. Huit jours après, elle expirait, bénie par l'Eglise et dans des sentiments qui, malgré ses hardiesses d'esprit, avaient été ceux de toute sa vie. Elle fut inhumée dans la cathédrale de Lescar.

Heureusement pour la vieillesse de Henri d'Albret, l'heure des grandes consolations était proche. Au milieu de son deuil, la nouvelle lui parvint d'une troisième grossesse de la duchesse de Vendôme, en ce moment auprès d'Antoine de Bourbon, dans son gouvernement de Picardie. Le roi de Navarre exigea que sa fille revînt en Béarn ; on raconte même qu'une députation fut envoyée de Pau à la duchesse, pour hâter son retour. Jeanne, malgré les premières rigueurs de l'hiver, se mit en devoir de traverser la France, entreprise presque téméraire, mais qui n'était pas faite pour effrayer cette princesse : « amazone hardie et courageuse », dit le vieux Favyn, « elle suivait son mari en guerre et en paix, à la cour et au camp. » Partie de Compiègne vers la fin de novembre, elle arriva, le 4 décembre, à Pau, après s'être reposée quelques heures à Mont-de-Marsan, où Henri d'Albret était venu à sa rencontre.

Des bruits inquiétants avaient couru sur les vues d'avenir du roi de Navarre. On disait que, craignant de ne pas se voir revivre dans un petit-fils, il songeait à se remarier, et que l'Espagne, de bonne foi ou par feinte, lui avait offert Catherine de Castille, sœur de Charles-Quint, avec une promesse de restitution de la Haute-Navarre. D'un autre côté, il passait pour être gouverné par une dame de sa cour, à qui son testament assurait de grands avantages. La duchesse de Vendôme, instruite de ces rumeurs, n'avait pu s'empêcher d'en montrer quelque émotion. Le roi s'en expliqua ouvertement avec elle. Dès qu'elle fut installée au château, où la sollicitude paternelle l'entoura de soins presque tyranniques, Henri d'Albret mit sous les yeux de sa fille « une grosse boîte d'or fermée à « clef, et par-dessus, pour pendre icelle, une chaîne d'or qui eût pu « faire vingt-cinq ou trente tours à l'entour du col; ouvrit cette boîte, « lui montra son testament seulement par-dessus, et l'ayant refer- « mée », il lui dit que, testament et bijoux, tout serait à elle, si, afin de ne pas mettre au monde un enfant pleureur ou rechigné, elle avait le courage de chanter un air béarnais, au moment de la naissance (1).

Cette naissance eut lieu, dix jours après l'arrivée de Jeanne, le 14 décembre 1553, vers une heure du matin. Averti aussitôt, Henri d'Albret entra dans l'appartement de sa fille. En l'apercevant, elle eut la force et la présence d'esprit de commencer un motet religieux et populaire :

> Nousté Dame deü cap deü poun,
> Adjudat-me a d'aqueste hore !

Henri, unissant sa voix à celle de la duchesse, n'avait pas achevé la première strophe, que son petit-fils entrait dans la vie : le nouveau-né devait être Henri IV. Le roi de Navarre était loin de pressentir pour sa race les destinées qui attendaient cet enfant; mais il avait pourtant ses rêves d'ambition dans la vie et outre-tombe : son premier vœu était exaucé, il pouvait bien augurer de l'accomplissement des autres. Transporté de joie, l'heureux aïeul tire de son sein la précieuse boîte qui contenait le testament royal, et la déposant entre les mains de la duchesse : « — Voilà qui est à vous, ma

---

(1) Appendice : IV.

fille, dit-il; mais ceci est à moi ! » Puis, faisant envelopper son petit-fils dans les pans de sa robe, il emporta, tout triomphant, cette chère et fragile proie jusque dans sa chambre. Là, les premiers soins furent donnés à l'enfant. D'autres traits de mœurs naïfs et touchants signalèrent cette naissance. Les historiens du temps racontent que Henri d'Albret, pour donner une sorte de baptême viril à son petit-fils, lui frotta les lèvres d'une gousse d'ail et lui fit sucer, dans une coupe d'or, quelques gouttes du célèbre vin de Jurançon, récolté sur les collines situées de l'autre côté du Gave, en face du château de Pau : scène pittoresque passée à l'état de tradition, et dont Louis XVIII se souvint, lors de la naissance du duc de Bordeaux. « — Tu seras un vrai Béarnais ! » dit le roi de Navarre. Et, se rappelant le sarcasme espagnol qui avait accueilli la venue au monde de Jeanne, son unique héritière : « La vache de Béarn (Marguerite) a enfanté une brebis ! » il se plaisait à dire à tout venant : « — Voyez! ma brebis a enfanté un lion ! » Le prince dépossédé, le chef humilié de la Maison d'Albret, avait, auprès de ce berceau, la vision d'une revanche royale. La réalité dépassa le rêve : Henri IV fit plus que venger ses ancêtres maternels, il les glorifia par ses actes, en même temps que par son œuvre il replaçait la France, la grande patrie, à la tête des nations.

Les débuts dans la vie du prince de Navarre furent difficiles. L'histoire a fait le compte de ses nourrices : il en eut huit; sept échouèrent dans leur tâche, pour diverses causes ; la huitième enfin réussit. C'était une humble paysanne, Jeanne Lafourcade, femme de Lassansa, laboureur qui demeurait à Bilhères, village encore existant de nos jours et, à cette époque, limitrophe de la commune de Pau. Au commencement de notre siècle, la maison de Lassansa avait conservé à peu près sa physionomie d'autrefois : une habitation toute rustique, avec un jardin d'un demi-arpent, clos d'un mur à hauteur d'appui ; une porte ouvrant sur la cour, avec cette inscription au fronton : « *Saoubegarde deü Rey*, — Sauvegarde du Roi ». Le parc du château s'étendait jusqu'au seuil de la maisonnette, si bien que Jeanne pouvait aller voir son fils sans sortir du domaine royal.

Le baptême du prince de Navarre ou du prince de Béarn, comme disaient de préférence les Béarnais, fut célébré le 6 mars 1554 (1), dans la chapelle du palais, avec toute la solennité et toute la magni-

(1) Appendice : IV.

ficence dont pouvait disposer la cour élégante de Henri d'Albret. Le roi présenta lui-même son petit-fils sur une écaille de tortue de mer, qui est restée une des reliques du château, et « Henri de Bourbon, comte de Viane, duc de Beaumont », fut baptisé dans des fonts de vermeil, par le cardinal d'Armagnac. Henri II de France et Henri II de Navarre étaient parrains, le premier représenté par le cardinal de Vendôme, frère d'Antoine de Bourbon. Le prince eut pour marraines la reine de France et Isabeau d'Albret, sa tante, veuve du comte de Rohan. Il peut sembler oiseux de commenter ce fait, que le baptême du fils de Jeanne d'Albret fut essentiellement catholique, et que tout l'était autour du berceau de Henri de Bourbon. Nous ne jugeons pourtant pas inutile de marquer d'une réflexion cette entrée dans la vie religieuse, en un temps où les contre-vérités historiques et les préjugés de secte sont parvenus à dénaturer tant d'événements, à travestir tant de figures, à rejeter dans l'ombre ou dans la pénombre ce que le bon sens doit juger clair comme la lumière du soleil. Beaucoup d'historiens passent légèrement sur le baptême du prince de Navarre, n'insistent pas sur la nouvelle foi que lui imposa plus tard Jeanne d'Albret, et parlent avec émotion, sinon avec amertume, de l'abjuration ou même de l'apostasie du roi de France! Henri était né catholique comme son père, comme sa mère, comme tous ses ancêtres ; on abjura pour lui dans son enfance, et il abjura lui-même sous les poignards de la Saint-Barthélemy ; chef de parti, dans la suite, il ne laissa jamais désespérer de son retour à la religion traditionnelle ; homme et roi, enfin, il y tendit de toutes ses forces, avec une sincérité et une grandeur d'âme qui, plus que son épée peut-être, vainquirent et pacifièrent la France.

L'heure où il naquit n'était ni pour notre pays, ni pour l'Europe, celle de la paix et de la justice. Depuis trente ans déjà, la Réforme agitait le vieux monde, qu'elle avait bouleversé en partie et qu'elle était à la veille de faire trembler sur ses bases. Luther, couché dans la tombe, avait fait son œuvre, qui fructifiait en Allemagne, dans les pays scandinaves, en Hollande et, par contre-coup, en Angleterre. Calvin vivait encore, d'un esprit plus ardent et plus niveleur que son devancier ; le « Pape de Genève » avait prêché et surtout suscité des prédicateurs en France. Politique autant que religieuse, la Réforme s'était heurtée aux impatiences de François Ier, qui sévit contre elle ; mais, dès le début du règne de Henri II, elle avait reçu de ce prince des encouragements indirects par son alliance avec les princes luthériens d'Allemagne, soulevés contre Charles-Quint. La politique devrait être, ce semble, l'art de tout prévoir, et c'est presque toujours l'imprévu qui déconcerte ses desseins, paralyse ses actes et la met en péril. En donnant la main aux princes du Saint-Empire, Henri II avait oublié que la Réforme croissait et multipliait, par tolérance, dans ses propres Etats, parmi ses grands vassaux et ses capitaines, et jusque sur les marches du trône. Lorsque, plus tard, elle leva la tête au point qu'il fallut compter avec elle sur les champs de bataille, on doit avouer qu'elle avait, de son côté, tout au moins l'apparence du droit et de la logique. Les coquetteries d'esprit dont Marguerite de Valois l'avait honorée, l'intronisation de ses idées dans plusieurs pays, la contagion de l'exemple, la séduction des triomphes voisins, et enfin l'alliance aventureuse, quoique momentanée, de Henri II avec les luthériens couronnés, c'était plus qu'il n'en fallait pour lui révéler sa force d'expansion et lui dicter de hautes entreprises. Tout l'appelait au combat, et elle en cherchait vaguement le chemin, au moment où Jeanne d'Albret, qui devait être une de ses héroïnes, marquait du sceau catholique le front de son fils.

CHAPITRE II

La gouvernante du prince de Navarre. — Le château de Coarraze. — L'éducation à la « béarnaise ». — Les premières leçons. — Mort de Henri d'Albret. — Résumé de son règne. — L'aïeul et le petit-fils. — Avènement de Jeanne et d'Antoine. — Les desseins de Henri II sur la Navarre et le Béarn. — Antoine protège la Réforme. — Menaces du roi de France. — Le prince de Navarre à la cour de Henri II. — Naissance de Catherine de Bourbon. — La paix de Cateau-Cambrésis. — Mort de Henri II et avènement de François II. — La politique de Catherine de Médicis. — Les Bourbons évincés par les Guises. — La revanche du roi et de la reine de Navarre. — La conjuration d'Amboise. — Mort de François II et avènement de Charles IX. — Catherine de Médicis régente. — Le triumvirat. — Le chancelier Michel de l'Hospital et l'édit de Janvier. — Les troubles. — La prise d'armes de Condé et de Coligny.

A la mort du comte de Marle, son second petit-fils, Henri d'Albret s'était fort courroucé contre la duchesse de Vendôme, « l'appelant marâtre », dit Favyn, « et indigne d'avoir des enfants, puisqu'elle en avait si peu de soin ». Tout injuste qu'était ce reproche, il toucha au cœur la mère, qui, prenant pour guide l'affectueuse sévérité de l'aïeul, se voua, avec un redoublement de sollicitude, à l'éducation du jeune prince. Le roi de Navarre avait fait le plan de cette éducation ; il fut exécuté de point en point. L'allaitement dans une chaumière, en plein air, pour ainsi dire, fit de Henri un nourrisson robuste ; même avant le sevrage, il ravissait son grand-père par un agréable mélange de force et de gentillesse. Au sortir des bras de Jeanne Lafourcade, il eut pour gouvernante Susanne de Bourbon-Busset, baronne de Miossens, à qui fut donné l'ordre de l'élever, non dans le palais natal, mais dans un site agreste, aux environs de Pau. Elle s'établit avec Henri au château de Coarraze, chef-lieu d'une des treize baronnies du Béarn, et là commença, pour l'héritier des Maisons d'Albret et de Bourbon, cette éducation à la « béarnaise » qui devait préparer, comme dit d'Aubigné, « un ferme coin d'acier aux nœuds endurcis de nos calamités ».

Trois siècles de vicissitudes sociales et politiques n'ont laissé de l'antique manoir qu'une tour et quelques pans de muraille, mais trois siècles de civilisation n'ont eu que peu de prise sur la nature. C'est toujours la même riante vallée du Gave, le même ciel radieux, le même air salubre; ce sont encore les collines boisées, les rocs stériles, les profonds ravins, tout ce cadre magnifiquement sauvage que la volonté de Henri d'Albret imposait à l'enfance de son petit-fils. Et ce ne fut pas en prince, mais en paysan, qu'il y passa ses premières années. Nourri de pain bis et de laitage, de bœuf et d'ail, vêtu sans élégance, souvent pieds nus et nu-tête, bravant le soleil et la pluie, courant les buissons, les bois et les rochers, ignorant toutes les superfluités et tous les luxes de la vie, s'ignorant lui-même, il fraternisait avec les fils de pâtres, parlait leur langue, se mêlait à leurs jeux et s'intéressait à leurs travaux. Il apprit à Coarraze trois choses qui résument presque toute sa vie : l'activité, la hardiesse et la cordialité. Il vit de près le peuple, le vrai peuple, celui qui travaille, et il l'aima, sûr moyen d'être aimé de lui. C'est le rustique châtelain de Coarraze qu'on retrouvera toujours en lui, lorsque, à la tête des armées, il prendra constamment la défense des « pauvres gens », même contre ses plus fidèles serviteurs, entraînés parfois à faire trop bon marché de la faiblesse et de la misère. C'est le coureur de bois et de montagnes, à la fois intrépide et insoucieux, qui, plus tard, saura railler la fortune inconstante, rire au danger, relever, par un mot d'héroïque gaîté, le courage chancelant de ses compagnons d'armes.

Tel était l'homme qui s'ébauchait dans la solitude de Coarraze. Malheureusement, Henri d'Albret ne vit pas grandir à son gré ce « lion généreux, capable de faire trembler les Espagnols ». Le 25 mai 1555, le roi de Navarre, âgé de cinquante-trois ans, mourut à Hagetmau, pendant une absence de Jeanne, qui était allée rejoindre Antoine de Bourbon en Picardie, et au moment où les complications de la politique ravivaient, dans le cœur de cet irréconciliable ennemi de l'Espagne, l'espoir si souvent déçu de recouvrer ses Etats. Henri d'Albret est un des plus dignes ancêtres de Henri IV : rien qu'à ce titre, l'histoire lui devrait un pieux souvenir.

Il était né en 1503. Dans son enfance, attristée par le démembrement du royaume de Navarre, que ne sut pas défendre son père,

Jean d'Albret, il se lia d'une étroite amitié avec le futur vainqueur de Marignan : les archives du château de Pau contiennent de nombreux témoignages de l'affection qui unissait les deux princes avant le désastre de Pavie. On sait de quelle vaillance fit preuve Henri d'Albret dans cette bataille, et tous les historiens ont raconté son évasion hardie, lorsque Charles-Quint voulut abuser de sa captivité pour lui imposer des conditions déshonorantes. L'héroïsme et le malheur communs firent des deux amis deux frères. Marguerite de Valois-Angoulême, veuve du duc d'Alençon, émue et charmée de la magnanimité du chevalier béarnais, lui donna sa main, qu'il avait ardemmment désirée quelques années auparavant. Ce fut un grand bonheur pour le Béarn et les autres Etats de la couronne de Navarre, que cette illustre union. Henri et Marguerite se partagèrent la mission d'enrichir et d'embellir ces contrées. La reine, dit l'auteur du *Château de Pau*, appela des artistes italiens pour décorer les vastes appartements qu'elle fit construire au midi, le grand escalier que l'on admire encore, la cour intérieure et tout le dehors de l'édifice, remanié dans le style de la Renaissance. Le palais des rois de Navarre dut paraître magnifique : le vieux Louvre des rois de France, les Tuileries et le Luxembourg ne devaient resplendir que plus tard. Ce fut alors, sans doute, que les Béarnais ravis répandirent le fameux distique :

> Qui n'a vist lo casteig de Paū,
> Jamais n'a vist arey de taū.

Henri d'Albret s'associa aux nobles goûts de sa femme ; mais, de son côté, il accomplissait une œuvre encore plus méritoire. En Béarn, de vastes étendues de terrain étaient incultes, les populations de ce pays s'adonnant surtout à la vie pastorale. Rien ne coûta au roi pour développer, on peut dire pour créer l'agriculture dans ses Etats : en quelques années, le territoire béarnais avait changé de face. En même temps, Henri, précurseur des progrès industriels, fondait à Nay une fabrique de draps et établissait à Pau une imprimerie. Partout, enfin, il favorisait la naissance ou le développement des entreprises qui avaient pour but l'amélioration de la fortune publique. Il ne s'en tint pas à ces actes de sollicitude éclairée. Les antiques Fors de Béarn morcelaient, en quelque sorte, la constitution du pays : il les fit reviser avec un soin minutieux, et les transforma en un For général qui répondait aux nécessités de l'époque. Rien n'échappait à son activité de gouvernant : il réorganisa la plupart des services publics, divisa son conseil en deux chambres, l'une civile, l'autre criminelle ; créa des chambres de comptes, de nouvelles administrations, de nouveaux emplois d'une haute utilité ; et législateur aussi ferme que fécond, il fit en sorte que ses lois fussent fidèlement appliquées.

L'enthousiasme d'un écrivain béarnais prête à Charles-Quint ce mot invraisemblable : « Je n'ai trouvé qu'un homme en France : c'est le roi de Navarre ». L'exagération castillane n'est pas nécessaire pour peindre Henri d'Albret et honorer sa mémoire : le grand-père maternel de Henri IV fut un prince vaillant, sage, ami de son peuple, qui le pleura comme un bienfaiteur. Toutes ses royales vertus devaient revivre avec éclat dans son petit-fils. Il fut inhumé, comme Marguerite, dans le cathédrale de Lescar, en attendant, disaient ses dernières volontés, qu'il pût reposer à Pampelune, à côté des anciens rois de Navarre, ses prédécesseurs.

En vertu des lois fondamentales du royaume de Navarre, Jeanne d'Albret succédait à son père et partageait la couronne avec son mari. Ils furent bien près de ne la porter ni l'un ni l'autre. Au moment où ils se préparaient à partir pour le Béarn, Henri II eut la pensée de réunir leurs Etats à la couronne de France, en échange de quelques domaines du centre et du nord. Il faut citer ici une page du vieil historien de la Navarre.

« Antoine de Bourbon se prépare, avec la reine Jeanne d'Albret,
« sa femme, pour aller prendre possession de leurs nouveaux Etats,
« où ils étaient attendus avec un grand désir de leurs sujets. Le roi
« Henri II, conseillé de quelques grands seigneurs de sa cour
« qui avaient son oreille, le persuadèrent de retenir ce prince auprès
« de lui, et que tout ainsi qu'il n'y avait qu'un soleil au monde, sans
« qu'aucune autre planète eût la lumière à part, de même la France
« ne pouvait souffrir qu'un roi ; qu'il fallait récompenser le duc
« Antoine en France selon la valeur des terres et souverainetés
« qu'il avait en la Basse-Navarre, Béarn et Gascogne. Cette pro-
« position trouvée bonne, il en avertit le roi de Navarre, lequel
« remet cette affaire si importante au consentement de la reine sa
« femme, à laquelle, disait-il, il appartenait d'agréer cet échange,
« d'autant que les dits royaumes et seigneuries étaient de son pro-
« pre. Cette avisée princesse, résolue de conserver les biens que ses

« pères et aïeux lui avaient délaissés, pour apaiser le roi, lui promit
« de s'y résoudre, avec ses sujets, et lui donner en ceci et en toutes
« autres choses tout le contentement qu'il pouvait désirer. Sur ces
« promesses, le roi de Navarre ayant remis son gouvernement de
« Picardie entre les mains du roi, il lui fit le serment de celui de
« Guienne, arrêté pour lors être tenu à l'avenir par celui qui
« serait jugé et déclaré premier prince du sang, comme le fut le
« roi Antoine de Boubon, duc de Vendôme, reçu en cette qualité
« au parlement de Paris, au mois de juin dudit an mil cinq cent
« cinquante-cinq, et depuis confirmé aux Etats d'Orléans. Et se
« dispose avec sa femme à faire son voyage.

« Le roi de Navarre et sa femme furent magnifiquement reçus
« par toutes les terres de leur obéissance, et nommément en Foix et
« en Béarn, où ayant été parlé de l'échange que le roi de France vou-
« lait faire à leurs princes, ce ne fut qu'assemblées pour en empê-
« cher l'effet... Incontinent, la noblesse et le peuple en alarme pour
« la défense de leurs princes naturels, voilà tout aussitôt Navar-
« renx fortifié, et le même à Pau, où est établi le parlement, et la
« chambre des comptes du pays; et ensuite le même se fait par
« toutes les autres villes, pour résister au roi de France, s'il en
« venait à la force, ce qu'il ne fit, ayant entendu la réponse des
« Etats du pays. Ainsi cette affaire rompue, le roi en fut fâché, et en
« montra les effets, en ce que il retrancha le gouvernement de
« Guienne de la moitié, en ayant éclipsé et tiré le Languedoc, fit un
« gouvernement à part, dont la ville de Toulouse était le chef.
« Messire Anne de Montmorency en fut le premier gouverneur,
« auquel en cette charge, et à la dignité de connétable, la première
« de France, a succédé son fils Messire Henri de Montmorency.
« L'autre trait de l'indignation du roi parut, en ce que le roi de
« Navarre ayant remis entre ses mains le gouvernement de Picar-
« die, et supplié Sa Majesté d'en investir Louis de Bourbon, prince
« de Condé, son frère, il le donna à l'amiral de France Gaspard de
« Coligny, seigneur de Châtillon, neveu dudit connétable. Ainsi
« furent assurés le roi de Navarre et sa femme en la jouissance de
« leurs souverainetés, sans plus parler d'échange. »

Antoine de Bourbon et Jeanne d'Albret furent couronnés, en
cette même année, au château de Pau. Selon les traditions du pays,
ils prêtèrent serment entre les mains des évêques, en présence du
clergé et de la noblesse. Ils passèrent dans leurs Etats deux années

de paix, durant lesquelles la grande affaire de la reine fut l'éducation de son fils, si bien commencée du vivant de Henri d'Albret. Mais Antoine et Jeanne avaient été blessés au cœur par la conduite de Henri II à leur égard et par la disgrâce où il tenait les Maisons d'Albret et de Bourbon, tout en favorisant la Maison de Lorraine, depuis le refus des États de Navarre et de Béarn de passer sous la domination française. De là, des ressentiments qui s'aigrissaient chaque jour et dont l'expression, par suite des circonstances, prit des formes provoquantes et scandaleuses.

Les imprudences de la reine Marguerite avaient donné pied, en Béarn, à la Réforme. Elle subsistait sans bruit et gagnait peu à peu du terrain. Antoine se mit en tête de la protéger ouvertement, ce qu'il fit bien plutôt pour mortifier Henri II que pour obéir à de nouvelles convictions religieuses. On le vit accueillir les ministres et les orateurs calvinistes; il donna même à David, l'un d'entre eux, le titre de prédicateur du roi et de la reine de Navarre, et ce moine apostat eut, un jour, licence de prêcher sa doctrine à Nérac, dans la grande salle du château. Il ne paraît pas que Jeanne ait personnellement donné les mains à ces premiers essais de propagande : loin de là, tous les historiens constatent qu'à cette époque, soit par politique, soit par respect des croyances traditionnelles, elle était et prétendait rester catholique. Brantôme dit à ce sujet: « La reine de Navarre, « qui était jeune, belle et très honnête princesse, ne se plaisait « point à cette nouveauté de religion, si tant qu'on eût bien dit... Je « tiens de bon lieu qu'elle le remontra, un jour, au roi son mari, et « lui dit, tout-à-trac, que s'il voulait se ruiner et faire confisquer son « bien, elle ne voulait perdre le sien... » Il n'en est pas moins vrai que les progrès sérieux du calvinisme en Béarn et en Gascogne datent du patronage manifeste d'Antoine de Bourbon et de la tolérance de sa femme. Jeanne aurait pu, en effet, sans avoir recours à la persécution ni même à l'hostilité, paralyser et peut-être détruire des velléités d'hérésie dont l'esprit public ne s'émouvait que parce qu'il les voyait s'affirmer autour du roi et de la reine.

Les manifestations calvinistes organisées ou encouragées par Antoine de Bourbon prirent de tels développements, qu'à la fin elles offusquèrent Henri II. Des avis, des remontrances, des reproches furent d'abord adressés au roi et à la reine de Navarre, et, en 1557, Henri II en vint d'autant plus résolûment aux menaces d'intervention armée, qu'en ce moment, il sévissait contre les réformés, dans ses propres Etats. Il fallut courber la tête sous l'orage qu'on avait déchaîné de gaîté de cœur : Antoine et Jeanne imposèrent silence aux plus fougueux apôtres de la nouvelle religion, et résolurent d'aller faire leur paix avec le roi de France. Dans ce but, ils confièrent la lieutenance-générale de leurs Etats au cardinal d'Armagnac, et, accompagnés du prince de Navarre, âgé de cinq ans à peine, ils se rendirent à Amiens, où Henri II tenait sa cour. Froidement accueillis dès l'arrivée, ils auraient eu peut-être à regretter ce voyage, si les grâces naissantes et l'heureuse figure de leur fils n'eussent touché le cœur du roi de France. Rare mélange de noblesse et de rusticité, le petit prince ne pouvait passer nulle part inaperçu. Henri II fut frappé de ses allures primesautières, de cet œil d'aiglon qui reflétait quelque chose du ciel méridional et des âpres beautés d'un site pyrénéen. Il le prit dans ses bras et lui dit : — « Veux-tu être mon « fils? — *Aquet es lou seignou pay*. — Celui-ci est mon seigneur et « père », répondit l'enfant, qui ne parlait pas encore français, en désignant Antoine de Bourbon. « Le roi, dit Favyn, prenant plaisir à ce « jargon, lui demanda : « Puisque vous ne voulez être mon fils, voulez-« vous être mon gendre ? » Il répondit promptement, sans songer : « *Obé!* — Oui bien ! » On a voulu voir, dans cette riante scène d'intimité, l'origine du mariage, trop fameux dans l'histoire, qui fut une des péripéties les plus sinistres de la Saint-Barthélémy. Lorsque Catherine de Médicis et Charles IX donnèrent Marguerite de Valois à Henri de Bourbon, ce n'étaient plus les affections de famille qui inspiraient leurs actes !

Henri II voulait retenir le jeune prince à la cour et le faire élever parmi ses enfants ; Jeanne et Antoine, trouvant leur fils trop jeune pour vivre loin d'eux, déclinèrent cette offre, et le ramenèrent en Béarn, au milieu de ses chères montagnes. Mais l'année suivante, ayant fait un nouveau voyage à la cour, à l'occasion du mariage du Dauphin avec Marie Stuart, ils durent céder aux sollicitations de Henri II : il fut décidé que le prince de Navarre resterait auprès du roi, sous la sauvegarde de sa gouvernante, la baronne de Miossens. Ce fut pendant son séjour à Paris que Jeanne d'Albret mit au monde, le 27 février 1559, Catherine, son dernier enfant, qui fut tenue sur les fonts par la reine de France.

Le règne de Henri II, si brillant dans la plus grande partie de son cours, allait finir par un désastre politique et une catastrophe personnelle. Le désastre fut la paix de Cateau-Cambrésis, suite des défaites de Saint-Quentin et de Gravelines. Les principaux négociateurs de cette paix, le connétable de Montmorency et le maréchal de Saint-André, humiliaient et dépouillaient la France au profit de l'Angleterre, de l'Espagne et de la Savoie. Il était stipulé, en outre, que Philippe II épouserait Elisabeth, fille de Henri II, dont la main avait été promise à don Carlos, fils du roi d'Espagne, et que le duc de Savoie aurait la main de Marguerite, sœur du roi de France. Les intérêts et les droits de la couronne de Navarre étaient absolument sacrifiés. Cette triste paix fut l'instrument diplomatique des divisions qui allaient de nouveau ensanglanter l'Europe.

A l'occasion du mariage des deux princesses françaises, Henri II ordonna des fêtes splendides, et surtout un tournoi, jeu guerrier qu'il aimait avec passion. Après y avoir fait ses prouesses habituelles, il voulut jouter une dernière fois contre le comte de Montgomery, capitaine de ses gardes, dont la lance rompue atteignit le roi à la tête. Henri II mourut le 10 juillet 1559.

Il laissait à son successeur une situation amoindrie au dehors et périlleuse à l'intérieur. Les progrès du calvinisme ne pouvaient plus se nier. Si Henri II eût vécu, peut-être la crise que sa fin précipita eût-elle avorté sous les coups de force auxquels il avait eu déjà recours ; mais sa mort inopinée, livrant le pouvoir à un enfant débile, ou plutôt à Catherine de Médicis, fut, au contraire, l'origine des brigues et des dissensions les plus redoutables. A peine François II était-il sacré à Reims, que les partis se dessinèrent. Catherine se jette d'abord tout entière du côté des Guises ; les Maisons de Bourbon, de Châtillon et de Montmorency sont laissées à l'écart, où elles n'entendent pas se morfondre, et elles vont s'efforcer de ressaisir, coûte que coûte, leurs avantages. Elles trouveront des armées dans la foule des mécontents et des sectaires. La veille, le trône était assiégé d'ambitions et d'intrigues ; aujourd'hui, le voilà au milieu des factions. Catherine aura beau ruser avec elles, essayer de battre l'une par l'autre, s'appuyer sur les catholiques pour arrêter les « huguenots », dont le nom vient de surgir, flatter les protestants pour se dégager de l'étreinte des catholiques, favoriser ce que l'on appellerait, de nos jours, le « tiers-parti » : la France est sur le seuil de l'enfer des guerres civiles, des guerres de religion, où tomberont tant de générations fanatisées, criminelles ou innocentes, jusqu'à ce que le bras et le génie d'un roi aient rendu la patrie à elle-même et la paix à la patrie.

Les maisons princières évincées par les Guises s'efforcèrent de contrebalancer la toute-puissante influence des princes lorrains, en prenant la tête du parti protestant. Elles luttèrent mal, surtout Antoine, facile à duper. Catherine l'envoya rejoindre en Béarn sa femme et son fils, et, pour colorer ce congé d'un semblant de raison avouable, elle lui confia la mission de conduire en Espagne Elisabeth de France, mariée par procuration à Philippe II, après la paix de Cateau-Cambrésis. Le roi, la reine et le prince de Navarre prirent, dans cette occasion, une revanche qui ne fut pas sans noblesse. C'est ce que rapporte l'historien de la Navarre, dans son récit à la fois naïf et fier. « A Bordeaux, le roi Antoine vint
« recevoir Madame Elisabeth, et peu de temps après la reine Jeanne
« et le prince de Navarre son fils. De Bordeaux ils traversèrent le
« reste de la Guienne et les terres du roi de Navarre, où elle fut re-
« çue et traitée avec tout honneur et magnificence. En Guienne, le
« premier logis était marqué par le maréchal pour la reine d'Es-
« pagne ; dès l'entrée de Béarn, celui du roi Antoine le fut le pre-
« mier, et celui de la reine Elisabeth après ; à celui d'Antoine était
« crayé : *pour le roi*, sans autre addition ; à l'autre : *pour la reine*
« *d'Espagne*. Arrivés en la Haute-Navarre, le même fut pratiqué
« nonobstant toutes les rodomontades espagnoles, épouvantails de
« chenevière à l'endroit des Français. Car le Béarn étant princi-
« pauté souveraine, les rois de France n'y avaient aucune supério-
« rité en ce temps-là. En Navarre, quoiqu'injustement usurpée
« par les rois d'Espagne, Antoine en étant roi par droit légitime et
« successif, il emporta de haute lutte que les étiquettes des logis
« marqués fussent de même façon qu'en Béarn, même dans Ronce-
« vaux, où le premier logis fut marqué : *pour le roi*, sans addition,
« et le second : *pour la reine d'Espagne*.

« Par le traité de mariage il avait nommément été stipulé que
« Madame Elisabeth serait délivrée aux Espagnols sur les frontiè-
« res de France et d'Espagne, ce qui se pouvait faire, si elle eût
« pris le chemin du Languedoc, de Narbonne à Perpignan ; mais
« par l'autre clef de France, qui est Bayonne et Saint-Jean-de-Luz,
« où la rivière d'Andaye fait la séparation de la France et de la Na-
« varre, dont Fontarabie est la première ville, et de même par le
« Béarn, qui marchise à la France, d'un côté, et à la Navarre, de
« l'autre, cela ne se pouvait accomplir. De sorte que cette déli-
« vrance se faisait infailliblement, non sur les frontières de France

« ni d'Espagne, mais sur celles de la Haute et de la Basse-Na-
« varre. C'est pourquoi le roi Antoine demanda acte de cette déli-
« vrance sur ses terres, à ce qu'on ne voulût inférer à l'avenir que
« le Béarn et la Basse-Navarre fussent retenus pour confins de la
« France, et la Haute-Navarre pour finages de l'Espagne, d'autant
« que laissant parachever cet acte solennel sans protestation, c'é-
« tait n'être plus roi de Navarre en prétention, mais volontairement
« avouer n'y avoir aucun droit : de sorte que le cardinal D. Fran-
« çois de Mendoça, évêque de Burgos, et le duc de l'Infantasgo
« D. Lopez de Mendoça, députés du roi d'Espagne pour recevoir
« la princesse, furent contraints de lui délivrer cet acte, et par
« celui-ci le reconnaître roi de Navarre, nonobstant toutes leurs
« exceptions dilatoires.

« Cet acte délivré ainsi que le roi Antoine l'avait fait dresser, le
« lieu où la reine Elisabeth devait être délivrée fut débattu durant cinq
« jours par les Espagnols. Car le roi de Navarre et la dite Elisabeth
« étaient logés à l'abbaye de Roncevaux, les Espagnols étaient à
« l'Espinal, deux heures au-dessus de Roncevaux. Ils voulaient que
« cette délivrance fût faite au Pignon, justement au milieu du chemin
« de l'Espinal à l'Abbaye, afin que chacun fît la moitié du chemin :
« néanmoins force leur fut de venir à Roncevaux. »

Tandis que les princes navarrais tenaient en échec l'arrogance
castillane, la conspiration d'Amboise s'ourdissait dans l'ombre
avec une ampleur et une activité qui forcent presque l'admiration
en faveur de La Renaudie, son audacieux organisateur. Nous
n'avons pas à raconter cette sanglante aventure. Il est probable que
la plupart des conjurés croyaient marcher seulement à l'assaut du
pouvoir excessif des Guises, mais que les chefs visaient plus haut.
Le prince de Condé, frère puîné d'Antoine de Bourbon, fut soupçonné d'être le « capitaine muet » de cette prise d'armes. A demi
justifié par sa fière attitude, puis soupçonné une seconde fois, après
les revendications de l'assemblée des notables tenue à Fontainebleau,
il finit par être emprisonné à Orléans, jugé et condamné à mort. Le
roi de Navarre avait eu la générosité ou la faiblesse, peut-être l'une
et l'autre, de se livrer aux accusateurs de son frère. Il pouvait
d'autant mieux s'en dispenser qu'après la découverte de la conspiration, il avait, sur l'ordre du roi, réprimé avec vigueur, dans son
gouvernement de Guienne, quelques mouvements tentés par les
factieux. Il n'en fut pas moins traité en ennemi ; mais, comme on

ne pouvait relever contre lui les charges qui pesaient sur le prince de Condé, on se contentait de le garder à vue, et on hésitait, pour le faire disparaître, entre une exécution sommaire (1) et une détention perpétuelle, lorsque la mort du roi de France modifia brusquement la situation. Condé recouvra la liberté, et Antoine fut revêtu du titre à peu près illusoire de lieutenant-général du royaume, tandis que les Guises, en gens avisés, affectaient un simulacre de retraite. Alors commença le gouvernement direct de Catherine de Médicis, déclarée régente, au détriment d'Antoine, pendant la minorité de Charles IX.

La reine-mère arrivait au pouvoir sous les plus défavorables auspices. La conjuration d'Amboise, les troubles qui l'avaient précédée ou suivie dans diverses provinces, la rigueur de la répression, les ressentiments des calvinistes, le procès du prince de Condé et, plus encore peut-être, la déclaration qui le déchargea, le 13 mars 1561, des accusations portées contre lui, enfin, les tergiversations qui caractérisèrent, dès le début, la politique de Catherine, tout faisait pressentir de longs et funestes déchirements. Les actes du triumvirat formé par le connétable de Montmorency, François de Guise et le maréchal de Saint-André, la naissance du « tiers-parti » que personnifia le chancelier Michel de l'Hospital, les assemblées ou colloques de Pontoise et de Poissy, où les discours déguisèrent mal les passions, semblèrent pourtant devoir aboutir à une sorte de paix. Ce fut l'édit de tolérance du 17 janvier 1562, qui proclamait, non l'entière liberté du culte, mais une liberté de conscience relative. Il ne sortit de cet essai, dicté par l'Hospital, qu'une surexcitation générale et un antagonisme plus manifeste entre les croyants, surtout entre les partisans des deux religions. De là, de nouveaux troubles en Bourgogne, en Provence, en Guienne et en Bretagne; les excès de Montluc dans le sud-ouest, égalés tout au moins par les violences du baron des Adrets dans le midi; puis la sanglante querelle de Vassy, les émeutes de Sens, de Cahors, de Toulouse, la surprise de Rouen par les huguenots; et, pour dernier coup aux espérances de paix, l'éclatante prise d'armes de Condé et de Coligny, au moment où le roi de Navarre achevait de se rapprocher des catholiques, dans les rangs desquels nous le retrouverons bien-

---

(1) Appendice : III.

tôt. Le récit de tous ces désordres, de ces révolutions successives ou simultanées, n'entre pas dans le cadre de notre sujet. Revenons au héros de cette histoire, qui ne tardera pas à nous ramener lui-même au milieu des discordes civiles et des combats.

CHAPITRE III

L'éducation du prince de Navarre. — Ses gouverneurs et son premier précepteur. — Le caractère et la méthode de La Gaucherie. — Maximes et sentences. — Le Coriolan français et le chevalier Bayard. — La première lettre connue de Henri. — Ses condisciples au collège de Navarre. — Le sentiment religieux du maître et de l'élève. — Pressentiments de La Gaucherie. — L'instruction militaire. — Le plus bel habit de Henri. — L'otage de Catherine de Médicis. — Le « petit Vendômet ». — Choix d'une devise. — Les deux premiers amis du prince. — Mort de La Gaucherie.

En 1560, le prince de Navarre était entré dans sa septième année. Robuste, agile, pétillant d'esprit, mais ignorant, il fallut songer à greffer ce sauvageon royal. Tout d'abord, il passa des mains de la baronne de Miossens sous la direction d'un gouverneur. Charles de Beaumanoir-Lavardin, désigné pour remplir ces fonctions, dut bientôt, pour raison de santé, céder la place à Pons de La Caze, qui, à son tour, fut remplacé par le baron de Beauvais, que la mort seule, et une mort terrible, le jour de la Saint-Barthélemy, put séparer de son élève. Au gouverneur on adjoignit, bientôt après, un pédagogue. Le premier précepteur de Henri fut La Gaucherie, homme de mœurs pures, de grand sens, savant pour son époque, et dont la méthode, à la fois simple et sagace, ne serait pas à dédaigner de nos jours. La Gaucherie sut, avant tout, se faire aimer du jeune prince en devenant son ami. Quant à l'instruction, point de livres imposés, mais des livres désirés; des études courtes, des récréations courtes aussi, mais nombreuses et viriles, telles que le jeu de paume, où Henri excella de bonne heure et qu'il aima toute sa vie. Il apprit l'histoire et le latin comme par curiosité, à mesure que son intérêt s'éveillait sur un nom, un fait ou une idée, et il y puisa une admiration des grands caractères, des belles actions, des vertus qui ont glorifié l'humanité à toutes les époques. Le grec même ne lui fut pas étranger. Ses livres favoris étaient Plutarque, César et Tite-Live. Dans la préface latine des Œuvres de Polybe, Casaubon écrivait, après l'avènement de Henri IV, en s'adressant à son royal protecteur : « N'avez-vous pas, dans votre enfance, traduit les *Commen-* « *taires* de César en français? J'ai vu moi-même, oui, j'ai vu et « feuilleté avec admiration le cahier contenant l'ouvrage très bien « écrit de votre main... » Scaliger a fourni également son témoignage : « Il ne faudrait pas mal parler latin devant le roi : il s'en « apercevrait fort bien ». On a cité cent fois la devise favorite de Henri, composée, dit-on, par lui-même : *Invia virtuti nulla est via.* La Gaucherie lui avait dicté et fait commenter un grand nombre de maximes et de sentences parfaitement choisies. Duflos, dans son *Education de Henri IV*, nous en a conservé quelques-unes traduites ou imitées des anciens. Il semble, à lire celles-ci, que le grand Corneille n'en eût pas buriné d'autres pour le fils d'un des héros qu'il a fait revivre dans ses vers immortels :

« Heureux les rois qui ont des amis ! Malheur à ceux qui n'ont que « des favoris ! »

« Il faut vaincre avec justice, ou mourir avec gloire. »

« Les rois ont sur leurs peuples une grande autorité; mais celle « de Dieu sur les rois est bien plus grande encore. »

« Un héros croit n'avoir rien fait, quand il lui reste quelque « chose à faire. »

« Les souverains, par leur puissance, ne se font que craindre et « respecter : c'est la bienfaisance seule qui les fait aimer. »

« Le droit le plus flatteur de la royauté est de pouvoir faire du « bien. »

« Le prince qui règne sur les plus vastes Etats, mais qui se laisse « tyranniser par ses passions, n'est qu'un esclave couronné. »

« Par la clémence on imite la Divinité ; par la vengeance on se « met au-dessous de l'homme. »

« Un roi doit préférer la patrie à ses propres enfants. »

« Que devient la vertu qui n'a rien à souffrir ? »

« Un roi que la prospérité rend orgueilleux est toujours lâche « et faible dans l'adversité. »

« Un souverain qui aime la flatterie et craint la vérité n'a que
« des esclaves autour de son trône. »

« Un roi prouve qu'il a du mérite et de la vertu quand il récom-
« pense ceux qui en ont. »

« Il vaut mieux conserver un seul citoyen que de faire périr
« mille ennemis. »

« Un roi qui n'aime point le travail dépend de ceux qui travail-
« lent à sa place. »

L'histoire, que Henri devait enrichir de lui-même, le passion-
nait; il était fasciné par les hommes de Plutarque et par les capitaines qui ont illustré nos annales. La Gaucherie applaudissait à son
enthousiasme, mais lui en demandait la raison. Un jour que l'entretien roulait sur Coriolan et Camille, Henri marqua hautement
sa préférence pour celui-ci et s'éleva contre l'allié des Volsques. Le
précepteur l'approuva, mais, pour aller au fond de son cœur, il lui
raconta les aventures d'un Coriolan français, la défection du connétable de Bourbon. Ce fut un des premiers chagrins de Henri,
obligé de reconnaître qu'il y avait eu un mauvais Français dans sa
famille. Honteux et indigné, il s'élance vers une carte généalogique
toujours à sa portée, et, à la place du nom du connétable, inscrit
celui de Bayard.

On rapporte qu'il avait du goût pour les arts et de l'élégance
dans l'écriture. La Bibliothèque royale posséda jadis le dessin à la
plume d'un vase antique au-dessous duquel il avait écrit: *Opus
principis otiosi*. Quant à son écriture d'enfant, elle est venue jusqu'à nous, et l'on peut voir, dans le recueil des *Lettres missives*, le
fac-simile du billet suivant, qu'à l'âge de huit ou neuf ans, il adressait au roi de Navarre, absent de la cour: « Mon père, quand j'ai
« su que Fallesche (Falaische, maître d'hôtel d'Antoine de Bourbon)
« vous allait trouver, incontinent, je me suis mis à écrire la présente,
« et vous mander la bonne santé de ma mère, de ma sœur et la
« mienne. Je prie Dieu que la vôtre soit encore meilleure. — Votre
« très humble et très obéissant fils. HENRY. »

A l'époque où il écrivait ces lignes (1562), Henri était l'enfant
vigoureux et alerte dont la statuaire a si heureusement popularisé
l'image. On aime à se le représenter traversant les salles du
Louvre ou les rues de Paris, la plume au vent, le jarret tendu, la

main à la garde de sa petite épée, la tête pleine de ces rêves d'enfant royal que dépassèrent, quels qu'ils fussent, les réalités de son règne. Son esprit mûrissait vite, bien que, grâce à son âge et selon les ordres de Jeanne d'Albret, il fût tenu autant que possible dans l'ignorance des choses de la cour et de la politique. Ses relations d'écolier au collège de Navarre, dont il suivit les classes, tout en restant sous la direction de La Gaucherie et de Beauvais, contribuèrent beaucoup à son développement intellectuel. Il s'y rencontra avec le duc d'Anjou, plus tard Henri III, et avec Henri de Guise. Déjà, pour exciter son émulation, La Gaucherie avait associé à ses études Agrippa d'Aubigné, plus âgé que lui de trois ans et d'une intelligence précoce. Le prince de Navarre fut ce qu'il fallait être dans cette compagnie : il n'y oublia pas sa première existence, mais il en retira de nouveaux avantages par le contact, par l'exemple, par les inspirations d'un amour-propre sagement réglé.

La Gaucherie était un calviniste convaincu, non un sectaire. Il avait reçu de Jeanne d'Albret la mission d'élever son fils dans les principes de la Réforme, qu'elle avait embrassés elle-même, quoique sans éclat, depuis son départ de Pau, après la mort de François II. Nous aurons à raconter cet incident et quelques autres non moins graves. La Gaucherie tournait donc l'esprit de son élève vers le calvinisme, mais aucun témoignage historique ne l'accuse d'avoir cherché à le fanatiser : le sentiment religieux, tel que le doivent honorer toutes les communions, fut fortement imprimé par La Gaucherie dans le cœur du prince. L'austère précepteur ayant surpris, un jour, l'écolier dans un accès d'ambition enfantine, lui dit : « Vous vous proposez de faire, dans l'avenir, aussi bien et mieux « que beaucoup d'autres princes ; mais comment justifiez-vous cette « prétention ? » Henri invoqua son désir, sa volonté, son courage. « — Cela n'est rien, repartit La Gaucherie, si Dieu n'y met sa main « toute-puissante. » Cette main, Henri, enfant ou roi, la sentit et la révéra toujours dans les événements de sa vie. Il eut ses défauts et ses vices ; jamais on ne put lui reprocher un acte d'impiété. Il avait appris de La Gaucherie, homme scrupuleux, à remplacer les jurements à la mode par l'innocent juron de « Ventre-saint-gris ! » Ses discours, ses lettres, même ses billets galants, sont d'un homme qui croit et prie. Bien longtemps après que les préceptes de La Gaucherie ne lui rappelaient plus son devoir, il se laissa aller aux habitudes de libertinage de la cour ; mais cette faiblesse, dont il ne sut pas se corriger, même dans l'âge mûr, amoindrit l'homme, non le souverain. Tempérament déréglé, âme saine, sa vie privée fut un mélange surprenant de fautes scandaleuses et de traits admirables, entre lesquels la balance reste en suspens. Ce qui l'incline irrésistiblement du côté de la sympathie et de la gloire, ce sont les royales vertus que rappellera toujours le nom de Henri IV.

La Gaucherie semble avoir eu le pressentiment du rôle historique destiné à son élève : il l'instruisait moins en prince qui doit régner qu'en prince qui doit conquérir son royaume. L'esprit d'ordre dominait le système d'éducation : les heures réglées, chaque instant mis à profit, le temps multiplié par son emploi. La Gaucherie, voyant les Valois se flétrir sur leurs dernières tiges, pouvait bien prévoir, en effet, que Henri aurait, plus tard, besoin de savoir ce que vaut une heure dans la lutte des partis et les accidents de la politique. Instinctivement, il dota le prince de Navarre de deux de ses qualités maîtresses, la ponctualité et l'activité, qui lui valurent, dans la suite, tant de ressources et de victoires. Bien plus, Henri garda, dans une juste mesure, les habitudes de frugalité de Coarraze, le mépris du luxe et des douceurs de la vie, sans en excepter le doux sommeil lui-même.

Vers la douzième année, La Gaucherie, content de ses progrès intellectuels, redoubla de sollicitude pour son développement physique, d'autant plus que le temps de l'instruction militaire était venu. Ce furent alors de rudes chevauchées, des chasses obligatoires, à heure fixe et par tous les temps, des nuits passées dans quelque chaumière, sur une paillasse et sous un manteau, le mouvement jusqu'à la fatigue, la fatigue vaincue. Aussi, lorsque La Coste, lieutenant aux gardes de Charles IX, le reçut au milieu d'un groupe de jeunes gentilshommes confiés à ses soins, Henri n'eut aucune répugnance à passer sous le niveau égalitaire. En peu de temps, il devint un petit soldat modèle. Il s'amouracha de l'uniforme au point que Charles IX lui reprochant d'avoir répudié ses habits de gala, il répondit : « Sire, mon plus bel habit, et qui « me plaît le mieux, est celui qui me rappelle que je suis au service « du roi ». Il eut, plus d'une fois, la tentation de faire ses premières armes avec quelques-uns de ces gentilshommes précoces qui, au XVIe siècle, allaient au feu avant même l'adolescence.

Pendant son séjour à la cour de Charles IX, Henri eut à subir plusieurs épreuves pénibles, dont nous parlerons en reprenant le récit des faits politiques. Le jeune roi, quoique violent et capricieux, lui montrait de la cordialité; mais on assure que la reine-mère finit par laisser percer, à son égard, des sentiments empreints de peu de sympathie. A vrai dire, les relations souvent hostiles de la cour de France avec la cour de Navarre devaient le faire considérer comme un otage par Catherine de Médicis. D'un autre côté, il n'est pas déraisonnable de croire qu'elle voyait d'un œil jaloux et inquiet cet enfant, à qui pouvait échoir le trône des Valois, si leur sang appauvri venait à se tarir. Il faut ajouter que le caractère du fils de Jeanne d'Albret se marquait, en mainte circonstance, par des traits qu'il était impossible de ne pas retenir. Il connaissait son rang et le gardait; au besoin, il tenait tête à Charles IX, quand le jeune roi jouait au tyran; les princes et les grands seigneurs qu'il coudoyait n'auraient pas impunément traité sans conséquence le « petit Vendômet », comme l'appelaient les ennemis des Maisons de Bourbon et d'Albret. Henri pensait, et parfois un mot, un regard, un éclair de fierté ou d'enthousiasme, trahissait sa pensée. Ce fut ainsi que, dans une loterie de cour où chacun fournissait une devise, il choisit celle-ci, écrite en grec : « Vaincre ou mourir ». Catherine de Médicis lui en ayant demandé la traduction, il refusa de satisfaire sa curiosité. Etonnée de ce caprice, la reine-mère voulut en avoir le cœur net, et quand on lui eut traduit la devise, elle en parut mécontente, disant que de telles pensées n'étaient bonnes qu'à faire du jeune prince « un enfant opiniâtre ». Elle prévoyait peut-être, non l'opiniâtreté, mais la constance dans les desseins, qui fut, en effet, une des grandes qualités de Henri.

Outre les chagrins de famille qui l'affligèrent en certaines circonstances, pendant qu'il vivait à la cour, il eut à souffrir de l'isolement où le tenait l'absence de sa mère : on lui parlait d'elle, il lui écrivait et recevait ses lettres, mais ne la voyait point; et comme elle avait prescrit à La Gaucherie une extrême prudence touchant les dangereuses amitiés de cour, Henri avait des compagnons d'étude, de chasse et d'armes, mais pas un ami. Un jour, il en souhaita deux, dont l'affection fut une de ses joies jusqu'au massacre de la Saint-Barthélemy : c'étaient Ségur et La Rochefoucauld. Il venait de les acquérir, quand l'ami par excellence, l'honnête précepteur, quitta la vie. En le présentant au prince, Jeanne d'Albret avait dit: « — Mon fils, je vous donne un bon maître, revêtu de toute mon « autorité. Il faudra l'aimer comme moi-même. — Je le veux bien,

« avait répondu l'enfant, s'il veut bien m'aimer aussi. » Ils s'étaient tenu parole, et La Gaucherie fut sincèrement pleuré par le prince de Navarre. Un autre homme de sens, Florent Chrestien, fut attaché, dans la suite, à la personne de Henri, et, une fois encore, Jeanne d'Albret eut la main heureuse. Nous dirons, plus tard, quelques mots de ce complément d'éducation. Il faut reprendre maintenant l'historique des faits à travers lesquels La Gaucherie avait accompli la tâche que nous venons de résumer.

CHAPITRE IV

Catherine de Médicis entre les catholiques et les protestants. — Antoine de Bourbon retourne au catholicisme. — Ses querelles avec Jeanne d'Albret, résolûment calviniste. — Henri entre la messe et le prêche. — Réponse de la reine de Navarre à Catherine de Médicis. — Jeanne quitte la cour de France. — Lettre de Henri. — La guerre civile. — Le siège de Rouen. — Mort d'Antoine de Bourbon. — Jeanne d'Albret zélatrice de la Réforme. — Le monitoire de Pie IV contre la reine de Navarre, dont Charles IX prend la défense. — Jeanne ramène son fils en Béarn. — Le complot franco-espagnol contre Jeanne et ses enfants. — Catherine de Médicis ressaisit son « otage ». — Voyage de la cour en France. — Charles IX dans le midi. — La prédiction de Nostradamus. — L'entrevue de Bayonne. — Le prince de Navarre devant l'ennemi héréditaire. — La cour à Nérac. — L'assemblée de Moulins. — Retour de Jeanne et de Henri en Béarn.

Antoine de Bourbon ayant accepté la lieutenance-générale du royaume, en échange de la régence, à laquelle il avait droit, fit venir à la cour sa femme et ses enfants. Le roi de Navarre et le prince de Condé passaient alors pour être les chefs du parti huguenot, et il pouvait sembler étrange que la reine mère, naguère inféodée aux Guises, chefs incontestés du parti catholique, se tournât ostensiblement du côté opposé. Elle révélait de la sorte son système de gouvernement, qui consista toujours, non seulement à diviser pour régner, comme on l'a dit si souvent, mais encore à réagir contre l'influence de ceux sur qui elle s'était appuyée, aussitôt que cette influence lui donnait de l'ombrage. Durant le règne de dix-huit mois de François II, elle avait senti et subi le joug mal dissimulé des Guises, et s'il n'entrait pas dans ses desseins de les frapper de disgrâce, elle jugea, du moins, que son intérêt lui commandait de relever quelque peu la fortune de leurs adversaires naturels, sans toutefois se livrer à ceux-ci. C'est ce qui explique l'espèce de faveur dont les réformés parurent jouir dès les premiers mois de sa régence. Elle avait, du reste, une arrière-pensée, qui se manifesta par la suite : c'était, au cas où les réformés ne s'amenderaient pas, de les priver de leurs chefs par la séduction ou par quelque mesure de rigueur arbitraire. La reine-mère ne manqua jamais de vues ni de finesses ; seulement, ses vues étaient courtes, ses finesses trop multipliées, et, quoique travaillant toujours à concilier les partis qui assiégèrent si longtemps le pouvoir, elle ne réussit qu'à les précipiter tour à tour et tous ensemble sur le trône.

En appelant Jeanne d'Albret et ses enfants à la cour de France, Catherine comptait qu'il lui serait aisé, par quelques flatteries ou, au besoin, par quelques menaces, d'arrêter l'élan de la reine de Navarre vers la Réforme. Antoine, esprit flottant et circonvenu par des galanteries diplomatiques, semblait déjà prêt à combattre ses coreligionnaires de la veille ; mais la reine de Navarre n'était pas une âme facile à pétrir : lentement gagnée aux doctrines de la Réforme, rien ne put l'en détacher. Dans son voyage de Pau à Paris, elle se montra ouvertement favorable aux calvinistes, partout où ils invoquèrent sa protection ; en passant à Nérac, elle leur donna le couvent des Cordeliers ; à Périgueux et en plusieurs autres villes, ils reçurent des marques de sa munificence et de sa sympathie. Quand elle arriva à la cour, elle était huguenote sans réserve et sans esprit de retour.

Une lutte pénible, qui eut ses jours de scandale et de funestes contre-coups dans l'esprit public, commença bientôt entre la reine de Navarre et son mari, manié par Catherine de Médicis et par les princes lorrains. On fut sur le point de décider Antoine à répudier sa femme pour épouser Marie Stuart, veuve de François II. Ce projet abandonné, on lui fit proposer, par les Espagnols, la cession de la Sardaigne, en échange de ses prétentions sur la Haute-Navarre, proposition qu'il finit par décliner aussi. On cherchait moins à le gagner qu'à le paralyser. On lui dicta tout un système de persécutions contre sa femme, qu'il s'efforça de ramener au catholicisme avec ses enfants, déjà calvinistes, sinon de cœur, du moins d'éducation. Le prince de Navarre, mêlé à ces querelles de famille, dont le sens politique lui échappait, reçut de son père l'ordre d'aller à la messe, et de sa mère, celui de s'en abstenir. A mesure que de nouveaux troubles éclataient dans les provinces au nom de la religion, cette lutte, qui était, au fond, celle de deux factions, arrivait à des éclats dont retentissait l'Europe entière. Assiégée de toutes parts, la reine de Navarre eut à défendre sa nouvelle foi contre Catherine de Médicis en personne. Un jour que la reine-mère s'évertuait à la convertir par des raisons tirées de l'intérêt politique : « — Madame, « répondit Jeanne, si j'avais mon fils et tous les royaumes du monde « dans la main, je les jetterais au fond de la mer plutôt que d'aller à la « messe (1) ! » Enfin, fatiguée des combats de toute sorte qu'on lui livrait, ne pouvant plus douter du parti pris d'Antoine de devenir l'épée des catholiques, après avoir été le champion des protestants, blessée, d'ailleurs, dans sa double dignité d'épouse et de mère, par le spectacle des dérèglements de son mari, la reine de Navarre reprit le chemin de ses Etats, laissant auprès de son fils le précepteur dont nous avons raconté la tâche heureusement accomplie. De cette séparation, qui devait être éternelle pour les deux époux, il existe un touchant souvenir : c'est la lettre suivante, écrite par le prince de Navarre, quelques jours après le départ de sa mère, et adressée à Nicolas de Grémonville, seigneur de Larchant, qui accompagnait la reine dans son voyage : « Larchant, écrivez-moi pour me mettre « hors de peine de la reine ma mère ; car j'ai si grande peur qu'il « lui advienne mal de ce voyage où vous êtes, que le plus grand « plaisir que l'on me puisse faire, c'est m'en mander souvent des « nouvelles. Dieu vous veuille bien conduire en toute sûreté. Priant « Dieu vous conserver. — De Paris, le vingt-deuxième jour de « septembre (1562). »

Le départ de Jeanne ressembla fort à une fuite : la reine crut, non sans raison, qu'il y allait, pour elle, de la perte de sa couronne et de la ruine de ses enfants. « Je fermai mon cœur à la tendresse « que je portais à mon mari, dit-elle dans une de ses lettres, pour « l'ouvrir tout entier à mon devoir. » Sa résolution prise, elle se mit en route dans l'été de 1562, avec une suite nombreuse de gentilshommes protestants ou catholiques, à laquelle se joignit, en Guienne, une escorte béarnaise. On a prétendu, sans preuves, que ce déploiement de forces fut nécessité par les desseins hostiles d'Antoine de Bourbon : c'est une accusation que ne justifie pas la correspondance récemment publiée du roi et de la reine de Navarre. Il suffisait, d'ailleurs, pour motiver les précautions dont s'entoura cette princesse, des difficultés habituelles d'un long voyage, à cette époque

---

(1) Appendice : II.

de troubles et de violences. Arrivée en Guienne, elle trouva cette province en pleine guerre civile. Montluc, lieutenant d'Antoine de Bourbon, était aux prises avec les réformés. Jeanne séjourna quelque temps au château de Duras, puis au château de Caumont, où elle tomba malade. De là, elle se rendit en Béarn, après avoir vainement tenté de pacifier la Guienne et la Gascogne, à travers lesquelles Montluc promenait son impitoyable épée. Vers la fin du mois de novembre, Jeanne, devenue l'ennemie de la religion catholique, s'était déjà mise à l'œuvre pour la détruire au moins dans ses pays souverains, lorsqu'elle reçut la nouvelle de la mort d'Antoine de Bourbon.

Pendant que la reine de Navarre s'éloignait de la cour de France, les événements avaient suivi un cours rapide, l'ère des guerres civiles s'était rouverte au nord et au midi : l'armée royale dut reprendre Poitiers et Bourges aux protestants, vainqueurs à Saint-Gilles, dans le Bas-Languedoc, au moment où se concluait l'alliance de Condé et de Coligny avec l'Angleterre. Maîtres de Rouen depuis le 15 avril, les réformés s'y étaient fortifiés de deux mille mercenaires anglais. Assiégés par l'armée royale sous le commandement d'Antoine de Bourbon, de François de Guise et du connétable de Montmorency, ils ne furent forcés qu'après une vive résistance. Le roi de Navarre, blessé dans la tranchée, rendit sa blessure mortelle par toutes sortes d'imprudences, dont l'une, du moins, fut héroïque : il voulut entrer dans Rouen par la brèche, porté dans sa litière. Un mois après, il rendait le dernier soupir. C'était le 17 novembre 1562, deux jours avant la bataille de Dreux, et trois mois avant la mort de François de Guise, assassiné au siège d'Orléans. Brave et affable, mais d'un faible caractère, Antoine n'avait presque aucune des qualités nécessaires à un prince dans le temps où il vivait; il fut loin, toutefois, de mériter les injures dont le parti calviniste poursuivit sa mémoire (1).

Après la mort de son mari, Jeanne d'Albret laissa encore quelque temps le prince de Navarre à la cour de France. Henri assista, le 17 août 1563, à la déclaration de majorité de Charles IX, faite à Rouen, en lit de justice. La reine de Navarre avait apparemment de graves motifs pour ajourner le retour de son fils : l'histoire ne les a pas pénétrés. Peut-être fut-elle obligée de

---

(1) Appendice : III.

s'incliner devant quelque refus de Charles IX ou de Catherine de Médicis ; peut-être aussi ne voulut-elle pas que Henri assistât à la révolution qu'elle méditait : Jeanne s'était mise en tête de protestantiser son petit royaume. L'auteur du *Château de Pau* a résumé avec une parfaite mesure le rôle de réformatrice assumé par la reine de Navarre (1).

Aussitôt après la mort de son mari, elle fit connaître son inflexible volonté de répandre partout les nouvelles doctrines. Son hostilité contre le catholicisme se manifestait jusque dans les actes de sa vie privée, jusque dans ses plaisirs : on la vit accueillir des œuvres de théâtre qui tournaient en dérision les prêtres et les sacrements. Elle assistait régulièrement au prêche, où, par une étrange tolérance des ministres, rapporte Pierre Mathieu, elle travaillait à des ouvrages de tapisserie, sans perdre, pour cela, un mot du sermon. Le jour de Pâques de l'année 1563, elle fit son abjuration à Pau, dans une cérémonie publique, et communia selon le rite calviniste. Enflammée de zèle, comme la plupart des néophytes, elle commença par interdire la procession de la Fête-Dieu. Cette atteinte portée à de pieux usages causa une irritation profonde parmi les catholiques béarnais ; malgré la défense royale, ils firent leur procession traditionnelle dans les rues de Pau, et les huguenots s'étant ameutés, il s'ensuivit une sanglante mêlée. De réformatrice qu'elle s'était montrée dans l'origine, elle devint bientôt persécutrice, soit gratuitement, soit par représailles. En 1566, en 1569 et en 1571, elle rendit des ordonnances qui dépassaient de beaucoup l'intolérance reprochée par les calvinistes aux édits royaux. Dans le préambule de l'ordonnance de 1571, par exemple, Jeanne d'Albret déclare « que les rois
« sont tenus, non seulement d'établir parmi leurs sujets le fonde-
« ment et la perfection de la doctrine du salut », mais « qu'ils
« doivent encore bannir du milieu d'eux le mensonge, l'erreur, la
« superstition et les autres abus... » Elle ajoute : « En quoi la reine
« désirant se prêter, satisfaisant, en même temps, aux vœux de son
« cœur et à ceux de ses sujets exprimés dans la supplication que
« viennent de lui présenter les Etats de son pays légitimement
« assemblés, voulant, en conséquence, procéder à l'extirpation des
« idolâtries et semblables abus qui ont régné dans son présent pays,

(1) Appendice : II.

« pour y planter et rétablir la véritable religion chrétienne et réfor-
« mée, déclare, veut, *ordonne que tous ses sujets, de quelque qualité
« qu'ils soient, fassent profession publique de la confession solen-
« nelle de foi qu'elle présente* ». Les pénalités qu'édictait l'ordonnance étaient excessives : l'amende, la prison, le bannissement.

La reine de Navarre n'en était pas encore arrivée, en 1563, à ces violentes manifestations de l'esprit de secte, mais elle s'y acheminait, quand la cour de Rome, inquiète des bouleversements religieux qui s'accomplissaient en Béarn, la cita, au mois de septembre, devant le tribunal de l'inquisition. Jeanne devait comparaître dans un délai de six mois, sous peine, disait le monitoire, d'être déclarée « convaincue du crime d'hérésie, privée de la dignité royale, et son « royaume et ses Etats adjugés au premier qui s'en saisirait ». La cour de France ne pouvait arguer contre l'accusation d'hérésie formulée par le monitoire ; « mais le roi très chrétien, dit Mézeray, « jugeant de la conséquence, comme il le devait, en montra un très « grand ressentiment... » Les ambassadeurs français à Rome reçurent l'ordre de faire au Pape des remontrances dont le texte offre de l'intérêt, sous plusieurs rapports (1). Ce document se terminait par une protestation formelle et une supplication au Saint-Père de vouloir bien, par acte public, révoquer la sentence fulminée contre la reine de Navarre. Pie IV, qui, au moment de son élévation, avait dit : « Il me faut la paix ! » usa de prudence et de modération : la sentence fut annulée. Ce résultat produisit quelque attiédissement dans l'esprit de l'ardente Navarraise. Elle se rendit à la cour de France pour remercier Charles IX de l'avoir défendue, elle et ses Etats, contre les décrets pontificaux et les arrêts de déchéance des parlements de Toulouse et de Bordeaux. Elle retrouva son fils entre les mains dévouées de La Gaucherie, et, avec l'agrément du roi, le ramena avec elle en Béarn.

Lorsque Jeanne rentra dans ses Etats, le comte de Gramont, son lieutenant-général, était aux prises avec les mécontents catholiques, dont il eut raison. Elle réprima ce soulèvement, provoqué par ses hostilités contre la religion traditionnelle, mais sans la passion qu'elle devait apporter plus tard à la défense de ses droits ou de ses prétentions abusives. Cet orage passé, Jeanne paraît avoir gouverné avec sagesse. Ses actes sont inspirés par une vive sollicitude

(1) Appendice : II.

pour les intérêts du pays. Elle diminue les impôts, publie de bons règlements, établit une police bien entendue, reprend la tâche paternelle de Henri d'Albret. Quoique vouée, corps et âme, à la Réforme, qu'elle favorise publiquement, elle impose des bornes aux empiétements des ministres du nouveau culte : ses lettres-patentes du 28 mai 1564 refrènent leur zèle oppressif et interdisent toute espèce de contrainte pour le choix d'une religion. En même temps, elle s'occupait sans relâche de l'éducation de Henri et de sa sœur Catherine, noble devoir qui domina toujours ses préoccupations. Il y eut là, enfin, pour les membres de la famille royale et pour les Etats de Jeanne, une courte période de paix et de prospérité. Et, cependant, une étrange conspiration s'ourdissait, au loin, contre elle, sa Maison et son pays.

On a voulu faire remonter l'idée première de cette conspiration, niée par plusieurs historiens, aux jours qui suivirent la mort d'Antoine de Bourbon. A ce moment, a-t-on prétendu, les ennemis des Maisons de Bourbon et d'Albret, d'accord avec Philippe II et inspirés par François de Guise, auraient préparé un projet d'enlèvement de Jeanne d'Albret et de ses enfants, jugeant que, ce coup fait, il serait plus aisé de venir à bout des partisans français de la Réforme. On va même jusqu'à parler d'une armée rassemblée par Philippe II à Barcelone, et dont un corps léger, transporté secrètement à Tarragone, devait arriver à Pau par les montagnes. Là, aidés, au besoin, de Montluc et de quelques hauts affidés, les Espagnols eussent enlevé la famille royale pour la mettre au pouvoir de Philippe II. Un capitaine béarnais, nommé Dimanche, servait d'entremetteur aux conjurés. Tout était prêt, et il ne restait plus qu'à échanger les dernières instructions, lorsque François de Guise fut assassiné. Il y eut un temps d'arrêt. Reprise en 1563, la ténébreuse affaire échoua par un remarquable concours de circonstances : le capitaine Dimanche, tombé malade en Espagne, confia son secret à un valet de chambre de la reine Elisabeth, qui fit agir l'ambassadeur de France et prévenir la reine de Navarre (1).

A la suite des explications que provoqua cette tentative, Catherine de Médicis, émue ou feignant de s'émouvoir des dangers qu'avaient couru Jeanne et ses enfants, insista auprès de la reine pour qu'elle lui confiât de nouveau le jeune prince, qui, placé directement sous

(1) Appendice : V.

la protection du roi de France, serait désormais à l'abri de semblables accidents. Le refus était difficile : Jeanne accéda au désir de la reine-mère, d'autant mieux qu'elle connaissait le projet de la cour de faire prochainement un voyage en France, et jusque dans les provinces méridionales. Henri retourna donc auprès du roi, et ce fut avec la cour qu'il partit de Fontainebleau pour ce voyage, dont l'histoire a noté l'influence considérable sur les événements politiques du règne de Charles IX. En l'ordonnant, Catherine obéissait à une double pensée : elle comptait assurer, dans une certaine mesure, l'exécution de l'édit d'Amboise, expédient inspiré par la mort du duc de Guise, en même temps qu'attirer les sympathies populaires sur la personne du jeune roi. L'édit d'Amboise, daté du 19 mars 1563, avait fait remettre l'épée au fourreau, mais non rétabli la paix dans les esprits. Il autorisait l'exercice du nouveau culte dans une ville par bailliage, dans quelques seigneuries et dans l'intérieur de chaque maison noble. A ce prix, les réformés rendaient les villes et les églises dont il s'étaient emparés. Exclus des charges publiques, comme précédemment, ils étaient amnistiés pour tous leurs actes antérieurs. Cet édit, œuvre ingénieuse du chancelier de l'Hospital, était considéré par les deux partis comme la préface d'une nouvelle politique, et Catherine eût bien voulu qu'il devînt la loi fondamentale de la paix définitive dont elle sentait le besoin.

Charles IX, en quittant Fontainebleau après un séjour de deux mois, se rendit à Sens, puis à Troyes, où il signa, le 11 avril 1564, avec l'Angleterre, un traité avantageux, par lequel furent atténuées quelques-unes des conséquences onéreuses de la paix de Cateau-Cambrésis. La cour fut retenue à Troyes par une chute du prince de Navarre. Catherine de Médicis écrivit à Jeanne d'Albret pour la rassurer sur les suites de cet accident et lui transmettre une invitation du roi. « Vous le trouverez (Henri) à votre contentement, « disait-elle, car tous ceux qui le voient en sont bien contents, et le « trouvent, comme il est, le plus joli enfant que l'on vît jamais. Je « m'assure que vous ne le trouverez pas empiré en mes mains. » Jeanne joignit la cour à Lyon, et voyagea quelque temps avec elle ; mais, arrivée dans le midi, la reine de Navarre, peu satisfaite de ce qu'elle voyait ou entendait, et d'ailleurs assez gravement atteinte dans sa santé, repartit pour ses Etats, en recommandant au jeune prince de visiter, sur son passage, tous les domaines de la couronne de Navarre. Suivant cet avis, il parcourut le comté de Foix, et séjourna à Pamiers et à Mazères, accompagné de ses gouverneurs et d'un nombreux cortège de gentilshommes.

Avant le séjour à Lyon, qui fut d'un mois, la cour avait visité Bar-le-Duc et la Lorraine, et Catherine, profitant du voisinage, avait entamé avec les princes allemands des négociations destinées, dans sa pensée, à les tenir à l'écart des mouvements calvinistes en France. Chassé de Lyon par la peste, Charles IX s'établit au château de Roussillon, en Dauphiné, d'où furent datés plusieurs actes de gouvernement et d'administration, tels que la destruction d'un grand nombre de citadelles élevées pendant la guerre civile, la fortification de diverses places, et la restriction, sur quelques points, des immunités accordées aux calvinistes par l'édit d'Amboise. Il reçut dans ce château la visite des ducs de Savoie et de Ferrare.

Après avoir visité le Dauphiné, surtout les contrées de cette province où la guerre civile avait laissé le plus de traces, le roi se rendit à Orange et à Avignon. Il donna audience, dans la ville pontificale, à un envoyé du Pape : le Saint-Siège et l'Italie sollicitaient, d'un commun accord, la cour de France de prendre contre l'hérésie des mesures sévères et décisives. Charles IX entrait et séjournait dans presque toutes les villes importantes. Il fut reçu à Aix, à Marseille, à Nîmes, à Montpellier, et il passa l'hiver à Carcassonne. Là, lui parvinrent les plaintes des calvinistes du Languedoc contre Damville-Montmorency, gouverneur de cette province, le même qui devait plus tard protéger et embrasser leur cause. En traversant la Provence, le prince de Navarre fut l'objet d'une curieuse prédiction du fameux Nostradamus. « Henri n'avait que dix à onze ans, rapporte P. de
« L'Estoile, et il était nommé prince de Navarre ou de Béarn, lors-
« qu'au retour du voyage de Bayonne, que le roi Charles IX fit en
« 1564, étant arrivé avec Sa Majesté à Salon du Crau, en Provence,
« où Nostradamus faisait sa demeure, celui-ci pria son gouverneur
« qu'il pût voir ce jeune prince. Le lendemain, le prince étant nu à
« son lever, dans le temps que l'on lui donnait sa chemise, Nostra-
« damus fut introduit dans sa chambre ; et, l'ayant contemplé assez
« longtemps, il dit au gouverneur qu'il aurait tout l'héritage. « Et si
« Dieu, ajouta-t-il, vous fait grâce de vivre jusque-là, vous aurez
« pour maître un roi de France et de Navarre. » Ce qui semblait lors
« incroyable est arrivé en nos jours : laquelle histoire prophétique le
« roi a depuis racontée fort souvent, même à la reine ; y ajoutant

« par gausserie qu'à cause qu'on tardait trop à lui bailler la chemise,
« afin que Nostradamus pût le contempler à l'aise, il eut peur qu'on
« voulût lui donner le fouet. »

Le roi tint un lit de justice à Toulouse, le 1er février 1565, et séjourna longtemps dans cette ville. Il fit son entrée à Bordeaux le 9 avril, y tint un autre lit de justice et accorda aux Bordelais l'institution d'un tribunal consulaire semblable à celui de Paris. Les protestants de la Guienne profitèrent du passage de la cour pour se plaindre d'une ligue formée par le comte de Candale et favorisée par le maréchal de Bourdillon. Toute décision sur cette affaire fut ajournée : elle devait se lier, dans la pensée de la cour, aux entreprises de même nature que faisaient, en divers lieux, les catholiques, à l'imitation de l'association protestante. En passant à Mont-de-Marsan, Charles IX, dévoilant cette pensée, décida, en conseil, que toute prise d'armes non soumise à la volonté royale serait considérée comme un crime de lèse-majesté.

La cour, arrivée à Bayonne le 3 juin, s'y rencontra avec la reine Elisabeth, sœur de Charles IX, accompagnée du duc d'Albe. Philippe II avait accrédité ce personnage dominant pour influer sur les décisions qui pourraient être prises ou préparées dans l'entrevue des deux cours.

Les historiens se sont partagés en deux camps, au sujet de cette entrevue. Les calvinistes ont voulu y voir des négociations formelles tendant à l'extirpation violente de l'hérésie dans les Etats de France et d'Espagne, et qui auraient abouti à un traité secret, préliminaire de la Saint-Barthélemy. La plupart des écrivains catholiques des siècles précédents se sont élevés avec énergie contre cette interprétation ; selon eux, les deux cours se rencontrèrent à Bayonne sans aucun but politique. Les mêmes divergences subsistent de nos jours, mais seulement chez les esprits voués aux thèses absolues. L'histoire digne de sa mission ne peut adopter ni l'ancienne version calviniste, ni la version contraire : des faits authentiques ont démenti celle-ci, et de celle-là les preuves manquent. Ajoutons que la vraisemblance témoigne contre l'une et l'autre.

La vérité, comme il arrive souvent, paraît être à égale distance des deux opinions extrêmes. L'entrevue de Bayonne ne pouvait être qu'essentiellement politique : il y fut question des vœux communs que faisaient les cours de France et d'Espagne pour la ruine ou l'abaissement d'un parti religieux et politique dont l'existence seule menaçait, à chaque instant, la paix dans les deux royaumes. Nul n'a vu le « traité secret », le « pacte de sang » ; nul ne saurait mettre au jour un seul protocole, à plus forte raison, le texte d'un « projet arrêté » ; mais il y eut certainement des velléités d'accord et de ligue, un échange de vues générales, de doléances et de paroles courroucées contre la Réforme : on n'a pas inventé les témoignages qui abondent sur ces divers points ; François de la Noue, Pierre Mathieu, le duc de Nevers et de Thou sont dignes de foi quand ils les reproduisent, et tombent dans l'erreur seulement lorsqu'ils concluent. Le propos du duc d'Albe, entendu par le prince de Navarre, « qu'une tête de saumon vaut mieux que mille têtes de grenouilles », n'est qu'un propos, mais des plus caractéristiques. Il s'en tint bien d'autres de ce genre, on peut l'affirmer, et si, tous ensemble, ils ne suffisent pas pour inscrire une conjuration de plus dans l'histoire, pareillement ils démontrent l'inanité de la thèse qui refuse à l'entrevue de Bayonne tout caractère d'hostilité contre les protestants.

Le prince de Navarre, malgré son extrême jeunesse, ne passa pas inaperçu dans cette réunion des cours de France et d'Espagne. Jeanne était venue à Bordeaux visiter Charles IX et la reine-mère, et les prier de s'arrêter à Nérac, au retour de Bayonne. Elle avait pris des mesures pour que le prince de Navarre parût sur la frontière d'Espagne avec l'appareil qui convenait à son rang : il importait, selon elle, que l'héritier des débris du royaume de Navarre se montrât avec éclat, à côté du roi de France, devant les représentants de la nation ennemie. Une lettre de Henri, datée de Bazas, 8 mai 1565, porte les traces de cette maternelle et royale préoccupation : « Monsieur d'Espalungue, ayant délibéré de m'accom-
« pagner, au voyage de Bayonne, des plus notables et apparents
« gentilshommes que je pourrai aviser, je vous ai bien voulu
« avertir que, pour la bonne confiance que j'ai eue toute ma vie en
« vous, je vous ai choisi et élu pour me faire compagnie audit
« voyage ».

Pendant les fêtes de Bayonne, qui durèrent dix-sept jours, le prince de Navarre, dit Favyn, « tint toujours son rang de premier
« prince du sang, magnifique en son train, splendide en son service,
« doux et agréable à tous, mais avec une telle majesté, qu'il était
« admiré des Français et redouté par les Espagnols, qui, en un âge
« si tendre de ce prince, jugeaient bien que cet aigle presserait, quel-
« que jour, de ses serres leur lion, pour lui faire démordre son

« royaume de Navarre. C'est pourquoi le duc de Rio-Secco, ambas-
« sadeur de Philippe II, ayant considéré les actions de ce prince de
« plus près que les autres, dit ces paroles, qui furent depuis bien
« remarquées : « Ce prince est empereur ou le doit être.—*Mi parece
« este principe o es imperador, o lo ha deser.* » Ce succès un peu
théâtral répondit aux sollicitudes de Jeanne d'Albret et des
gentilshommes béarnais dont elle avait formé le cortège de son fils ;
malheureusement, leur joie ne fut pas sans mélange : Charles IX,
pour plaire à la reine sa sœur, consentit, en faveur de l'Espagne, au
démembrement du diocèse de Bayonne, qui fut amoindri de tout le
Guipuscoa.

La cour de France revint de Bayonne par Condom et Nérac.
Jeanne d'Albet lui avait préparé une réception royale : il y eut
quatre jours de gala (1), pendant lesquels la reine de Navarre fut
vivement sollicitée, mais en vain, de rentrer au giron de l'Eglise.
Quelques historiens placent à cette époque sa hautaine réponse à
Catherine de Médicis sur l'inflexibilité de ses nouvelles convictions
religieuses. Elle dut, cependant, faire une importante concession.
La liberté du culte catholique n'existait plus dans la capitale de
l'Albret, et comme ce duché n'était pas un pays souverain, mais un
fief, Jeanne, se rendant au vœu de Charles IX, leva son interdiction.
Il fut convenu, en outre, que les magistrats municipaux seraient
mi-partis, et Montluc, lieutenant-général en Guienne, reçut l'ordre
de tenir la main à cet arrangement.

Après avoir quitté la Gascogne et la Guienne, Charles IX
traversa Angoulême, Niort, Thouars, Angers, Tours, et il arriva à
Blois à l'entrée de l'hiver. Il rapportait de ce long voyage beaucoup
d'impressions pénibles et de souvenirs irritants. Frappé, de tous
côtés, du spectacle des églises, des châteaux, des hameaux dévastés
par les réformés, il en conçut contre eux, au rapport de Davila,
une sorte d'aversion et de dégoût. Au mois de janvier 1566, la
cour se rendit à Moulins, où le chancelier de l'Hospital avait convoqué, avec les personnages les plus considérables du royaume,
les présidents de tous les parlements de France. Il s'agissait de
réconcilier solennellement les Maisons de Guise et de Châtillon, de
reviser l'édit d'Amboise, déjà modifié, et de discuter quelques projets de réforme judiciaire ou administrative préparés par le chan-

---

(1) Appendice : VI.

celier. La réconciliation eut lieu, et personne ne la tint pour sincère; les projets de réforme furent approuvés, en attendant que la guerre les rendît illusoires; quant à la révision de l'édit d'Amboise, elle occupa les esprits sans les apaiser.

Vers ce temps-là, Jeanne fut rappelée à la cour par diverses affaires, entre autres un procès qu'elle soutenait contre son beau-frère le cardinal de Bourbon, au sujet de ses domaines du Vendômois. Elle comprit bientôt, au premier aspect des choses, que la guerre allait sortir de tous les instruments de paix forgés sur le pupitre du chancelier. Elle avait laissé elle-même, dans ses Etats, des ferments de discorde qui lui inspiraient peu de confiance en l'avenir. D'un autre côté, le prince de Navarre touchait à un âge critique, et la cour des Valois n'était guère le lieu où se pût achever son éducation. Jeanne prit le parti de le ramener en Béarn. Ce fut presque un enlèvement, nécessité, il faut le dire, par la persistance de Catherine de Médicis à conserver son otage. Epiant le moment favorable, Jeanne, avec l'agrément de Charles IX, partit, accompagnée de son fils, pour ses domaines de Picardie, d'où elle passa dans le Vendômois, et de là en Anjou. De La Flèche, elle écrit au roi pour excuser son départ précipité, alléguant les troubles qui venaient d'éclater dans la Navarre; elle gagne le Poitou, traverse la Guienne et la Gascogne, et arrive à Pau. Son allégation au roi n'était que trop exacte: elle trouva une partie du Béarn soulevée, et il fallut, peu de temps après, recourir aux armes pour avoir raison de ces nouveaux désordres, provoqués, comme les précédents, par les dissensions religieuses.

CHAPITRE V

La popularité du prince de Navarre. — Florent Chrestien. — L'éducation littéraire, militaire et politique. — Voyage de Henri dans les Etats de sa mère. — Son séjour à Bordeaux. — Reprise des hostilités entre les protestants et la cour. — La tentative de Meaux. — Bataille de Saint-Denis. — Paix de Lonjumeau. — Le geôlier politique et militaire de Jeanne d'Albret. — Henri réclame vainement le gouvernement effectif de Guienne. — Autres griefs des réformés. — Projet d'arrestation de Condé, de Coligny et de plusieurs autres chefs calvinistes. — Ils se sauvent à La Rochelle. — Retraite du chancelier de l'Hospital. — Boutade du prince de Navarre contre le cardinal de Lorraine. — Jeanne quitte ses Etats, malgré Montluc, et se retire à La Rochelle avec ses enfants. — Ses lettres à la cour de France et à la reine d'Angleterre. — L'organisation militaire du parti calviniste. — La première armure de Henri. — Essai de pacification. — Édit de Saint-Maur contre les protestants. — Les forces des calvinistes et leurs succès.

Le retour du prince de Navarre dans son pays natal fut un événement pour le petit royaume : les visites et les députations se succédèrent longtemps au château; mais ce fut surtout le pays de Coarraze qui afflua autour du donjon de Gaston-Phœbus. Duflos raconte qu'un beau jour, tous les habitants de ce coin de terre, endimanchés, les mains pleines de fleurs, de galettes et de fromages, se mirent en route pour aller voir « *lou nousté Henric* ». Ils traversent Pau, soulevé de joie et de curiosité sur leur passage, abordent le château et font tumultueusement irruption dans la cour d'honneur. Henri et sa mère paraissent au milieu d'eux, salués de vivats tels qu'en savent faire retentir les robustes poumons des montagnards pyrénéens. Il y eut des harangues et des embrassades, des attendrissements et des enthousiasmes indescriptibles, le tout couronné par un banquet homérique. C'était la popularité du Béarnais qui commençait : elle devait aller grandissant jusqu'à l'heure de l'immortalité.

Après les joies du retour, le prince de Navarre se remit à l'étude, sous l'œil vigilant de sa mère. Il avait perdu son précepteur La Gaucherie, à qui venait de succéder Florent Chrestien, bien digne d'achever l'œuvre de son devancier. C'était un homme docte, de bonnes mœurs, mais d'un esprit plus vif que La Gaucherie. Il passe pour avoir formé le goût littéraire de son élève, ce qui est croyable, car Florent Chrestien était un écrivain de talent : on lui attribue une part considérable de collaboration dans cette fameuse *Satire Ménippée* qui aida puissamment Henri IV à conquérir la population parisienne. Mais, sans abandonner les livres, Henri dut porter son attention sur d'autres objets. Son gouverneur militaire, le baron de Beauvais, ne le laissait pas chômer d'exercices virils et d'études pratiques; Florent Chrestien le nourrissait de bonne littérature; Jeanne d'Albret voulut contribuer à cet apprentissage par une sorte de lieutenance du royaume, dont elle l'investit. Il écrivit des lettres d'affaires, donna des audiences, représenta la reine partout où elle jugeait qu'une délégation de son pouvoir n'offrait pas d'inconvénients. Il fit même son début sous les armes, un semblant de première campagne, à l'occasion des troubles d'Oloron, en 1567. Jeanne d'Albret l'envoya contre les rebelles, pour les ramener à la soumission par sa présence, ou, au besoin, pour les combattre. Il s'acquitta de cette mission avec un plein succès. A l'approche de ce généralissime de treize ans, les révoltés se retirèrent dans les montagnes; mais quelques-uns étant tombés au pouvoir du prince, il les employa comme négociateurs, les chargeant de dire à leurs compagnons que, s'ils voulaient recourir à la clémence de la reine, ils n'auraient pas sujet de s'en repentir. Ils suivirent ce conseil et mirent bas les armes. Quelques exemples furent faits, mais la modération l'emporta dans les conseils de la reine.

Jeanne d'Albret, recherchant toutes les occasions de donner un but à l'activité déjà exubérante de son fils et de compléter son éducation politique, lui traça l'itinéraire d'un grand voyage à travers ses Etats et dans le gouvernement de Guienne, dont il était investi, quoique le véritable gouverneur de cette province fût le maréchal Blaise de Montluc.

Le voyage eut lieu en 1567. Henri partit de Pau, accompagné de Florent Chrestien, du baron de Beauvais et d'une suite digne de son rang. Quelques souvenirs de ce voyage nous ont été conservés par Duflos, qui s'est aidé des Mémoires de Nevers, de relations manuscrites et des traditions locales. Le prince y fit un bon apprentissage de patience et de diplomatie. Il dut parler souvent, et plus souvent écouter. Parfois il se trouva dans une situation difficile. L'*Éducation de Henri IV* rapporte que, dans une petite ville de Guienne, où il n'y avait guère que des calvinistes, Henri prit part à un banquet dont les vins généreux délièrent les langues au point de les faire toutes médire du roi et de la cour de France. Le prince invite les convives à plus de réserve; les propos continuent; il proteste formellement et sort, ne voulant pas paraître complice.

A Lectoure, un épisode touchant. Le prince arrive sous les murs de cette place; un malentendu fait qu'on ne vient pas au-devant de lui; des pauvres gens, des mendiants même, lui font accueil à leur manière, le suivent et entrent avec lui dans la ville. Il marchait avec ce cortège, lorsque les magistrats de Lectoure le rencontrent, stupéfaits et honteux de leur maladresse. « — Qu'auriez-vous dépensé, « Messieurs, pour me fêter aujourd'hui ? — Six cents livres et plus, « Sire. — Eh bien ! donnez six cents livres à ces bonnes gens, et « demain vous serez mes convives. »

A Bordeaux, Henri eut une réception magnifique, tous les succès et toutes les admirations On lit, sur son séjour, dans les Mémoires de Nevers, l'extrait suivant d'une lettre écrite par un des principaux magistrats de Bordeaux : « Nous avons ici le prince de Navarre. « Il faut avouer que c'est une jolie créature. A l'âge de treize ans, il « a toutes les qualités de dix-huit et dix-neuf; il vit avec tout le « monde d'un air si aisé, qu'on fait toujours la presse où il est ; il « agit si noblement en toutes choses, qu'on voit bien qu'il est un « grand prince ; il entre dans les conversations comme un fort honnête homme ; il parle toujours à propos, et quand il arrive qu'on « parle de la cour, on remarque qu'il est fort bien instruit et qu'il ne « dit jamais rien que ce qu'il faut dire en la place où il est. Je haïrai, « toute ma vie, la nouvelle religion de nous avoir enlevé un si digne « sujet. » Une autre lettre, citée dans ces Mémoires, ajoute de curieux détails sur sa façon de vivre et les penchants auxquels il semblait déjà destiné à se livrer : « Le prince de Navarre aime le « jeu et la bonne chère. Quand l'argent lui manque, il a l'adresse d'en « trouver, et d'une manière toute nouvelle et toute obligeante pour « les autres aussi bien que pour lui-même : il envoie à ceux qu'il « croit de ses amis une promesse écrite et signée de lui; il prie qu'on « lui envoie le billet ou la somme qu'il porte : jugez s'il y a maison

« où il soit refusé! On tient à beaucoup d'honneur d'avoir un billet
« de ce prince. » Il n'eut pas, plus tard, à beaucoup près, autant de
facilités pour battre monnaie, surtout lorsque, au milieu des
camps, il manquait de chemises et portait le pourpoint troué. Il
faut reproduire encore un trait de caractère, daté de cette époque,
et qui prophétisait la passion dominante de ce prince. Les historiens citent cette note d'un contemporain anonyme : « Le prince
« de Navarre acquiert tous les jours de nouveaux serviteurs. Il s'insi-
« nue dans les cœurs avec une adresse incroyable. Si les hommes
« l'honorent et l'estiment beaucoup, les dames ne l'aiment pas moins.
« Il a le visage fort bien fait, le nez ni trop grand, ni trop petit, les
« yeux fort doux, le teint brun, mais fort uni ; et cela est animé d'une
« vivacité si peu commune, que, s'il n'est bien avec les dames, il y
« aura bien du malheur. »

Cette même année 1567 vit, en France, des essais de ligue
catholique, dont les calvinistes s'autorisèrent pour s'exciter à la
lutte et parler à la cour sur un ton plus hardi. Charles IX, dans
cette occurrence, eut un colloque très vif avec Coligny. L'amiral
voulait se mettre à la tête de la noblesse pour aller combattre le
duc d'Albe, dont la politique d'extermination inondait de sang les
Pays-Bas. « — Il n'y a pas longtemps », dit le roi à Coligny,
« que vous vous contentiez d'être soufferts par les catholiques;
« maintenant, vous demandez à être égaux ; bientôt vous voudrez
« être seuls et nous chasser du royaume. » Les calvinistes se crurent
à la veille d'être attaqués et résolurent de prendre l'offensive. Leur
prise d'armes débuta par la tentative de Meaux contre le roi et la cour.
Elle échoua, grâce à la bravoure des gardes suisses, et les troupes de
Condé et de l'amiral ayant fait devant Paris un simulacre de siège,
il s'ensuivit la bataille de Saint-Denis, où l'action resta indécise,
quoique La Noue accorde l'avantage à l'armée royale. Le vieux
connétable de Montmorency y fut mortellement blessé. « — Votre
« Majesté n'a pas gagné la bataille », dit au roi le maréchal de Vieilleville; « encore moins le prince de Condé. — Qui donc ? » demanda Charles IX. — « Le roi d'Espagne, Sire; car il y est mort,
« d'une part et d'autre, tant de valeureux seigneurs, si grand nombre
« de noblesse, tant de vaillants capitaines et braves soldats, tous de
« la nation française, qu'ils étaient suffisants pour conquêter la
« Flandre et tous les pays sortis autrefois de votre royaume ! »

La fin de l'année 1567 et les premiers mois de l'année suivante sont pleins d'émeutes et de prises d'armes partielles dans le midi, depuis le Dauphiné jusque dans le Poitou. Condé et l'amiral, s'affaiblissant autour de Paris, poussèrent leur armée vers la frontière d'Allemagne, pour donner la main aux reîtres levés par eux dans ce pays. La jonction se fit à Pont-à-Mousson, malgré la poursuite de l'armée royale. Fortifiés, mais ne se jugeant pas en état de tenir la campagne dans l'Ile-de-France, les réformés se dirigèrent sur Orléans, prirent Blois et mirent le siège devant Chartres. Là, les incessantes négociations de Catherine de Médicis les trouvèrent disposés à conclure une paix que leur rendait salutaire l'indiscipline des mercenaires allemands. Ce fut la paix de Chartres ou de Lonjumeau. Signé au mois de mars, ce traité, aussi mal observé, de part et d'autre, que les précédents, multiplia et envenima les griefs réciproques : au mois d'août suivant, il n'en restait plus vestige.

En Guienne et en Gascogne, Montluc était le geôlier politique et militaire de Jeanne d'Albret. Nous avons dit que, à raison de la jeunesse de Henri, les fonctions de sa charge de gouverneur de Guienne étaient exercées par le maréchal, qui ne péchait pas, envers les « Navarrais », par excès de bienveillance. La reine jugea opportun de réclamer pour son fils un pouvoir plus effectif, et elle en écrivit à Charles IX, accompagnant sa requête d'une lettre de Henri, dans laquelle il priait le roi de France de ne pas écouter « ceux « qui se voulaient fonder sur son bas âge » pour l'empêcher d'être employé en sa charge de gouverneur de Guienne. Il y a déjà, dans cette lettre, un accent de juste revendication et de légitime amour-propre : « Qu'il vous plaise », dit-il au roi en parlant de sa charge purement nominale, « de ne laisser pourtant de permettre et de « me commander que je commence d'y vaquer et entendre selon « que madite dame et mère le vous remontre et requiert. Car il me « semble, Monseigneur, pour l'honneur que j'ai d'être le premier « prince de votre sang, et sentant en moi une extrême affection « au service de V. M., ensuivant celle de mes prédécesseurs, que « je tarde trop à faire paraître ma bonne volonté... »

Cette réclamation et bien d'autres, que provoquèrent, quelques semaines après, de la part de Jeanne, de Condé et de Coligny, les flagrantes violations de la nouvelle paix, furent impuissantes à prolonger celle-ci. De graves incidents en bornèrent étroitement la durée, tels que l'attentat commis, par les ordres du parlement de

Toulouse, sur la personne de Rapin, gentilhomme du prince de Condé. Envoyé dans cette ville pour faire enregistrer l'édit, Rapin fut condamné à mort et sommairement exécuté. Le parlement n'enregistra l'édit, et encore avec des restrictions, qu'après la quatrième lettre de jussion. Nul ne se fiant à la paix de Lonjumeau, Condé et Coligny moins que tout autre, ces deux chefs, retirés dans leurs terres, continuèrent à entretenir d'actives correspondances avec leurs alliés français et étrangers, jusqu'au jour où, informés que la reine-mère avait donné des ordres pour les arrêter, eux et d'autres personnages importants de leur parti, ils prirent la fuite et se dirigèrent du côté de La Rochelle. Ce malheureux coup de force, indice de tant de faiblesse, amena le chancelier de l'Hospital, le modérateur systématique de cette époque, à faire à la cour de sévères remontrances, auxquelles on ne put rien objecter de raisonnable, mais qui lui attirèrent l'animadversion des conseillers du roi et de sa mère. Se voyant à la veille d'une disgrâce, il la prévint par sa retraite. C'était un contre-poids qui disparaissait de la scène : dorénavant, les événements vont se précipiter.

La reine de Navarre n'avait pris aucune part à la guerre de 1567-1568, quoiqu'elle en eût ressenti les contre-coups. Nous avons vu qu'elle s'en était plainte au roi. Dans ses négociations à ce sujet, elle eut à expliquer ses griefs et à défendre ses intérêts devant La Mothe-Fénelon, chargé de lui transmettre les paroles royales et de rapporter les siennes à la cour. Fénelon, qui devait s'illustrer, en 1587, par la belle défense de Sarlat contre Turenne, était un esprit généreux et modéré. Il déplorait sincèrement les nouvelles perspectives de guerre civile. « — Ce feu dévorateur, » dit-il à la reine de Navarre, « embrasera les deux royaumes. — » « Bah ! Monsieur, » répliqua Henri avec l'impétuosité et le ton narquois qui accentuèrent souvent ses discours, « c'est un feu à « éteindre avec un seau d'eau ! » — « Eh ! comment, Monseigneur ? » reprit Fénelon stupéfait. — « En faisant boire ce seau au cardinal « de Lorraine, jusqu'à en crever ! » Ce prélat passait, en effet, pour être le plus impitoyable adversaire des huguenots et le conseiller ardent des mesures de violence.

Jeanne d'Albret, à la nouvelle de la fuite de Condé et de Coligny, avait compris que ces mesures finiraient par l'atteindre elle-même. Déjà Catherine lui avait fait redemander son fils, comme si elle eût pressenti que le jeune prince aurait bientôt à jouer un rôle personnel et prépondérant. Cette sollicitude de la reine-mère était plutôt de nature à effrayer Jeanne qu'à la rassurer. Elle répondit à ses avances d'une façon évasive, et conçut un dessein qui devait avoir sur la présente crise une redoutable influence. Elle savait que les chefs calvinistes étaient en marche vers La Rochelle; que cette ville, où l'esprit de la Réforme était vivace, leur tendait les bras et aspirait à devenir le boulevard du parti. Elle résolut de s'y transporter avec ses enfants et son trésor. L'entreprise était difficile sous les yeux de Montluc; elle semblait même téméraire, puisque, au moment où Jeanne y songeait, de nouveaux soulèvements commençaient à agiter ses Etats. Mais comment apaiser des troubles que Montluc avait peut-être reçu la mission de provoquer par-dessous main ou de favoriser, ne fût-ce que par son attitude, souvent malveillante à l'égard de la reine? Elle n'hésita pas longtemps; mais l'exécution de son projet exigeait la force ou la ruse. Une armée régulière, si elle l'eût possédée, Montluc l'aurait défaite; or, elle n'avait que des serviteurs disséminés un peu partout. Elle se confia aux uns, le plus petit nombre, pour l'escorter et pour acheminer, plus tard, les autres vers des lieux désignés; puis elle tendit à Montluc un vrai piège de femme et d'héroïne.

Jeanne et ses enfants quittent le Béarn vers la fin du mois d'août 1568, emportant avec eux tout ce que la reine put réunir d'argent, de joyaux et d'objets précieux. Arrivée à Nérac, Jeanne feint de s'occuper des préparatifs d'une grande fête à laquelle sont invités Montluc et sa famille. Elle endort à moitié la vigilance du rude capitaine, et tout à coup, le 6 septembre, elle part de Nérac avec son fils et sa fille et une escorte de cinquante gentilshommes, laissant derrière elle toute sa cour avec des instructions précises. Prévenu un peu tard, Montluc court après la reine, la manque de quatre heures à Casteljaloux, la suit, la voit, impuissant, entrer dans Bergerac, où la nouvelle lui parvient de la prise de Mazères par Caumont La Force. Chemin faisant, l'escorte de la reine est devenue une petite armée. Montluc et d'Escars, gouverneur de Périgord et de Limousin, la serrent de près, mais n'osent l'attaquer. Bien plus, Montluc, par une étrange fortune, se voit dans la nécessité de rendre, en quelque sorte, les honneurs militaires à Jeanne et aux royaux enfants. Il s'en tire en Gascon, et fait supplier la reine de s'employer à contenir les protestants, jurant, de son côté, de maintenir les catholiques dans la bonne voie. Jeanne poursuit son voyage; elle passe à Mussidan, s'arrête quelques jours à Archiac pour attendre le prince de Condé, qui avait dû forcer les portes de Cognac, et enfin elle entre dans La Rochelle, le 26 septembre, suivie de toute sa cour. Les Rochelais lui firent une réception triomphale.

Elle avait déjà écrit, de Bergerac, le 16 septembre, au roi, à la reine-mère, au duc d'Anjou, au cardinal de Bourbon, des lettres dans lesquelles elle expliquait les motifs de son voyage et de son attitude, qui était manifestement celle d'une belligérante. Le ton en était mesuré, quoique vif. A La Rochelle, exaltée par l'acte qu'elle venait d'accomplir et aussi par l'émotion de son entourage, elle rédigea un manifeste dont ses panégyristes eux-mêmes regrettent la forme violente. Elle écrivit aussi à la reine Elisabeth d'Angleterre pour lui donner des explications et lui demander son appui et ses secours. « Ce n'est point contre le ciel et contre le Roi, comme le di-« sent nos ennemis, que la pointe de nos épées est tournée. Grâce à « Dieu, nous ne sommes points criminels de lèse-majesté divine ni « humaine; nous sommes fidèles à Dieu et au Roi. » Pendant ses longs démêlés avec la cour de France, et même au plus fort de ses luttes armées contre elle, le roi de Navarre tint constamment le même langage.

Au milieu des épanchements qui signalèrent la réception de la reine de Navarre à La Rochelle, on remarqua la réponse du jeune prince à la pompeuse harangue du maire, Jean de Labèze. « Je ne « me suis pas tant étudié pour parler comme vous, dit-il; je ferai « mieux: je sais beaucoup mieux faire que dire. » Le commandement de l'armée était dû à Henri, et Condé s'empressa de le lui remettre; mais Jeanne et son fils ne l'acceptèrent que comme un honneur, et, dans une déclaration publique, Condé fut prié par la reine de rester à la tête des troupes, « étant, elle et ses enfants, prêts « à lui obéir en tout et partout ». On sut gré, de toutes parts, au fils et à la mère, de ce désistement prudent et politique. Un incident caractéristique donna la mesure de la supériorité d'esprit et de l'influence de la reine de Navarre. Condé la supplia d'accepter le gouvernement civil de l'armée, tandis qu'il en assumerait le gouvernement militaire. Elle accepta cette mission bien difficile pour une femme, et y déploya ses rares qualités d'ordre, de prévoyance et de résolution. Le jeune prince de Condé devint le compagnon d'armes de Henri, que Jeanne voulut elle-même revêtir de sa première armûre, à Tonnay-Charente, au milieu d'une cérémonie militaire. « Toute l'Europe a les yeux fixés sur vous, lui dit-elle : vous cessez « d'être enfant. Allez, en obéissant, apprendre, sous Condé, à com-« mander un jour. » A la veille des combats et des périls qu'on prévoyait, aucun signe de faiblesse : « Le contentement de soutenir une « si belle cause, dit-elle plus tard, surmontait en moi le sexe, en lui « l'âge. »

Henri eût bien voulu se jeter sans délai dans cette nouvelle existence. Fatigué de l'inaction qui lui était imposée pendant que se faisaient les préparatifs de guerre, il cherchait partout le mouvement. Il faillit trouver la mort dans une promenade en mer, où il eût péri sans la vigueur d'un marin de La Rochelle, qui le ramena au rivage. L'armée protestante, renforcée à chaque instant, bien armée et approvisionnée, grâce aux sacrifices de Jeanne d'Albret et aux secours de toute espèce qu'elle avait obtenus d'Elisabeth, devenait de jour en jour plus puissante. Ce n'était plus, à vrai dire, une armée, c'en était trois, sans compter les enfants perdus et les bandes de toute sorte. Il y avait, d'abord, la grande armée de Condé et de Coligny, puis un corps nombreux, commandé par Dandelot, frère de l'amiral, et enfin quinze ou vingt mille religionnaires, levés par Jacques de Crussol, comte d'Acier, en Dauphiné, en Provence et en Languedoc.

La cour, inquiète de cette affluence sous les drapeaux de la Réforme, s'avisa d'écrire aux gouverneurs et lieutenants-généraux que le roi n'entendait pas faire une guerre systématique aux réformés. A rester chez eux, ils ne risquaient rien, ils étaient sous la protection du Roi. Il y eut quelques défections, mais de peu d'importance, et ce fut alors qu'on recourut aux mesures de rigueur. L'édit de Saint-Maur défend, sous peine de mort, l'exercice de la religion réformée, ordonne à tous les ministres de sortir du royaume dans un délai de quinze jours, et aux magistrats de n'épargner que ceux des dissidents qui abjureraient l'hérésie. Un autre édit, qui suit, prononce la confiscation des biens des réformés, et enfin, par lettres-patentes, Charles IX, sous prétexte que Jeanne et ses enfants sont prisonniers des rebelles, ordonne au baron de Luxe de s'emparer du Béarn. Les réformés, par la voix de Jeanne et de leurs chefs, publièrent des protestations et des apologies, sans se faire illusion sur l'efficacité de ces démonstrations. La parole était à l'épée.

L'armée de Saintonge avait des chefs entreprenants, qui la

mirent bientôt en campagne. La cour n'était pas prête à soutenir la grande guerre qu'elle prévoyait. Le duc de Montpensier, chargé d'arrêter les religionnaires commandés par Crussol, les avait battus, le 14 octobre 1568, à Mensignac, près de Périgueux, mais sans pouvoir les empêcher de rejoindre le prince de Condé. En moins de trois semaines, le généralissime calviniste comptait autour de lui dix-huit mille arquebusiers et trois mille chevaux. Une seconde armée royale se formait, dont le duc d'Anjou, frère du roi, devait prendre le commandement. Avant qu'elle fût en marche, les huguenots avaient pris Niort, Meslay, Fontenay, Saint-Maixent et nombre de petites places dans le Poitou. Angoulême, réputée imprenable, repoussa victorieusement un assaut de Montgomery, mais fut forcée de se rendre au prince de Condé, menant avec lui son neveu, le prince de Navarre : ce fut le premier siège auquel assista Henri de Bourbon. Dans la Saintonge, les armées protestantes faisaient tout plier : reddition de Saint-Jean-d'Angély, reddition de Saintes, prise de Pons. Quand l'armée du duc d'Anjou se mit en mouvement vers la fin du mois d'octobre, le duc de Montpensier pouvait à peine tenir la campagne du côté de Châtellerault, et de toutes les grandes places du Poitou, il ne restait au roi que Poitiers, où commandait le maréchal de Vieilleville.

CHAPITRE VI

L'armée du duc d'Anjou. — Temporisation. — Escarmouche de Loudun. — Les renforts attendus. — Bataille de Bassac ou de Jarnac. — Mort du prince de Condé. — Son éloge par La Noue. — Jeanne d'Albret à Tonnay-Charente. — Henri proclamé généralissime. — Affaires de Béarn. — Arrivée des reîtres en Limousin. — La campagne de Montgomery en Gascogne et en Béarn. — Combat de La Roche-Abeille. — Siège de Poitiers, désapprouvé par le prince de Navarre.—Tactique du duc d'Anjou.—Combat de Saint-Clair.—Mesures de proscription contre Coligny. — L'avis avant la bataille. — Bataille de Moncontour. — L'inaction de Henri et la grande faute de l'amiral. — Héroïsme de Jeanne d'Albret.

L'armée royale comptait plus de vingt mille hommes, tant Français que Suisses, Allemands et reîtres. Le duc d'Anjou, ayant sous ses ordres Tavannes et Sansac, recueillit les troupes de Montpensier et fut bientôt en présence de l'ennemi. Mais, soit qu'il y eût, de part et d'autre, comme un parti pris de temporisation, soit que le duc d'Anjou voulût attendre des renforts qui, en effet, vinrent, plus tard, grossir son armée, l'automne de 1568 se passa en manœuvres et en escarmouches. Dans une de ces rencontres, près de Loudun, Henri eut l'occasion de prouver qu'il avait acquis déjà le sens militaire. Les réformés étaient en force : le prince de Navarre s'étonna qu'on ne marchât point résolûment à l'ennemi. « — Si le duc d'Anjou, dit-il, se croyait assez fort, il ne man- « querait pas de nous attaquer. Marchons donc sans délai : la victoire « est certaine. » Elle était, du moins, probable, et les deux chefs principaux, Condé et Coligny, auraient pu suivre un plus mauvais conseil. Les rigueurs de l'hiver interrompirent les opérations. Les catholiques s'établirent dans le Poitou septentrional et le Limousin ; les calvinistes, dans le Bas-Poitou, l'Angoumois et la Saintonge. La reine de Navarre et son fils passèrent le reste de l'hiver à Niort, d'où partirent les ordres et les messages en vue de la rentrée en campagne. Les deux armées nourrissaient également l'espoir d'être renforcées en temps opportun : les catholiques pressaient l'arrivée de nouvelles troupes, qui ne leur firent pas défaut, et les protestants attendaient avec impatience des renforts du Quercy, qui ne vinrent pas, et les auxiliaires allemands en marche sous les ordres du duc de Deux-Ponts. Ceux-ci arrivèrent trop tard.

Le duc d'Anjou, instruit du demi-désarroi de l'armée calviniste, prit l'offensive, dès les premiers jours du mois de mars 1569. Le 13, par une marche rapide, il arrive dans le voisinage de l'ennemi, qui occupait Cognac, Jarnac et les ponts de la Charente. Le duc jette un pont, pendant la nuit, près de l'abbaye de Bassac, non loin du logis de l'amiral. Coligny, surpris, veut se retirer ; le désordre se met dans ses troupes, elles combattent en fuyant ; l'arrière-garde est enveloppée ; La Noue tombe au pouvoir de l'armée royale, et le prince de Condé, en chargeant les reîtres, la jambe cassée d'un coup de pied de cheval, est tué par Montesquiou, capitaine des gardes du duc d'Anjou, au moment où il venait de rendre son épée à deux gentilshommes catholiques.

Sans la mort de ce chef intrépide, la défaite de Jarnac n'eût été qu'un simple échec pour les protestants : leur infanterie était intacte, et elle se mit, en grande partie, à l'abri derrière les hautes murailles de Cognac. Mais en perdant Condé, les calvinistes perdaient plus qu'une armée : outre le courage et l'esprit de décision, il avait mis au service de la cause un vrai talent de généralissime, que rehaussait encore sa qualité de prince du sang. « En hardiesse, « dit François de La Noue dans ses Mémoires, aucun de son siècle « ne l'a surpassé, ni en courtoisie. Il parlait fort disertement, plus de « nature que d'art, était libéral et très affable à toutes personnes ; et « avec cela excellent chef de guerre, néanmoins amateur de paix. Il « se portait encore mieux en adversité qu'en prospérité. » Condé laissait un vide où menaçaient de s'engloutir les espérances du parti, malgré les mérites reconnus de l'amiral. Jeanne d'Albret et son fils firent bientôt oublier ce moment de défaillance.

A la nouvelle de la défaite de Jarnac, la reine de Navarre quitte La Rochelle. Comme elle avait « un grand cœur et un esprit mâle », dit de Thou, elle ne s'arrêta point à déplorer ce malheur. Elle court à Tonnay-Charente, où s'était rassemblée une partie de l'armée rompue. Elle parle en reine affligée, mais en héroïne indomptable ;

elle offre sa vie, celle de son fils; elle provoque le serment des résistances suprêmes. De longues acclamations accueillent ses paroles. Henri parle à son tour: « — Votre cause est la mienne; vos « intérêts sont les miens. Je jure, sur mon âme, honneur et vie, d'être « à jamais tout à vous. » Le fils de Condé s'associe à ce serment, que les chefs et l'armée prêtent à leur tour. Henri sera généralissime avec Condé pour lieutenant et Coligny pour lieutenant-général. Jeanne réunit les chefs. L'argent manque: elle donne tout ce qu'elle a; on l'imite; les pierreries, les bijoux seront mis en gage en Angleterre. Mais cela sauvegarde seulement le présent, il faut songer à l'avenir: on battra monnaie par la vente des biens ecclésiastiques dans les provinces conquises. C'est la guerre à outrance. Pauvre pays! que d'épreuves lui sont réservées! On aime à voir, du moins, le prince de Navarre, à peine revêtu d'un titre officiel à l'armée, s'occuper de venir en aide à quelques victimes de la guerre. Le 18 mars, il écrit au duc d'Anjou pour recommander à sa bienveillance les prisonniers calvinistes et lui offrir ses bons offices pour les prisonniers catholiques. « Nous avons en nos mains quelques pri« sonniers des vôtres, comme aussi vous en avez bien des nôtres; « s'il vous plaît trouver bon de les mettre à rançon ou d'en faire « échange, nous y entendrons volontiers, et vous plaira m'en man« der votre volonté. »

Pendant que les calvinistes se relevaient en Saintonge, ils étaient écrasés dans la Navarre, surtout en Béarn. Antoine de Lomagne-Terrides, à la tête des catholiques, et avec l'agrément de Charles IX, avait conquis rapidement le pays. Il n'eut bientôt plus devant lui d'autre obstacle que Navarrenx, qui résista héroïquement. Pour recouvrer le Béarn, Jeanne comptait sur l'armée des quatre vicomtes, Gourdon, Paulin, Montclar et Bruniquel, qui opérait dans le Quercy et le Haut-Languedoc, et sur l'appui des auxiliaires allemands, que Coligny attendait aussi pour prendre l'offensive. Ceux-ci arrivèrent enfin. Après avoir traversé la France, presque sans coup férir, grâce à la mésintelligence des deux armées chargées de les arrêter, l'une commandée par Montpensier, l'autre par le duc d'Aumale, les reîtres passèrent la Loire à la Charité, et Coligny marcha à leur rencontre; mais leur chef, le duc de Deux-Ponts, mourut, le 11 juin, à Nexon, petite ville à trois lieues de Limoges.

Jeanne d'Albret se rendit à Chalus, au-devant des renforts allemands, dont le comte de Mansfeld avait pris le commandement. Elle distribua aux principaux chefs, en signe d'alliance, des médailles d'or, frappées à La Rochelle, suspendues à des chaînes de même métal. On voyait, d'un côté, son portrait et celui du prince de Navarre; de l'autre, cette inscription: *Pax certa, victoria integra, mors honesta*. Elle venait de recevoir d'Elisabeth les secours accordés sur la garantie de ses joyaux, et elle en avait fait passer sur-le-champ une partie à l'armée des vicomtes, avec ordre de se tenir prêts à entrer dans le Béarn; mais ces chefs n'étant pas suffisamment d'accord, elle fit appel au comte de Montgomery, le meurtrier involontaire de Henri II. Après avoir conféré avec la reine et ses conseillers habituels, il accepta la périlleuse mission qui lui était offerte, et se mit presque seul en route pour cette campagne à travers le royaume de Navarre, merveilleuse de vigueur et de rapidité, mais odieuse par les excès auxquels se livrèrent les troupes calvinistes. Navarrenx est délivré; Orthez, emporté d'assaut, est saccagé et noyé dans son sang. Le 23 août 1569, Montgomery fait son entrée à Pau, où il se déshonore et marque d'avance d'une tache de sang la mémoire de Jeanne d'Albret, en faisant massacrer, le lendemain, les chefs catholiques, que la capitulation du château d'Orthez mettait formellement à l'abri de tout acte de rigueur.

A peine Jeanne d'Albret avait-elle sujet de se féliciter des succès de Montgomery, que le désastre de Moncontour vint menacer d'une ruine absolue et sa couronne et le parti calviniste tout entier.

Quoique l'armée royale, qui avait beaucoup souffert, et que la reine-mère était venue encourager par sa présence, se fût grossie de quelques corps allemands, italiens et espagnols, les conseillers du duc d'Anjou le dissuadèrent longtemps de chercher la bataille: ses trente mille hommes de diverses nationalités ne semblaient pas de force à venir aisément à bout des vingt-cinq mille hommes de Coligny, pliés à une sévère discipline par cet habile capitaine. Les deux partis s'observèrent longtemps dans le Limousin. Enfin, les huguenots, plus portés que leurs adversaires à en venir aux mains, engagèrent, le 23 juin, à La Roche-Abeille, près de Saint-Yrieix, une affaire d'avant-garde qui tourna à leur avantage: plus de quatre cents catholiques restèrent sur le terrain. La présence du prince de Navarre à cette sanglante escarmouche ne put empêcher les calvinistes, irrités des nouvelles du massacre de quelques chefs béarnais par les troupes de Terrides, de faire main basse sur la plupart des prisonniers. Ce fut, dit-on, à la suite de cette affaire que des catholiques firent tracer les vers suivants au bas d'un de ses portraits :

> Dessille un peu les yeux, sang illustre de France ;
> Prince brave et vaillant, reconnais ton erreur.
> Qui ne fault qu'une fois excuse son offense,
> Qui persévère au mal se plaît en son malheur.

Une chose plus authentique que ce quatrain, c'est la lettre adressée, le 12 juillet, au duc d'Anjou, par le prince de Navarre, et dont voici un passage caractéristique : « Je ne puis bonnement penser « avec quelle apparence de vérité on vous peut faire croire que nous « veuillions ruiner et renverser cet Etat !... Cela se pourrait beaucoup « mieux adresser à ceux qui ont tant de fois, avec si justes occasions, « été notés et remarqués d'affecter cet Etat et jusqu'à faire faire une « recherche de leur généalogie, par le moyen de laquelle ils ont bien « osé mettre en avant que cette couronne avait été usurpée sur leurs « prédécesseurs par nos ancêtres... Ce sont ceux-là qui désirent et « pourchassent la subversion et ruine de ce royaume... Ce sont ceux-« là qu'il faut craindre qu'ils veuillent introduire une autre puissance « et autorité en ce royaume qui y est maintenant et que Dieu y a lé-« gitimement établie, et qui ont des communications et intelligences « si étroites avec les étrangers, ennemis naturels et conjurés de cet « Etat... »

Coligny, poursuivant ses succès, s'empara de Lusignan et de Châtellerault, et commit la grave faute d'aller mettre le siège devant Poitiers, dont la possession, au dire des gentilshommes du pays, lui était indispensable pour donner de la consistance à ses opérations. Henri fut, sur ce point, en désaccord avec l'amiral. Il représenta, dans le conseil, qu'à peine arrivée devant Poitiers, fortement défendu, l'armée calviniste pourrait avoir l'armée royale sur les bras ; que le succès était douteux, et que, ne le fût-il pas, il ne saurait être acheté que par le sacrifice de beaucoup d'hommes et une perte de temps considérable. L'amiral, s'entêtant, perdit trois mille hommes en deux mois devant Poitiers. L'investissement de Châtellerault par l'armée royale, venant faire diversion, sauva les réformés du ridicule : ils levèrent le siège et se dirigèrent sur Châtellerault ; mais le duc d'Anjou ne les attendit pas. Il manœuvrait de façon à profiter de la faute de Poitiers, cause d'affaiblissement et même de découragement pour les calvinistes. Le 30 septembre, saisissant une occasion favorable de prendre l'offensive, il offrit inopinément la bataille à Coligny, dont il culbuta l'arrière-garde à Saint-Clair, près de Moncontour. L'amiral aurait pu temporiser : il ne voulut pas s'y résoudre, de peur que sa retraite, après un échec, ne fût interprétée, par ses troupes elles-mêmes, comme le signe d'une irrémédiable faiblesse. Il se prépara de son mieux à la lutte ; mais il avait devant lui, outre une armée supérieure en nombre et pleine de confiance dans le succès, des chefs tels que Montpensier et Tavannes, dont la bravoure éclairée n'abandonnait rien au hasard.

Peut-être l'amiral, en prenant la résolution de combattre, céda-t-il à quelque passion personnelle, au ressentiment légitime des mesures de proscription que la cour venait d'ordonner contre lui. « Après la levée du siège de Poitiers, dit Castelnau, le parlement de « Paris, à la requête du Procureur général Bourdin, donna arrêt de « mort contre l'amiral, le comte de Montgomery et le vidame de « Chartres, comme rebelles, atteints et convaincus du crime de lèse-« majesté, et le même jour furent mis en effigie (exécutés). L'arrêt « aussi portait promesse de cinquante mille écus à celui qui livrerait « l'amiral au roi et à la justice, soit étranger ou son domestique, avec « abolition du crime par lui commis, s'il était adhérent ou complice « de sa rébellion... » Plus tard, un autre arrêt, interprétatif du premier, portait que l'amiral pourrait être livré « mort ou vif. » « Arrêts, « conclut Castelnau, que quelques politiques estimaient être donnés « à contre-temps et qui servaient plutôt d'allumettes pour augmenter « le feu des guerres civiles que pour l'éteindre, étant leur parti trop « fort pour donner de la terreur, par de l'encre et de la peinture, à « ceux qui n'en prenaient point devant des armées de trente mille « hommes et aux plus furieuses charges des combats... » A ces rigueurs barbares il avait été question d'en ajouter d'autres de même nature contre Jeanne d'Albret, le prince de Navarre et le prince de Condé ; mais Charles IX, tout en ordonnant de saisir leurs Etats et leurs domaines, ne voulut pas que les procédures dirigées contre la Maison de Châtillon s'étendissent à leurs personnes.

Coligny n'affronta la dangereuse partie qui lui était offerte que quarante-huit heures après l'escarmouche de Saint-Clair. La veille de ce grand jour, un avertissement, qui aurait pu être salutaire, lui

fut donné dans des circonstances que La Noue raconte en ces termes :
« Il advint que deux gentilshommes du côté des catholiques étant
« écartés, vinrent à parler à aucuns de la religion, y ayant quelque
« fossé entre deux : « — Messieurs, leur dirent-ils, nous portons mar-
« que d'ennemis, mais nous ne vous haïssons nullement, ni votre
« parti. Avertissez monsieur l'amiral qu'il se donne bien garde de
« combattre, car notre armée est merveilleusement puissante, pour
« les renforts qui y sont survenus, et est avec cela bien délibérée ;
« mais qu'il temporise un mois seulement, car toute la noblesse a
« juré et dit à Monseigneur (le duc d'Anjou) qu'elle ne demourera
« davantage... S'ils n'ont promptement victoire, ils seront con-
« traints de venir à la paix, et la vous donneront avantageuse. Dites·
« lui que nous savons ceci de bon lieu et désirions grandement l'en
« avertir. » D'autres Mémoires, qui n'ont pu s'inspirer de ceux de La
Noue, rapportent le même fait avec des variantes de peu d'importance : il n'est donc pas douteux. L'amiral ne voulut pas tenir compte
de cet avis, ou peut-être n'en eut-il pas le temps, sous le coup de
quelques menaces de mutinerie des reîtres.

Le 3 octobre, dans l'après-midi, la bataille commença. Quarante-
cinq ou cinquante mille hommes, parmi lesquels les Français étaient
presque en minorité, se heurtèrent pendant une heure dans la plaine
de Moncontour. Tous les corps furent engagés de part et d'autre et
luttèrent avec un acharnement où se marquait un surcroît d'animosité.
Dès le commencement de l'action, l'amiral fut grièvement blessé au
visage par le Rhingrave, au service de la France depuis les dernières
années du règne de Charles-Quint. Il y eut entre eux comme un
combat singulier, dans lequel l'amiral tua son adversaire. Beaucoup
de vaillants officiers de l'un et de l'autre parti périrent dans cette rencontre ou furent faits prisonniers ; le duc d'Anjou eut un cheval tué
sous lui. Parmi les prisonniers se trouva La Noue, qui dut la vie
au frère du roi, empressé d'ailleurs, disent tous les historiens, à
arrêter le massacre des calvinistes français. Leurs auxiliaires allemands furent écrasés. Quand l'armée de Coligny eut plié sous les
dernières charges des catholiques, la cavalerie, un instant dispersée,
parvint à se rallier et à se retirer en bon ordre ; mais l'infanterie,
rompue, traversée, cernée de tous côtés, en pleine débandade, fut
à moitié anéantie ; trois ou quatre mille reîtres restèrent sur la place.
On n'évalue pas à moins de six mille morts la perte des calvinistes,
tandis que les catholiques n'en laissèrent pas plus de cinq cents sur

le champ de bataille. Le soir, on présenta cent quarante enseignes protestantes au duc d'Anjou.

Un mauvais génie semblait dicter à l'amiral ses résolutions Avant l'action, incertain du succès, il prit des mesures pour soustraire aux chances funestes du combat le prince de Navarre et le prince de Condé. Ils furent tenus à l'écart, sous la garde du comte de Nassau et d'un fort détachement, et virent cependant le commencement de la bataille. A ce moment, Coligny venait de renverser l'avant-garde du duc d'Anjou. Henri, frémissant d'impatience et voyant la trouée faite par l'amiral : « — Donnons, donnons, mes amis, s'écria-t-il : « voilà le point de la victoire! » Ce qui était vrai, dit un contemporain; car « si le comte eût fait une charge avec sa cavalerie, il « eût merveilleusement ébranlé l'armée de Monseigneur et certaine- « ment déterminé la victoire ». Les jeunes princes, forcés d'obéir au général en chef, tournèrent le dos à la bataille avant d'en connaître l'issue, et devancèrent l'amiral à Parthenay, où se rassemblèrent péniblement les débris de l'armée des calvinistes. Jeanne d'Albret, incapable de s'abandonner au désespoir, accourt au milieu des vaincus, relève leur courage, leur promet de meilleurs jours et leur fait, encore une fois, le sacrifice de sa fortune et de son fils. « Une femme « qui n'avait de la femme que le nom et le visage », ont dit Quinte-Curce et d'Aubigné.

CHAPITRE VII

Les lenteurs du duc d'Anjou. — Les desseins des réformés. — Siège de Saint-Jean-d'Angély. — Commencement de la grande retraite de Coligny. — Le passage de la Dordogne. — Le pont et le moulin du Port-Sainte-Marie. — Jonction avec l'armée de Montgomery. — L'armée des princes en Languedoc. — « Justice de Rapin. » — Négociations pour la paix. — La « pelote de neige ». — Passage du Rhône. — Arrivée à Saint-Etienne. — Maladie de l'amiral. — Combat d'Arnay-le-Duc. — Première victoire de Henri. — Ce qu'il apprit dans la retraite de Coligny. — Les affaires en Saintonge et en Poitou. — Bataille de Sainte-Gemme. — La Noue Bras-de-fer. — Montluc à Rabastens. — Coligny à La Charité. — La trêve. — Paix de Saint-Germain.

Si, après le désastre de Moncontour, le duc d'Anjou eût toujours marché droit à l'ennemi, c'en était fait peut-être de l'organisation militaire du calvinisme en France. Il en fut tout autrement. Le duc se laissa mener, par ses conseillers, de siège en siège, à Parthenay, abandonné, à Niort, qui ne résista pas, à Châtellerault, à Lusignan, dont les garnisons s'acheminaient vers la Saintonge et le Berry, pendant que, conformément aux résolutions prises à Parthenay par les calvinistes, leurs divers corps opéraient un mouvement de concentration à travers le Bas-Poitou et l'Angoumois, tirant vers les frontières de Guienne. On donnait à Coligny non seulement le temps d'agir, mais encore celui de réfléchir mûrement. Il fut arrêté, dans son conseil, que les réformés laisseraient de fortes garnisons à La Rochelle, à Angoulême et à Saint-Jean-d'Angély; que ce qui restait de « l'armée des princes », comme on appelait celle de Coligny, depuis la mort de Condé, battrait en retraite dans le midi, pour y prendre ses quartiers d'hiver, après avoir fait sa jonction avec l'armée de Montgomery; que Jeanne d'Albret s'enfermerait dans La Rochelle avec La Noue et La Rochefoucauld, chargés d'organiser la défense ou l'attaque, selon les cas;

et, enfin, que le prince de Navarre et le prince de Condé marcheraient aux côtés de l'amiral, pour s'instruire à son école et montrer au pays que les princes du sang, quelle que fût la fortune, étaient toujours les chefs du parti calviniste.

L'exécution de ces desseins fut singulièrement facilitée par le temps que perdit le duc d'Anjou à faire le siège de Saint-Jean-d'Angély. « Comme l'assiégement de Poitiers, dit La Noue, fut le com-
« mencement du malheur des huguenots, aussi fut celui de Saint-
« Jean-d'Angély l'arrêt de la bonne fortune des catholiques. » Piles, gouverneur de cette place et un des plus vaillants capitaines calvinistes, arrêta, pendant près de deux mois, l'armée royale sous ses murs, malgré la présence de Charles IX, qui, jaloux des succès de son frère, avait voulu jouer au généralissime, ce qu'il fit, du reste, avec ardeur et bravoure. Saint-Jean-d'Angély se rendit, au mois de décembre, au moment où l'amiral, toutes choses réglées au mieux, commençait avec une armée disloquée, sans bagages et sans argent, la retraite la plus extraordinaire sur le sol français dont nos annales aient gardé le souvenir. « En neuf mois, » selon la remarque de La Noue, « l'armée de messieurs les princes fit près de trois cents
« lieues, tournoyant quasi le royaume de France. »

Jusque sur les bords de la Dordogne, l'armée n'eut guère à souffrir que du mauvais temps et des privations. Le passage de la rivière était une question capitale. Il s'effectua sans encombre, grâce à la prévoyance et à la vigueur de deux capitaines, La Loue et Chouppes. La Dordogne franchie, l'armée des princes remonte le cours de la Garonne sans être inquiétée, prend Aiguillon et diverses petites places, et s'ingénie à construire un pont de bateaux au Port-Sainte-Marie, pour favoriser sa jonction avec l'armée de Montgomery, qui, après sa foudroyante campagne d'Armagnac et de Béarn, hivernait à Condom. « Le pont, qui avait attendu le comte plus
« de quinze jours, dit d'Aubigné, fut rompu par quelque moulin
« qu'on laissa dériver la nuit ; l'eau étant grande, les pièces en furent
« emportées jusques à Saint-Macaire ; et ainsi il fallut que les troupes
« de Béarn passassent dans des bateaux, non sans grande longueur
« et incommodité. A ce terme, acheva l'année (1569). » Montluc se vante, dans ses Commentaires, d'avoir imaginé ce bélier flottant, bien digne, en effet, de son esprit inventif.

L'armée séjourna tout un mois à Montauban, côtoya le Tarn, le franchit et s'empara d'un fort, près de Toulouse, où l'amiral s'établit, comme un oiseau de proie dans son aire. Toulouse était à l'abri de ses entreprises, mais la campagne fut ravagée ; on brûla presque toutes les maisons de plaisance, surtout celles des « justiciers ». On vengeait, de la sorte, le meurtre judiciaire de Rapin. « Justice de Rapin ! » lisait-on sur toutes les ruines que l'armée semait sur son passage. Après avoir vécu dans ces contrées, à la façon d'Annibal, les réformés, laissant de côté Carcassonne, qui avait brûlé ses faubourgs pour donner moins de prise à l'ennemi, entrent, sans coup férir, à Montréal. Là, ils sont rejoints par des négociateurs chargés de proposer la paix. On dispute avec courtoisie sur l'objet du message, mais on ne peut s'entendre sur la question de la liberté du culte, et de belles paroles sont envoyées au roi, en échange des siennes. Puis la marche en avant est reprise, l'armée se dirige du côté de Narbonne, tirant vers Montpellier. A Montpellier, Coligny se renforce de douze cents hommes commandés par Baudiné. On marche toujours : de petits sièges, chaque semaine ; des escarmouches, chaque jour ; quelquefois, des échecs ; le plus souvent des succès ; mais, en somme, des accroissements : la « pelote de neige » est déjà « devenue grosse comme une maison », au jugement de La Noue. Coligny possède une véritable armée, à l'artillerie près. A Aubenas, on trouve deux canons : cela suffit pour décider que l'armée des princes passera le Rhône. Et, en effet, on le passe, après une épopée de petits combats, de stratagèmes, de chances et de mésaventures que d'Aubigné, dans son style de bataille, décrit en moins de mots qu'il n'y eut d'affaires.

L'armée a parcouru deux cents lieues de pays, trois cents et plus, si l'on compte les circuits de rigueur ; elle traverse les montagnes du Forez, comme elle avait escaladé quelques contreforts des Cévennes, et elle arrive à Saint-Étienne. Là, tout parut à la veille d'être perdu : l'amiral fut à la mort. Debout encore une fois, cet homme de fer retrouve toute son énergie. Beaucoup de soldats l'ont quitté : il ramasse quelques détachements qui viennent de parcourir une partie de la Bourgogne, et ordonne la marche vers la Loire. C'est alors que la cour, voyant les réformés près d'entrer au cœur de la France, songe, mais un peu tard, à leur opposer une armée. Le maréchal de Cossé la réunit en toute hâte : dix-sept mille hommes, parmi lesquels quatre mille Suisses, douze cents reîtres et six cents Italiens, forment une barrière vivante à Arnay-le-Duc, à cinq lieues d'Autun ; il faut la tourner ou la renverser. L'amiral, qui se défiait d'une action générale, parvint à gagner le passage qu'il convoitait, après une escarmouche brillante, où les princes firent leurs premières armes. L'armée calviniste se présenta sur six lignes : Ludovic de Nassau commandait la première, sous le prince de Navarre; le marquis de Resnel, la deuxième, sous Condé ; Coligny menait la troisième; Montgomery, Genlis, François de Briquemaut avaient charge des trois autres ; le comte de Mansfeld commandait la cavalerie allemande. Il n'y eut point de mêlée générale, mais une série de combats meurtriers, où le prince de Navarre fit bravement son devoir, comme il aimait à le rappeler lui-même. « Je n'avais « retraite, racontait-il, qu'à plus de quarante lieues de là, et je demeu- « rais à la discrétion des paysans. En combattant, aussi je courais ris- « que d'être pris ou tué, parce que je n'avais point de canon et les « gens du roi en avaient. A dix pas de moi, fut tué un cavalier « d'un coup de coulevrine ; mais, recommandant à Dieu le succès « de cette journée, il la rendit heureuse et favorable. »

A la suite de ces combats, l'armée du maréchal, troublée plutôt que défaite, laissa l'amiral s'acheminer vers la Charité, où il arriva avec des troupes fatiguées, mais encore en état de soutenir la lutte.

Si cette campagne de Coligny n'eût pas été un épisode de guerre civile, la France l'aurait inscrite avec orgueil au rang de ses glorieux exploits militaires. Elle fut une mémorable leçon pour le prince de Navarre. Vivre au jour le jour, sans cesse sur le qui-vive, souffrir et voir souffrir, manquer de tout, résister à tout, garder partout le sang-froid et la bonne humeur : voilà ce qu'il apprit, et de façon à ne l'oublier jamais. Pendant cette marche terrible, il suivit d'héroïques exemples et sut en donner à son tour. Mêlé à tous les accidents de cette existence nomade, il encourageait les faibles et doublait l'énergie des forts. Parfois on le vit, au milieu des troupes, portant en croupe un soldat blessé ou malade. Il préludait ainsi à sa mission de « vainqueur » et de « père ».

Pendant que l'armée des princes poursuivait son odyssée, la guerre avait continué en Saintonge et en Poitou. Avant de quitter Saint-Jean-d'Angély, Catherine de Médicis, inquiète de l'étrange campagne entreprise par Coligny, avait essayé de conclure la paix avec Jeanne d'Albret, à qui elle envoya Castelnau, un des habiles négociateurs de cette époque. La reine de Navarre ne s'humilia point : elle voulait la paix, sans doute, mais une paix dont son parti n'eût pas à souffrir, et qui lui offrît de fortes garanties. Castelnau ne put la gagner, et les négociations tentées à l'armée des princes, pendant sa course à travers les provinces du midi, étaient restées pendantes. Au printemps de 1570, il y eut une reprise des hostilités. Un coup de main des catholiques sur La Rochelle échoua. Soubise et La Rochefoucauld s'emparèrent de Saintes, après une vive résistance. La Noue prit Marans et les Sables-d'Olonne, plusieurs autres villes, châteaux ou bicoques; il regagna la plupart des places perdues jusqu'à Niort. Déjà haut placé dans l'estime des gens de guerre, il se révéla grand capitaine par ses nombreux succès, mais surtout par la victoire de Sainte-Gemme, en Poitou, remportée, le 15 juin 1570, sur Puygaillard, avec des forces médiocres. Cette journée coûta aux catholiques seize drapeaux, deux étendards, les cornettes blanches de France, trois mille hommes de pied et deux cent cinquante chevaux. A la fin du mois de juin, La Noue assiégeait Fontenay-le-Comte, qui se rendit, lorsqu'il eut le bras emporté d'une mousquetade. Transporté à La Rochelle, il avait le choix entre l'amputation et la mort, et préférait celle-ci; mais Jeanne d'Albret obtint de lui qu'il subît l'opération. Quelques jours après, La Noue remontait à cheval, avec ce bras de fer auquel il doit son glorieux surnom (1).

Vers le même temps, par un retour offensif dans les États de Jeanne d'Albret, Montluc essaya de contrebalancer les succès des huguenots, et il eût fait, sans doute, une sanglante besogne dans ces pays, si l'on en juge par le siège et la destruction de Rabastens; mais la blessure qu'il y reçut, le 23 juillet, vint paralyser les mouvements de son armée. On touchait, du reste, à une suspension des hostilités. Coligny, toujours suivi des négociateurs de Catherine de Médicis, avait signé, à La Charité, une trêve qui amena la paix de Saint-Germain, dite la « paix du roi Charles », conclue le 8 août. Ce traité reproduit plusieurs articles des traités précédents, mais, dans l'ensemble, il est comme l'ébauche du célèbre édit de Nantes.

Le roi accorde aux « confédérés » une amnistie entière, la liberté

---

(1) Appendice : VII.

de conscience, le libre exercice du culte dissident par toute la France, excepté dans Paris et à la cour ; un cimetière protestant dans toutes les villes ; l'admission, sans distinction de culte, des pauvres et des malades dans les écoles et dans les hôpitaux.

Il ordonne à tous ses sujets de vivre en bonne intelligence ; rétablit l'exercice de la religion catholique dans toutes les parties du royaume ; déclare qu'il regarde la reine de Navarre, les princes de Navarre et de Condé, comme ses bons et fidèles parents, et comme amis tous ceux qui ont suivi leur parti, même les princes étrangers.

Il approuve et ratifie tout ce qui a été fait, pendant la guerre, par les ordres des chefs confédérés, même la levée des deniers du roi, ordonnée par Jeanne, et défend toute recherche à ce sujet ; reconnaît que les protestants, supportant les charges de l'Etat, en doivent partager les honneurs et les dignités ; entend qu'on rende les biens et les meubles enlevés aux protestants ; à certaines villes, le droit en vertu duquel elles étaient exemptes de garnisons ; au prince d'Orange et à ses frères, les riches possessions acquises en France, depuis les traités conclus entre François Ier et la Maison de Nassau ; à la reine de Navarre, toutes ses terres, villes et places fortes.

Charles IX ordonne que la justice soit égale pour tous ; que les jugements, même criminels, rendus pendant les troubles, soient révoqués, annulés ; que les protestants soient tenus d'observer toutes les lois et coutumes de l'Etat. Toutefois, comme le parlement de Toulouse leur est suspect, ils pourront appeler de ses jugements devant les maîtres des requêtes, qui en décideront en dernier ressort. On leur concède même le droit de récuser jusqu'à six juges, un président et un certain nombre de conseillers, dans les parlements de Dijon, de Rouen, d'Aix, de Grenoble, de Bordeaux et de Rennes, où ils comptaient beaucoup d'ennemis.

Comme garanties, le roi laisse aux calvinistes, pour places de sûreté, La Rochelle, Montauban, Cognac et La Charité, que les princes de Navarre et de Condé et quarante des principaux seigneurs du parti s'obligent de rendre deux ans après la publication de l'édit. Enfin, la peine de mort est prononcée contre quiconque oserait enfreindre le traité ou refuserait de le publier.

Enregistré au parlement de Paris, le 10 août 1570, l'édit de paix fut publié, le 11, au camp des princes, et, le 26, à La Rochelle.

CHAPITRE VIII

Le piège manifeste. — Aveuglement des calvinistes. — Coligny séduit. — Résistance de Jeanne d'Albret et de Henri. — Jeanne cède enfin. — La reine de Navarre à Blois. — Ses tribulations. — Sa lettre au prince de Navarre. — Signature du contrat de mariage de Henri avec Marguerite de Valois. — Jeanne d'Albret à Paris. — Sa maladie et sa mort. — Elle ne fut pas empoisonnée. — Son testament. — Jugement sur la vie de cette reine.

En présence de ce traité, si favorable aux vaincus de Jarnac et de Moncontour, une réflexion vient forcément à l'esprit. Comment les calvinistes ne gardèrent-ils pas, jusqu'à la fin, les sentiments de défiance qu'ils montrèrent, sitôt la paix conclue, et longtemps après ? Terrassés deux fois, capables encore de troubler le royaume, mais impuissants à le subjuguer, on accueille toutes leurs revendications ; on les amnistie ; on leur rouvre toutes les voies qu'on avait voulu leur barrer, et qu'on leur avait barrées en effet ; ils obtiennent, non après une victoire, mais au cours d'une campagne dont l'issue était au moins incertaine, plus d'avantages et plus de garanties qu'ils n'en eussent osé espérer ; pour tout dire, on les restaure, agrandis, dans l'Etat, et leurs yeux ne s'ouvrent pas, et ils ne touchent pas du doigt le piège, ils n'entrevoient pas l'abîme ! Ils le pressentirent ; mais Coligny fut accablé par la cour de tant de caresses, jusqu'à ce point que le roi voulut favoriser le second mariage du nouveau Caton avec une nouvelle Porcia ; on accueillit avec tant de déférence sa personne, ses amis, ses avis, ses projets de guerre contre l'Espagne, qu'il finit par ressentir et prêcher la plus entière confiance. L'amiral séduit, la cour espéra gagner aussi Jeanne d'Albret par le projet de mariage de Marguerite de Valois avec son fils. Mais la reine de Navarre résista plus longtemps que l'amiral, et, jusqu'aux derniers jours, elle fut méfiante, tout en se laissant aller, elle et les siens et leur fortune, sur la pente fatale où glissait tout un parti : plus clairvoyante, mais moins logique, il faut l'avouer, que l'amiral, qui niait encore le péril, la veille de sa mort.

Les négociations et les pourparlers préliminaires avec Jeanne furent très laborieux, et durèrent depuis la fin de l'année 1570 jusqu'au mois d'avril 1572 : elle mit sur les dents toute la diplomatie de Catherine de Médicis, aidée en cela par les répugnances de son fils pour l'union projetée. Henri, en effet, ne semble pas s'être jamais fait illusion sur les conséquences de son mariage, bien qu'il fût loin, sans doute, d'en prévoir les plus extrêmes. Il partageait, du reste, la méfiance de sa mère, et des historiens ont prétendu que, livré à lui-même, il n'eût pas voulu s'allier aux Valois dans les circonstances où il en était sollicité. On trouve l'expression personnelle de ses sentiments dans une lettre au roi de France, datée du 13 janvier 1571. Quelques semaines auparavant, Charles IX avait épousé Elisabeth d'Autriche, fille de l'empereur Maximilien II. Avant de rentrer à Paris avec la reine, il souhaita la présence du prince de Navarre, qui répondit : « Le maréchal de Cossé m'a dit de bouche,
« de votre part, l'honneur que me faites de me désirer près de vous,
« et me trouver à votre entrée à Paris... Il se pourrait que cela servît
« à l'établissement de la paix, ainsi que vous le mandez à la reine de
« Navarre, ma mère, laquelle n'en a moindre affection que moi...
« Mais les pratiques et les menées de ceux qui ne peuvent vivre sans
« remuer et brouiller, et les évidentes contraventions qui se font
« à votre édit nous font craindre que l'on nous veuille encore
« tromper... »

Jeanne d'Albret, par écrit ou verbalement, énuméra en détail ses griefs, sans en omettre un seul : restitutions, réparations, garanties, pour elle, pour son fils, pour ses coreligionnaires, elle ne fit grâce de rien à Catherine ou à ses envoyés. Elle stipula même qu'on obligerait Bordeaux, qui avait refusé ses portes à Henri et à Condé allant en Béarn, à reconnaître et à honorer comme son gouverneur le prince de Navarre. On discutait ses prétentions, mais on les admettait ; plus elle retardait la conclusion du traité matrimonial, plus on lui faisait d'avances ou de concessions. Enfin, pressée de toutes parts, forcée de reconnaître que ses amis étrangers, comme ses partisans français, l'amiral en tête, comme ses propres sujets, se déclaraient en faveur du mariage, elle donna sa parole, promettant de se rendre à la cour pour arrêter les détails du contrat. Le 26 novembre 1571, Jeanne partit de Pau, accompagnée de son fils, de Catherine, sa fille, de Louis de Nassau, son cousin, et d'une grande partie de sa cour. Elle fit un assez long séjour à Nérac et dans plusieurs villes de Guienne, de Saintonge et de Poitou, et, se séparant de son fils, qu'elle ne devait plus revoir, elle arriva, dans les premiers jours du printemps, à Blois, où la cour de France s'était rendue pour lui faire accueil. Reçue avec toutes sortes de caresses, elle put croire, un instant, à la sincérité de ses hôtes: cette illusion ne dura pas longtemps. Dès que les affaires furent mises sur le tapis, ses tribulations commencèrent. Laissons-la les raconter au prince de Navarre dans cette longue lettre où, tout en se peignant elle-même, sans y songer, elle trace le tableau de la cour et peut-être aussi, quand on y regarde de près, celui de toute une époque. La lettre de Blois est un des plus précieux documents du xvie siècle :

« Mon fils, je suis en mal d'enfant, et en telle extrémité, que si je
« n'y eusse pourvu, j'eusse été extrêmement tourmentée. La hâte en
« quoi je dépêche ce porteur me gardera de vous envoyer un aussi
« long discours que celui que je vous ai envoyé. Je lui ai seulement
« baillé des petits mémoires et chefs sur lesquels il vous répondra.
« Je vous eusse renvoyé Richardière ; mais il est trop las, et aussi
« que lors, comme les choses se manient, il y pourra aller bientôt
« après ce porteur que je dépêche exprès pour une chose : c'est qu'il
« me faut négocier tout au rebours de ce que j'avais espéré et que
« l'on m'avait promis; car je n'ai nulle liberté de parler au roi ni à
« Madame, seulement à la reine-mère, qui me traite à la fourche,
« comme vous verrez par les discours de ce présent porteur. Quant à
« Monsieur, il me gouverne et fort furieusement, mais c'est moitié
« en badinant, moitié dissimulant. Quant à Madame, je ne la vois
« que chez la reine, lieu malpropre, d'où elle ne bouge, et ne va
« en sa chambre que aux heures qui me sont malaisées à parler ;
« aussi que Madame de Curton ne s'en recule point ; de sorte que
« je ne puis parler qu'elle ne l'ouïe. Je ne lui ai point encore
« montré votre lettre, mais je la lui montrerai. Je le lui ai dit, et
« elle est fort discrète, et me répond toujours en termes généraux
« d'obéissance à vous et à moi, si elle est votre femme. Voyant
« donc, mon fils, que rien ne s'avance, et que l'on veut faire
« précipiter les choses et non les conduire par ordre, j'en ai parlé
« trois fois à la reine, qui ne se fait que moquer de moi, et, au

« partir de là, dire à chacun le contraire de ce que je lui ai dit. Mes
« amis m'en blâment; je ne sais comment démentir la reine, car je
« lui ai dit: « Madame, vous avez dit et tenu tel et tel propos. »
« Encore que ce soit elle-même qui me l'ait dit, elle me le nie comme
« beau meurtre et me rit au nez, et m'use de telle façon, que vous
« pouvez dire que ma patience passe celle de Griselidis. Si je cuide
« avec raison lui montrer combien je suis loin de l'espérance qu'elle
« m'avait donnée de privauté et négocier avec elle de bonne façon,
« elle me nie tout cela. Et par ce que le présent porteur a par
« mémoire les propos, vous jugerez par là où j'en suis logée. Au
« partir d'elle, j'ai un escadron de huguenots qui me viennent en-
« tretenir, plus pour me servir d'espions que pour m'assister, et des
« principaux, et de ceux à qui je suis contrainte dire beaucoup de
« langage que je ne puis éviter sans entrer en querelle contre eux.
« J'en ai d'une autre humeur, qui ne m'empêchent pas moins, mais
« je m'en défends comme je puis, qui sont hermaphrodites reli-
« gieux. Je ne puis pas dire que je sois sans conseil, car chacun
« m'en donne un, et pas un ne se ressemble.

« Voyant donc que je ne fais que vaciller, la reine m'a dit qu'elle
« ne se pouvait accorder avec moi, et qu'il fallait que de nos gens
« s'assemblassent pour trouver des moyens. Elle m'a nommé ceux
« que vous verrez tant d'un côté que d'autre; tout est de par elle. Qui
« est la principale cause, mon fils, qui m'a fait dépêcher ce porteur
« en diligence, pour vous prier m'envoyer mon chancelier, car je
« n'ai homme ici qui puisse ni qui sache faire ce que celui-ci fera.
« Autrement je quitte tout; car j'ai été amenée jusqu'ici sous pro-
« messe que la reine et moi nous accorderions. Elle ne fait que se
« moquer de moi, et ne veut rien rabattre de la messe, de laquelle
« elle n'a jamais parlé comme elle fait. Le roi, de l'autre côté, veut
« que l'on lui écrive. Ils m'ont permis d'envoyer quérir des minis-
« tres, non pour disputer, mais pour avoir conseil. J'ai envoyé
« quérir MM. d'Espina, Merlin et autres que j'aviserai; car je vous
« prie noter qu'on ne tâche qu'à vous avoir, et pour ça, avisez-y, car
« si le roi l'entreprend, comme l'on dit, j'en suis en grande peine.

« J'envoye ce porteur pour deux occasions, l'une pour vous avertir
« comme l'on a changé la façon de négocier envers moi que l'on
« m'avait promise, et pour cela qu'il est nécessaire que mons^r de
« Francourt vienne comme je lui écris; vous priant, mon fils, s'il
« faisait quelque difficulté, le lui persuader et commander; car je

« m'assure que si vous saviez la peine en quoi je suis, vous auriez
« pitié de moi, car l'on me tient toutes les rigueurs du monde et des
« propos vains et moqueries, au lieu de traiter avec moi avec gravité,
« comme le fait le mérite. De sorte que je crève, parce que je me suis
« si bien résolue de ne me courroucer point, que c'est un miracle de
« voir ma patience. Et si j'en ai eu, je sais comme j'en aurai encore
« affaire plus que jamais; et m'y résoudrai aussi davantage. Je
« crains bien d'en tomber malade, car je ne me trouve guère bien.

« J'ai trouvé votre lettre fort à mon gré; je la montrerai à Madame,
« si je puis. Quant à sa peinture, je l'enverrai quérir à Paris. Elle est
« belle, bien avisée et de bonne grâce, mais nourrie en la plus mau-
« dite et corrompue compagnie qui fut jamais ; car je n'en vois point
« qui ne s'en sente. Votre cousine la marquise en est tellement chan-
« gée qu'il n'y a apparence de religion, si non d'autant qu'elle ne va
« point à la messe, car au reste de la façon de vivre elle fait comme
« les papistes, et la princesse ma sœur encore pis. Je vous l'écris
« privément. Ce porteur vous dira comme le roi s'émancipe ; c'est
« pitié. Je ne voudrais pas, pour chose du monde, que vous y fussiez
« pour y demeurer. Voilà pourquoi je désire vous marier, et que vous
« et votre femme vous retiriez de corruption ; car encore que je la
« croyais bien grande, je la vois davantage. Ce ne sont pas les
« hommes ici qui prient les femmes, ce sont les femmes qui prient
« les hommes. Si vous y étiez, vous n'en échapperiez jamais sans
« une grande grâce de Dieu. Je vous envoie un bouquet pour mettre
« sur l'oreille, puisque vous êtes à vendre, et des boutons pour un
« bonnet. Les hommes portent à cette heure force pierreries, mais
« on en achète pour cent mille écus et on en achète tous les jours.
« L'on dit que la reine s'en va à Paris, et Monsieur. Si je demeure
« ici, je m'en irai en Vendômois.

« Je vous prie, mon fils, me renvoyer ce porteur incontinent, et
« quand vous m'écrirez, me mander que vous n'osez écrire à Madame,
« de peur de la fâcher, ne sachant comment elle a trouvé bon celle
« que vous lui avez écrite. Votre sœur se porte bien. J'ai vu une
« lettre que monsʳ de La Case vous a écrite. Je serais d'avis que vous
« connussiez pour qui il parle. Je vous prie encore, puisqu'on m'a
« retranché ma négociation particulière et qu'il faut parler par avis
« et conseil, m'envoyer Francourt. Je demeure en ma première opi-
« nion, qu'il faut que vous retourniez vers Béarn. Mon fils, vous
« avez bien jugé, par mes premiers discours, que l'on ne tâche qu'à

« vous séparer de Dieu et de moi ; vous en jugerez autant par ces
« dernières, et de la peine en quoi je suis pour vous. Je vous prie,
« priez bien Dieu, car vous en avez bien besoin en tout temps et
« même en celui-ci, qu'il vous assiste. Et je l'en prie, et qu'il vous
« donne, mon fils, ce que vous désirez.—De Blois, ce VIIIe de mars.
« De par votre bonne mère et meilleure amie.

« JEHANNE. »

Jeanne patienta longtemps ; mais, à la fin, jugeant qu'elle ne gagnerait rien à jouter avec la reine-mère sur le terrain des finesses diplomatiques, elle changea de ton et d'allure, et voulut que les questions en suspens fussent tranchées, à défaut de quoi elle menaçait de rompre toute négociation. Combattue de la sorte, Catherine céda sur tous les principaux points contestés, et le contrat fut signé le 11 avril. En voici les stipulations essentielles :

A part les villes et domaines, Marguerite reçoit pour dot trois cent mille écus d'or au soleil, l'écu évalué à cinquante-quatre sols. La reine-mère lui donne deux cent mille livres tournois ; les ducs d'Anjou et d'Alençon, chacun vingt-cinq mille livres. Ces sommes ne furent pas payées comptant, mais constituées en achat de rentes, au denier douze, sur la ville de Paris. Jeanne d'Albret déclare son fils héritier de tous ses biens acquis et à venir ; lui abandonne, dès à présent, les revenus, offices et bénéfices de l'Armagnac, son domaine, douze mille livres de rentes assises sur le comté de Marle, et les biens qu'elle tenait du cardinal de Bourbon, son beau-frère. Le prince s'oblige à fournir le château de Pau de meubles et ustensiles, jusqu'à concurrence de trente mille livres. Pour les bagues et joyaux, la reine de Navarre fera ce qu'elle jugera convenable.

La reine de Navarre se rendit à Paris, le 14 mai, et, avec son activité ordinaire, s'occupa des préparatifs du mariage, en attendant l'arrivée de son fils, encore dans ses Etats, et dont les messages de Charles IX pressaient le départ. Depuis plusieurs années, la santé de Jeanne dépérissait ; les préoccupations et les soucis qui avaient rempli son séjour à Blois, et qu'elle retrouva, sous une autre forme, à Paris, brisèrent ses forces et hâtèrent une catastrophe qu'avaient pu prévoir les confidents de sa vie privée. « Etant
« arrivée le quinzième de mai, dit André Favyn, le premier jour de
« juin ensuivant, elle se trouva malade d'une lassitude de membres

« sur le soir, pour avoir été par la ville tout le long du jour ; nonobs-
« tant cela elle ne laissa de traîner jusques au cinquième jour qu'elle
« alita, et mourut le dixième dudit mois de juin sur les trois heures
« après minuit, en l'hôtel du prince de Condé (dit aujourd'hui de
« Montpensier), rue de Grenelle. Elle décéda en l'âge de quarante-
« trois ans ; son corps embaumé et mis dans un cercueil de plomb,
« couvert d'un velours noir, sans croix, flambeaux, ni armoiries,
« selon la nouvelle religion, fut porté en la chapelle de Vendôme,
« auprès de son mari.

« Quelques écrivains, pour taxer la mémoire des défunts rois de
« France Charles IX et Henri III d'heureuse mémoire, ont, par une
« extrême impudence, laissé par écrit, poussés plutôt d'un zèle
« inconsidéré de leur religion que de la vérité, que cette grande et
« docte princesse était morte ayant senti des gants empoisonnés ;
« d'autres, qu'elle avait été empoisonnée d'un boucon qu'on lui
« donna, priée de souper chez le duc d'Anjou, depuis roi Henri troi-
« sième du nom. Ecrivains convaincus de mensonge par le témoi-
« gnage des officiers domestiques de la feue reine, par la relation des-
« quels l'on apprend qu'elle mourut pulmonique. Elle avait donné
« charge à ses médecins qu'après sa mort elle fût ouverte, et sa tête
« particulièrement, pour savoir le sujet d'une démangeaison qu'elle
« avait ordinairement sur icelle, à ce que si cette maladie était héré-
« ditaire aux prince et princesse de Navarre ses enfants, on y pût
« remédier. Son test (crâne) fut donc scié par un chirurgien de Paris
« nommé Desneux, en la présence de Caillart, médecin ordinaire de
« ladite reine Jeanne, et de sa religion : y furent trouvées certaines
« petites bulbes pleines d'eau entre le crâne et la taie du cerveau, sur
« laquelle s'épandant, elles causaient cette démangeaison. Au reste,
« cette taie du cerveau était belle et nette, ce qui n'eût été si on l'eût
« empoisonnée par des gants parfumés. Son corps fut pareillement
« ouvert, toutes les parties nobles lui furent trouvées saines et entiè-
« res, les poumons exceptés, lesquels se trouvèrent gâtés du côté
« droit, avec une dureté et callosité extraordinaire et une apostème
« assez grosse, laquelle s'étant crevée dans le corps, fut cause de la
« mort de la reine. »

La version du vieil écrivain sur les derniers moments de Jeanne
d'Albret est celle que l'histoire sérieuse a retenue, celle qui prévaut
aujourd'hui, à travers les controverses passionnées de trois siècles.
L'accusation d'empoisonnement aurait pu se produire, avec quelque

apparence de raison, après le mariage de Henri : commis à ce moment, le crime eût été peut-être profitable ; auparavant, il était nuisible et absurde. Il fut soupçonné, pourtant, et longtemps encore après l'événement ; et même de nos jours, la thèse qui en fait la preuve contre la vérité et la raison se perpétue dans plus d'un livre nouveau. Il y a une école d'historiens, recrutée dans tous les camps, qui semble s'être vouée à la réhabilitation des anciennes erreurs.

La reine de Navarre mourut en pleine possession d'elle-même. Elle comprit, dès la première atteinte du mal, qu'elle allait, selon son expression, « entrer du tout (entièrement) dans l'autre vie », et se prépara avec résignation à ce terrible passage. Son testament porte l'empreinte d'une âme forte et religieuse (1). La conscience humaine a pu hésiter, en d'autres temps, devant cette femme extraordinaire. Aujourd'hui que, sans l'emporter peut-être sur les générations du xvie siècle, nous sommes loin des passions qui les armaient les unes contre les autres, nous ne saurions nous abandonner ni au dénigrement systématique, ni à l'admiration sans bornes. La mère de Henri IV eut un grand cœur et une âme royale, double héritage que recueillit et fit fructifier son fils. L'esprit de fanatisme lui dicta des actes iniques et attentatoires à la liberté humaine, qu'elle s'imaginait servir mieux que les catholiques ; mais qui donc, à cette époque, surtout parmi les têtes couronnées, respecta toujours la liberté, fut constamment fidèle à la justice ? Les deux auteurs du démembrement du royaume de Navarre furent un pape et un roi, Jules II et Ferdinand le Catholique, le souverain laïque agissant avec l'épée, le souverain religieux fulminant l'interdit, tous deux d'accord pour punir Jean, roi de Navarre, aïeul de Jeanne d'Albret, de n'avoir pas voulu trahir le roi de France, son allié et leur adversaire. Le souvenir de cette double iniquité, qui vécut toujours au cœur des petits souverains de Pau, ne suffirait pas, néanmoins, pour expliquer l'apostasie et le fanatisme de Jeanne d'Albret ; mais il faut rappeler aussi les caresses prodiguées par Marguerite de Valois à la Réforme, et dont Jeanne fut témoin ; il faut relire l'histoire des palinodies d'Antoine de Bourbon, contre qui Jeanne défendit, quelque temps, ses croyances traditionnelles, et qu'elle suivit enfin dans l'Eglise calviniste, mais lentement, à mesure que la conviction et la passion la maîtrisaient, et pour n'en

---

(1) Appendice : II.

plus sortir, pour en sortir d'autant moins que son mari en sortit lui-même, un peu avant sa mort, par ambition personnelle, au moment où ses fausses vues politiques et les scandaleux dérèglements de sa vie frappaient deux fois au cœur la reine de Navarre. L'histoire ne doit ni amnistier, ni excuser, mais expliquer. A la lumière de ses explications, Jeanne d'Albret nous apparaît comme une statue qui, vue de profil, resplendirait de beautés héroïques, et vue de face, attristerait le regard par ses difformités.

CHAPITRE IX

Henri roi de Navarre. — Ses hésitations à Chaunai. — Il entre dans Paris avec huit cents gentilshommes. — Son mariage. — La Saint-Barthélemy. — Le « Discours de Cracovie ». — La préméditation. — Le roi de Navarre et le prince de Condé sommés d'abjurer. — Conséquences de l'abjuration. — Abjuration forcée, comédie obligatoire. — Comment Henri joua son rôle. — Révolte de La Rochelle. — Siège de La Rochelle. — Défense héroïque. — Le duc d'Anjou élu roi de Pologne. — Accommodement avec les Rochelais. — L'édit par ordre. — Le massacre de Hagetmau. — Naissance du parti des « Malcontents ». — Le duc d'Alençon et ses complots. — La conspiration de 1574. — La déposition du roi de Navarre. — Les calvinistes reprennent les armes et sont combattus par trois armées royales. — Mort de Charles IX. — Ses dernières paroles au roi de Navarre. — Henri III fait bon accueil à son beau-frère. — Autres complots du duc d'Alençon. — Il s'échappe de la cour et se ligue avec les protestants. — Le roi de Navarre médite un projet d'évasion.

Henri, désormais roi de Navarre, reçut à Chaunai, petite ville du Poitou, la nouvelle de la mort de sa mère. Terrassé par ce coup inattendu, le prince fut saisi de telles angoisses, qu'une fièvre violente s'empara de lui et l'empêcha de se remettre en route. Le 13 juin, il n'avait pas encore quitté Chaunai, d'où il écrivait la lettre suivante au baron d'Arros, lieutenant-général en ses États souverains. Il avait déjà pris connaissance du testament de Jeanne d'Albret, et il fait allusion à ce document : « J'ai reçu en ce lieu la plus
« triste nouvelle qui m'eût dû advenir en ce monde, qui est la perte de
« la reine ma mère, que Dieu a appelée à lui ces jours passés, étant
« morte d'un mal de pleurésie qui lui a duré cinq jours et quatre
« heures. Je ne vous saurais dire, Monsieur d'Arros, en quel deuil et
« angoisse je suis réduit, qui est si extrême que m'est bien malaisé de
« le supporter. Toutefois, je loue Dieu du tout. Or, puisque, après la
« mort de ladite reine ma mère, j'ai succédé à son lieu et place, il

« m'est donc de besoin que je prenne le soin de tout ce qui était de sa
« charge et domination ; qui me fait vous prier bien fort, Monsieur
« d'Arros, de continuer, comme vous avez fait en son vivant, la
« charge qu'elle vous avait baillée en son absence, en ses pays de
« là, de la même fidélité et affection que vous avez toujours mon-
« trée, et tenir principalement la main à ce que les édits et ordon-
« nances faites par Sa Majesté soient à l'avenir, comme je désire,
« gardés et observés inviolablement, de sorte qu'il ne soit rien
« attenté ni innové au contraire ; à quoi je m'assure que vous vous
« emploierez de tout votre pouvoir... »

Le roi de Navarre débattit assez longtemps en lui-même et avec ses conseillers la résolution qu'il convenait de prendre. La prolongation de son séjour à Chaunai menaçait de ruiner tant de projets, du côté des huguenots comme du côté de la cour, que, des deux parts, il était assailli de sollicitations. Enfin, pressé par Coligny lui-même, il partit, accompagné du prince de Condé et de huit ou neuf cents gentilshommes, et entra dans Paris, le 20 juillet. Malgré la cordialité de l'accueil qu'il y reçut du roi, de la reine-mère et de leur entourage, Henri partagea difficilement la confiance et la satisfaction de ses coreligionnaires : des incidents de toute sorte surgissaient à chaque instant, qui, à trois siècles de distances, nous semblent avoir été de clairs avertissements. L'inaltérable bienveillance de Catherine, la débonnaireté subite et imperturbable de Charles IX à l'égard des huguenots, les indiscrétions qui se colportaient, mille bruits, mille indices, avant comme après le mariage, rien ne put dessiller les yeux, faire évanouir le rêve ; à peine fut-il troublé, de temps à autre, chez les plus avisés.

La question du mariage avait offert de grandes difficultés : Rome s'y opposait. Avant l'arrivée des dispenses, Charles IX, impatient, donna des ordres absolus. Les fiançailles eurent lieu au Louvre, le 17 août, et, le 18, le mariage fut célébré, grâce aux aventureuses complaisances du cardinal de Bourbon, « sur un haut échafaud dressé devant la principale entrée » de la cathédrale de Paris. Après la bénédiction nuptiale, les catholiques entrèrent dans le chœur pour entendre la messe, et les calvinistes se tinrent ostensiblement à l'écart. Ainsi fut conclu le pacte jugé nécessaire pour l'exécution des desseins qui aboutirent à la Saint-Barthélemy.

Le récit de cette terrifiante journée n'exige pas sa place dans notre étude. Il est de ceux que le monde entier connaît, ce massacre ayant eu le triste don, par ses dramatiques péripéties, de fasciner la curiosité humaine, souvent cruelle dans ses investigations. Parmi les documents célèbres qui abondent sur la Saint-Barthélemy, nous n'en connaissons pas de plus riche en révélations poignantes, en aveux effrayants, en clartés terribles, que la relation du duc d'Anjou, roi de Pologne, que l'histoire a enregistrée sous le nom de « discours de Cracovie (1) ». Nous la mentionnons parmi les pièces recueillies à la fin de cet ouvrage. Ici, la probité dicte quelques réflexions.

L'œuvre sanglante de la Saint-Barthélemy a été, dans ces derniers temps, le sujet d'éclatantes controverses. On a écrit des volumes, d'ailleurs instructifs, sur cette question : « La Saint-Barthélemy a-t-elle été préméditée ? » Par quel étrange abus de mots, par quel goût malsain pour les discussions byzantines, en est-on arrivé à transformer en problème ce qui, pendant trois siècles, n'a réclamé aucune démonstration ? Depuis la paix de Saint-Germain jusqu'à l'attentat contre l'amiral, pendant plus de deux années, il n'y a pas, dans la politique de Catherine de Médicis, un seul acte qui ne tende visiblement à endormir la méfiance des calvinistes, à encourager leurs espérances, à flatter, sinon à satisfaire leurs ambitions ; la cour leur promet tout, leur offre tout, leur donne tout ; les Valois orthodoxes jettent leur fille dans les bras du Bourbon hérétique ; toutes les amorces partent du Louvre et y ramènent l'élite de la France protestante : la voilà qui accourt au son des cloches de l'hymen royal. Et il n'y a pas eu de préméditation dans ce qui s'est fait, et il n'y en aura pas dans ce qui va suivre ! C'est donc pour livrer la monarchie et le pays aux calvinistes qu'on les a rassemblés, leurs chefs en tête, autour du trône ; ou bien, c'est par hasard que mille manœuvres inconscientes ont rempli deux années pour aboutir à l'immense manœuvre des derniers jours ! Certes, une Saint-Barthélemy a été préméditée, longuement et savamment préméditée, si jamais quelque chose le fut en ce monde. Qu'on ait réglé, six mois, six semaines ou six jours auparavant, la mise en scène de l'effroyable dénouement ; qu'on ait fait d'avance, dans l'œuvre de destruction, la part du feu, du poison et des cachots ; qu'on ait condamné les uns, gracié les autres ; que le nom de l'amiral ait figuré le premier ou le dernier sur la liste de proscription ; qu'on ait hésité long-

---

(1) Appendice : VIII.

temps sur les mesures à prendre, sur les têtes à frapper, sur les agents à employer, sur l'économie du sinistre cérémonial, ce sont là des sujets précieux pour l'historiette, mais qui n'enlèvent rien à la réalité de ce grand fait caractérisant un grand crime : la préméditation.

La veille du massacre, dans le dernier conseil secret qui précéda l'exécution, « la vie du roi de Navarre et du prince de Condé », — dit Mézeray, qui résume ses devanciers, — « fut balancée quelque « temps entre la grâce et la mort. Les Guises, à ce qu'on croit, ayant « déjà conçu quelque rayon d'espérance de parvenir à la couronne, « eussent bien souhaité qu'on les eût ôtés du monde, si bien que « leurs confidents apportèrent quelques raisons dans le conseil pour le « persuader, mais bien différentes de celles qui les mouvaient en effet. « Quant au roi de Navarre, il fut considéré que le fait, qui de soi- « même était fort étrange, paraîtrait beaucoup plus horrible aux « nations étrangères, si un grand prince dont le père était mort au « service du roi, et qui avait été enveloppé dans les mauvaises opinions « par le malheur de sa naissance, était massacré dans le Louvre, à la « vue de son beau-frère, entre les bras de sa nouvelle épouse ; qu'au « reste, l'on ne pourrait point se décharger d'un meurtre si atroce sur « les Guises, parce que l'on savait bien qu'ils n'avaient point d'inimitié « entre eux; et qu'après tout, ce serait une trop grande honte au roi « de dire que ses sujets auraient eu l'audace de tuer son beau-frère à « ses pieds. Ces puissantes raisons et d'ailleurs la facilité de « son naturel, sa modération et sa grande bonté, qui, depuis qu'il « était à la cour, avaient imprimé dans les cœurs de bons sentiments « de lui, furent cause que le Conseil, presque tout d'une voix, conclut « de lui sauver la vie. Mais pour celle du prince de Condé, comme « son humeur inflexible et la mémoire de son père aggravaient sa « cause, elle se trouva en grand danger. Il n'y eut que le duc de « Nevers, qui avait épousé la sœur de sa femme, qui se montra ferme « pour lui : ce qu'il fit de sorte qu'il l'emporta à la fin, mais avec « grand'peine, en se rendant caution qu'il demeurerait dans l'obéis- « sance du roi et se ferait catholique. »

Le 25 août, vers neuf heures du matin, d'autres disent vers deux heures et au plus fort du massacre, Charles IX manda le roi de Navarre et le prince de Condé. Réveillés par les archers de la garde, qui ne leur permirent pas de prendre leurs épées, ils furent traînés devant le roi comme des criminels. Charles IX, depuis deux ou

trois jours en proie à une sorte de frénésie, « leur déclara que tout
« ce qu'ils voyaient avait été exécuté par son commandement ; qu'il
« avait été forcé de se servir d'un si violent remède pour mettre fin à
« toutes les guerres et séditions ; et que c'était ainsi qu'il faisait périr
« ceux qu'il ne pouvait faire obéir ; qu'au reste, il avait sujet de
« les haïr mortellement eux deux, et occasion de se venger de ce
« qu'ils avaient osé se faire chefs d'une méchante et opiniâtre faction ;
« toutefois qu'il donnait ce ressentiment à l'alliance et au sang,
« pourvu qu'ils changeassent de vie, et qu'ils embrassassent la religion
« catholique, parce qu'il n'était plus résolu d'en souffrir d'autre dans
« ses terres ; qu'ils avisassent donc à lui témoigner leur obéissance en
« ce point : autrement qu'ils se préparassent à recevoir le même traite-
« ment qu'ils avaient vu faire à leurs domestiques. Le roi de Navarre,
« extrêmement étonné de ces mots prononcés avec une voix mena-
« çante, et de l'effroyable spectacle qu'il avait vu devant ses yeux,
« répondit qu'il priait Sa Majesté de laisser leur vie et leur conscience
« en repos, et que du reste ils étaient prêts de lui obéir en toutes
« choses. Mais le prince repartit plus hautement, que Sa Majesté
« ordonnât comme il lui plairait de sa tête et de ses biens, qu'ils
« étaient en sa disposition ; mais que pour sa religion il n'en devait
« rendre compte qu'à Dieu seul, duquel il en avait reçu la connais-
« sance. Cette réponse mit le roi en si grand courroux, qu'il l'appela
« par plusieurs fois enragé séditieux, rebelle et fils de rebelle, jurant
« que si dans trois jours il ne changeait de langage, il le ferait étran-
« gler ; et après avoir exhalé sa colère par ces menaces, il commanda
« qu'on les gardât soigneusement, et qu'on ne permît à personne
« qu'à ceux qu'il ordonnerait d'approcher d'eux. »

Quelques historiens ont prétendu que Henri et Condé avaient obéi au roi, le premier sur-le-champ, et le second dans le délai fixé par Charles IX. La vérité paraît être que, pendant près d'un mois, « toute la cour travailla à la conversion de ces princes, « lesquels, dit Mézeray, étant les chefs de cette faction, semblaient « devoir amener les plus opiniâtres après eux ».

L'abjuration forcée du roi de Navarre, prisonnier et politiquement irresponsable, entraîna pour lui les plus humiliantes conséquences. Il ne pouvait être, en ce moment, ni catholique de cœur, ni indifférent en matière de religion, puisque ses coreligionnaires et ses meilleurs amis venaient d'être massacrés, sous prétexte d'hérésie, et qu'on le contraignait lui-même à répudier leur mémoire. Il était condamné à jouer devant la cour et devant le pays une comédie pénible, d'une durée incertaine, et qui pouvait à jamais gâter son cœur et avilir son caractère. Sa jeunesse, sa souplesse d'esprit et, s'il faut le dire, ses penchants naturels, trop flattés par les mœurs corrompues de la cour, l'aidèrent à traverser cette épreuve, sans que ses amis eussent le droit de désespérer de lui, sans que ses ennemis eussent l'occasion de pénétrer son arrière-pensée. Après l'abjuration, il reçut de Charles IX l'ordre de rendre manifeste son changement de religion : ses lettres de soumission et celles du prince de Condé furent portées à Rome par M. de Duras.

Les protestants ne furent nullement ébranlés par ces apparentes défections. Les Rochelais, bien avant la Saint-Barthélemy, avaient exprimé au roi de Navarre, à l'amiral et aux autres chefs calvinistes leur mécontentement de les voir s'abandonner aux séductions de la cour. Après les massacres, « ils recueillirent
« humainement, dit Pierre Mathieu, tous ceux qui avaient échappé
« à cet orage, et s'ils n'eussent relevé les courages et les espérances,
« c'était fait du parti; mais ils retirèrent tous les gens de guerre
« qui étaient dispersés çà et là. Les gentilshommes de cette religion
« qui ne se sentaient assurés en leur maison s'y rendirent inconti-
« nent. La Rochelle donna moyen de vivre à cinquante-cinq
« ministres, et se mit en tel état qu'elle eut l'audace de refuser
« l'entrée à Biron, que le roi lui envoyait pour gouverneur. Pour
« ce, le roi lui fit écrire par le roi de Navarre et le prince de Condé
« de ne se précipiter aux malheurs que cette désobéissance lui
« apporterait ».

A la suite de ces exhortations, deux partis se formèrent à La Rochelle : l'un voulait obéir, l'autre résister ; mais les massacres qui, au mois d'octobre, eurent lieu à Bordeaux et dans quelques autres villes, tournèrent décidément les esprits vers la résistance, et les Rochelais s'y préparèrent avec une énergique résolution. En vain, la cour, sentant la nécessité d'une pacification générale, essaya-t-elle d'éviter le conflit : ses négociations, même celle de La Noue, qui voulut bien servir d'intermédiaire, trouvèrent les Rochelais inflexibles. Au mois de novembre, Biron investit la ville rebelle, et, le mois suivant, le siège était formé. Les habitants se défendirent vaillamment; on vit les femmes elles-mêmes s'exposer à tous les périls. L'arrivée du duc d'Anjou, envoyé par le roi comme généralissime, n'intimida pas les assiégés. Ce prince amenait avec lui la plupart des grands personnages du royaume, parmi lesquels fut obligé de figurer le roi de Navarre. Le siège fut rude et funeste à beaucoup d'officiers catholiques ; le duc d'Anjou faillit y périr. De leur côté, les Rochelais endurèrent des souffrances de toute sorte. Ils eurent, un moment, l'espoir d'être secourus par Montgomery, arrivant d'Angleterre avec des troupes et des munitions ; mais il ne put parvenir jusqu'à eux. Néanmoins, la place ayant reçu des poudres, les assiégés reprirent courage, et, malgré des assauts répétés, malgré la disette et la famine même, ils se montrèrent intraitables. Il fut heureux, pour l'honneur des armes royales, que l'élection du duc d'Anjou au trône de Pologne vînt faire diversion et provoquer des accommodements. La Rochelle ne fut pas forcée : il était réservé à la main de fer de Richelieu de détruire cette forteresse, sinon d'abattre cette fierté. La paix avec les Rochelais fut signée le 6 juillet 1573. Le 19 août, la ville de Sancerre, une des fortes places du Haut-Berry, révoltée comme La Rochelle, et que les calvinistes avaient défendue pendant huit mois, ouvrit ses portes à l'armée royale.

Pendant qu'il était devant La Rochelle, le roi de Navarre fut amené à s'occuper des affaires de ses Etats. Le 16 octobre, sur l'injonction de Charles IX, il avait rendu un édit pour rétablir la religion catholique dans ses pays souverains. Bafoué par les calvinistes, l'édit provoqua de nombreux soulèvements. Les bruits avant-coureurs de ces désordres étant venus jusqu'à la cour, Henri fut contraint d'écrire plusieurs lettres à ses officiers pour leur recommander la soumission au comte de Gramont, qu'il venait de nommer son lieutenant-général. On eut si peu égard à ses avis, à ses ordres et à ses prières, que le jeune baron d'Arros, excité par son père, massacra toute l'escorte du comte de Gramont, dans la cour de son château de Hagetmau. Gramont ne dut la vie qu'aux supplications et aux larmes de sa belle-fille, Diane d'Andouins. Le 8 juin, Henri écrivit à d'Arros pour condamner ces violences et ordonner la mise en liberté du comte de Gramont.

Ce fut au siège de La Rochelle, s'il faut en croire quelques historiens, que prit naissance le parti des « Malcontents », qui allait bientôt exercer une influence marquée sur les affaires du royaume. Il est certain, du moins, qu'après l'élection du duc d'Anjou, son frère, le duc d'Alençon, esprit inquiet et brouillon, forma ou se laissa inspirer des projets ambitieux. Charles IX régnait à peine et gouvernait moins que jamais. Le duc d'Alençon pouvait être roi, son frère aîné n'ayant pas d'enfant mâle, et le duc d'Anjou étant pourvu d'une couronne étrangère. Il se trouva subitement, à l'âge de dix-huit ans, et sans capacité reconnue, le chef d'un nouveau tiers-parti, où entrèrent des catholiques et des huguenots.

Tantôt d'accord, tantôt en querelle avec Henri, le duc d'Alençon ourdit intrigues sur intrigues, si bien qu'il devint aussi suspect que le roi de Navarre : il se laissa pousser jusqu'aux complots. Nous n'avons pas à énumérer toutes ces tentatives ; mais il faut rappeler au moins la conspiration de 1574, qui devait faire concorder une reprise d'armes des huguenots avec l'évasion du roi de Navarre et du duc d'Alençon. On sait qu'elle coûta la vie à La Mole et à Coconnas, gentilshommes du duc. Les deux princes furent incarcérés, accusés d'un crime d'Etat et interrogés dans les formes. » Le « duc, dit Mézeray, répondit en criminel, lâchement et en tremblant ; « l'autre, en accusateur plutôt qu'en accusé, avec des reproches qui « firent perdre contenance à la reine-mère. » La déposition du roi de Navarre (1) fit juger, dès lors, quel homme il serait, à l'heure de la maturité. Marguerite de Valois prétend, dans ses Mémoires, qu'elle avait rédigé ce document, qui passe en revue toute la vie du royal accusé. Nous n'y contredisons pas, et la déposition n'en acquiert que plus de prix aux yeux de la postérité ; mais si Marguerite a écrit, Henri a dicté, car on rencontre, à chaque alinéa, sa trempe d'esprit et sa finesse native.

Le complot, déjoué à la cour, n'en éclata pas moins en province. Montgomery, débarqué d'Angleterre, dirigea une prise d'armes dans la Basse-Normandie, et s'empara de quelques places ; La Noue recommença la guerre autour de La Rochelle ; les huguenots rouvrirent les hostilités dans le Dauphiné, la Provence et le Languedoc ; le prince de Condé, qu'on se bornait à surveiller dans son gouvernement nominal de Picardie, s'était enfui en Allemagne, d'où il comptait ramener des troupes auxiliaires, en vue d'un soulèvement général des calvinistes français. Catherine de Médicis, à qui Charles IX, malade de corps et d'esprit, laissait tout le fardeau du gouvernement, déploya, dans cette crise, une remarquable activité. Trois armées furent simultanément mises sur pied : la pre-

---

(1) Appendice : IX.

mière, commandée par Matignon, alla s'opposer à Montgomery, qu'elle força dans la ville de Domfront ; la deuxième, sous les ordres de Montpensier, marcha contre La Noue ; la troisième, avec le comte d'Auvergne, fils de Montpensier, qu'on appelait le prince Dauphin, fut envoyée dans le Dauphiné.

Au milieu de ces nouvelles luttes, Charles IX achevait de mourir. Le 30 mai 1574, il expira, laissant la régence à sa mère. Quoiqu'il eût criminellement abusé de son pouvoir sur la personne du roi de Navarre, il avait toujours eu pour ce prince des sentiments d'affection, et, au lit de mort, il les affirma avec quelque solennité : « Mon frère », dit-il à Henri après l'avoir embrassé, « vous perdez « un bon maître et un bon ami. Je sais que vous n'êtes point du « trouble qui m'est survenu. Si j'eusse voulu croire ce qu'on m'en « voulait dire, vous ne seriez plus en vie. Je me fie en vous seul de « ma femme et de ma fille : je vous les recommande. »

L'accueil que Henri III, à son retour de Pologne, fit au roi de Navarre et au duc d'Alençon, tenus en chartre privée par Catherine, eut l'apparence d'une mise en liberté. « La reine-mère, qui « était venue de Paris à Lyon (au-devant de Henri III), dit Pierre « Mathieu, poussa jusques au Pont-de-Beauvoisin pour le rencon- « trer. Elle lui présenta le duc d'Alençon et le roi de Navarre, lui « disant : « Voici deux prisonniers que je vous remets ; je vous ai « averti de leurs fantaisies ; c'est à vous d'en faire ce qu'il vous « plaira ». Le roi les embrassa, mais avec un peu de froideur, car « un meilleur visage leur eût fait présumer qu'il ne croyait ce qu'elle « venait de dire contre eux. Ils se mirent sur les excuses... Le roi « leur dit : « Je vous donne la liberté, et ne veux pour cela autre chose « de vous, sinon que vous m'aimiez et vous aimiez vous-mêmes, en « vous préservant de ce qui vous peut nuire et offenser l'honneur « de votre naissance. »

Les deux princes n'eurent qu'une médiocre confiance dans cette bonne grâce royale. Henri se contenta, pour le moment, des coudées franches dont on semblait lui faire l'octroi ; mais le duc d'Alençon ne perdit pas de temps et se remit à conspirer. Le parti des Malcontents s'organisa sérieusement autour de lui, aidé par l'attitude du maréchal de Damville, gouverneur de Languedoc, qui venait d'établir, entre les catholiques « politiques » et les réformés, un pacte par lequel fut considérablement modifiée la situation générale. Au cours d'un de ces complots qui remplirent toute sa vie, le duc d'Alençon fut soupçonné par le roi d'avoir tenté de l'empoisonner, et Henri III essaya de s'entendre avec son beau-frère pour « se défaire de ce méchant ». Henri eut beaucoup de peine à dissuader le roi, dont il ne voulut, à aucun prix, servir les rancunes.

Enfin, le 16 septembre 1575, après une feinte réconciliation avec Henri III, le duc d'Alençon quitta brusquement la cour, au moment où les troubles renaissaient de toutes parts, et où les reîtres venaient de passer la frontière, guidés par Guillaume de Montmorency, seigneur de Thoré. Le 10 octobre, Thoré était battu, entre Dormans et Château-Thierry, par le duc de Guise, qui reçut là sa balafre historique ; mais la fuite de Monsieur jetait dans un trouble profond la politique royale, et Catherine tenta les plus grands efforts pour arriver à une pacification. A défaut d'un traité, dont les bases offraient des difficultés insurmontables, la reine-mère signa, le 22 novembre, une trêve générale de six mois. Quoiqu'elle en fît tous les frais, elle ne parvint à contenter personne : la trêve, mal observée, fut comme le signal d'une recrudescence d'hostilités, surtout de la part de Condé et de ses auxiliaires allemands. En quelques semaines, Monsieur et Condé comptèrent autour d'eux une armée de quarante mille hommes, Français ou étrangers, vivant, pour la plupart, aux dépens du Bourbonnais et du Berry.

Telle était la situation au mois de janvier 1576. Le roi de Navarre, entièrement effacé, presque oublié, pendant l'année précédente, n'en avait pas suivi d'un œil moins attentif la marche des événements, et l'heure lui sembla venue, sinon de s'y mêler avec éclat, du moins d'en profiter pour reconquérir sa liberté personnelle et son indépendance politique.

LIVRE DEUXIÈME

(1576-1580)

CHAPITRE PREMIER

L'évasion. — Henri, libre, retourne au calvinisme. — Le frère et la sœur. — Le traité de Beaulieu et ses conséquences. — Naissance et organisation de la Ligue. — Situation difficile. — Esprit politique de Henri. — Sa correspondance avec les Rochelais. — Séjour à La Rochelle. — Lettre du roi de France à Montluc. — Le roi de Navarre, le maréchal de Damville et les « politiques ». — Lettre de Henri à Manaud de Batz. — Requête des Bordelais.

« Le vendredi, 3ᵉ février (1576), dit le journal de P. de l'Estoile,
« messire Henri de Bourbon, roi de Navarre, qui toujours avait
« fait semblant, depuis l'évasion de Monsieur, d'être en mauvais
« ménage avec lui et n'affecter aucunement le parti des huguenots,
« — ayant gagné ce point, par sa dextérité et bonne mine, que les
« plus grands catholiques, ennemis jurés des huguenots, voire
« jusques aux tueurs de la Saint-Barthélemy, ne juraient plus que
« par la foi que lui devaient, — sortit de Paris, sous couleur d'aller
« à la chasse en la forêt de Senlis, où il courut un cerf le samedi,
« et renvoya un gentilhomme nommé Saint-Martin, que le roi
« lui avait donné, lui porter une lettre en poste. Et, partant de
« Senlis, sur le soir, accompagné des seigneurs de Lavardin, de
« Fervaque et du jeune La Valette, auparavant affectionnés parti-
« sans du roi, prit le chemin de Vendôme, puis alla à Alençon, où
« il abjura la religion catholique en plein prêche, et de là se retira

« au pays de Maine et d'Anjou, où il commença à prendre le parti
« de Monsieur et du prince de Condé, son cousin, reprenant la
« religion qu'il avait été contraint, par force, d'abjurer à Paris, et
« recommençant l'ouverte profession d'icelle, par un acte solennel
« de baptême, tenant la fille d'un médecin au prêche.

« Bruit fut à Paris que ledit roi de Navarre, depuis son parte-
« ment de Senlis jusqu'à ce qu'il eût passé la rivière de Loire, ne
« dit mot ; mais aussitôt qu'il l'eut passée, jetant un grand soupir
« et levant les yeux au ciel, dit ces mots : « Loué soit Dieu, qui
« m'a délivré ! On a fait mourir la reine, ma mère, à Paris, on
« y a tué M. l'amiral et tous mes meilleurs serviteurs ; on n'avait
« pas envie de me mieux faire, si Dieu ne m'eût gardé. Je n'y
« retourne plus, si on ne m'y traîne. » L'Estoile ajoute ce qu'il
appelle un « vrai trait de Béarnais ». Deux jours avant son évasion,
comme des soupçons planaient sur lui, parce qu'il avait passé
une nuit hors de Paris, il se présenta, le lendemain, au roi et à la
reine-mère, affecta de plaisanter sur sa fuite, et déclara qu'il
n'aspirait qu'au bonheur de vivre et de mourir à leurs pieds.
Il fallait jouer ce jeu-là avec la Florentine et sa cour.

La chronique de l'Estoile, bonne à citer pour sa saveur,
raconte, avec une exactitude relative, l'évasion du roi de Navarre.
Elle ne fut ni improvisée, comme le donne à entendre un récit
d'Agrippa d'Aubigné, ni déterminée par ses exhortations, d'ailleurs
éloquentes (1). Henri, depuis longtemps, songeait à reprendre sa
liberté, et il épiait l'heure favorable ; nous avons à cet égard des témoignages décisifs. Au mois de janvier, il écrivait à Jean d'Albret,
baron de Miossens : « La cour est la plus étrange que vous l'ayez
« jamais vue. Nous sommes presque toujours prêts à nous couper la
« gorge les uns aux autres. Nous portons dagues, jaques de mailles
« et bien souvent la cuirassine sous la cape... Le roi est aussi
« bien menacé que moi ; il m'aime beaucoup plus que jamais.
« M. de Guise et M. du Maine ne bougent d'avec moi... En cette
« cour d'amis, je brave tout le monde... Toute la ligue que savez
« me veut mal à mort... Je n'attends que l'heure de donner une
« petite bataille, car ils disent qu'ils me tueront, et je veux gagner
« les devants. J'ai instruit bien au long Sévérac de tout. »

Cette lettre, où l'esprit de décision se montre à chaque ligne, même

(1) Appendice : X.

et surtout sous les formes ironiques du langage, n'est pas d'un prince qui ait eu besoin d'être poussé ou même inspiré par d'Aubigné ni par aucun autre conseiller. Henri utilisa souvent et avec grand profit les lumières de ses amis et de ses serviteurs, mais il ne fut jamais à court d'idées ou de résolutions. Que ceci soit dit une fois pour toutes.

Il faut peu de mots pour compléter et rectifier le récit de l'Estoile. Le roi de Navarre, après sa partie de chasse, prenait quelque repos dans les faubourgs de Senlis, et se disposait à exécuter son dessein, lorsque, dans le but de gagner du temps, il envoya le capitaine Saint-Martin à Henri III, avec une lettre portant « que, sur « les avis qu'on lui donnait que la reine-mère conseillait au roi de « le retenir, il demeurait à Senlis pour être éclairci de sa volonté ». Saint-Martin, qui était l'homme de Henri III, non celui du roi de Navarre, ne se douta pas du stratagème et partit à franc-étrier. Un instant après, Henri se débarrassait d'un autre gardien, M. d'Espalungue, chargé d'apporter au roi un second message. Des bateaux étaient prêts pour le prince et sa petite escorte, composée des gentilshommes dont l'Estoile donne les noms et de quelques autres, parmi lesquels Rosny (plus tard Sully), Gramont et d'Aubigné. Pendant que ses messagers couraient les chemins, Henri les courait aussi, en sens inverse. « Il y eut de la peine, raconte d'Aubigné, à
« démêler les forêts, en une nuit très obscure et fort glaceuse; le
« secours de Frontenac lui fut, en cela, fidèle et bien à propos. Il
« passe donc l'eau au point du jour, à une lieue de Poissy, perce un
« grand pays de Beauce, tout semé de chevau-légers, repaît deux
« heures à Châteauneuf, là prend son maréchal des logis L'Espine
« pour guide, à l'heure que les compagnies pouvaient être averties, et
« le lendemain, il entre, d'assez bonne heure, dans Alençon. Au matin
« d'après, son médecin Caillard lui offre son enfant, afin qu'il fût de
« sa main présenté au baptême, ce qu'il accepta ; et cette nouveauté
« le fit recevoir sans nulle autre façon ni cérémonie. On chanta, ce
« jour-là, au prêche, le psaume qui commence : *Seigneur, le roi se*
« *réjouira d'avoir eu délivrance*. Ce prince s'enquit si on avait pris
« ce psaume exprès pour sa bienvenue... » Il n'en était rien.

D'Alençon Henri se rendit à La Flèche, puis à Saumur, où il déclara solennellement que « tout ce qu'il avait fait sur le changement
« de sa religion était pure force et contrainte, et, partant, que la li-
« berté de sa personne lui rendant celle de sa volonté, il remettait

« aussi son âme en l'exercice de sa première créance ». Henri III lui fit tenir plusieurs messages conçus en termes persuasifs, pour l'inviter à revenir à la cour; mais ces démarches n'arrêtèrent pas un instant le roi de Navarre. Il mit à profit, cependant, les dispositions amicales de son beau-frère, pour obtenir que la princesse de Navarre, sa sœur, fût autorisée à le rejoindre. Catherine et Henri se rencontrèrent à Parthenay. En passant à Châteaudun, la princesse avait repris publiquement, comme son frère, l'exercice de la religion calviniste.

Aucune grande entreprise ne se dessinait, en ce moment, contre la cour; mais, de quelque côté que Catherine de Médicis tournât ses regards, elle ne voyait que des ennemis ou des mécontents à la veille de l'être. A la rigueur, elle pouvait combattre, et la coterie des Guises l'y poussait ; mais Henri III ne se souvenait guère des penchants belliqueux de sa première jeunesse, et, d'ailleurs, la reine-mère comptait moins sur ses armées que sur les ressources de sa diplomatie. Cette diplomatie sans scrupules consistait généralement dans un magnifique étalage de promesses et dans la défection à beaux deniers de quelques adversaires de la cour.

Le traité conclu, au mois de mai, au couvent de Beaulieu, près de Loches, et qu'on nomme aussi la « paix de Monsieur », fut conçu dans ces principes. Le roi de Navarre, le prince de Condé, le duc d'Alençon et le prince Casimir déposaient ou étaient censés déposer les armes, aux conditions les plus favorables, en apparence. Néanmoins, il se trouva que Monsieur était acheté au prix d'un beau supplément d'apanage, et le prince Casimir manifestement soudoyé; le faisceau des hostilités ainsi rompu, les protestants obtenaient des satisfactions platoniques et quelques avantages réels, mais dont l'énumération détaillée importe peu à l'histoire, puisque cette paix, qui devait être éternelle comme les autres, fut violée aussitôt que publiée. Dès le mois de juin, en effet, les huguenots surprenaient La Charité, au moment où le roi tenait un lit de justice pour l'établissement des Chambres mi-parties (1), qui était une des stipulations du traité. Quant aux reîtres de Casimir, ils ne repassèrent la frontière que trois mois plus tard, à moitié payés et nantis de gages sérieux pour le complément de la dette royale. Mais la conséquence la plus grave de la paix de Beaulieu fut l'émotion dangereuse

---

(1) Appendice : XI.

qu'elle provoqua parmi les catholiques, et qui aboutit à l'organisation définitive, plus encore, à la première levée de boucliers de la Ligue. Les principaux faits qui caractérisent l'éclosion de cette nouvelle puissance doivent trouver place dans notre récit.

Aux termes du traité de Beaulieu, d'Humières, gouverneur de Péronne, reçut l'ordre de remettre cette place au prince de Condé. Péronne devenait un centre protestant qui pouvait attirer tous les fléaux de la guerre sur la Picardie, voisine des Pays-Bas. Le gouverneur, arguant de ce motif, dont fut frappé l'esprit des Picards, refusa de livrer Péronne, et toute la province fut invitée à former une ligue catholique analogue à celle qui s'était organisée, sous le régne précédent, en Bourgogne et en Guienne. Il y avait pourtant cette différence, que les ligues formées sous Charles IX par les gouverneurs devaient obéir au roi, et que les nouveaux ligueurs, sans s'élever contre l'autorité royale, s'apprêtaient, quoi qu'il arrivât, à agir contre les édits. L'incapacité du roi était posée en principe ou prévue, et la nouvelle ligue voulait être en mesure de prendre en mains la défense de la religion et du pays. Telles étaient les vues d'un grand nombre d'associés, vues hardies mais en partie légitimes ; malheureusement, elles se modifièrent avec le temps, et les faits démontrèrent bientôt que la ligue était, pour les principaux meneurs, un instrument de domination et d'usurpation. Plusieurs associations ne tardèrent pas à se former à l'exemple de celle de Péronne. Celle du Poitou se montra des plus actives. La ligue parisienne fut organisée sous le patronage discret des Guises, dont elle devait servir si violemment la politique factieuse. Toutes ces ligues, d'abord distinctes, furent bientôt en correspondance les unes avec les autres, et arrivèrent à n'en former qu'une seule, qui embrassa la France entière.

Le texte des célèbres statuts de la ligue de Picardie, copié sur l'original par le Père Louis Maimbourg, est noté à l'Appendice (1). Cette formule fut généralement adoptée, dans la suite, par tous les ligueurs de France. Ce qui en ressort avec une parfaite évidence, c'est la création d'un Etat dans l'Etat ; aussi s'explique-t-on difficilement l'aberration du pouvoir royal, qui ne prévit pas les conséquences d'un tel acte, ou qui, les prévoyant, crut les conjurer, peut-être en profiter, par son adhésion. Eternelle histoire des gouvernements

(1) Appendice : XII.

qui doivent périr : ils s'imaginent lier à leur joug, par le patronage, l'idée ou le parti qui sera l'instrument de leur perte !

Entre la signature du traité de Beaulieu et les résolutions prises aux Etats de Blois, dont nous parlerons à leur date, la situation fut difficile pour le roi de Navarre. Il y avait dans les faits une telle inconsistance, qu'il en pouvait résulter de l'incohérence dans son esprit. Mais, quoiqu'il eût à peine atteint sa vingt-troisième année, qu'il eût des ressources très bornées et peu d'amis à toute épreuve, il traversa, avec quelque bonheur, cette année de tâtonnements et d'aventures.

Une fois libre, il s'empressa de ressaisir, au moins par sa correspondance, le gouvernement de ses Etats, pendant que les négociations relatives à la paix lui faisaient un devoir d'en rester encore éloigné. La paix conclue, bien qu'il n'eût guère confiance dans les promesses de Catherine, il prit à l'égard de l'édit une attitude que nous lui verrons conserver systématiquement envers tous ceux qui suivirent : il en recommanda, publiquement et en particulier, la stricte observation à tous ses gouverneurs et officiers. C'était le début d'un esprit essentiellement politique et qui devait surpasser de beaucoup la plupart de ceux de son temps. Cette direction donnée à ses amis et à tous ses partisans, il se sentit attiré à La Rochelle, qui lui rappelait tant de souvenirs et qu'il savait être restée la vraie capitale de ce qu'on aurait pu appeler l'Etat calviniste français. De Niort et de Surgères, il écrivit aux « maire, échevins et pairs de La Rochelle ». Devenus méfiants, depuis son abjuration, pourtant forcée, ils lui avaient envoyé, sur son désir de les visiter, des députés chargés de pénétrer ses intentions.

La glace ne fut pas rompue du premier coup, mais elle le fut enfin par la lettre du 26 juin, pressante, cordiale, et qui émut les Rochelais, très heureux, en somme, de revoir dans leurs murs le fils de cette grande Jeanne d'Albret qu'ils avaient tant aimée et admirée. Henri leur disait : « Désirant vous aller visiter, comme
« mes bons amis, avant que je m'éloigne de ces quartiers, d'autant
« que je suis contraint d'aller bientôt en Guienne, je ne veux point
« que, pour le présent, vous me fassiez aucune entrée, comme
« aussi je ne veux, cette fois, entrer comme gouverneur et lieu-
« tenant-général pour le roi : encore moins voudrais-je préjudi-
« cier aucunement à vos privilèges, ni au traité de la paix... Je
« n'entends aussi y établir aucun gouverneur, mais visiter privé-

« ment comme ami, avec ma maison seulement, suivant la liste que
« je vous ai envoyée. Et n'y mènerai personne qui puisse être sus-
« pect et dont je ne réponde... »

Les Rochelais ne s'en tinrent pas au cérémonial de réception tracé dans ce billet. Sully nous apprend que, hormis la présentation du dais, ils rendirent au roi de Navarre tous les honneurs qu'ils auraient pu rendre au roi de France. En revanche, ils refusèrent d'accueillir quelques-uns des catholiques qui étaient à sa suite, quand ils surent que ces gentilshommes avaient trempé dans les massacres de la Saint-Barthélemy.

Rapproché de son gouvernement de Guienne et de ses pays souverains, le roi de Navarre entretint avec ses partisans de plus fréquentes et de plus fructueuses relations. Mais il y avait été précédé par les instructions de Henri III : « Je suis averti », écrivait le roi au maréchal de Montluc, que « le roi de Navarre a pris
« le chemin pour aller à mon pays de Guienne, où je sais qu'il
« n'aura faulte d'adhérents et serviteurs, tant à cause des grands
« biens qu'il y possède que pour plusieurs autres causes et con-
« sidérations ; au moyen de quoi, s'il ne trouve personne audit
« pays d'autorité et qualité, tel qu'il est nécessaire, pour donner
« opposition et empêchement à ses entreprises, je crains grande-
« ment qu'il en advienne de grands inconvénients à mon service.
« Partant, je vous prie vous employer pour me faire quelque bon
« et notable service, afin que mondit cousin trouve les choses
« mieux disposées pour mon service qu'il ne se promet... »

Un des premiers soins de Henri fut de tâcher d'établir une entente parfaite entre lui et le maréchal de Damville, gouverneur de Languedoc, ce chef militaire des politiques qui plus tard devait répudier l'alliance calviniste et, plus tard encore, embrasser la cause de Henri pour la servir jusqu'au triomphe. Le maréchal venait de convoquer l'assemblée des députés des provinces méridionales, composée de représentants de la noblesse et du Tiers-Etat, de magistrats et de ministres huguenots. Par leurs délibérations, ces députés pouvaient apporter un appui efficace au gouverneur dans la plupart de ses actes de politique ou d'administration. Henri avait donc un grand intérêt à entretenir des relations suivies et amicales avec Damville : il tendait logiquement à devenir lui-même le chef supérieur des politiques, comme il était celui des huguenots, et l'assemblée convoquée par le maréchal allait agiter des questions dont plusieurs pouvaient être de premier ordre. Aussi le roi disait-il à Damville, le 16 juin, après avoir loué la « bonne et sainte convocation » qu'il venait de faire : « J'espère envoyer bientôt mes députés pour me joindre à un si « bon œuvre, duquel nous devons attendre beaucoup de fruit, « y intervenant l'autorité de Monsieur et la présence de tant de « gens de bien »; et il ajoutait : « Je m'achemine tant que je puis « en mon gouvernement, et ce qui me fait plus désirer de passer « de là est l'envie que j'ai de vous voir et communiquer avec vous « de plusieurs choses concernant le bien commun de ce royaume « et principalement de notre parti ».

Avant de quitter La Rochelle, où il séjourna peu de temps, en compagnie de Catherine de Bourbon, le roi de Navarre fit tenir un certain nombre de messages écrits ou verbaux à des personnages influents du gouvernement de Guienne, du duché d'Albret et de l'Armagnac, afin d'aller moins à l'aventure quand il aborderait ces pays, qui ne le connaissaient plus guère que de nom. La lettre suivante, adressée à un seigneur catholique, Manaud de Batz, qui fut bientôt un de ses plus valeureux partisans, donne le ton à la fois royal et insinuant de cette correspondance : « Monsieur de « Batz, je vous veux bien faire savoir qu'êtes sur l'état de la « défunte reine, ma mère, de ceux-là à elle appartenant et de « tout temps bons amis et serviteurs des siens. Par quoi, faisant « état de votre bonne volonté, je vous prie faire et croire ce que « vous dira M. d'Arros de ma part. Et serai bientôt à même de « connaître les véritables gens de cœur qui se voudront acquérir « honneur pour bien faire avec moi; entre lesquels je fais état « de vous trouver toujours... — Je vous prie m'assurer vos amis « et me venir voir à mon passer à Auch, partant de ce pays de La « Rochelle (1) ».

Etant encore à La Rochelle, le roi de Navarre reçut du maire et des jurats de Bordeaux une requête à laquelle il s'empressa de faire droit, sans se douter que, peu de temps après, cet acte de bienveillance serait payé d'ingratitude par la capitale de la Guienne. Nous citons le texte royal, comme nous le citerons toutes les fois qu'il pourra sans inconvénient s'intercaler dans notre récit : plût à Dieu que Henri IV eût écrit son histoire tout entière! « Monsieur de

---

(1) Appendice : XIII.

« Bajaumont, ordonne le roi de Navarre au général (trésorier géné-
« ral) d'Agenais, les maire et jurats de Bordeaux m'ont fait entendre
« qu'il a été mené en la ville d'Agen quelques pièces d'artillerie,
« balles, poudres et matériaux qui leur appartiennent. Maintenant
« qu'il a plu à Dieu nous donner la paix, ils désireraient que le
« tout leur fût rendu et restitué. A cette cause, désirant la conser-
« vation de ladite ville de Bordeaux, comme plus importante pour
« le pays de Guienne, je vous prie ordonner de restituer lesdites
« pièces, balles, poudres, etc. »

CHAPITRE II

Henri à Brouage et à Périgueux. — Séjour à Agen. — Entrevues politiques. — Du Plessis-Mornay. — Conquêtes pacifiques. — Surprise de Saint-Jean-d'Angély par le prince de Condé. — La convocation des États-Généraux. — Les députés calvinistes. — Henri à Nérac. — Démarche de la reine-mère. — Bordeaux ferme ses portes au roi de Navarre. — Exhortation aux Bordelais. — Les Etats de Blois. — Le vote contre l'hérésie. — Protestation des députés calvinistes. — La triple députation. — Révocation de l'édit de Beaulieu. — Henri III approuve et signe la Ligue. — Reprise des hostilités. — Protestation de Condé et manifeste du roi de Navarre. — L'aventure d'Eauze. — La pitié sous les armes. — Le « Faucheur ». — Les affaires de Mirande, de Beaumont-de-Lomagne et du Mas-de-Verdun. — Henri et les pauvres gens. — Jean de Favas. — L'attentat de Bazas. — Prise de La Réole. — Attaque de Saint-Macaire.

Henri partit de La Rochelle, le 4 juillet, pour visiter son gouvernement. « Il voulut, dit d'Aubigné, commencer par Brouage, où Mi-
« rambeau le traita en toute magnificence, notamment avec quantité
« d'oiseaux inconnus à ceux de sa suite, et sur le soir, lui fit voir le
« combat d'un grand navire plein de Mores, combattu en diverses
« manières, par quatre pataches, enfin brûlé, l'équipage à la nage ;
« cela fait avec les plus exquis artifices de feu. De là il passe à Mont-
« guyon, d'où, après pareil traitement, il s'achemine à Périgueux.
« Ceux de la ville lui donnèrent, pour toute entrée, un arc très haut,
« sans feuillure, peint de noir, et au milieu, un écriteau blanc qui
« disait : *Urbis deforme cadaver*. Un écuyer qui allait devant son
« maître lui dit que c'était la plus belle entrée où il l'eût jamais ac-
« compagné, à cause de ces trois mots, lesquels lui étant commandé
« d'expliquer, il s'en excusa sur ce qu'il n'y avait point de mots
« français pour les exprimer. » Cette inscription lugubre et la boutade de l'écuyer, qui n'était autre que d'Aubigné lui-même, sont

deux traits caractéristiques de la misérable situation à laquelle beaucoup de provinces avaient été réduites par la guerre civile.

Le roi de Navarre fit un long séjour à Agen. Ce fut, pendant près de deux années, sa capitale provisoire. En arrivant dans cette ville, il y trouva un grand nombre de gentilshommes catholiques, ayant à leur tête le vieux maréchal de Montluc. Ils étaient venus pour lui rendre hommage et prendre ses ordres. « Vous ne sauriez croire », dit-il dans une lettre à Damville du 26 août, « combien ils se sont « accordés avec ceux de la religion qui m'y sont pareillement venus « trouver. Et tous ensemble ont promis et juré solennellement, en « présence du sieur de Chémeraut, qui y est venu de la part du « roi, l'entière et inviolable observation de la pacification et de « courir sus au premier qui y contreviendrait. » La Noue vint aussi à Agen pour conférer avec le roi, de la part de Monsieur, et il s'y rencontra avec le conseiller de Foix, en ce moment l'homme de la cour, mais pourtant ami du roi de Navarre. Ce fut dans une conversation avec ces deux personnages, que Henri, ayant entendu faire l'éloge de Du Plessis-Mornay, fut pris du désir de le voir et d'utiliser ses talents. On sait quel grand serviteur il acquit en sa personne.

Bien établie dans Agen, l'autorité du roi de Navarre s'étendit aux alentours ; Villeneuve-sur-Lot, entre autres places fortes, lui fut gagnée, sans la moindre violence, par l'entremise de Cieutat et le bon vouloir de beaucoup de catholiques, séduits par la modération et la spirituelle bonhomie du roi. Pendant qu'il faisait ces pacifiques conquêtes, son cousin, le prince de Condé, à qui le roi avait donné Saint-Jean-d'Angély, en échange de Péronne, devenue le berceau de la Ligue, était leurré de belles promesses. Angoulême avait fermé ses portes aux commissaires royaux chargés de faire exécuter l'édit, et Condé s'était plaint inutilement de ce refus d'obéissance. Il se plaignit aussi des difficultés qu'il rencontrait à Saint-Jean-d'Angély ; mais déterminé, cette fois, à n'être pas dupe, il introduisit, un à un, cent vingt hommes dans la place, où les huguenots, d'ailleurs, étaient nombreux, et lorsque les catholiques s'aperçurent de la présence de ces intrus, ils furent obligés de se soumettre. « Tout cela pourtant, dit d'Aubigné, ne se put faire avec « tant de modestie, que la cour ne s'en inquiétât : ce qui fit regarder « chacun à sa mèche, hâter les convocations pour les Etats et dépê-

« cher de toutes parts, pour éveiller les endormis, adoucir les réfor-
« més et les diviser où il se pourrait. »

La tenue des Etats-Généraux, convoqués le 16 août, était la grande préoccupation du pays. La cour avait l'espoir d'y reprendre quelques-unes des concessions qu'elle avait faites aux calvinistes; la Ligue, déjà entrée dans l'action, se préparait à dicter des lois à la royauté; quant aux protestants, menacés des deux parts, ils s'irritaient d'avance, à la pensée des futures délibérations. Lorsque, dans leurs négociations pour la paix et dans leurs assemblées particulières, ils avaient presque unanimement réclamé cette convocation, la Ligue ne se dressait pas encore devant eux, ou, tout au moins, ils étaient loin d'en prévoir la puissance. Plus la date fixée s'avançait, plus ils comprenaient qu'une fois encore leur existence serait mise en question. Aussi, le roi de Navarre et le prince de Condé désignèrent-ils des députés pour soutenir devant l'assemblée les intérêts de la cause calviniste et faire, dès le début, des remontrances au sujet des graves défauts de forme signalés dans le mode de convocation. Nous dirons plus tard comment ces députés accomplirent leur mission, ou plutôt comment ils furent empêchés de l'accomplir. Nous devons auparavant noter quelques incidents antérieurs à la réunion des Etats, et qui accusent le parti pris de la Ligue et de la cour d'acculer les huguenots à ce dilemme : la soumission absolue ou la guerre.

Le roi de Navarre avait reparu à Nérac, destiné à devenir bientôt sa résidence favorite. Il visita la plupart des villes du duché d'Albret et de l'Armagnac, et y prit des mesures de prévoyance par la nomination de gouverneurs à sa dévotion et l'introduction de garnisons bien commandées. Il travaillait, de la sorte, à s'assurer ces pays remuants, tout en surveillant de son mieux les manœuvres de la cour et de la Ligue, et se tenant en relations suivies avec Damville et Condé, lorsque, au mois de septembre, la reine-mère lui fit exprimer le désir d'avoir avec lui, à Cognac, une entrevue où devaient être présents Monsieur et la reine de Navarre. Henri, allant à ce rendez-vous, désira visiter, en passant, Bordeaux, capitale de son gouvernement de Guienne. Il était arrivé à Casteljaloux : la cour de parlement de Bordeaux, effrayée de l'émotion que ce projet avait fait naître dans la population bordelaise, envoya au prince une députation pour le complimenter, et surtout pour le supplier de ne pas entrer dans la ville. On lit dans le procès-verbal du Parle-

ment : « ... Avons été députés respectivement pour venir vers le roi
« de Navarre lui remontrer et supplier très humblement que, s'il a
« délibéré de venir bientôt en ladite ville, il lui plaise, pour les divers
« bruits et rumeurs qui y courent, le remettre en un autre temps
« que les habitants y seront mieux composés ; même pour lui pouvoir
« plus dignement rendre l'honneur, l'obéissance et service qu'ils sont
« tenus et que ladite cour de parlement, lesdits maire et jurats et
« autres administrateurs de ladite ville désirent et reconnaissent lui
« être dus et appartenir. »

Henri comprit, par la démarche de la cour de parlement, que l'heure était venue pour lui de se tenir plus que jamais sur ses gardes. Qu'il ressentît vivement l'affront que lui faisaient les magistrats de Bordeaux, cela n'est point douteux ; mais il avait fait ample provision de patience, pendant sa captivité, et sa politique ne fut nullement déconcertée par cet incident. Le 31 octobre 1576, il écrivit d'Agen aux maire et jurats de Bordeaux, au sujet de l'assemblée des Etats, les engageant, dans l'intérêt du royaume, à mettre de côté les haines et les antipathies, « comme je fais de ma part, ajou-
« tait-il, laissant tout le déplaisir que j'ai eu l'occasion de recevoir
« du refus qui m'a été fait de passer par votre ville, combien qu'il
« ait produit de mauvais effets... — Je vous prie, par un contraire
« exemple, que chacun se contienne en son devoir et que doréna-
« vant l'autorité du roi mon seigneur soit mieux reconnue en moi
« qu'elle n'a été par le passé, vous assurant qu'elle n'a jamais été et
« ne sera en mains de personne qui porte plus d'affection à votre
« bien et soulagement que je ferai ».

Le roi de Navarre était sincère lorsqu'il faisait de semblables appels à la concorde, puisque les sentiments qu'il exprimait le desservaient auprès d'un grand nombre de ses coreligionnaires et le mettaient souvent en désaccord avec le prince de Condé, beaucoup plus âpre que lui dans ses revendications. Heureuse la France, si elle eût entendu le langage de ce roi de vingt-trois ans ! Elle n'en comprit la sagesse que bien tard, mais dès qu'il fut arrivé à son cœur, les jours d'honneur et de prospérité revinrent illustrer son histoire.

L'œuvre des Etats-Généraux réunis à Blois, le 16 novembre, ne fut pas l'aurore de ces beaux jours. Les partisans de la Ligue y formaient la majorité, et ce n'était un secret pour personne que Henri III avait résolu de s'en déclarer le chef. Peu après l'ouverture des Etats, qui eut lieu le 6 décembre, et où brillèrent, assure-t-on, les qualités oratoires du roi de France, les députés du roi de Navarre et du prince de Condé se disposaient à faire leurs remontrances, quand ils jugèrent prudent d'y renoncer, sur la réflexion qu'ils firent que, par cet acte, ils reconnaîtraient, au nom des deux princes, la légitimité de l'assemblée. Ils s'abstinrent donc de siéger et se bornèrent à faire imprimer leurs protestations.

Le quinzième jour de la tenue, on mit en délibération, dans le Tiers-Etat, l'article qui proscrivait l'hérésie et contre lequel s'éleva énergiquement Jean Bodin, député de Vermandois. Le vingt-sixième jour, cet article fut voté. Il portait : « Que le roi serait sup-
« plié de réunir tous ses sujets à la religion catholique et romaine
« par les meilleures et plus saintes voies que faire se pourrait ; d'or-
« donner que l'exercice de la religion prétendue réformée fût dé-
« fendu tant en public qu'en particulier, et que les ministres, diacres,
« surveillants, sortissent du royaume dans le temps que le roi mar-
« querait, nonobstant tous édits faits au contraire ».

Comme on était résolu, selon le Père Daniel, « de mettre le roi de
« Navarre, le prince de Condé et le maréchal de Damville dans leur
« tort, on convint que les trois ordres leur enverraient chacun leurs dé-
« putés, pour les inviter à venir aux Etats, à consentir à l'article prin-
« cipal de la défense de l'exercice de toute autre religion que de la
« catholique, et pour exhorter les deux princes à donner l'exemple
« à ceux de leur parti, en rentrant eux-mêmes dans le sein de
« l'Eglise ».

Cette triple députation n'était donc qu'une formalité destinée à faire retomber, aux yeux du pays, la responsabilité des luttes prochaines sur les partis dissidents. La guerre avait déjà recommencé, ou plutôt elle n'avait jamais complètement cessé, dans la plupart des provinces. La cour avait tout fait, d'ailleurs, pour la rallumer. Aussitôt après le vote de l'unité de religion par les Etats, et bien avant l'envoi des députés aux princes et au maréchal, Henri III s'était empressé de révoquer l'édit de Beaulieu. En même temps, il signait la Ligue, la faisait signer à Monsieur, s'en déclarait le chef et prenait des mesures pour la faire recevoir dans les provinces qui n'y avaient pas encore adhéré. Or, ces actes significatifs, qui se produisirent dans les premiers jours de l'année 1577, étaient venus eux-mêmes après la trahison d'Albert de Luynes. Ce lieutenant de Damville livra le Pont-Saint-Esprit aux troupes royales, et en même temps, Thoré-Montmorency, frère du maréchal, était victime d'une arrestation arbitraire. Ces deux faits avaient motivé les réclamations du roi de Navarre, aussi mal accueillies par Henri III que les plaintes touchant les mauvais procédés de l'amiral de Villars, lieutenant-général en Guienne, et le refus outrageant des Bordelais. Tous ces dénis de justice, succédant aux menaces de la Ligue, déjà colportées dans le pays et aggravées encore par l'adhésion de la cour, comme par le vote dont nous avons parlé, avaient provoqué les fougueuses protestations du prince de Condé et un manifeste très digne et très ferme du roi de Navarre. Dans ce document, daté d'Agen, 21 décembre, et adressé à la noblesse, aux villes et communautés du gouvernement de Guienne, Henri se plaint des intrigues de l'amiral de Villars pour lui faire fermer les portes de Bordeaux; il rappelle la trahison du Pont-Saint-Esprit et quelques menées significatives, et il termine par ces belles déclarations : « La religion se plante au cœur des hommes par la « force de la doctrine et persuasion, et se confirme par l'exemple « de vie et non par le glaive. Nous sommes tous Français et con- « citoyens d'une même patrie ; partant, il nous faut accorder par « raison et douceur, et non par la rigueur et cruauté, qui ne ser- « vent qu'à irriter les hommes... — Prenons donc cette bonne et « nécessaire résolution de pourvoir à notre conservation générale « contre les pratiques et artifices des ennemis de notre repos... « En quoi je n'épargnerai ma vie. »

Henri III n'eut pas plus égard au manifeste qu'aux doléances plus discrètes qui l'avaient précédé, et avant la fin de l'année 1576, les derniers lambeaux du traité de Beaulieu s'en allaient rejoindre les autres paix « éternelles », qui avaient, on peut le dire, si souvent troublé plutôt que restauré la France du XVIe siècle. Lorsque les députés des États envoyés à Henri arrivèrent en Guienne, on y guerroyait déjà, depuis quelque temps, et le roi de Navarre quitta le siège de Marmande pour leur donner audience à Agen : nous les y retrouverons vers la fin du mois de janvier. Les derniers jours de l'année 1576 et les premiers de l'année 1577 furent marqués, en Guienne et en Gascogne, par quelques faits de guerre dont le moment est venu de présenter le récit.

La périlleuse aventure d'Eauze, que la plupart des historiens du temps ont racontée, sans être d'accord sur la date, doit figurer, selon nous, à celle que lui assigne Berger de Xivrey dans le recueil des *Lettres missives*, c'est-à-dire à la fin du mois de décembre 1576.

Nous indiquerons dans l'Appendice (1) la raison de notre choix et aussi les versions de Sully et de Du Plessis-Mornay. Plusieurs traits de ces versions sont identiques; l'une et l'autre pourtant sont incomplètes, comme l'ont prouvé les lettres de Henri à Manaud de Batz, documents précieux pour l'histoire de ce prince, et dont ni Du Plessis-Mornay ni Sully n'ont eu connaissance.

A mesure que le roi de Navarre pénétrait dans les pays de Guienne et de Gascogne, il se préoccupait de la sûreté des places, et se voyait parfois obligé de recourir à de véritables coups de main pour vaincre les résistances ou déjouer les complots. Il visitait l'Albret et l'Armagnac, lorsque deux gentilshommes, qu'il honorait d'une estime particulière, Antoine de Roquelaure et Manaud de Batz, l'instruisirent des menées séditieuses qu'on pratiquait à Eauze, principale ville de l'Eauzan, pays d'Armagnac. Eauze appartenait sans conteste au roi de Navarre, « comte d'Armagnac », et c'était alors une des clefs de la Gascogne. Henri conçut le dessein de s'assurer de près des sentiments de cette ville. Ayant donné rendez-vous à un petit corps de troupes et simulé une partie de chasse, dans le voisinage d'Eauze, il fit exprimer aux magistrats son désir de visiter la place. Le maire et les jurats, remplissant leur devoir avec ou sans arrière-pensée, vinrent, en chaperons, devant la principale porte, lui présenter les clefs de la ville. Sur la foi de cet accueil, Henri, qui n'avait, à ses côtés, que huit ou dix gentilshommes, entre autres Roquelaure, Batz, Mornay, Rosny et Béthune, et deux de ses gardes, Cumont et Ferrabouc, entra sans hésiter dans la cité hospitalière. Mais à peine avait-il franchi le pont-levis, qu'une sentinelle cria, en gascon : « *Coupo toun rast, toun rey y es !* » Mot à mot : « Coupe ton râteau, ton roi y est ». Au même instant, la herse-coulisse tomba, et le roi, avec quatre ou cinq gentilshommes, se trouva séparé du reste de son escorte. Etait-il victime d'une maladresse ou d'un guet-apens ? Il sut bientôt à quoi s'en tenir.

Dès ses premiers pas, le bruit du tocsin éclate, des cris menaçants y répondent, et une foule ameutée, soldats de la garnison, bourgeois et hommes du peuple, l'enferme dans un cercle de piques et d'arquebuses. Il avait avec lui quatre ou cinq vaillants prêts à faire bon marché de leur vie pour sauver la sienne, manifestement en danger. Qu'on juge des prouesses qu'ils accomplirent, lorsque Henri,

---

(1)·Appendice : XIV.

avec un héroïque entrain, leur donna, par son exemple, le signal de la lutte. On court droit aux mutins, leur brûlant l'amorce au visage et les chargeant à coups d'épée. Rompus, ils se reforment, et, désignant le roi, ils crient : « Tire à la jupe rouge ! tire au panache ! » Ils tirent en effet, et tant de coups, que si, à tout événement, Henri et ses compagnons n'avaient pris des armes défensives sous leurs tuniques de chasse, ils eussent tous succombé aux premières décharges. Par un bonheur inouï, aucun d'eux ne fut dangereusement blessé. Le combat, en se prolongeant, aurait pourtant bientôt épuisé les forces de ces rudes jouteurs ; mais, ayant pu, à travers la mêlée, gagner la porte d'une tour voisine, ils s'y retranchèrent et donnèrent ainsi à l'escorte royale le temps de briser la herse ou d'escalader les murailles. Quand les hommes d'armes du roi parurent, la scène changea subitement. Cette population égarée se vit perdue et demanda grâce. Il fallut toute l'autorité du roi pour empêcher le sac de la ville. C'est la première occasion solennelle notée par l'histoire où il montra et fit bénir sa clémence ; Sully parle de quatre mutins condamnés au gibet ; mais d'autres récits ajoutent que la corde s'étant rompue, le roi s'écria : « Grâce à ceux que le gibet épargne ! »

Ce trait de spirituelle bonté, même inventé pour couronner une journée d'héroïsme, resterait encore dans la vraisemblance et la réalité du caractère historique de Henri. Dès qu'il paraît sur les champs de bataille, revêtu de l'autorité souveraine, à la tête de quelques partisans, comme à Eauze, ou au milieu d'une armée imposante, comme à Coutras, la guerre tend à s'humaniser, s'il est possible : les chefs apprennent de lui et font comprendre aux soldats que tout ne leur appartient pas dans la route meurtrière tracée à leur activité ; que la vie est toujours respectable et quelquefois sacrée chez un ennemi abattu ; que la victoire n'est que plus belle, affranchie de la cruauté ; qu'il y a des humbles, des faibles, un « peuple » à épargner, même quand on est obligé de le froisser, de le « fouler », de le blesser au passage. Henri IV s'est formé, en Gascogne, à beaucoup de vertus royales : il n'y a pas fait de plus noble apprentissage que celui de la pitié sous les armes.

En quittant Eauze, le roi de Navarre laissa cette place sous le commandement de Béthune ; mais, peu de temps après, il en donna le gouvernement, avec celui de tout le pays, au baron de Batz. Ce choix n'était pas dicté seulement par la reconnaissance de Henri

envers son « Faucheur », comme il surnomma ce gentilhomme, après le combat d'Eauze, mais encore par l'intérêt politique bien entendu. Manaud de Batz, descendant direct des vicomtes de Lomagne, des premiers comtes d'Armagnac, et par conséquent, des anciens ducs de Gascogne, était, par sa religion, par ses alliances et son influence personnelle dans la contrée, capable de rendre d'importants services à la cause du roi. Henri le nomma gouverneur par la lettre suivante : « Monsieur de Batz, pour ce que je ne puis
« songer à ma ville d'Euse qu'il ne me souvienne de vous, ni penser
« à vous qu'il ne me souvienne d'elle, je me suis délibéré vous
« établir mon gouverneur en icelle et pays d'Eusan. Adonc aussi
« me souviendra, quant et quant, d'y avoir un bien sûr ami
« et serviteur, sur lequel me tiendrai reposé de sa sûreté et
« conservation : pour tout ce dont je vous ai bien voulu
« choisir... »

Le guet-apens d'Eauze faillit se renouveler à Mirande, autre ville de l'Armagnac vers laquelle Henri se dirigea pour secourir Saint-Cricq, seigneur catholique de son parti. Ce capitaine était entré dans Mirande, à la suite d'un coup de main plus audacieux que raisonnable ; mais à peine croyait-il tenir la place qu'il eut à se défendre contre la garnison, hostile au roi de Navarre et soutenue par les habitants. N'ayant pas assez de monde pour se maintenir dans la ville, Saint-Cricq s'était retiré dans une tour. Il y fut assiégé et tué avec une partie de sa troupe. Sully raconte que la catastrophe était accomplie lorsque le roi de Navarre parut devant Mirande. Son arrivée inspira aux habitants l'idée d'un stratagème qui fut bien près de réussir. Dès qu'ils aperçurent le roi, ils firent sonner des fanfares, comptant que les nouveaux venus les prendraient pour des signes d'allégresse ordonnés par Saint-Cricq. Ce fut précisément ce qui arriva, et le roi de Navarre allait se jeter dans le piège, quand un soldat huguenot, voyant le danger qu'il courait, sortit de la ville et vint lui donner un avis salutaire. Le roi battit sagement en retraite, tout en faisant tête, de temps à autre, aux défenseurs de Mirande, qui le serraient de près, fort enhardis par le succès précédent. La nuit et le voisinage de Jegun, place fidèle dont les portes s'ouvrirent au roi, mirent fin à cette lutte. Le surlendemain, un fort détachement des troupes royales, à la tête desquelles était l'amiral de Villars en personne, vint manœuvrer autour de Jegun. En rase campagne, les forces eussent été par trop inégales, et Villars n'avait aucun matériel de siège : après quelques bravades, on se tint coi de part et d'autre.

Peu après la date des affaires de Mirande et de Jegun, Sully place le récit de plusieurs petits combats meurtriers, sous les murs de Beaumont-de-Lomagne et du Mas-de-Verdun. Nous résumons les *Economies royales*, mais en faisant observer qu'il y a divergence, pour l'ordre chronologique, entre la version de ces Mémoires et celle d'Agrippa d'Aubigné.

Le roi de Navarre, allant de Lectoure à Montauban, était en vue de Beaumont : son avant-garde rencontra plusieurs détachements que les habitants de cette ville avaient placés en embuscade pour disputer le passage aux calvinistes. On les mena battant jusqu'aux portes, d'où il sortit une centaine d'hommes à leur secours. La plupart périrent dans le combat qui suivit ; mais le roi de Navarre, ne jugeant pas opportun d'aller plus avant, continua son voyage. Au retour de Montauban, par la route du Mas-de-Verdun, à une lieue de cette ville, il trouva sur son chemin un parti d'arquebusiers, qui lâchèrent pied devant son escorte : poursuivis et assiégés dans une église convertie en forteresse, ils y furent réduits à merci et impitoyablement massacrés par une troupe de Montalbanais, qui leur reprochaient toutes sortes de crimes.

Quoique la vie du roi de Navarre fût un voyage perpétuel, comme elle devait l'être pendant un quart de siècle, il ne lui avait pas fallu grand temps pour s'apercevoir que le défaut de discipline paralysait les forces de son parti. Partout où il se trouvait, il empêchait ou restreignait les abus, enseignait l'ordre, prêchait la modération et le respect du droit, en général, de celui des faibles, en particulier. Mais il ne pouvait suffire à tout, et, à chaque instant, des plaintes lui parvenaient sur les irrégularités, les excès de pouvoir et les violences de quelques-uns de ses partisans. La guerre ouvertement déclarée, il était obligé de fermer les yeux sur plus d'un acte peu avouable, sous peine de s'aliéner de fidèles mais peu scrupuleux serviteurs ; en tout autre temps, nous le verrons toujours préoccupé de faire justice et d'établir, autant que possible, comme il dit, « de bons règlements ». Dans les premiers jours du mois de janvier 1577, entre deux expéditions, il apprit qu'en divers lieux de son gouvernement de Guienne, il y avait eu de notables violences et « voleries ». Il expédia aussitôt les plus formelles instructions à plusieurs de ses officiers pour réparer les dommages causés, « n'ayant rien en si

« grande détestation, déclarait-il, que l'oppression du peuple ». De Montauban, la même année, il donne par écrit l'ordre « de ne mo-
« lester les paysans et les laboureurs et de ne leur prendre leurs
« biens et bétail, *sur peine de vie* ». Il y avait quelque mérite, de sa part, à donner aux pauvres gens de semblables marques de sollicitude, au moment où les Etats-Généraux venaient de voter la destruction de son parti et la proscription de sa croyance, et de le mettre, par conséquent, dans la nécessité de faire la guerre.

Cette guerre gagnait de proche en proche ; elle n'avait été, jusqu'alors, que défensive, du côté de Henri : la révocation de l'édit de Beaulieu (6 janvier 1577) lui créait l'obligation, comme au prince de Condé et au maréchal de Damville, de ne pas attendre les premiers coups. Damville n'eut qu'à se maintenir, en attendant une défection dont la pensée germait dans son esprit ; Condé agitait la Saintonge et le Poitou, et visait Loudun, qu'il prit en janvier. Le roi de Navarre trouvait devant lui d'autant plus de besogne, que son lieutenant-général en Guienne, l'amiral de Villars, le traitait et l'avait déjà fait traiter en ennemi ; les populations de cette province lui étaient, pour la plupart, hostiles. Heureusement, il avait, même dans la Guienne, des partisans déterminés, qui le servirent, quelques-uns violemment, il est vrai, mais presque tous avec succès, comme va l'établir le récit de quelques faits de guerre, accomplis depuis les derniers jours de l'année 1576 jusqu'au mois de mars 1577.

Jean de Favas ou Fabas, seigneur de Castets-en-Dorthe, qui, « dès sa plus tendre jeunesse, au témoignage de l'historien de « Thou, avait servi avec distinction dans les dernières guerres con-
« tre les Turcs », fut amené à se ranger dans le parti du roi de Navarre par l'issue d'une entreprise où la politique semblait n'avoir eu aucune part. Il y avait à Bazas une riche héritière que Favas voulait marier à un de ses cousins, membre de la famille de Gascq, puissante dans toute la contrée. Mais la jeune fille était sous l'autorité du capitaine Bazas, second mari de sa mère, et il refusa son consentement à cette union. Favas poussa jusqu'au crime son dévouement au gentilhomme éconduit. Avec le concours des frères Casse (ou Ducasse), connus dans le pays pour leur violence, il tue le capitaine, arrache la jeune fille des mains de sa mère et la livre à son poursuivant. Puis, soit que cette sinistre aventure l'eût mis en goût de guerroyer, soit qu'il l'eût considérée comme un début sanglant, dans une nouvelle carrière mili-

taire et politique, Favas introduisit des hommes à lui dans la ville de Bazas, s'en rendit maître, la pilla en partie, surtout la maison du Chapitre, en dévasta la cathédrale, et, tout à coup, se proclama calviniste et partisan du roi de Navarre. Cette déclaration lui valut des recrues, et il en profita pour étendre son action : Langon, Villandraut, Uzeste sentirent ses coups et portèrent les marques du brigandage de ses soldats. A ce moment, il n'était nullement avoué par le roi de Navarre; mais Favas, à tout prendre, était un homme de valeur; il agrandit son rôle, et peut-être par vocation, peut-être aussi pour faire oublier ses criminelles violences, il voulut compter parmi les bons capitaines de cette époque. A la tête d'une troupe aguerrie et exaltée par les précédentes expéditions, il résolut d'enlever La Réole au roi de France, pour l'offrir aux huguenots. Il eut, dans cette entreprise, le concours de quelques gentilshommes à la suite du roi de Navarre, entre autres Rosny, qui, dans l'affaire, commanda un détachement de cinquante soldats. Le 6 janvier 1577, le jour même où Henri III signait la révocation de l'édit de Beaulieu, La Réole fut prise par escalade, avec des « échelles de plus de soixante pieds, « faites de plusieurs pièces, dit d'Aubigné, les emboîtures n'ayant « jamais été pratiquées auparavant cette invention ». Favas ayant des intelligences dans la place, y entra presque sans coup férir. Les vainqueurs s'amoindrirent en ne faisant pas preuve d'autant de modération que le commandaient les circonstances : ils ne respectèrent ni les édifices catholiques, ni les biens des habitants. Néanmoins, la prise de La Réole fonda sérieusement la réputation et la fortune de Favas. Nommé gouverneur de cette place importante, et qui fit grand service au parti, il devint un des lieutenants les plus actifs et les plus habiles du roi de Navarre : heureux s'il n'eût débuté par des actes si manifestement coupables! De La Réole, Favas fit, dans les contrées voisines, quelques expéditions dont on a gardé le souvenir. Dans la Bénauge, il battit les partisans catholiques, et mit en déroute, à Targon, une compagnie de gendarmes du baron de Vesins. Aux environs d'Auros, il anéantit un petit corps d'infanterie qui avait fait mine d'attaquer Bazas. Enfin, il détruisit la petite ville de Pondaurat, dont la garnison gênait les mouvements de La Réole.

Langoiran, autre capitaine calviniste renommé, échoua dans une tentative qu'il fit sur Saint-Macaire, à la suite de la prise de La

Réole. « C'est une ville sur Garonne, nous dit d'Aubigné, éle-
« vée sur une roche de cinq toises de haut, sur laquelle est un
« mur de dix-huit pieds qui clôt le fossé d'entre la ville et
« le château. On peut monter d'abord de la rivière, qui est au pied
« du rocher, jusqu'au pied de la muraille, par le côté du terrier.
« Tout cela fait un coude, dedans lequel Favas désigna une escalade
« en plein jour, à savoir, pour passer la muraille qui était sans corri-
« dor ; et pourtant il fallait porter un autre escalot pour descendre
« au fossé d'entre la ville et le château, où il y avait encore peine
« pour remonter à la ville. »

La troupe de Langoiran se grossit de quarante gentilshommes de la cour du roi de Navarre, qui s'y portèrent volontairement, et de quelques capitaines choisis dans les garnisons voisines. Parmi ces derniers figuraient d'Aubigné et Castera. On mit sur deux bateaux, à La Réole, les assaillants munis de deux échelles, et l'on recouvrit le tout avec soin de quelques voiles, pour les dérober à tous les regards. Aux premiers cris des sentinelles, on répond : « C'est du blé que nous portons ». Et, presque au même instant, cette prétendue marchandise se dressant dans les deux embarcations, tous les réformés s'élancent au rivage. Appliquées à la muraille, les échelles se trouvent trop courtes ; mais les assaillants n'en persistent pas moins dans leur résolution, et, le pistolet au poing, ils essaient, en s'aidant les uns les autres, de se jeter dans la place. A toutes les fenêtres du château donnant sur la muraille, ainsi qu'à celles de la maison la plus voisine, parurent alors des arquebusiers, qui dirigèrent sur les assaillants le feu le plus meurtrier. D'Aubigné fut le premier atteint et, presque au même instant, un coup de chevron, que lui asséna le capitaine Maure, l'envoya dans la rivière, où il tomba, du haut du rocher, en roulant sur lui-même et laissant son pistolet dans la ville. A son côté, tomba Génissac, frappé, comme d'Aubigné, d'une arquebusade. Castera et Sarrouette prirent leur place, et tel fut l'acharnement de la troupe assaillante que, malgré le feu du château qui les foudroyait de front, malgré celui d'un faubourg qui les prenait en flanc, d'Aubigné et les autres blessés retournèrent aux échelles. Du côté de la ville, les femmes rivalisèrent de courage avec les soldats dans cette défense, et Guerci, un des officiers de Langoiran, périt sous une barrique jetée sur sa tête par une de ces héroïnes. Cependant les gardes du roi de Navarre s'étaient groupés sur un rocher voisin

en demandant quartier. La garnison de Saint-Macaire, ayant reçu d'eux l'assurance qu'ils étaient catholiques, leur accorda la vie. Les autres assaillants, criblés de blessures, regagnèrent péniblement leurs barques. « Il ne sortit de cette affaire, affirme d'Aubi-
« gné, dont on vient de lire le récit, que douze hommes qui ne fus-
« sent morts, blessés ou prisonniers... »

CHAPITRE III

Le siège de Marmande. — Bravoure du roi de Navarre. — Arrivée de la députation des Etats. — La trêve de Sainte-Bazeille. — Démêlés de Henri avec la ville d'Auch. — Réponse de Henri aux députés. — Sa lettre aux Etats. — Autre députation. — La diplomatie du roi de Navarre. — L'armée de Monsieur sur la Loire et en Auvergne. — Le duc de Mayenne en Saintonge. — Mésintelligence entre Henri et Condé. — Prise de Brouage. — Situation critique des réformés. — Le maréchal de Damville se sépare d'eux. — La cour leur offre la paix. — Négociations. — Déclarations de Henri au duc de Montpensier. — La paix de Bergerac.

Après le succès de La Réole et l'échec de Saint-Macaire, le roi de Navarre se laissa persuader par Lavardin, un de ses lieutenants, gouverneur de Villeneuve-sur-Lot, de tenter une entreprise sur Marmande. Elle offrait quelque péril et ne réussit qu'à demi. Le roi, pourtant, la jugeait d'importance, car il fit venir de Saintonge La Noue pour commander le siège.

« La Noue étant venu de Saintonge, dit d'Aubigné, eut charge
« d'investir Marmande sur la Garonne, ville en très heureuse assiette,
« franche de tous commandements, qui avait un terre-plain naturel
« revêtu de brique. Les habitants y avaient commencé six éperons
« et étaient aguerris par plusieurs escarmouches légères que le roi
« de Navarre y avait fait attaquer, en y passant et repassant. Le
« jour que La Noue vint pour les investir, n'ayant que six-vingt
« chevaux et soixante arquebusiers à cheval, les battants jettent
« hors de la ville de six à sept cents hommes mieux armés que vêtus
« pour recevoir les premiers qui s'avanceraient. La Noue, ayant fait
« mettre pied à terre à ses soixante arquebusiers, et à quelques
« autres qui arrivèrent, sur l'heure, de Tonneins, attira cette multi-
« tude à quelque cent cinquante pas et non plus de la contrescarpe,
« puis ayant vu qu'il n'y avait pas de haies, à la main gauche de

« cette arquebuserie, qui leur pût servir d'avantage, il appela à lui
« le lieutenant de Vachonnière (d'Aubigné), lui fit trier douze salades
« à sa compagnie; lui donc, avec le gouverneur de Bazas et son
« frère, faisant en tout quinze chevaux, défend de mettre le pistolet
« à la main, et prend la charge à cette grosse troupe; mais il n'avait
« pas reconnu deux fossés creux sans haies, qui l'arrêtèrent à quatre-
« vingts pas des ennemis, qui firent beau feu sur l'arrêt, comme fit
« aussi la courtine; de là deux blessés s'en retournèrent. Cependant,
« le lieutenant de Vachonnière ayant donné à la contrescarpe et
« reconnu que par le chemin des hauteurs qui faisaient un éperon,
« on pouvait aller mêler, en donne incontinent avis à La Noue,
« aussitôt suivi. Cette troupe donc passe dans le fossé de la ville et
« sort par celui de l'éperon, quitté d'effroi par ceux qui étaient des-
« sus, pour aller mêler cette foule d'arquebusiers dont les deux tiers
« se jetèrent dans le fossé de l'autre côté de la porte; mais le reste vint
« l'arquebuse à la main gauche, et l'épée au poing; avec eux quatre
« ou cinq capitaines et sept ou huit sergents firent jouer la pertuisane
« et la hallebarde; pourtant, les cavaliers leur firent enfin prendre
« le chemin des autres, hormis trente, qui demeurèrent sur la place.
« La Noue fit emporter deux de ses morts, ramenant presque tous
« les siens blessés, plusieurs de coups d'épée, lui, avec six arquebu-
« sades heureuses, desquelles l'une le blessa derrière l'oreille.

« Le roi de Navarre, arrivé le lendemain avec un mauvais
« canon, une couleuvrine et deux faucons de Casteljaloux, et de
« quoi tirer cent vingt coups, logea ses gens de pied, le premier
« jour, et, le lendemain, par l'avis des premiers venus, et pour
« entreprendre selon son pouvoir, battit la jambe d'un portail qui
« soutenait une tour de briques fort haute, afin que la tour, par sa
« chute, dégarnissant l'éperon de devant, on pût donner à tout; celui
« qui donnait l'avis demandait trente hommes pour tenir dans un
« jardin, sur le ventre, et habilement se jeter dans la ruine, avant
« qu'il y fît clair; mais Lavardin s'opposa à cela, disant qu'il savait
« bien son métier et qu'il voulait marcher avec tout le gros; la
« cérémonie donc qu'il y fit fut cause que, la tour étant tombée,
« ceux de dedans eurent mis une barricade dans la ruine, et quatre
« pipes au-devant des deux petites pièces qui leur tiraient de Valas-
« sens, et Lavardin ayant marché vers la contrescarpe, vu le pas-
« sage bouché, fit tourner visage à son bataillon. Sur cette affaire,
« arriva le maréchal de Biron... »

D'Aubigné passe sous silence un épisode fort intéressant, que Sully a noté. Pendant une attaque, le roi ayant fait avancer plusieurs gros d'arquebusiers pour s'emparer d'un chemin creux et de quelques points stratégiques, Rosny, à la tête d'un de ces détachements, fut assailli par des forces triples. Retranchés derrière quelques maisons, mais cernés de toutes parts, les arquebusiers auraient infailliblement succombé, si le roi de Navarre, sans prendre même le temps de revêtir son armure, ne se fût précipité à leur secours. Après les avoir dégagés, il combattit en personne, jusqu'à ce qu'ils se fussent emparés des postes désignés.

Avant d'aller donner audience aux députés des Etats, qui l'attendaient à Agen, Henri convint d'une trêve avec Biron. Le maréchal était à Sainte-Bazeille, où il discutait les termes de l'accord avec Ségur et Du Plessy-Mornay.

On raconte que, pendant les pourparlers, Biron prêtait l'oreille aux détonations de la petite artillerie du roi de Navarre. Tout à coup, le canon a cessé de se faire entendre : c'est que les boulets manquaient et que, en outre, le maître artilleur des assiégeants venait d'être tué. Mais Du Plessis de s'écrier : « Hâtons-nous ! la « brèche est faite, et l'on monte à l'assaut ». Et Biron, sans défiance, signa le traité, pour éviter l'effusion du sang. Quoi qu'il en soit de cette anecdote, un accommodement se fit entre le roi de Navarre et la ville de Marmande. Il y eut, de la part du prince, un simulacre de prise de possession, et les Marmandais reconnurent ses droits.

Pendant qu'il était occupé au siège de Marmande et aux négociations qui suivirent, le roi de Navarre eut quelques démêlés avec la ville d'Auch. Il avait nommé Antoine de Roquelaure au gouvernement de cette capitale de l'Armagnac ; mais les consuls, prévenus par les lettres de Henri III, n'agréèrent point Roquelaure, et celui-ci, perdant patience, n'épargna ni les menaces, ni les mesures de rigueur pour entrer en possession de sa charge, si bien que les Auscitains, se raidissant de plus en plus et encouragés par l'amiral de Villars, poussèrent les sentiments d'hostilité jusqu'à faire entrer dans leurs murs la compagnie de la Barthe-Giscaro. Henri, retenu par ses affaires dans l'Agenais, écrivit, à ce sujet, plusieurs lettres, en attendant l'occasion de faire valoir plus efficacement ses droits :
« Vous n'avez rien à commander sur ce qui m'appartient, disait-il
« au capitaine Giscaro... Autrement, où vous vous oublieriez de tant
« que de l'entreprendre, vous pouvez penser que je ne suis pas

« pour le souffrir sans en avoir ma revanche en quelque temps que
« ce soit. De quoi je serais tant marri d'être occasionné que je désire-
« rais toute ma vie vous faire plaisir en tous les endroits où j'en
« aurais le moyen... » Le roi de Navarre et les consuls d'Auch se ré-
concilièrent, l'année suivante, lors du séjour des deux reines dans
cette ville.

Les députés arrivés à Agen étaient : Pierre de Villars, archevêque
de Vienne en Dauphiné, André de Bourbon, seigneur de Rubem-
pré, Mesnager, trésorier général de France. Nous avons dit qu'une
députation semblable avait été envoyée au prince de Condé et au
maréchal de Damville. Condé refusa toute audience. Damville,
plus politique, reçut les députés avec courtoisie, mais fut inflexible sur la question principale, deux religions pouvant coexis-
ter, à son sens, puisqu'il les faisait vivre en paix dans le gouvernement de Languedoc. Henri tint une conduite analogue. Biron
l'avait suivi à Agen pour tâcher de concilier Catherine de Bourbon
aux intérêts de la cour. Il n'était pas nécessaire d'assiéger Henri
pour tirer de lui de bonnes paroles : elles lui venaient naturellement
aux lèvres. Il fit le meilleur accueil aux députés, s'attendrit au tableau des calamités publiques tracé par l'archevêque de Vienne, se
défendit de toute opiniâtreté en matière de religion, déclara qu'il
restait fidèle à la sienne, parce qu'il la jugeait bonne, mais qu'il entendait toujours suivre sur ce point les inspirations de sa conscience.
Au surplus, il protestait contre les mesures de rigueur délibérées à
Blois, et déplorait d'avance les malheurs que de telles résolutions
pouvaient attirer sur le pays. Aussi bien que les députés, le roi de
Navarre savait que les ambassades et les discours seraient impuissants à établir la paix dont chacun se disait partisan. Néanmoins,
après avoir fait entendre aux envoyés des Etats les déclarations les
plus conciliantes, il adressa aux Etats eux-mêmes, en date du 1er
février, une lettre destinée à prouver sa bonne volonté, et surtout à
dégager sa responsabilité dans les éventualités prochaines. Il disait
à « MM. les gens assemblés pour les Etats à Blois : — Je vous re-
« mercie très affectionnément de ce qu'il vous a plu envoyer devers
« moi, et même des personnages de toute qualité émérite, lesquels
« j'ai vus et ouïs très volontiers, comme je recevrai toujours, avec
« toute affection et respect, tout ce qui viendra de la part d'une si
« honorable compagnie ; ayant un extrême regret de ce que je n'ai
« pu m'y trouver et vous montrer en personne en quelle estime j'ai

« et tiens une telle assemblée... » — Après cet exorde insinuant, il ajoutait : « Mais le succès et l'événement d'une si haute entreprise « tendant à la restauration de ce royaume dépend, à mon avis, de « ce que requériez et conseilliez le roi touchant la paix. Si vos re- « quêtes et vos conseils tendent à la conserver, il vous sera aisé « d'obtenir toute bonne provision à toutes vos plaintes, remon- « trances et doléances, et de faire exécuter et entretenir de « point en point, et, par ce moyen, de recueillir vous-mêmes et « transmettre à la postérité le fruit de vos bons avis et bons « conseils... »

Jamais prince français n'en appela au glaive aussi souvent que Henri, et, par un étrange contraste, ne fit autant que lui de sacrifices à la paix. Déconcertée d'abord par les violents refus de Condé et les résistances plus mesurées mais fermes du roi de Navarre et de Damville, la cour revint à la charge par une députation spéciale et qu'on supposait, avec raison, capable d'obtenir de Henri tout ce qu'il pouvait accorder. « Le duc de Montpensier et le sieur de « Biron furent de nouveau envoyés au roi de Navarre et le firent « consentir à modifier l'édit de pacification. Le duc, à son retour, « ayant fait part aux Etats de sa négociation, le Tiers-Etat présenta une « requête au roi, pour le supplier de faire de nouvelles réflexions là- « dessus. Mais enfin, après bien des délibérations et des souplesses, « on s'en tint à la première requête des Etats, qui avaient d'abord « demandé qu'on ne souffrît l'exercice d'aucune religion en France « différente de la catholique ; et l'on n'eut nul égard à la clause que « plusieurs avaient voulu que l'on y insérât, savoir : qu'il fallait que « la chose fût ainsi, pourvu qu'elle se pût faire sans qu'on en vînt à la « guerre. La Ligue fut autorisée, après qu'elle eut été signée par le « roi même, par Monsieur, par la plupart des princes et seigneurs « catholiques, qui s'étaient rendus aux Etats, et cela contre l'avis du « duc de Montpensier, du maréchal de Cossé, de Biron et de quel- « ques autres. La formule en fut envoyée dans les provinces aux gou- « verneurs et aux villes, dont quelques-unes, et Amiens entre autres, « s'excusèrent d'entrer dans la Ligue. Ainsi finirent les Etats, au « commencement de mars, ajoute le Père Daniel, sans autre effet « que la signature de la Ligue ; car on n'y conclut rien de particulier « pour la réformation de l'Etat, et même on n'y fournit rien au roi « pour l'entretien de la guerre qu'il allait entreprendre. Il eut recours « au clergé, qui lui donna quelque secours. Il tira encore de l'argent

« de la création de quelques nouvelles charges, et se prépara à
« commencer au plus tôt la guerre. »

Tout en laissant voir son goût pour la paix, le roi de Navarre travaillait à se fortifier, soit en vue de la rendre meilleure pour lui, quand elle viendrait en discussion, soit en prévision de luttes futures et probables. Il avait, depuis quelque temps, des conseillers et des négociateurs en quête de ressources et d'alliances : la tâche était ardue, mais Du Plessis-Mornay et Ségur s'y employèrent avec tant d'ardeur, qu'ils en arrivèrent, dans la suite, à agiter une partie de l'Europe en faveur de leur cause. En attendant ces grands résultats, la diplomatie naissante du roi de Navarre contribua, dans une notable mesure, à la formation d'une contre-ligue entre les calvinistes français, Elisabeth d'Angleterre, les rois de Suède et de Danemark, les Suisses et les princes protestants d'Allemagne. Cette association, dont les bases furent jetées au mois de février 1577, se perpétua et s'accentua dans les années suivantes ; la correspondance du roi de Navarre nous en fera connaître, de temps en temps, les projets un peu vagues et les actes souvent indécis. L'existence de la contre-ligue n'eut pour effet, dès le début, que d'irriter la cour de France et de hâter les préparatifs de la guerre qu'elle avait résolu de faire aux huguenots et à leurs alliés. Au moment où le prince de Condé partait pour une expédition incohérente aux Sables-d'Olonne, Henri III mit sur pied deux armées, qui prirent sur-le-champ l'offensive : l'une occupa le Poitou et la Saintonge, sous le commandement du duc de Mayenne ; l'autre, sous les ordres de Monsieur, duc d'Alençon et d'Anjou, remonta le cours de la Loire. Les premiers coups furent portés par Monsieur. Il entra, le 1er mars 1577, par composition, dans La Charité, et, de là, il marcha vers Issoire, en Auvergne ; après un siège de trois semaines, un sanglant assaut mit, le 12 juin, cette place au pouvoir de l'armée royale, qui s'y livra à toutes les fureurs de la guerre. Là se bornèrent les exploits du duc d'Anjou. La campagne de Mayenne fut plus longue et non moins heureuse. Après avoir fait lever le siège de Saintes au prince de Condé, qui ne réussissait nulle part, il prit Tonnay-Charente et Marans, inquiéta La Rochelle et entreprit le siège de Brouage. Ce port, héroïquement défendu pendant deux mois, comptait sur un double secours ; celui de mer ne put lui parvenir, surveillé et constamment repoussé par Lansac de Saint-Gelais ; Condé, en mésintelligence avec le roi de

Navarre, ne sut pas faire arriver le secours de terre. Brouage se rendit le 28 août.

Il ne tint pas au roi de Navarre que les événements ne prissent une meilleure tournure. Quoiqu'il eût beaucoup de peine à défendre ses intérêts en Guienne et en Gascogne, il tenta des efforts pour aller s'opposer aux succès de Mayenne; mais les entreprises du prince de Condé, qui tendait de plus en plus à faire bande à part, n'inspiraient qu'une médiocre confiance aux partisans de Henri, surtout aux catholiques. Ils étaient d'ailleurs fort occupés dans leurs propres foyers, où ils avaient à compter avec les troupes de Villars. Henri se multipliait : en personne ou par ses lieutenants, il était toujours en campagne, si bien que l'histoire a dû renoncer à l'ordre chronologique, pour la plupart des faits de guerre auxquels nous faisons allusion (1). Le roi n'en essaya pas moins de réunir des forces pour défendre la cause commune. Plusieurs lettres de ce prince, datées des mois de juin et de juillet, révèlent son projet de se joindre aux troupes calvinistes, dont Mayenne devait finir par triompher. Ce projet avorta, et nous n'en avons guère d'autres traces que quelques ordres d'acheminement sur Bergerac, et six lignes de d'Aubigné sur un mouvement du roi de Navarre, « qui allait passer la Garonne avec ce qu'il pouvait ramasser, « pour tendre vers Bergerac, où il faisait aussi acheminer les forces du « Quercy et du Limousin, pour venir à la conjoincture du prince de « Condé, du duc de Rohan, du vicomte de Turenne, du comte de La « Rochefoucaud, tous mandés pour faire un rendez-vous à Bergerac. » D'Aubigné ajoute que « ce dessein tira en longueur, pour les vio- « lentes occupations du prince de Condé et la besogne qu'on lui ten- « dait en Saintonge ».

Les affaires des calvinistes allaient donc aussi mal que possible : ils ne comptaient que des échecs, depuis l'entrée en campagne des deux armées royales, et leur peu d'entente rendait leur situation encore plus précaire. Condé visait ouvertement à l'indépendance, sinon à la prééminence; le maréchal de Damville, voyant son alliance avec les huguenots de son gouvernement porter des fruits de rébellion, servir des desseins qui tendaient à créer de petites républiques au sein du royaume, s'était séparé du parti, dès le mois de mai. Enfin, le roi de France semblait n'avoir devant lui

---

(1) Appendice : XV.

que des adversaires déjà vaincus ou à la veille de l'être ; et ce fut pourtant à ce moment que les idées de paix reprirent faveur à la cour.

« Après tout, dit le Père Daniel, quoique le roi n'eût pu déclarer
« avec plus d'éclat qu'il avait fait dans les Etats, la résolution où il
« était de pousser les huguenots et de ne plus souffrir désormais,
« dans son royaume, l'exercice de la religion calviniste, on vit bien-
« tôt son ardeur se ralentir à cet égard ; il écouta les avis du duc de
« Montpensier et de quelques autres du Conseil qui le portaient à la
« paix et lui faisaient envisager la ruine entière de son royaume dans
« la continuation de la guerre. Ce duc négociait toujours avec le roi
« de Navarre et était secondé des sieurs de Biron et de Villeroi, qui
« trouvaient ce prince toujours fort disposé à la paix, mais ferme et
« inébranlable sur l'article de l'exercice public de la religion protes-
« tante dans le royaume, quoiqu'il ne refusât pas d'admettre quel-
« que tempérament dans l'édit de pacification. » Les déclarations suivantes, adressées par Henri au duc de Montpensier, pendant la conférence de Bergerac, marquaient bien ses vues conciliantes

« ... Je veux vous témoigner, et à toute cette bonne compagnie,
« que je désire tant la paix et repos de ce royaume, que je sais
« bien que, pour la conservation et la tranquillité publique, il y a
« des choses qui ont été accordées à ceux de la religion par l'édit
« de pacification dernier, qui ne peuvent pas sortir leur effet et
« doivent être diminuées et retranchées. Et, pour cette occasion,
« je ne fauldrai, à la prochaine assemblée qui se doit faire à Mon-
« tauban, de le remontrer... Voulant bien vous assurer de rechef
« que je désire tant la paix et repos de ma patrie que je ferai men-
« tir ceux qui m'ont voulu calomnier..., offrant de m'en aller et me
« bannir pour dix ans de la France..., si l'on pense que mon
« absence puisse servir pour apaiser les troubles qui ont eu cours
« jusques ici... » Les intentions du roi de Navarre ne rencontrèrent aucune opposition chez son cousin. « Le prince de Condé, après
« la prise de Brouage par le duc de Mayenne, voyait tous les jours
« ses troupes se débander. Il était mal satisfait des Rochelais, qui ne
« s'accordaient point entre eux, les uns souhaitant la paix, et les
« autres s'y opposant, et tous ou la plupart, refusant de lui accorder
« l'autorité qu'il souhaitait prendre dans leur ville et qu'il se croyait
« nécessaire pour bien conduire la guerre. Ainsi, on se rapprocha
« insensiblement, on convint d'une trêve, au commencement de sep-

« tembre : elle fut suivie de la paix que le roi signa à Poitiers, et le
« roi de Navarre, à Bergerac, et puis, d'un nouvel édit de pacifica-
« tion différent du dernier seulement, en ce qu'il donnait un peu
« moins d'étendue à l'exercice public du calvinisme, et que les places
« de sûreté n'étaient pas tout à fait les mêmes que celles que le roi
« avait accordées aux calvinistes par le précédent édit ; car on leur
« donna Montpellier au lieu de Beaucaire, et Issoire, qui avait été
« prise, ne leur fut pas rendue.

« Le roi de Navarre conclut cette paix, sans consulter le duc
« Casimir, qui s'en tint fort offensé... Pour ce qui est du prince de
« Condé, il en eut tant de joie, que le courrier qui lui en vint appor-
« ter la nouvelle à La Rochelle (d'autres disent à Saint-Jean-d'An-
« gély) étant arrivé la nuit, il la fit publier sur-le-champ aux flam-
« beaux. Les calvinistes du Languedoc, toujours en défiance de la
« cour, eurent plus de peine à la recevoir ; mais Jean de Montluc,
« évêque de Valence, y ayant été envoyé par le roi, quelque temps
« après, ramena les esprits. Le maréchal de Damville, que la cour
« avait recommencé de regagner par la maréchale sa femme, accepta
« aussi la paix et la fit accepter dans les endroits où il était le
« maître. »

CHAPITRE IV

Paix illusoire. — Le nouveau lieutenant-général en Guienne. — Henri ne gagne pas au change. — Biron et l'éducation militaire du roi de Navarre. — Henri et Catherine de Médicis. — La cour de Navarre s'établit à Nérac. — L'affaire de Langon. — Le voyage de Catherine et de Marguerite en Gascogne. — Les deux reines à Bordeaux. — Henri les reçoit à La Réole. — Séjour à Auch. — La Réole livrée aux troupes royales. — L'« Escadron volant ». — Surprise de Fleurance. — « Chou pour chou. » — Surprise de Saint-Emilion. — La conférence de Nérac. — Traité favorable aux calvinistes. — La cour de Nérac. — Galanteries dangereuses. — Les revanches de Catherine de Médicis. — Séductions et calomnies. — Le roi de Navarre entre les protestants et les catholiques. — Beaux traits de caractère. — Mémorable déclaration. — Départ de la reine-mère. — La chasse aux ours. — Mésaventures de la reine de Navarre à Pau.

La paix dont la conférence de Bergerac débattit les conditions fut conclue dans cette ville, le 17 septembre 1577, et confirmée, le 5 octobre suivant, par l'édit de Poitiers. Elle paraissait avoir comblé presque tous les vœux des partis en lutte, et ces partis en jouissaient à peine, qu'ils s'évertuèrent à la violer. Les provinces du midi ne désarmèrent pas ; nous trouvons, dans la correspondance de Henri avec le maréchal de Damville, l'énumération des principaux troubles qui ensanglantèrent parfois le Languedoc. Dans ses lettres, le roi de Navarre affirme que partout où sa main peut s'étendre, où sa voix peut être entendue, il veille à la réparation des fautes commises par ses coreligionnaires, qui ne sont plus les alliés du maréchal. « Je vou-
« drais bien, dit-il, que, de toutes parts, on fît de même... » Il n'en est rien : « De tous côtés, j'ai vu plusieurs plaintes de meurtre et
« entreprises faites contre ceux de la religion, sans qu'on leur fasse
« administrer la justice... Au contraire, on crie contre eux déses-
« pérément et les charge des plus grands crimes du monde. » Là-dessus il articule nettement : « On a surpris Saint-Anastase, on a

« tué le baron de Fougères, puis on couvre ce fait d'une querelle
« particulière. Sur cette nouvelle prise d'Avignonnet, on a empri-
« sonné partout ceux de la religion, on en a tué une centaine... Je
« ne vois qu'on s'échauffe pour cela d'en faire justice, ni qu'on soit
« prompt à en faire donner avertissement au roi, comme on a accou-
« tumé de faire pour le moindre fait de ceux de la religion. » L'énumération continue : « Voilà, conclut Henri, les plaintes que j'en-
« tends ordinairement de ceux de la religion et que j'ai bien voulu
« vous représenter, afin que vous les entendiez et que vous y appor-
« tiez les remèdes convenables ».

Henri n'oubliait pas, sans doute, qu'il était le chef d'un parti dont il devait s'efforcer d'atténuer les torts, tout en faisant ressortir ceux du parti opposé ; mais, dans sa réponse aux doléances du maréchal, le roi, après avoir parlé des actes de justice émanés de lui-même, signale des griefs dont on ne semble pas disposé à lui rendre raison. Il en était réduit à protester contre des dommages personnels : les agents de Henri III ajournaient outrageusement le paiement de ses pensions et la perception même d'un impôt. « Par un
« des articles du dernier édit de pacification, dit Berger de Xivrey, le
« roi avait accordé au roi de Navarre le produit de l'impôt sur les
« pastelz, cette plante appelée aussi guède, et qui était, à cette
« époque, le seul ingrédient employé pour la teinture en bleu. Mais
« on paraissait n'être disposé à rien accorder à ce prince, que Davila
« représente réduit en un coin de la Guienne, dont il n'était gou-
« verneur que de nom, privé de la plupart de ses revenus, et entière-
« ment exclu des bienfaits du roi ; choses par le moyen desquelles ses
« ancêtres avaient soutenu leur dignité depuis la perte du royaume
« de Navarre. »

Le roi de Navarre n'avait pas eu à se louer des actes de l'amiral de Villars, son lieutenant imposé en Guienne : à la conférence de Bergerac, il avait exprimé le désir de voir un autre officier à la tête de ce gouvernement. La cour rappela Villars, d'ailleurs fort avancé en âge, et mit à sa place le maréchal de Biron, dont Henri espérait s'accommoder mieux que de son prédécesseur. Il ne gagna pas au change : Biron, qui le servit plus tard glorieusement, après la mort de Henri III, n'était pas encore d'humeur à exposer pour lui sa fortune et sa vie. Il lui rendit pourtant un grand service, pendant la durée de sa charge : toujours à l'affût de quelque déconvenue à lui infliger, souvent à ses trousses, tantôt l'empêchant de reprendre une ville révoltée, tantôt lui en prenant une, sous ses yeux, Biron, sans le vouloir, lui apprit ce qu'il savait de l'art de la guerre, où il comptait peu de rivaux. En attendant, le maréchal s'appliquait, à Bordeaux et dans tout le gouvernement, à contrarier les vues, à déconcerter les projets du roi de Navarre. Henri en eut force déplaisirs, qui, s'ajoutant à beaucoup d'autres, le poussèrent à écrire au roi de France, le 6 juillet, une lettre que Chassincourt était chargé de présenter à Henri III, comme l'entrée en matière et le thème de plaintes assez vives. « Le « sieur de Chassincourt vous fera entendre bien au long l'état des « affaires en deçà, qui ne sont pas, à mon grand regret, selon l'in- « térêt de V. M., déclaré tant par l'édit de la paix et traité de con- « férence faite avec la reine votre mère, que par plusieurs de vos « dépêches, mais, au contraire, selon la mauvaise affection d'aucuns « vos principaux ministres et officiers qui, ayant les moyens pour « remédier aux maux, ne les veulent employer. De sorte que, faute « de punition, et voyant qu'on me fait expérimenter une telle défaveur « de me priver de la jouissance de mes maisons et châteaux de Non- « tron, Montignac, Aillas et autres, la licence de mal faire et la « témérité des turbulents accroît tous les jours pour entreprendre « sur vos villes et places... — Il est besoin que votre autorité soit « fortifiée par V. M. plus qu'elle n'est en ce gouvernement. A quoi « il vous plaira de pourvoir. Autrement, je me vois gouverneur du « seul nom et titre, qui m'est fort mal convenable, ayant cet hon- « neur de vous être ce que je suis... »

On a remarqué l'allusion à Catherine de Médicis. Henri connaissait, de longue date, la reine-mère, toujours maîtresse du pouvoir, et ce fut à la dernière extrémité, après le traité de Nemours, qu'il rompit décidément avec elle, ou du moins se déshabitua de solliciter son influence. Jusque-là, nous le verrons, non seulement respectueux envers Catherine, comme il fut toujours, mais encore prêt à prendre devant elle l'attitude d'un client. La reine-mère gouvernait la France, autant qu'à cette époque on pouvait la gouverner. Aussi, ne faut-il pas s'étonner de voir le roi de Navarre écrire presque toujours à Catherine en même temps qu'à Henri III. Il lui arrivait aussi parfois de n'invoquer que l'appui de la reine-mère. C'est ainsi que, dans une lettre du mois de juillet 1578, il prie Catherine d'accorder sa protection à « un sieur de Pierrebussière, impliqué dans un procès de meurtre aboli » par l'édit de pacification, et en faveur de qui le roi de Navarre demande que l'affaire soit envoyée devant la chambre tri-partie (1), établie à Agen, en conséquence de l'article 22 de l'édit de Poitiers.

Henri aurait eu grand besoin des bons offices de la reine-mère pour échapper aux persécutions de Biron. Au mois d'août, le maréchal, sans l'agrément du roi de Navarre, mit des garnisons à Agen et à Villeneuve-sur-Lot, et força la petite cour à se réfugier à Lectoure, puis à Nérac. Déjà le 8 avril, date douteuse, à notre avis, mais adoptée par plusieurs historiens, les catholiques avaient surpris, saccagé et pillé la ville de Langon, qui se reposait sur la foi du traité de paix. Biron, accouru trop tard, n'avait trouvé rien de mieux, pour réparer ces désordres, que de faire combler les fossés et démolir les fortifications, en un mot, de punir les victimes, dont les dépouilles furent transportées, à pleines barques, à Bordeaux. Henri se plaignait en vain de ces dénis de justice et de bien d'autres à Henri III ou au maréchal de Damville, dont il n'avait pas perdu l'espoir de reconquérir le dévouement. Il prenait patience, néanmoins, comptant ou affectant de compter sur la présence de la reine-mère, pour redresser tant de torts. Le voyage en Gascogne de Catherine et de la reine de Navarre venait, en effet, d'être décidé. Le 1er septembre, Henri écrivait à Damville, en protestant contre les procédés abusifs de Biron : « J'espère que, à cette prochaine venue de la reine, il sera « pourvu à une générale exécution de l'édit et à l'établissement « d'une paix assurée ».

Le but apparent de ce voyage était simple. Il s'agissait, pour Catherine, de présider à la réunion de Marguerite avec le roi de Navarre, Henri ayant jugé que le séjour de sa femme en Guienne et en Gascogne pourrait avoir quelque heureuse influence, et exprimé, par un message spécial, le désir de la revoir. En réalité, la reine-mère se mettait en route, la tête pleine de ces projets machiavéliques, tantôt déjoués par les événements, tantôt menés à bonne fin, dans lesquels avait toujours consisté sa science politique. Elle quitta Paris, au mois d'août, pendant que Monsieur se ridiculisait par sa première aventure dans les Pays-Bas, qu'il réussit à agiter, mais d'où il ne sortit pour la France que de nouveaux embarras diplomatiques. Les deux reines voyageaient avec toute une cour, au sein de laquelle on remarquait un groupe de jeunes femmes

---

(1) Appendice : XI.

d'une élégance et d'une coquetterie extrêmes, baptisées du nom de dames d'honneur, selon le cérémonial, et surnommées « l'escadron volant », parce que la reine-mère, qui les avait, pour ainsi dire, enrégimentées, les menait avec elle partout où elle voulait accroître, par leurs séductions, les ressources de sa diplomatie.

La cour de parlement de Bordeaux envoya une députation au-devant de Leurs Majestés, et leur fit une entrée solennelle. « Il fut
« arrêté par la cour, dit l'abbé O'Reilly, qu'elle ferait aux deux
« princesses une entrée aussi solennelle que possible, et qu'elle
« y assisterait en robes rouges, en chaperons fourrés et à cheval ;
« que le maréchal de Biron, gouverneur et maire de Bordeaux,
« et, en l'absence du roi de Navarre, lieutenant du roi en Guienne,
« serait vêtu d'une robe de velours cramoisi et de toile d'argent ou
« de velours blanc ; que les parements et le chaperon seraient de
« brocatelle ; que les jurats et les clercs de la ville auraient des
« robes de satin cramoisi et blanc ; que le poêle serait de damas
« blanc ; qu'il serait fait à la reine-mère un présent d'un pentagone
« d'or massif du poids de deux marcs, ayant les bords richement
« émaillés, et que sur les angles et sur chaque face du pentagone
« seraient gravées les lettres qui forment le mot grec signifiant
« *salut;* que sur un des côtés serait représentée une nuée d'azur, à
« rayons d'or et surmontant deux sceptres violets, entrelacés d'une
« chaîne ; que sur le revers et au centre serait gravée l'inscription :
« *A l'immortelle vertu de la divine Marguerite de France, reine*
« *de Navarre, fille de roi et sœur de trois rois, Bordeaux* ».

« Le 18 septembre, la reine-mère fut reçue sur le port, au *Portau-*
« *Barrat*, par les autorités de la ville ; elle fut conduite, avec pompe,
« chez M. de Pontac, trésorier, d'autres disent chez M. de Villeneuve,
« président au parlement ; on lui présenta un dauphin de huit
« pieds qu'on venait de pêcher. La reine de Navarre logea chez
« M. Guérin, conseiller, près du palais. »

De Bordeaux, les deux reines allèrent à La Réole, où elles avaient donné rendez-vous au roi de Navarre. Il y vint accompagné de six cents gentilshommes catholiques ou huguenots, qui donnèrent aux princesses et à leur suite une assez favorable idée de la cour de « Gascogne ». De La Réole, le roi et les reines se rendirent à Agen. Là, se succédèrent de nombreuses fêtes, après lesquelles Catherine jugea nécessaire de pousser jusqu'à Toulouse, pour résoudre quelques questions relatives aux affaires du Languedoc. Le 2 novembre, elle

revint sur ses pas, toujours accompagnée de Marguerite, et se rendit à l'Isle-Jourdain, pour conférer avec le roi de Navarre. Les princesses y reçurent une magnifique hospitalité, au château de Pibrac. La reine-mère et la reine de Navarre firent l'une après l'autre, le 20 et le 21 novembre, leur entrée solennelle à Auch. Catherine entra la première. « Cinq consuls, dit l'abbé Monlezun,
« vinrent à sa rencontre, à la tête d'un grand nombre d'habitants.
« Vivès, l'un d'eux, la harangua, et après la harangue, un enfant de
« la ville prononça une oraison ou discours d'apparat, où il
« relevait les vertus de l'illustre princesse qui honorait la Gas-
« cogne de sa présence. La reine s'avança ensuite, portée dans une
« grande coche. Les autres consuls l'attendaient, avec le reste de
« la population, à la porte de Latreille. Ils lui offrirent les clefs
« de leur cité ; mais Catherine les refusa en disant qu'on les gardât
« pour le roi son fils. Les consuls montèrent alors à cheval et
« escortèrent la princesse jusque sous le porche de l'église métropo-
« litaine, où les chanoines la reçurent au son des cloches et au
« chant du *Te Deum*. Marguerite entra le lendemain, portée dans
« une magnifique litière de velours, et reçut les mêmes honneurs
« que sa mère. Le chapitre de Saint-Orens s'était joint au cortége.
« Des enfants faisaient retentir les airs de chants composés à sa
« louange ; on arriva ainsi aux portes de Sainte-Marie. Le chapitre
« métropolitain attendait en habit de chœur. La princesse prétexta
« une indisposition, et se fit conduire à l'ancien cloître des cha-
« noines, qui lui avait été préparé pour logement, ainsi qu'à la
« reine sa mère. Marguerite ne s'était jamais montrée à Auch. Elle
« usa de la faculté que lui donnait sa qualité de comtesse d'Arma-
« gnac, et en l'honneur de sa première entrée, elle fit élargir, par
« l'évêque de Digne, son premier aumônier, deux malheureux dé-
« tenus dans la prison du sénéchal. »

Henri arriva le jour suivant, et alla loger à l'archevêché. Il avait refusé les honneurs d'une réception officielle ; néanmoins, il fallut que les consuls vinssent lui offrir les clefs de la ville et l'hommage de leur fidélité. La position était embarrassante pour des magistrats qui, deux ans auparavant, avaient fermé leurs portes au prince. Les consuls ne purent s'empêcher de le lui rappeler, au moins indirectement : « Non, non, répondit Henri, avec sa courtoisie ordi-
« naire, il ne me souvient pas du passé, mais vous, soyez-moi gens
« de bien, à l'avenir. » Puis, prenant les clefs des mains de Vivès et

les lui rendant aussitôt, il ajouta : « Tenez, à condition que vous « me serez tel que vous devez ».

Entre autres réjouissances organisées pour les royales visiteuses, un bal leur fut offert par Madame de La Barthe, parente de ce capitaine Giscaro qui avait offensé le roi de Navarre. Le jour de cette fête fut marqué par un épisode qui tient du roman, si même il n'en dépasse pas les récits imaginaires.

Le bal avait commencé dans l'après-midi. Il était dans tout son éclat, les deux cours y joutant d'entrain et de galanterie, lorsque le roi de Navarre fut averti par Armagnac, son valet de chambre, qu'une grave nouvelle venait d'arriver de La Réole.

Cette place, confiée à la garde du vieux baron d'Ussac, calviniste zélé, avait ouvert ses portes aux catholiques. D'Ussac s'était laissé vaincre, au passage, par une des plus séduisantes amazones de l'« escadron volant ». Hors d'âge et de mine rébarbative, il fut, après sa défaite, le sujet des railleries des jeunes gentilshommes venus avec le roi de Navarre au-devant des deux reines, et Henri, lui-même, dit-on, lui lança quelque sarcasme. D'Ussac, blessé dans sa vanité, laissa voir beaucoup d'humeur à sa maîtresse, cette belle et rieuse Anne d'Acquaviva, fille du duc d'Atrie, et que d'Aubigné qualifie de « bouffonne Atrie ». La dame d'honneur de Catherine exploita ce dépit de guerrier et d'amoureux, et conseilla la vengeance. Deux mois après, d'Ussac laissait entrer les catholiques dans La Réole.

A cette fâcheuse nouvelle, Henri contient son émotion. D'un geste, il appelle à lui quelques-uns de ses partisans les plus sûrs, entre autres Turenne, Rosny et Manaud de Batz. On tient conseil. « Le premier mouvement, dit Turenne dans ses Mémoires, fut si « nous étions assez forts pour nous saisir de la ville d'Auch : il fut « jugé que non. Soudain, je dis qu'il nous fallait sortir et qu'avec « raison, nous pourrions nous saisir du maréchal de Biron et autres « principaux personnages qui étaient avec la reine, pour ravoir La « Réole. » La seconde proposition de Turenne fut rejetée comme la première ; mais quelqu'un ayant ouvert l'avis de surprendre Fleurance, petite ville située à quelques lieues d'Auch, Henri adopta le projet. Ordonnant le secret, il se confia au baron de Batz pour l'exécution. Le gouverneur d'Eauze court vers Fleurance avec quelques hardis cavaliers, s'embusque dans le voisinage de la place, et, par affidé, essaie vainement d'y nouer quelque intelligence, comme le lui avait recommandé le roi. Jugeant qu'il faut en venir aux coups, il envoie un message à Henri, qui, le pied à l'étrier, lui répond sur-le-champ : « C'est merveille que la dili« gence de votre homme et la vôtre. Tant pis que n'ayez pu « pratiquer ceux du dedans à Fleurance : la meilleure place m'est « trop chère du sang d'un seul de mes amis. Mais puisque est, cette « fois, votre envie de pratiquer la muraille, bien volontiers. Pour « ce, ne vous enverrai ni le monde ni le pétard que vous me deman« dez, mais bien vous les mènerai, et y seront les bons de mes « braves. Par ainsi, ne bougez de la tuilerie, où vous irons trouver. « Sur ce, avisez le bon endroit pour notre coup : de quoi et du « reste pour bien faire se repose sur vous le bien vôtre à jamais. »

A trois heures du matin, Henri, Turenne, Rosny arrivaient devant Fleurance, avec une poignée d'hommes déterminés, et, se joignant à ceux du baron de Batz, qui avait trouvé le « bon endroit », enlevaient cette place, après avoir essuyé quelques arquebusades. Il n'en coûta pas même au roi « le sang d'un seul de ses amis ». Cette prouesse accomplie, Henri tourne bride et regagne Auch. Au lever du jour, il se trouvait désarmé et souriant auprès de la reine-mère. On venait d'annoncer à Catherine la nouvelle de la prise de Fleurance par le roi en personne, et elle refusait d'y croire, convaincue que Henri, au sortir de la fête, avait passé la nuit à Auch. Quand le doute ne fut plus permis, elle dit au roi : « C'est la revanche de La Réole ; vous avez fait chou pour « chou ; mais le nôtre est mieux pommé ».

Sully raconte que, peu de temps après, il arriva pareille aventure pendant un séjour que les deux cours firent à Coutras. Dès l'arrivée de la reine-mère en Guienne, une trêve avait été conclue entre les deux partis. Catherine aurait pu convenir avec le roi de Navarre d'une trêve générale ; mais, obéissant à une arrière-pensée que la trahison de La Réole permit de pénétrer, elle décida que la trêve serait locale, c'est-à-dire que tout fait de guerre serait interdit dans un rayon de deux lieues environ, autour de la résidence royale. Dans ces limites, catholiques et protestants devaient fraterniser; aussitôt qu'elles étaient franchies, ils avaient le droit de se couper la gorge. La cour étant à Coutras, le roi sut que les habitants de Saint-Emilion avaient dépouillé un marchand calviniste, et s'en plaignit à la reine-mère : elle ne répudia point la prise. Henri résolut donc de faire encore « chou pour chou », et, cette fois, le sien fut le mieux pommé.

De Coutras, il envoya Roquelaure, Rosny et quelques autres jeunes capitaines bien accompagnés passer la nuit à Sainte-Foy, pour y faire plus librement leurs préparatifs, parce que cette ville n'était pas dans les limites de la trêve. Le récit des *Economies royales* offre de l'intérêt : «... Deux heures avant jour, on se trouva
« à un quart de lieue de Saint-Emilion, où ayant mis pied à terre,
« disent les secrétaires de Sully, vous marchâtes par un profond val-
« lon et arrivâtes sans alarmes près des murailles. Celui qui menait
« le dessein marchait devant avec six soldats choisis qui portaient les
« saucisses (les pétards), lesquelles ils fourrèrent dans une assez
« grosse tour, par deux canonnières (embrasures) assez basses qui
« étaient en icelle ; auxquelles saucisses le feu ayant été mis, le tout
« s'entr'ouvrit, de sorte que deux hommes y pouvaient entrer de
« front, avec un tel tintamarre qu'il fut entendu jusqu'à Coutras ; la-
« quelle occasion fut aussitôt embrassée par tous vous autres qui étiez
« couchés sur le ventre, départis en trois bandes, chacune composée
« de vingt hommes et soixante arquebusiers, et après eux, venait en-
« core M. de Roquelaure avec soixante hommes armés, pour demeu-
« rer dehors et subvenir aux accidents qui se pourraient présenter.
« Vous entrâtes dans la ville sans aucune opposition et ne ren-
« contrâtes que deux troupes qui, ayant tiré quelques arquebu-
« sades, se retirèrent. Bref, il n'y eut que quatre hommes de
« tués de ceux de la ville, et six ou sept de blessés ; et de votre côté,
« deux soldats tués et trois ou quatre blessés ; puis tous les
« habitants se renfermèrent dans leurs maisons, sans faire plus
« aucune défense ; puis on s'employa au pillage, où les gens de
« guerre, et surtout les voisins du lieu, s'employèrent comme
« braves Gascons. »

Quand la reine-mère fut informée de cette nouvelle revanche, elle se fâcha, et dit qu'elle ne pouvait regarder la prise de Saint-Emilion que comme un acte déloyal, cette ville étant dans les limites de la trêve ; mais le roi de Navarre la réduisit, sans trop de peine, au silence, en lui rappelant l'affaire toute récente du marchand molesté par ceux dont elle prenait la défense.

D'Auch, les deux reines allèrent s'établir à Nérac, où Catherine séjourna plus longtemps que dans aucune autre ville de Guienne ou de Gascogne. C'était là qu'elle avait résolu de livrer au roi de Navarre et à ses partisans une vraie bataille de diplomatie et de galanterie. Au mois de janvier, s'ouvrirent des conférences en vue d'un nouveau traité ou d'une interprétation du traité précédent. Y prirent part : la reine-mère, le cardinal de Bourbon, oncle du roi de Navarre, le duc de Montpensier et son fils, le prince dauphin d'Auvergne, Armand de Gontaud, maréchal de Biron, Guillaume de Joyeuse, Louis de Saint-Gelais, seigneur de Lansac, Bertrand de Salignac de la Mothe-Fénelon, Guy Dufaur de Pibrac, et Jean-Etienne Duranti, avocat général au parlement de Toulouse, nommé, l'année suivante, président à la même cour. Le traité, signé, le 28 février 1579, par ces personnages et par le roi de Navarre, était en vingt-neuf articles. Il fut ratifié à Paris, le 19 mars suivant, par le roi de France. Le jour même de la signature, Catherine de Médicis et Henri communiquèrent le texte de ce document au maréchal de Damville : « Nous avons, grâces à Dieu, résolu et arrêté, « par l'avis des princes et sieurs du conseil privé du roi, après avoir « aussi ouï les remontrances de ceux de la religion prétendue « réformée, les moyens qu'il faut tenir, tant pour faire cesser tout « acte d'hostilité que pour l'entière exécution de l'édit de pacifica- « tion fait et arrêté, au mois de septembre 1570. » La lettre royale invitait le maréchal à publier cette nouvelle, avec des injonctions conformes, et elle était signée : « Votre bonne cousine et cou- « sin, Catherine, — Henri ». Diverses lettres du roi de Navarre et de la reine-mère, sur le même sujet et dans le même sens, furent adressées aux officiers généraux, gouverneurs et capitaines, soit immédiatement, soit après la ratification. La plupart des clauses du traité de Nérac étaient favorables aux calvinistes. « On accorda en- « core au roi de Navarre trois places en Guienne pour l'assurance de « l'exécution de cet édit, savoir : Figeac, Puymirol et Bazas, qu'ils « devaient rendre, au mois d'août suivant, et onze aux calvinistes de « Languedoc, à condition de s'en dessaisir, au mois d'octobre ; les « principales étaient Alais, Sommières et Lunel. On ne les leur « accorda que sur la parole qu'ils donnèrent qu'on n'y ferait « nulle nouvelle fortification, qu'on y conserverait les églises, « et qu'on n'y maltraiterait point les catholiques. Mais, quand « ils en furent une fois les maîtres, ils en chassèrent les prêtres et « firent tomber tous les impôts sur les catholiques, pour en dé- « charger ceux de leur religion. C'est ainsi, ajoute le Père Daniel, « que les calvinistes profitaient de l'envie que l'on avait à la cour « d'entretenir la paix, tandis que, sous main, ils prenaient entre eux « de nouvelles liaisons, pour ne pas se laisser surprendre, en cas qu'il

« fallût en revenir à la guerre, ou qu'ils trouvassent l'occasion favo-
« rable de la recommencer eux-mêmes. »

Mézeray prétend expliquer les avantages que les protestants trouvèrent dans la paix de Nérac : la reine Marguerite, recherchant tous les moyens de se venger de Henri III, aurait « pris soin de
« s'acquérir secrètement le cœur de Pibrac, qui était le conseiller
« de sa mère, en sorte que, n'agissant que par son mouvement et
« contre les intentions de la reine-mère, il éclaircit plusieurs
« articles en faveur des religionnaires et leur fit accorder beau-
« coup de choses, même plusieurs places de sûreté ». En somme, Catherine de Médicis avait été battue sur le terrain diplomatique (1). Ses artifices et les manœuvres de son « escadron volant » lui valurent une revanche dont se ressentirent longtemps les affaires du roi de Navarre.

La présence des deux reines à Nérac transforma en capitale cette ville, déchue, par plus de vingt années de guerre et de troubles, du rang qu'elle avait occupé sous le règne de Henri d'Albret et de la première Marguerite. La seconde, dans ses Mémoires, nous a laissé un tableau riant de la cour de Nérac : « Notre cour
« était si belle et plaisante, que nous n'enviions point celle de
« France, y ayant la princesse de Navarre et moi, avec nombre
« de dames et filles, et le roi mon mari étant suivi d'une belle
« troupe de seigneurs et gentilshommes aussi honnêtes que les
« plus galants que j'aie vus à la cour ; et n'y avait rien à regretter
« en eux, sinon qu'ils étaient huguenots. Mais de cette diversité
« de religion il ne s'en oyait point parler, le roi mon mari et la
« princesse sa sœur allant d'un côté au prêche, et moi et mon
« train à la messe, à une chapelle, d'où, quand je sortais, nous
« nous rassemblions pour nous aller promener ensemble en un
« très beau jardin ou bien au parc, dont les allées, de trois mille
« pas de long, côtoyaient la rivière ; et le reste de la journée se
« passait en toutes sortes d'honnêtes plaisirs, le bal se tenant
« d'ordinaire l'après-dînée et le soir. » Sully et d'Aubigné apportent leur témoignage à Marguerite : Nérac jouissait de toutes les élégances et de tous les plaisirs d'une cour ; mais il en offrait aussi les vices et les dangers, comme l'éprouvèrent le roi de Navarre et un grand nombre de ses partisans. Henri avait pris,

---

(1) Appendice : XVI.

à la cour de France, des habitudes de libertinage dont rien, pas même l'âge, ne put jamais le guérir. Il tomba, plus d'une fois, dans les pièges tendus à sa faiblesse trop connue par les suivantes de Catherine et de Marguerite : à l'histoire de ses liaisons avec Madame de Sauves et Mademoiselle de Tignonville, s'ajouta la chronique scandaleuse de ses caprices pour Mademoiselle Dayelle, Mademoiselle de Fosseuse-Montmorency et Mademoiselle Le Rebours. Tout ce qu'il est permis de dire, pour atténuer, s'il se peut, ces torts et bien d'autres qui gâtèrent sa vie privée, c'est que la cour des Valois n'allait point sans ces débordements, et que, fort heureusement pour lui et pour la France, ils ne lui firent jamais oublier ni les devoirs de la politique, ni le noble souci de la gloire.

Les amis et les serviteurs du roi payèrent aussi leur tribut aux roueries italiennes de la reine-mère : on vit Turenne, Roquelaure, Béthune domptés à leur tour, et Rosny, qui devait être plus tard le grave ministre d'un grand roi, succomba comme les autres. Il faut même ajouter que, après le départ de Catherine et de son dangereux « escadron », la galanterie ne laissa pas de régner à la cour de Nérac, du moins tant qu'elle fut tenue par la belle reine de Navarre. Ces passions ou amourettes à la mode entraînèrent de fâcheuses conséquences politiques. Catherine semait l'esprit de division et de défection. Quand elle quitta la Gascogne, vingt trahisons étaient à la veille de se déclarer, et elles amoindrirent le parti : Lavardin, Gramont et Duras, entre autres, devinrent les adversaires de Henri. Nous ne mentionnerons que pour mémoire les rivalités, les querelles et les duels : Condé et Turenne eux-mêmes, brouillés par le contre-coup des intrigues de la reine-mère, en arrivèrent à croiser le fer, et le vicomte faillit périr quelque temps après, dans une rencontre, à Agen, avec Durfort de Rauzan.

Lorsque Catherine de Médicis ne pouvait ni subjuguer par son manège personnel, ni désarmer par la galanterie les partisans du roi de Navarre, elle les faisait habilement calomnier auprès de lui, comme il arriva pour le gouverneur d'Eauze. La reine-mère, se souvenant que l'expédition de Fleurance avait été organisée par ce gentilhomme, donna mission à un de ses affidés, personnage important, de faire naître, dans l'esprit du roi, des soupçons sur la fidélité de son « Faucheur ». Averti, Manaud de Batz sollicita une explication de Henri, qui la lui donna dans une lettre où se marquent, en termes éloquents, la délicatesse et la magnanimité de son cœur (1).

C'est avec une sorte de prédilection, remarquée par les historiens de notre temps, que le roi de Navarre a prodigué les traits de son beau et séduisant caractère dans ses lettres au baron de Batz. Sully et d'Aubigné constatent qu'il y eut souvent rivalité entre les protestants et les catholiques au service de Henri, et qu'il fallait à ce prince beaucoup de tact pour les mettre d'accord. Quand les principaux calvinistes, tels que Turenne, d'Aubigné et Du Plessis-Mornay, lui conseillaient de se défier de ses officiers catholiques, il leur fermait la bouche par cette juste réflexion, que les « papistes » méritaient toute sa confiance, puisqu'ils le servaient par un pur attachement à sa cause ou à sa personne. Du reste, il excella de bonne heure à lire au fond des cœurs. « Beau-
« coup m'ont trahi, mais peu m'ont trompé », écrivait-il à propos d'une défection prévue ; et il ajoutait : « Celui-ci me trompera, s'il
« ne me trahit bientôt ». L'habileté n'eût pas toujours suffi pour maintenir le faisceau de tant de fidélités diverses ; mais, dans les cas extraordinaires, Henri puisait en lui-même une éloquence irrésistible.

Pendant la campagne de 1580, un jour que l'on discutait, en présence du roi de Navarre, le plan d'une petite expédition, les avis se partagèrent. Du Plessis-Mornay opinait absolument pour l'action immédiate, et Manaud de Batz, qui connaissait le pays et les difficultés de l'entreprise, n'épargnait pas les objections. « Je ne puis comprendre », dit à la fin Mornay, « comment un homme « si déterminé aux armes est si timide en conseil ! » Le roi de Navarre se chargea de la réponse : « Un vrai gentilhomme, répliqua-
« t-il, est le dernier à conseiller la guerre, et le premier à la faire ! » Mais on connaît de Henri de Bourbon une parole encore plus haute, la plus royale peut-être qui ait été prononcée dans les temps modernes.

En 1578, pendant que le roi de Navarre était en Agenais, quelques-uns de ses partisans béarnais, pourchassés à travers l'Armagnac par les troupes du roi de France, furent recueillis par Antoine de Roquelaure et Manaud de Batz, qui les prirent sous

(1) Appendice : XIII.

leur sauvegarde. Henri écrivit, à ce sujet, au gouverneur d'Eauze :

« Monsieur de Batz, j'ai entendu avec plaisir les services que vous
« et M. de Roquelaure avez faits à ceux de la Religion, et la sau-
« veté que vous particulièrement avez donnée, dans votre château
« de Suberbies, à ceux de mon pays de Béarn, et aussi l'offre, que
« j'accepte pour ce temps, de votre dit château. De quoi je vous veux
« bien remercier et prier de croire que, *combien que soyez de*
« *ceux-là du Pape, je n'avais, comme vous le cuydiez, méfiance de*
« *vous dessus ces choses. Ceux qui suivent tout droit leur conscience*
« *sont de ma religion, et moi, je suis de celle de tous ceux-là qui*
« *sont braves et bons* (1). »

C'était au nom de cette « religion » faite d'honneur, de probité et de vaillance, que le roi de Navarre savait conquérir de fidèles amis, et ce fut elle qui monta avec lui sur le trône de France.

La paix de Nérac signée, Catherine se dirigea vers le Languedoc, où elle avait plusieurs affaires à traiter avec le maréchal de Damville. Après une excursion à Agen, elle passa dans le comté de Foix, accompagnée du roi et de la reine de Navarre. Ce pays de montagnes offrit aux deux cours une fête qui fut tragique. C'était une chasse aux ours. Les chasseurs, surexcités par la présence des reines, des dames et de tant de grands personnages, firent des prodiges d'audace, et plusieurs d'entre eux périrent dans une lutte corps à corps avec les redoutables fauves. A Castelnaudary, où l'attendaient les Etats de Languedoc, la reine-mère prit congé de sa fille et de son gendre, qui allèrent séjourner dans le Béarn. Bascle de Lagrèze a esquissé le tableau pittoresque de l'entrée et du séjour de Marguerite à Pau.

« Elle arrive dans sa *litière faite à piliers doublés de velours in-*
« *carnadin d'Espagne, en broderie d'or et de soie nuée à devise*, pour
« me servir des expressions de ses Mémoires. Cette litière est toute
« vitrée et les vitres sont faites à devise, *y ayant*, ou à la doublure,
« *ou aux vitres, quarante devises toutes différentes, avec des mots*
« *en espagnol et en italien sur le soleil et ses effets*. Après la litière
« de la reine s'avancent celles de ses dames d'honneur. Dix filles
« à cheval l'entourent ; puis viennent à la suite six carrosses ou cha-
« riots contenant les autres dames ou femmes de la cour. C'est dans

(1) Voir le fac-simile.

« le château de Pau que la reine étale ses plus brillantes toilettes.
« Elle est décidée à user ses robes; car, lorsqu'elle retournera à Paris,
« elle n'y portera que des ciseaux et des étoffes pour se faire habiller
« à la mode du jour. »

L'abbé Poeydavant rapporte que la nouvelle de l'arrivée de cette princesse ne fut pas agréable aux consistoires du pays : ils en conçurent des alarmes dont on aperçut bientôt les signes. « Le fonde-
« ment en était pris du zèle de cette princesse pour la religion catholi-
« que. On craignait, avec quelque apparence de raison, qu'il ne portât
« atteinte à la dernière constitution qui la bannissait du pays souve-
« rain. Sur cette appréhension, le synode, qui, vers la fin de cette
« année (1578), se tint dans Oloron, fit publier un jeûne pour obte-
« nir du ciel la grâce de détourner le grand malheur dont on se croyait
« menacé. Tandis que ces réformateurs appréhendaient si vivement
« le retour de la liberté religieuse et civile pour leurs concitoyens, ils
« abusaient eux-mêmes, d'une manière étrange, des édits que l'into-
« lérance avait dictés contre les catholiques. » Les Mémoires de Marguerite nous apprennent, en effet, qu'elle fut elle-même victime de l'intolérance calviniste.

La reine, jouissant du libre exercice de sa religion, faisait dire la messe au château de Pau par des aumôniers de sa suite. Les catholiques, dont le nombre était considérable dans la ville, désiraient ardemment l'entendre. Il y avait, au château, un pont-levis d'où l'on s'introduisait dans la cour qui conduisait à la chapelle. Chaque fois qu'on disait la messe, on prenait la précaution de lever le pont, afin d'interdire aux catholiques l'accès du lieu saint. La fête de la Pentecôte étant survenue, raconte Marguerite, plusieurs d'entre eux trouvèrent le moyen de s'introduire dans la cour et de gagner la chapelle avant que le pont fût levé. Des huguenots, les ayant aperçus, coururent les dénoncer à Du Pin, secrétaire du roi, et intraitable adversaire des catholiques. Du Pin dépêche aussitôt des gardes, qui, sans nul respect pour le lieu, ni pour l'assemblée, ni pour la personne de la reine, expulsent violemment les catholiques et les traînent en prison. Ils y furent détenus pendant plusieurs jours, et n'en sortirent qu'au moyen d'une grosse amende, après avoir risqué de n'en être pas quittes à si bon marché.

La reine de Navarre ressentit vivement cette « indignité », et en porta ses plaintes au roi son mari, le suppliant de faire relâcher ces pauvres catholiques, qui ne méritaient point, disait-elle, un pareil traitement, pour avoir voulu, dans un jour solennel, profiter de son arrivée pour assister au saint sacrifice de la messe, dont ils avaient été privés depuis si longtemps. Du Pin, sans être interpellé, se mit à la traverse entre la reine et son mari, osant dire à la reine qu'il n'en serait ni plus ni moins, pour ce dont elle se plaignait touchant les catholiques, se fondant, quant à sa conduite, sur la teneur des ordonnances qui défendaient la messe en Béarn, « sur « peine de la vie ». La reine, outrée des propos insolents de Du Pin, renouvela ses plaintes au roi, en présence de plusieurs personnes qu'elle mit dans ses intérêts. Henri lui promit de s'employer auprès des conseillers du parlement de Pau, en faveur des catholiques prisonniers, pour obtenir un jugement plus modéré et qui hâtât leur délivrance. Afin de complaire à Marguerite, le roi congédia, pour quelque temps, son secrétaire. Mais cet incident et les menées fanatiques dont elle avait le spectacle inspirèrent à la reine un dégoût qu'elle ne put surmonter.

CHAPITRE V

Départ de Pau. — Henri malade à Eauze. — Les États de Béarn. — Fragilité de la paix. — La surprise de Figeac. — La paix prêchée, la guerre préparée. — Le rôle de Condé et celui de Damville. — Assemblée de Mazères. — L'embuscade sur la route de Castres. — Entente du roi de Navarre avec Châtillon et Lesdiguières. — Desseins belliqueux. — Lettre à Henri III. — Lettre-manifeste à la reine de Navarre. — Manifeste de l'Isle à la noblesse. — Correspondance avant l'entrée en campagne.

Avant d'aller de nouveau établir sa résidence à Nérac, selon le désir de la reine, qui avait pris le séjour de Pau en aversion, Henri fit avec elle un voyage à Montauban, si renommé par son dévouement passionné à la Réforme. Au retour de ce voyage, et en se rendant à Nérac, il fit un long circuit pour visiter les principales villes de l'Armagnac. Arrivé à Eauze, le 19 juin, il y tomba malade, disent les Mémoires de Marguerite, « d'une grande fièvre « continue, avec une extrême douleur de tête, et qui lui dura dix- « sept jours, durant lesquels, il n'avait repos, ni jour ni nuit, et le « fallait perpétuellement changer de lit à autre ». La reine l'entoura de soins affectueux. Pendant cette maladie, il reçut une lettre de Henri III contenant des avis et des réclamations au sujet des anciennes ordonnances de Jeanne d'Albret contre les catholiques béarnais. En quittant Eauze, le 10 juillet, il répondit au roi de France que les faits visés dans sa lettre provenaient du gouvernement de la feue reine, non du sien, mais qu'il en serait parlé aux États de Béarn. Le roi de Navarre entretenait avec ces États des relations qui furent constamment à l'honneur du prince et des sujets, et dont les pages suivantes font ressortir le caractère (1) :

(1) Appendice : XVII.

« ... Les rapports entre Henri de Navarre et l'assemblée des
« représentants étaient toujours empreints d'une bienveillance réci-
« proque. Le roi est-il empêché de présider ou de convoquer lui-
« même les Etats, il s'en excuse; il fait connaître ses motifs, comme
« on le peut voir aux archives des Etats de Béarn, à l'année 1576.
« Veut-il communiquer à son nouveau lieutenant général, le sire de
« Saint-Geniès, qui préside l'assemblée des Etats, en 1579, un
« ordre de nature à engager la responsabilité des Etats, par exemple,
« la défense d'assembler des troupes de guerre, à l'insu du roi, c'est
« à l'assemblée elle-même que cette lettre sera adressée, et c'est dans
« l'assemblée même qu'il en sera donné lecture. Remarquable défé-
« rence d'un souverain aux institutions libérales de son pays, en un
« temps où, partout en Europe, la monarchie absolue était seule en
« vigueur et paraissait l'unique forme d'un bon gouvernement!
« C'est au moment où la reine Elisabeth assure et consolide en An-
« gleterre le despotisme fondé par les premiers Tudors, lorsqu'elle
« asservit le parlement et substitue à l'action des tribunaux et des
« cours de justice du pays la juridiction exceptionnelle de la
« Chambre Etoilée; c'est lorsque Philippe II en Espagne, reprenant
« la politique de Ferdinand, impose silence aux Cortès, ruine les
« libertés de l'Aragon, ou menace d'un sort semblable les antiques
« fueros de la Navarre et des pays Basques, que tous les rois précé-
« dents avaient respectés; — c'est à ce moment que Henri débat avec
« les représentants du Béarn les intérêts du pays et donne l'exemple
« de l'accord qui doit régner entre les grands pouvoirs constitutifs
« d'une nation sagement gouvernée. Loin de redouter le contrôle
« d'une autorité autre que la sienne, il en provoque l'exercice; il
« réunit annuellement les députés, dont le dévouement a d'autant
« plus de prix à ses yeux et dont l'action communique d'autant plus
« de force à son gouvernement, que l'âme de ces députés ne connaît
« pas de lâche complaisance et qu'ils savent faire entendre une voix
« libre et fière.

« L'accord intime et la parfaite harmonie de sentiments entre le
« prince et la nation se firent surtout remarquer au renouvellement
« des hostilités qui éclatèrent en 1580. Henri, qui s'y était préparé de
« bonne heure, trouva un concours énergique dans les Etats réunis
« en 1579. La princesse, sa sœur, qu'il avait instituée régente dans
« le Béarn, deux ans auparavant, n'eut aucune peine à obtenir de
« cette assemblée les sommes nécessaires pour l'entretien d'une

« troupe de 1,200 hommes et pour faire conduire de la ville de Navar-
« renx jusqu'aux limites du pays de Béarn, des pièces d'artillerie
« dont le roi de Navarre avait besoin pour entrer en campagne. Les
« Etats fournirent les munitions de guerre pour l'approvisionne-
« ment de Navarrenx. Mais, qu'on veuille bien le remarquer, ils
« stipulèrent que ces subsides étaient octroyés, « sans tirer à consé-
« quence » (réservant ainsi l'avenir), et sous la condition expresse
« que le prince aurait soin de réparer les griefs de la nation. En
« même temps, sur la demande du roi, et d'après une lettre qu'il avait
« écrite aux syndics du pays, les Etats nommèrent des commissaires
« chargés de veiller aux plus pressants besoins. »

La reprise des hostilités, à laquelle font allusion les lignes précédentes, allait être déterminée par le cours naturel des choses in-
conciliables dont se composait une « paix » en ces temps orageux,
et le roi de Navarre, instruit par l'expérience, n'était pas homme à
se laisser surprendre par les événements. Il était, du reste, fortement incité à prendre les devants, s'il faut s'en rapporter à quelques
historiens, par des avis détournés de Monsieur et même de la
reine-mère, tous deux arguant des menaces de la Ligue. Ces démarches, quel qu'en fût le mobile, le mettaient encore plus dans
l'obligation d'être prêt à toutes les éventualités. Aussi, quand il vit,
au mois d'août 1579, les négociateurs de Henri III venir lui redemander les places de sûreté, au moment où les infractions à l'édit
se multipliaient de toutes parts, il n'eut pas besoin des conseils de
Marguerite, ni du dépit qu'elle ressentait des commérages de
Henri III sur ses amours vraies ou supposées avec Turenne, pour
comprendre qu'une lutte prochaine était inévitable. L'affaire de
Figeac, ville forte du Quercy, ralluma, sinon la guerre ouverte,
du moins les hostilités d'où elle devait sortir.

Le 16 septembre, Henri, étant à Nérac, écrit à Geoffroi de Vivans :
« Je vous prie, celle-ci reçue, de vous acheminer pour aller se-
« courir Figeac, amenant avec vous le plus grand nombre de gens
« que vous pourrez, et vous diligenter le plus qu'il vous sera pos-
« sible, de sorte que, par votre aide et secours, s'en puisse ensuivre
« le succès qui est à désirer, que j'espère de vous... » D'Aubigné
raconte ainsi ce qui se passa dans cette ville : « La Meausse, gou-
« verneur de Figeac, avait emporté une ordonnance pour prendre
« les deniers du roi, à la concurrence de son état, car les trésoriers
« ne payaient aucunement la garnison pour la rendre faible et facile à

« l'entreprise que l'on dressait dessus. Comme donc ceux du pays
« virent que le gouverneur reprenait des soldats, les habitants
« catholiques de la ville ayant fait entrer quelque noblesse et autres
« forces du pays, se prirent eux-mêmes, à la mi-septembre (1579), et
« quant et quant, toute la noblesse du pays y accourut. Tout cela
« assiège la citadelle, et de près. » Mais la citadelle ayant tenu bon,
ces démonstrations de la noblesse protestante firent abandonner
Figeac aux catholiques.

A partir de cet incident, tout ce qui se fait ostensiblement, de divers côtés, en vue de la paix, n'est destiné qu'à voiler les préparatifs de guerre. Henri, pour sa part, joue deux rôles bien distincts ; rien de plus curieux à lire que sa correspondance à cette époque. Tantôt il se dépense, même auprès de ses amis, en toute sorte de sollicitudes, pour le maintien de cette « bonne paix » que le XVIe siècle connut si peu ; tantôt il emploie toute son activité à fortifier ses garnisons, à tenir ses petites troupes en haleine, à mettre ses capitaines sur le qui-vive. Il n'avait plus, pour le moment, à compter sur le prince de Condé, qui s'était affranchi de la discipline du parti et nourrissait un peu naïvement l'espoir de ressaisir, à l'amiable, son gouvernement de Picardie, qu'il fut obligé de revendiquer, les armes à la main, en surprenant La Fère, le 29 novembre. Henri ne pouvait pas davantage proposer une alliance défensive et offensive à Damville, devenu duc de Montmorency, par la mort de son frère : le maréchal passait pour s'être rallié entièrement à la cour, depuis le voyage de la reine-mère ; tout au plus, le roi se flattait-il de le maintenir, à son égard, dans une attitude pacifique. En attendant, néanmoins, il projetait de se rencontrer avec lui dans une assemblée convoquée à Mazères pour le mois de décembre, et de juger par là des chances d'action combinée qu'il pouvait avoir de ce côté. Le 24 septembre, il écrit, de Nérac, à Montmorency qu'il fait démarches sur démarches pour assurer l'exécution de l'édit. Le 7 octobre, il fait part au gouverneur de Languedoc du déplaisir qu'il a ressenti, à la nouvelle des excès commis par les catholiques, lors de la reprise de Montaignac, le 22 septembre : « Grand meur-
« tre des habitants, ignominieuse mort des ministres, pillage et sac-
« cagement de ladite ville » ; et il ajoute qu'il vient de dénoncer le fait à MM. de la chambre de justice établie à l'Isle (1). Le 4 novem-

---

(1) Appendice : XI.

bre, enfin, il exprime à Montmorency le désir de conférer avec lui, à l'assemblée de Mazères, dont il affecta d'abord de se promettre de « bons effets » pour la paix, quoique l'insuccès des précédentes conférences de Montauban ne pût lui laisser, à ce sujet, beaucoup d'illusions.

L'assemblée de Mazères, dans le comté de Foix, eut lieu, du 10 au 19 décembre, avec l'agrément du roi de France. Malgré la présence du roi de Navarre et du duc de Montmorency, elle n'eut d'autre résultat que d'aigrir les esprits au fond et de les tourner vers les résolutions extrêmes, tout en paraissant les avoir rapprochés. Après ce premier essai de conciliation, le roi de Navarre se sentit irrévocablement condamné à faire la guerre. Son gouvernement de Guienne était purement nominal, depuis la Saint-Barthélemy ; la dot de sa femme, l'Agenais et le Quercy, lui était disputée de toutes les façons, au besoin par les armes ; on ne tolérait sa religion qu'avec l'arrière-pensée, ou plutôt le dessein avoué de la détruire, même par la violence ; enfin, sa qualité de premier prince du sang et son mariage avec une fille de France, au lieu de faire de lui un souverain incontesté, ne lui laissaient que le choix de la servitude. Fortement tenté auparavant de prendre un parti décisif, il s'y résolut froidement, au sortir des inutiles conversations de Mazères. Cependant, il ne négligea rien pour accroître les chances d'un accommodement. Le 26 décembre 1579, il essaie de complaire à Henri III en lui annonçant le prochain remplacement, à Périgueux, de Vivans, gouverneur des comté de Périgord et vicomté de Limousin, par le baron de Salignac. Huit jours après, il proteste contre les coups de force d'un de ses coreligionnaires, le capitaine Merle de Salavas, qui venait de s'emparer de Mende. Au mois de février, au mois de mars, jusque dans les premiers jours d'avril, il reste fidèle à ce langage pacifique. Il lui importe, au suprême degré, qu'on ne puisse lui imputer la rupture éclatante qu'il prévoit, qu'il considère même, dans son for intérieur, comme un fait accompli. Et pourtant, on ne l'épargnait guère. Vers la fin du mois de janvier, on lui tendit, sur la route de Castres, une embuscade dont il avait heureusement reçu avis, en temps opportun, de la reine de Navarre. « On m'avait dressé », écrit-il au roi de France, après s'être plaint des tracasseries de Biron, « une partie de quelque deux cents chevaux lestes « et bien armés » ; et Henri III lui ayant demandé par qui il avait été prévenu, il refusa de le dire, mais le laissa deviner par cette

phrase : « Avec le temps, je vous le dirai, et m'assure que vous serez
« bien étonné, pour être personnes de qui vous ne l'eussiez jamais
« soupçonné ».

Du reste, s'il gardait le respect et parlait avec modération, il voyait très distinctement les dangers qui le menaçaient, et s'occupait, sans relâche, d'être en mesure de les affronter. Il avait envoyé des instructions précises à Lesdiguières, en Dauphiné, et à Châtillon, en Languedoc, expédié des agents sûrs dans diverses provinces, pour concerter, autant que possible, les prises d'armes, si elles devenaient nécessaires. Autour de lui, rien n'échappait à son attention. Les gouverneurs et les capitaines recevaient, à chaque instant, ses ordres et l'invitation de le tenir au courant de tous les faits de quelque importance. Il écrivit vingt lettres comme celle-ci, adressée à Vivans, en Périgord : « Puisqu'il n'a pas tenu à moi,
« ni à ceux qui m'ont assisté à l'entrevue de mon cousin le maré-
« chal de Montmorency à Mazères, que nous n'ayons fait quelque
« chose de bon pour l'établissement de la paix..., j'en ai ma cons-
« cience déchargée. Mais je ne laisse pas pourtant de considérer
« les maux qui semblent se préparer sur les uns et sur les autres...
« Vous priant tenir la main, de votre côté, qu'on se tienne prudent
« en vos quartiers..., prenant garde surtout qu'on ne vous puisse
« imputer d'être des premiers remuants ».

Sa correspondance est parsemée de fières déclarations, qui sonnent le boute-selle : « Monsieur de Saint-Geniès, toutes vos
« lettres me sont parvenues, non les poudres. Je ne veux rompre
« la trêve, mais en veux profiter pour préparer la guerre... Si l'é-
« vénement me bat, je ne m'en prendrai qu'à moi et à ma fortune.
« Qui aime le repos sous la cuirasse, il ne lui appartient point de
« se mêler à l'école de la guerre ». Enfin l'heure vint où, même dans ses lettres au roi de France, on devinait que l'explosion était proche. Le 23 mars, il écrit à Henri III, pour énumérer de nouveaux griefs, et termine par ces mots presque menaçants : « Je
« laisse cela à considérer et à y pourvoir par votre prudence, atten-
« dant toujours la réponse aux remontrances que, dès le mois de
« février, nous vous avons envoyées ».

Ce fut la fin du jeu entre les deux rois. Le 10 avril, Henri faisait remettre la lettre suivante à la reine :

« M'amie, encore que nous soyons, vous et moi, tellement unis
« que nos cœurs et nos volontés ne soient qu'une même chose, et

« que je n'aie rien si cher que l'amitié que me portez, pour vous
« en rendre les devoirs dont je me sens obligé, si vous prierai-je
« ne trouver étrange une résolution que j'ai prise, contraint par la
« nécessité, sans vous en avoir rien dit. Mais puisque c'est force
« que vous le sachiez, je vous puis protester, m'amie, que ce m'est
« un regret extrême qu'au lieu du contentement que je désirais
« vous donner, et vous faire recevoir quelque plaisir en ce pays,
« il faille tout le contraire, et qu'ayez ce déplaisir de voir ma con-
« dition réduite à un tel malheur. Mais Dieu sait qui en est la cause.
« Depuis que vous êtes ici, vous n'avez ouï que plaintes ; vous
« savez les injustices qu'on a faites à ceux de la Religion, les dis-
« simulations dont on a usé à l'exécution de l'édit ; vous êtes té-
« moin de la peine que j'ai prise, pour y apporter la douceur,
« ayant, tant que j'ai pu, rejeté les moyens extraordinaires pour
« espérer, de la main du roi et de la reine votre mère, les remèdes
« convenables. Tant de voyages à la cour, tant de cahiers de re-
« montrance et de supplication en peuvent faire foi.

« Tout cela n'a guéri de rien ; le mal, augmentant toujours, s'est
« rendu presque incurable. Le roi dit qu'il veut la paix ; je suis
« content de le croire ; mais les moyens dont son conseil veut user
« tendent à notre ruine. Les déportements de ses principaux officiers
« et de ses cours de parlement nous le font assez paraître. Depuis
« ces jours passés, nous avons vu comme on nous a cuydé sur-
« prendre au dépourvu ; nos ennemis sont à cheval, les villes ont
« levé les armes. Vous savez quel temps il y a que nous avons eu
« avis des préparatifs qui se font, des états qu'on a dressés
« pour la guerre. Ce que considéré et que tant plus nous attendons,
« plus on se fortifie de moyens, ayant aussi, par les dépêches der-
« nières qui sont venues de la cour, assez connu qu'il ne se faut plus
« endormir, les desseins de nos adversaires, et, d'autre part, la
« condition de nos églises réformées qui me requièrent incessam-
« ment de pourvoir à leur défense, je n'ai pu plus retarder, et suis
« parti avec autant de regret que j'en saurai jamais avoir, ayant dif-
« féré de vous en dire l'occasion, que j'ai mieux aimé vous écrire,
« parce que les mouvements nouveaux ne se savent que trop tôt.
« Nous aurons beaucoup de maux, beaucoup de difficultés, besoin
« de beaucoup de choses ; mais nous espérons en Dieu, et tâche-
« rons de surmonter tous les défauts par patience, à laquelle nous
« sommes usités de tout temps.

« Je vous prie, m'amie, commander, pour votre garde, aux habi-
« tants de Nérac. Vous avez là Monsieur de Lusignan pour en
« avoir le soin, s'il vous est agréable, et qu'il fera bien. Cependant
« aimez-moi toujours comme celui qui vous aime et estime plus
« que chose de ce monde. Ne vous attristez point ; c'est assez qu'il
« y en ait un de nous deux malheureux, qui néanmoins, en son
« malheur, s'estime d'autant plus heureux que sa cause devant Dieu
« sera juste et équitable. Je vous baise un million de fois les
« mains. »

Le 13 avril, le roi de Navarre, qui a l'œil et l'esprit partout, écrit de Lectoure au comte de Sussex, grand chambellan d'Angleterre, pour lui faire connaître l'état des affaires et demander l'appui d'Elisabeth en faveur des églises réformées. Deux jours après, le 15 avril, à l'Isle, dans le diocèse d'Albi, Henri signe un manifeste « à la noblesse », dont voici tous les passages essentiels :

« Messieurs, je ne doute point qu'une bonne partie d'entre vous
« et du peuple même, qui, sous la faveur des édits du roi mon sei-
« gneur, avait déjà goûté quelque fruit de la dernière paix, ne
« trouve maintenant étrange de voir les troubles dont ce royaume
« est si longuement agité, et que l'on estimait assoupis, se renou-
« veler encore et les armes reprises par ceux de la Religion. J'estime
« aussi qu'après plusieurs discussions des raisons et occasions qui
« les ont mûs de ce faire, chacun jugeant selon sa passion ou se-
« lon qu'il aura pu entendre, ils en voudront rejeter toute la haine
« sur moi... Les déportements, artifices, entreprises, surprises, vo-
« leries, massacres, injustices, toute espèce de contraventions dont
« les ennemis de cet Etat et du repos et tranquillité publique ont usé
« depuis l'édit de la paix et conférence de Nérac, me peuvent servir
« de défense...

« Nous avons, par la dernière paix, quitté, comme chacun sait,
« six ou sept-vingt bonnes places, lesquelles, nonobstant la vio-
« lence de ceux qui s'y fussent aheurtés, on aurait pu si bien gar-
« der et pour si longtemps, qu'enfin ils eussent été contraints nous
« laisser en repos ; et nous sommes contentés de quinze ou vingt
« des moindres d'icelles, pour servir de sûreté à ceux qui ne pour-
« raient rentrer ou vivre dans leurs maisons. Cela seul peut témoi-
« gner que nous désirons la paix ; car autrement c'eût été une grande

(1) Appendice : XVIII.

« simplicité de quitter un tel avantage. Et, de fait, n'avons-nous pas,
« au même instant qu'elle a été publiée, fait cesser tous actes d'hos-
« tilité ? Néanmoins, les ennemis de cet État, impatientés de n'a-
« voir aise et repos, se sont incontinent saisis de ce que nous
« avions délaissé, armé les places que nous avions désarmées, fermé
« celles que nous avions ouvertes, surpris les autres qui n'étaient
« plus gardés, chassé dehors ceux qui les ont reçues, tué ou meur-
« tris ceux qui n'étaient plus en défense... »

Ici, le manifeste entre dans le détail de quelques-uns de ces actes d'arbitraire et de violence : prise, révolte ou pillage de Villemur, de Lauzerte, de Langon, de La Réole, de Montaignac, de Pamiers, de Sorèze, etc.

« J'en laisse, pour brièveté, poursuit le roi, plusieurs autres, qui
« peuvent assez donner d'arguments de complainte. Cependant, on
« n'en a vu aucun exploit de justice. Les auteurs et coupables ont
« été reçus aux bonnes villes, honorés, déchargés, rémunérés et ré-
« compensés ; leur butin reçu et vendu publiquement... De sorte que
« la plupart ont pensé que la paix et les édits n'étaient qu'une chose
« feinte, et que la rompre ou différer l'exécution d'icelle était tacite-
« ment permis. Qu'on remarque un seul exploit contre aucun qui ait
« attenté contre ceux de la Religion ; lesquels, au contraire, voyant
« que parmi eux il y en avait de mal vivants, ont pris, à leur propre
« poursuite et dépens, plus de cent-vingt prisonniers qu'ils ont livrés
« eux-mêmes et qui ont été condamnés et exécutés à mort... Les mai-
« sons des particuliers sont encore retenues ; plusieurs châteaux qui
« m'appartiennent ne m'ont point été rendus, quelque commande-
« ment qu'il ait plu au roi d'en faire... — Quant à la religion, on est
« à pourvoir encore de lieux pour l'exercice d'icelle en la plupart des
« bailliages et sénéchaussées... L'institution des enfants n'est per-
« mise dans les colléges, s'ils ne font profession de la religion ro-
« maine... Cependant, mes ennemis se préparaient à la guerre ; ils
« en dressaient les états, avaient le pied à l'étrier ; par ruses et
« artifices, ils nous y provoquent ; et j'avais chaque jour avis qu'on
« dressait des entreprises pour attenter sur ma personne.

« Toutes ces considérations mises en avant, les justes com-
« plaintes de nos églises, qui imploraient mon assistance, m'ont
« contraint de venir en cette nécessité et presse de maux si extrê-
« mes, protestant devant Dieu et ses anges que c'est à mon très
« grand regret et que mon intention n'est point d'attenter contre

« la personne du roi que nous reconnaissons comme notre sou-
« verain seigneur, contre son Etat ni sa couronne, de laquelle
« je désire la conservation et grandeur, ayant cet honneur d'y
« appartenir. Ce n'est pour m'enrichir ni augmenter mes moyens ;
« chacun sait assez combien je suis éloigné de ce but ; ce n'est que
« pour notre défense, pour nous garantir et délivrer de l'oppres-
« sion de ceux qui, sous l'autorité du roi et le manteau de la
« justice, tâchent de nous exterminer. Lesquels nous tenons et
« déclarons pour ennemis de l'Etat, fracteurs des édits et lois
« conservatrices d'icelui. Contre ceux-là nous portons les armes,
« non contre les catholiques paisibles, que chacun voit que nous
« embrassons également, sans aucune passion ni distinction
« quelconque, auxquels nous n'entendons empêcher l'exercice de
« leur religion ni la perception des biens ecclésiastiques, si ce
« n'est de ceux qui suivent parti contraire : conjurant tous princes,
« seigneurs et magistrats, villes et communautés, et principalement
« vous, Messieurs de la noblesse, tous gens de bien, de quelque
« ordre ou état qu'ils soient, amateurs de leur patrie, désirant le
« repos d'icelle, nous secourir et assister, se joindre à nous, à notre
« si juste cause, pour laquelle nous sommes résolus d'employer
« vie et moyens... »

Le 16 avril, « au partir de l'Isle », le roi de Navarre écrit à la cour de parlement de Toulouse pour attester que la guerre qui commence n'est pas de sa faute. Le 20 avril, de Nérac, lettre au roi de France : apologie de ses actes et de ses intentions, protestations contre les iniquités qui lui mettent les armes à la main, mais assurance de ses sentiments de fidélité à l'autorité royale. En même temps, lettre analogue mais superficielle à Catherine de Médicis. Le 12 mai, une dernière lettre d'avis et de confidence, datée aussi de Nérac, et adressée au vieux duc de Montpensier, que le roi de Navarre chérissait. Puis il y a, dans la correspondance royale, comme une lacune, comme un silence mystérieux. Dans trois semaines, il sera rompu par le coup de tonnerre de Cahors.

CHAPITRE VI

La « guerre des Amoureux ». — La dot de Marguerite. — Révolte de Cahors. — Le baron de Vesins. — Préparatifs de l'expédition contre Cahors. — Cahors au xvie siècle. — Le plan de l'attaque. — Les pétards. — Succès et revers. — Conseils de retraite et réponse du roi. — Bataille de rue. — Le roi soldat. — Arrivée de Chouppes. — Le terrain gagné. — Arrivée et défaite d'un secours. — Prise du collège. — Les quatorze barricades. — Exploit du roi de Navarre. — Cri magnanime. — Le post-scriptum royal. — La lettre à Madame de Batz. — Effets de la prise de Cahors. — La petite guerre. — Prise de Monségur par le capitaine Meslon. — Négociations pour la levée d'une armée auxiliaire.

L'esprit satirique du xvie siècle a presque flétri du surnom de « guerre des Amoureux », la nouvelle lutte qui commençait. C'était là le style des « pasquils », si complaisamment cités par P. de l'Estoile. Assurément, il put y avoir, à l'origine, une apparence de raison dans cette définition épigrammatique ; mais si les petits moyens employés pour déterminer la prise d'armes, moyens fort à la mode, à cette époque, comme en d'autres temps qui les ont moins affichés, furent du domaine de la galanterie, il serait absolument déraisonnable de méconnaître la force des mobiles sérieux de cette guerre et la gravité des revendications qui la caractérisent. Les documents qui précèdent sont de nature, croyons-nous, à faire apparaître, sous son vrai jour, la prétendue « guerre des Amoureux », et par ce qui va suivre, on peut se convaincre qu'elle fut, du côté du roi de Navarre, comme une guerre de révélation. Il s'y montra, nous le voulons bien, fervent amoureux, mais amoureux de la gloire.

La plupart des historiens affirment qu'avant de se mettre en cam-

pagne, Henri, de concert avec les chefs calvinistes, avait projeté plus de « soixante entreprises ». Nul n'en donne la liste complète, mais le succès de Cahors compensa beaucoup d'échecs. Ce fut contre Cahors, en effet, que le roi de Navarre dirigea ses premiers efforts. « Le roi (Charles IX), dit Mézeray, avait assi-
« gné la dot de la reine Marguerite en terres, l'ayant apanagée
« des comtés de Quercy et d'Agenais, même avec les droits de la
« couronne et pouvoir de nommer aux charges et aux grands béné-
« fices... Mais les habitants de Cahors, les uns affectionnés à la
« religion catholique, les autres craignant la revanche des massacres
« (de 1562), ne voulaient point recevoir le roi de Navarre. C'est
« pourquoi ce prince avait résolu de commencer la guerre par cette
« ville... Vesins était dedans avec quinze cents hommes de pied qu'il
« avait aguerris, une compagnie d'ordonnance et un grand nombre
« de noblesse. Sa vigilance, son courage et sa réputation étaient
« connus, tellement que l'entreprise était fort hasardeuse; et il
« n'y avait point de vieux capitaine qui ne dissuadât le roi d'en-
« tamer la guerre par une témérité dont le mauvais succès ferait
« échouer tous ses autres desseins. »

L'expédition contre Cahors, projetée d'assez longue date, fut résolue et préparée à Montauban. De cette ville, le roi de Navarre envoya ses ordres pour l'acheminement des troupes. Il crut pouvoir compter, à jour fixe, sur celles de la vicomté de Turenne, environ cinq cents hommes, que devait lui amener le mestre-de-camp Chouppes, et leur retard fut bien près de faire échouer l'entreprise. » Le roi de Navarre, disent les *Economies royales*, ayant passé par
« Montauban, Négreplisse, Saint-Antonin, Cajarc et Cénevières,
« pour rassembler toujours des gens, à cause que M. de Chouppes,
« qu'il avait mandé, n'était point encore joint; finalement, ayant
« fait une bonne traite, il arriva, environ minuit, à un grand quart
« de lieue de Cahors. » C'était le 27 mai. Les historiens contemporains donnent cette description sommaire de Cahors : « C'est
« une grande ville bâtie sur la rivière du Lot, qui l'environne de
« toutes parts, hormis d'un côté qu'on nomme La Barre. Il y a
« trois ponts, un desquels porte le nom de Chelandre, et un autre,
« du côté de Montauban, s'appelle le Pont-Neuf, ce dernier se fer-
« mant par chaque bout d'un portail assez bien accommodé, mais
« sans pont-levis, à cause de quoi on avait bâti au milieu
« deux petits éperons. »

Le roi de Navarre et les quinze ou seize cents hommes qu'il conduisait, firent halte « dans un vallon, sous plusieurs touffes de « noyers, où il se trouve une source qui fut de grand secours, car « il faisait grand chaud, le temps éclatant, de toutes parts, de plu- « sieurs grondements de tonnerre, qui ne furent pas néanmoins « suivis de grandes pluies ». Ce fut là que le roi de Navarre arrêta le plan de l'attaque. Elle fut résolue, malgré l'absence de Chouppes, l'orage devant favoriser les assaillants plutôt que leur nuire. Le vicomte de Gourdon avait eu l'idée d'employer des pétards pour briser les portes. Aux hommes chargés de mettre en œuvre ces terribles engins, le roi donna une escorte de dix gardes. Les pétardiers devaient attaquer les deux portes du Pont-Neuf. Ils prirent les devants, suivis de vingt hommes d'armes et de trente arquebusiers, sous les ordres du capitaine Saint-Martin et du baron de Salignac; puis venaient quarante gentilshommes de Gascogne et soixante gardes du roi commandés par Roquelaure; Henri marchait à la tête du gros de ses troupes, composées de deux cents hommes d'armes et de mille ou douze cents arquebusiers. Des deux portes du Pont-Neuf abordées simultanément, l'une, à peine trouée par l'explosion du pétard, obligea les assaillants à s'introduire en rampant dans la ville; l'autre, au contraire, fut renversée du coup. L'orage était si violent, que la garnison ne prit pas tout de suite l'alarme. A la seconde explosion seulement, les assiégés parurent. Salignac, entré le premier dans la place, avec son détachement, rencontre Vesins, quarante gentilshommes et trois cents arquebusiers, armés à la hâte. Roquelaure et Saint-Martin s'étant joints à Salignac, il s'engage, à la lueur des éclairs, un combat où l'arquebuse fut bientôt inutile. Dès les premiers chocs, Vesins est mortellement blessé, et la chute de ce chef renommé trouble, un instant, les assiégés, qui reculent. Mais ils reprennent vite courage, à l'arrivée d'un renfort, venu du centre de la ville, et les assaillants voient tomber leurs trois capitaines, Salignac, Roquelaure et Saint-Martin, celui-ci pour ne plus se relever. Ils vont lâcher pied, lorsque Gourdon et Terrides arrivent à leur secours : on s'acharne de part et d'autre. Mais le jour a paru, toutes les forces de Cahors convergent vers le champ de bataille, et les calvinistes, combattus à la fois par la garnison, par la bourgeoisie armée, par les habitants, qui, du haut des maisons, font pleuvoir sur leur tête une grêle de projectiles, cèdent peu à peu devant tous ces obstacles; nombre d'entre eux sortent de la ville, et le roi, qui attendait le résultat de cette affaire d'avant-garde, se voyait déjà conseiller la retraite : « Il est dit là-haut, répond-il, ce qui doit « être fait de moi en toute occasion. Souvenez-vous que ma re- « traite hors de cette ville, sans l'avoir conquise et assurée au « parti, sera la retraite de ma vie hors de ce corps. Que l'on ne me « parle plus que de combattre, de vaincre ou de mourir. » Et le roi de Navarre entre, à son tour, dans la ville, avec ses deux cents gentilshommes et ce qui lui restait d'arquebusiers. Quand il y fut, ses amis comprirent qu'il fallait vaincre à tout prix.

Les combats qui suivirent ne peuvent guère se raconter. Ce fut une bataille de rue : le terrain gagné pied à pied ou conservé avec peine ; la barricade renversée laissant voir derrière elle une autre barricade ; les maisons conquises l'une après l'autre ; partout un danger, un piège, une alarme ; jamais un moment de repos. Rien que pour se maintenir, il fallait faire des efforts incessants, et il s'agissait d'avancer ! Cependant, on avançait peu, et l'espoir de la conquête s'évanouissait dans l'âme des plus braves ; presque seul, le roi gardait son assurance et même sa bonne humeur ; il disait, en réponse aux conseils de retraite qui recommençaient à se faire entendre : « Se peut-il que de si braves gens ignorent leurs forces ! » Elles eussent fléchi certainement, s'il ne les eût décuplées par son exemple.

On luttait depuis deux jours et deux nuits, la ville attendant un secours, et le roi de Navarre, le corps de Chouppes. Sully raconte qu'il vit, pendant ces heures terribles, « les choses les plus belles et les plus effroyables tout ensemble ». On ne mangeait et buvait « qu'un coup et un morceau, par-ci par-là, en combattant » ; il fallait dormir « debout, les cuirasses appuyées sur quelques étaux de « boutiques » ; tout le monde, Henri le premier, avait « les pieds si « écorchés et pleins de sang, que nul ne se pouvait quasi plus sou- « tenir » ; un grand nombre d'assaillants, entre autres Rosny, étaient blessés ; les armes du roi étaient faussées de « coups d'arquebuse » et de « coups de main ». Il ne restait peut-être plus aux calvinistes que la force de vouloir bien mourir avec leur chef, lorsque l'arrivée de Chouppes, à la tête de cinquante gentilshommes et de quatre ou cinq cents arquebusiers, vint justifier l'opiniâtreté du roi de Navarre.

A peine entré dans la ville, Chouppes donne, de furie, contre une barricade, l'enlève, en poursuit les défenseurs jusqu'à l'hôtel de ville, s'en empare et y trouve trois canons et une coulevrine. Il y met une garde et marche vers le collège, qui était une vraie forteresse. Il y est rejoint par le roi de Navarre. Là, on commence à entrevoir la fin ou ce qu'on croyait être la fin de ces rudes combats : on se trompait. Il fallut faire le siège en règle du collège et courir bien des risques pour s'en approcher en perçant les maisons. Cette tâche n'était pas terminée au soleil levant, qui montra un nouveau et plus redoutable danger : le secours attendu par les assiégés était en vue. Chouppes, commandé pour s'y opposer, use d'un heureux stratagème. Il va au-devant des quatre cents hommes qui s'approchaient, séparés en deux troupes, trompe la première par une réponse au qui-vive, la foudroie à bout portant, puis il lutte corps à corps avec la seconde et la met en déroute. Le lendemain, le collège est emporté : c'est la victoire enfin ? Pas encore ! Du collège, on aperçoit, dans la grande rue, quatorze barricades. C'est une nouvelle bataille, c'est un nouveau siège. Le roi de Navarre donne ses ordres, et Chouppes, encore une fois, marche à l'avant-garde; mais une pierre l'atteint à la tête et le renverse au moment où la besogne était en bonne voie. Le roi, qui le suivait, prend sa place. A la tête de ses gardes, et « en pourpoint comme eux », dit d'Aubigné, « il emporte la meilleure des barricades », du sommet de laquelle il fait entendre ce cri magnanime : « Grâce à tous « ceux qui mettront bas les armes ! » Cahors était pris.

La ville fut livrée au pillage. Quelle ville prise d'assaut n'était pillée, au xvie siècle ? Mais nous avons vainement cherché dans l'histoire la trace des innombrables « massacres » qui, selon des relations suspectes, auraient déshonoré la victoire des calvinistes. Les rigueurs dont souffrit Cahors, rigueurs déplorables assurément, furent celles que subissait, à cette époque, toute ville forcée (1).

La correspondance du roi de Navarre fournit au récit de la prise de Cahors un post-scriptum du plus haut intérêt. C'est d'abord la lettre suivante, adressée à la baronne de Batz, dès la première heure qui suivit la reddition, c'est-à-dire le 31 mai ou le 1er juin :

« Madame de Batz, je ne me dépouillerai pas, combien que je sois « tout sang et poudre, sans vous bailler bonnes nouvelles, et de « votre mari, lequel est tout sain et sauf. Le capitaine Navailles,

---

(1) Appendice : XIX.

« que je dépêche par delà, vous déduira, comme nous avons eu
« bonne raison de ces paillards de Cahors. Votre mari ne m'y a
« quitté de la longueur de sa hallebarde. Et nous conduisait bien
« Dieu par la main sur le bel et bon étroit chemin de sauveté, car
« force des nôtres, que fort je regrette, sont tombés à côté de
« nous. A ce coup, ceux-là que savez et qu'avez dans vos mains se-
« ront des nôtres. A ce sujet, je vous prie bailler à mondit Na-
« vailles lettres et instructions qui lui seront nécessaires, dont je
« vous prie bien fort lui aider à me gagner ceux-là et leurs amis,
« les assurant du bon parti que leur ferai. Et de telle manière que
« désirerez, je vous reconnaîtrai ce service, d'aussi bon cœur que
« je prie Dieu, ma cousine, qu'il vous ait en sa sainte garde ».

Le 1er juin, Henri écrivait à M. de Scorbiac, son conseiller
à Montauban : « Je crois que vous aurez été bien ébahi de la prise
« de cette ville ; elle est aussi miraculeuse, car, après avoir été maî-
« tre d'une partie, il a fallu acquérir le reste pied à pied, de barri-
« cade en barricade. Depuis que Dieu m'a fait la grâce de l'avoir,
« je désire la conserver et y établir quelque beau règlement. Pour
« travailler auquel, je vous prie m'y venir trouver avec La Mar-
« sillière et les autres auxquels j'écris... » Il ajoutait, le 6 juin :
« J'eusse fort désiré que vous fussiez venu par deçà, lorsque je vous
« ai demandé, parce que votre présence eût été bien requise ici,
« pour aider à régler toutes choses en cette ville, et y établir un
« bon ordre qui n'a pu sitôt y être mis... Nous y avons donné quel-
« que acheminement ; j'espère que tout s'y portera bien, au conten-
« tement des gens de bien... »

On voit, par la lettre à Madame de Batz, que le roi ne perdit pas
un instant pour faire fructifier sa victoire jusqu'au fond de l'Armagnac : chez lui, le politique donnait toujours la main au capitaine.
Les lettres à M. de Scorbiac, écrites dans un ordre d'idées analogue, attestent les préoccupations d'un esprit organisateur, toujours prêt à compléter par de « bons règlements » les succès militaires.

Par la prise de Cahors, le roi de Navarre étonna ses amis non
moins que ses ennemis : hommes de guerre et hommes d'Etat comprirent qu'à dater de ce jour, le parti calviniste aurait à sa tête un
chef doué de toutes les aptitudes qui domptent les événements et
font, en quelque sorte, violence à la destinée. Si, à cette heure,
Henri avait possédé une armée puissante et d'importantes ressour-

ces financières, il aurait pu tracer avec son épée la carte d'une France protestante, religieusement et politiquement constituée en face de la vieille monarchie catholique. La Providence en décida autrement. En sortant de Cahors, le roi de Navarre se retrouva, comme auparavant, avec sa poignée de partisans, et, longtemps encore, il dut se résigner à faire la petite guerre. Il la fit toujours avec entrain et parfois avec bonheur.

Après avoir laissé Cabrière gouverneur à Cahors, il visita sa bonne ville de Montauban et revint, sans plus tarder, à Nérac, où, ayant pris connaissance des mouvements de l'armée de Biron, il se prépara, de son mieux, à lutter contre ce capitaine expérimenté. En traversant la Lomagne et l'Armagnac, il avait déjà battu deux détachements catholiques, l'un à Beaumont, l'autre à Vic-Fezensac. Un de ses plus vaillants capitaines, Meslon, gouverneur de Castelmoron et de Gensac, venait de prendre Monségur par ce pétard, nommé alors « saucisse », que nous avons vu jouer son rôle à Saint-Emilion et à Cahors.

Au mois de juin, les lettres de Henri font allusion à une armée étrangère qui « s'apprête infailliblement et commence à marcher », mais qui ne se hâtait guère : c'était le corps de mercenaires dont les huguenots avaient obtenu la promesse du prince palatin Casimir. Cette armée resta en formation ; il est certain, toutefois, qu'à la seule pensée de revoir les reîtres passer sur le ventre aux populations de cinq ou six provinces, les négociateurs royaux du traité de Fleix se sentirent, quelques mois plus tard, mieux disposés à la conciliation qu'ils ne l'eussent été en d'autres circonstances.

CHAPITRE VII

La campagne du maréchal de Biron. — Combats devant Marmande. — Les menées du prince de Condé. — Le stratagème de Biron. — Les boulets malappris. — Mayenne en Dauphiné. — Lesdiguières. — Siège et prise dé La Fère par le maréchal de Matignon. — Surprise de Mont-de-Marsan par Baylens de Poyanne. — Désarroi des calvinistes. — Les vues de Monsieur, duc d'Anjou et d'Alençon. — Son entremise pour amener la paix. — Traité de Fleix. — Séjour de Monsieur en Guienne et en Gascogne. — La chambre de justice de Guienne. — La demi-promesse de Henri. — Monsieur recrute des officiers à la cour de Navarre.

Biron avait quitté Bordeaux, le 20 juin 1580, pour se mettre à la tête de son armée déjà en mouvement. Cette campagne, composée d'une longue série de petites actions, fut en définitive défavorable aux calvinistes. Biron prit, de force ou sans coup férir, une quarantaine de places ou de bicoques, entre autres Tonneins, Le Mas-d'Agenais, Damazan, Gontaud, dont il portait le nom, Valence-d'Agen, Auvillars, Lamontjoie, Francescas, Montaignac, Villeréal, Mézin, Sos, Vic-Fezensac, Astaffort et Fleurance. Mais il n'osa assiéger ni Sainte-Bazeille, sommée en vain de se rendre, ni Clairac, ni plusieurs autres places, dont la force de résistance lui était connue. Il en rencontra une très vive à Gontaud, qu'il bouleversa de fond en comble, à Auvillars, qui obtint « vie et bagues sauves », à Valence-d'Agen, qui, prise une première fois et révoltée, ne se rendit qu'après avoir été foudroyée de mille ou douze cents coups de canon. Il arriva au maréchal, pendant cette campagne, deux graves accidents. Devant Sainte-Bazeille, une maladie se mit dans son armée, il en fut atteint lui-même et dut cantonner ses troupes. Il touchait à la fin de ses expéditions, lorsque, au mois d'octobre, dit le journal du chanoine Syreuilh, « comme il faisait la revue de son armée et voltigeait sur son cheval, sondit cheval glissant, tomba

« sur sa jambe gauche et lui rompit l'os de ladite jambe, un doigt « plus haut que la cheville ». Il se fit remplacer à la tête des troupes, du consentement de tous les capitaines, par son fils, Charles de Gontaud, baron de Biron, alors âgé de dix-huit ans, le même qui, après avoir vécu avec tant de gloire, devait périr si misérablement de la main du bourreau.

Il y eut deux faits remarquables dans cette lutte de Henri et de Biron : le maréchal n'alla presque jamais droit au roi, et le roi ne fut qu'une fois ou deux en mesure d'affronter le maréchal en rase campagne. Quand on étudie leurs mouvements, on dirait qu'ils s'étaient entendus pour éviter une lutte personnelle. Devant Marmande, toutefois, Henri, au début de la campagne, eût bien voulu se mesurer avec les troupes du maréchal. L'armée du roi occupait Tonneins et Sainte-Bazeille, une partie de l'armée de Biron était dans Marmande. « Les soldats du maréchal, dit l'abréviateur des
« *Economies royales*, faisant tous les jours des courses sur le pays
« ennemi, Henri fit un jour avancer Lusignan, à la tête de vingt-
« cinq gentilshommes des mieux montés, jusqu'aux portes de Mar-
« mande, comme pour faire un défi. Il nous fit suivre par cent
« arquebusiers, qui mirent ventre à terre sur le bord d'un ruisseau,
« à quelque distance de nous, et il se tint lui-même caché dans un
« petit bois un peu éloigné, avec trois cents chevaux. Notre ordre
« était de faire simplement le coup de pistolet, de chercher à pren-
« dre quelques soldats que nous trouverions hors des murs, et de
« nous retirer vers le gros d'arquebusiers, d'abord qu'on commen-
« cerait à nous poursuivre, ce que nous exécutâmes aussitôt que
« nous eûmes vu cent chevaux sortir de la place pour venir à nous,
« quoique ces cavaliers nous criassent d'une manière assez insul-
« tante de les attendre. Un officier de notre troupe, nommé Quasy,
« qui s'entendit défier nommément, ne put s'empêcher de tourner
« bride vers celui qui lui faisait ce défi, le renversa mort, y perdit
« lui-même son cheval, et regagnait le gros de la brigade à pied,
« lorsqu'il fut attaqué par le parti ennemi entier, irrité de la mort
« de leur camarade. Nous marchâmes à son secours, et il y eut
« bientôt une mêlée des plus chaudes, pendant laquelle un de nos
« valets, saisi de frayeur, s'enfuit et porta l'alarme au roi de Na-
« varre, en lui disant que nous et les arquebusiers avions été
« tous passés au fil de l'épée : ce qui était sans aucun fondement.
« Au contraire, après quelques moments de combat, les ennemis

« ayant aperçu les arquebusiers, qui sortaient de leur embuscade
« pour venir nous seconder, craignirent quelque surprise, et croyant
« que toute l'armée leur allait tomber sur le corps, ils se retirèrent
« dans la ville. On eut bien de la peine à arrêter le courage de Henri,
« qui voulait fondre sur l'armée ennemie pour nous venger et périr
« glorieusement. Mais on lui fit de si fortes instances de se retirer,
« qu'il prit enfin ce parti à regret. Son étonnement fut grand lors-
« qu'il nous vit revenir, et sa douleur le fut encore davantage d'a-
« voir ajouté foi à des conseillers trop timides, surtout lorsqu'il vit
« Lusignan se plaindre, avec beaucoup d'aigreur, d'avoir été aban-
« donné en cette occasion. »

Henri manquait de forces, le peu qu'il en avait étant absorbé, en grande partie, par les garnisons. Il lui était donc impossible d'offrir une bataille à Biron; il lui fut même bientôt difficile de courir les champs. Le prince de Condé, non content de lui avoir débauché une partie de ses troupes, travaillait, dans le Languedoc et dans le Dauphiné, à se composer une souveraineté, aux dépens du roi de Navarre. Il fallut ramasser, dans tous les coins de Guienne et de Gascogne, un petit corps d'armée pour aller s'opposer aux empiètements du prince, et Turenne fut chargé de cette mission. Il restait au roi de Navarre à peine de quoi se garder. Heureusement, le comte de La Rochefoucauld ne tarda pas à lui amener deux ou trois cents chevaux, qui lui furent d'un grand secours. Henri et ses partisans n'en durent pas moins renoncer à tenir, en tout temps, la campagne, et se contenter de quelques rares occasions favorables. Le roi de Navarre, croyant en saisir une qui le tenta, fit courir à sa capitale et courut lui-même un sérieux danger.

Au commencement de la guerre, la reine Marguerite, résidant habituellement à Nérac, avait obtenu la neutralité de cette ville, tant que le roi n'y séjournerait pas. Le roi y étant venu passer trois jours, et le maréchal ayant été informé de sa présence, il usa d'un curieux stratagème pour avoir le droit d'alarmer et peut-être de surprendre Nérac. Il feint de venir sur la Garonne pour y recevoir des troupes que lui amenait M. de Cornusson, sénéchal de Toulouse, et fait tenir le faux avis de ce mouvement au roi. Henri part dans la nuit, pour aller lui tendre une embuscade, et le matin, à neuf heures, le maréchal, venu par un autre chemin, se présente devant Nérac avec son armée en bataille, à la portée du canon; si bien, qu'au moment où le roi, revenant de son expédition manquée, rentrait dans Nérac par une porte, il apprenait que Biron paradait devant l'autre. Malgré l'inégalité des forces, il y aurait eu mêlée générale ou, tout au moins, escarmouche, sans une pluie torrentielle qui vint « mouiller la poudre » et refroidir les cerveaux. Biron, en se retirant du côté de Mézin, qu'il allait occuper, lança quelques volées de canon, à coups perdus, sur la ville, et deux boulets se logèrent dans les murailles du château. Marguerite ne pardonna jamais cet affront au maréchal, quoiqu'il lui eût envoyé, en partant, de galantes excuses : aussi, à la paix, insista-t-elle, tout autant que le roi, pour que la lieutenance de Guienne fût remise en d'autres mains.

L'armée de Biron n'était pas la seule qui opérât contre les calvinistes : le maréchal de Matignon en avait mené une autre à La Fère, d'où était parvenu à s'évader le prince de Condé ; Mayenne en avait conduit une troisième en Dauphiné, contre Lesdiguières, en voie de devenir un des premiers capitaines de son temps. Mayenne prit La Mure et trois ou quatre autres places. Quant au siège de La Fère, il dura trois mois et fut appelé le « siège de velours », parce que les assiégeants y faisaient assaut d'élégance et que le temps ne les y incommoda point. Du reste, il fut des plus meurtriers ; Matignon y perdit deux mille hommes, beaucoup d'officiers de mérite, entre autres Philibert de Gramont, que les intrigues de Catherine avaient détaché du parti du roi de Navarre. La perte des assiégés fut de trente gentilshomme et de huit cents soldats. La reddition eut lieu le 31 août.

La chute de La Fère était prévue ; elle ne fut pas aussi sensible au roi de Navarre que la perte de Mont-de-Marsan, surpris, au mois de septembre, par Baylens de Poyanne, un des plus vaillants capitaines catholiques (1). Henri essaya souvent, mais en vain, de le ressaisir ; le temps, les hommes, l'argent, tout lui faisait défaut, et Poyanne gardait bien sa conquête. Henri finit pourtant par prendre sa revanche.

Tout bien considéré, les affaires du parti calviniste et, en particulier, celles du roi de Navarre, étaient dans un état précaire : on pouvait encore durer, mais tout succès devenait douteux. Dans ces circonstances, les vues de Monsieur, tournées sans cesse vers la

(1) Appendice : XX.

principauté des Pays-Bas, se trouvèrent d'accord avec les intérêts d'une cause presque vaincue. Il venait de traiter, par les soins du prince d'Orange, avec les Etats des Pays-Bas, déterminés à secouer le joug de l'Espagne et à reconnaître la souveraineté du duc d'Anjou. Les Etats se laissaient séduire par la double perspective d'une alliance virtuelle avec la France et du mariage, considéré comme probable, de Monsieur avec la reine d'Angleterre. Le duc, croyant toucher à cet avenir, voulut se l'assurer en rétablissant la paix à l'intérieur ; car les forces militaires de la France devenant inactives, il avait l'espoir qu'elles l'appuieraient, en partie, dans l'expédition qu'il projetait.

Monsieur, sollicité d'ailleurs, on est fondé à le croire, par la reine Marguerite, s'offrit donc à Henri III pour médiateur entre lui et le roi de Navarre, et partit pour la Guienne, accompagné de Bellièvre et de Villeroi. Il avait donné rendez-vous, à Libourne, au roi et à la reine de Navarre, à Madame, sœur de Henri, et au prince de Condé. Les premiers pourparlers décisifs eurent lieu à Coutras, et les derniers à Fleix, en Périgord, dans le château du marquis de Trans. Les députés protestants y assistèrent, et après de longs débats, le nouveau traité, d'abord repoussé par le prince de Condé et ses adhérents, fut signé le 26 novembre. Il confirmait, en les amplifiant sur quelques points, les traités précédents : par exemple, on donnait par surcroît, au roi de Navarre, Figeac, en Quercy, et, dans le Bazadais, Monségur, si vaillamment conquis et gardé par le capitaine Meslon. Mézeray ajoute : « On croit qu'il « y fut aussi accordé, en secret, pour satisfaire la passion de la « reine Marguerite et même celle du roi son mari, que Biron serait « révoqué de la lieutenance de Guienne, et que le roi en mettrait « un autre à sa place, qui leur serait plus agréable ». Ce fut le maréchal de Matignon (1).

L'édit de Fleix, ratifié au mois de décembre, fut vérifié au parlement de Paris le 26 janvier 1581. Cette tâche accomplie, Monsieur passa quelque temps en Guienne et en Gascogne (2). Il visita plusieurs villes, tantôt avec le roi et la reine de Navarre, tantôt avec Marguerite seule, comme à Bordeaux, où il fut reçu avec une pompe extraordinaire. Un des articles du nouveau traité suppri-

---

(1) Appendice : XXI.
(2) Appendice : XXII.

mait la chambre mi-partie de cette ville et instituait une chambre de justice (1), composée de membres du conseil privé et de conseillers au parlement de Paris, qu'on supposait étrangers aux influences locales. Mais la première séance de cette chambre en mission n'eut lieu que le 26 juin 1582. Ces perpétuelles modifications des formes de la justice n'offraient en ce temps-là, et elles n'ont offert en aucun temps, que bien peu de garanties aux citoyens.

Pendant son séjour à la cour de Navarre, le duc d'Anjou obtint de Henri une demi-promesse de se joindre à lui dans la prochaine campagne des Pays-Bas, où l'attendaient tant de déboires et de désastres. Heureusement pour le roi de Navarre, ce projet d'alliance resta lettre morte. Mais, en même temps que Monsieur essayait de le tenter de ce côté, il l'amoindrissait, d'un autre, en recrutant des officiers parmi les gentilshommes de Guienne et de Gascogne : beaucoup de catholiques et plusieurs protestants, parmi lesquels Rosny, acceptèrent les offres du prince. Henri les vit partir à regret, car il n'avait aucune confiance dans les entreprises de son beau-frère, et d'ailleurs il pouvait prévoir, même en pleine paix, qu'il aurait, un jour, grand besoin des services dont allait profiter le duc d'Anjou.

(1) Appendice : XV.

LIVRE TROISIÈME

(1581-1586)

CHAPITRE PREMIER.

Le triomphe de la patience. — Le roi de Navarre et Théodore de Bèze. — Surprise de Périgueux par les catholiques. — Correspondance de Henri avec Brantôme. — Assemblée de Béziers. — Velléités pacifiques. — Préparatifs de voyage de Marguerite à la cour de France. — Les toilettes de la reine de Navarre. — Henri à Saint-Jean-d'Angély. — Son entrevue avec Catherine de Médicis, à Saint-Maixent. — La cure aux Eaux-Chaudes. — Assemblée de Saint-Jean-d'Angély. — Les projets de mariage de Catherine de Bourbon. — Négociation avec le duc de Savoie. — L'affaire des frères Casse. — Invitation de Henri III et réponse du roi de Navarre.

A la fin de l'année 1580, et dans les premiers jours de l'année suivante, le roi de Navarre eut à se défendre contre les imputations de quelques-uns de ses coreligionnaires influents, qui lui reprochaient d'avoir sacrifié, par le traité de Fleix, les intérêts de la cause calviniste. C'était le contre-coup des mécontentements du prince de Condé. Henri lisait trop bien dans l'avenir pour croire à l'efficacité et à la longue durée d'une paix qu'il subissait plus qu'il n'en triomphait; mais il était déjà l'homme qui devait écrire un jour : « Par patience, je vaincs les enfants de ce « siècle ». S'il n'avait pas possédé cette vertu essentiellement politique, jamais peut-être la France ne fût sortie, à son honneur, des redoutables épreuves que lui imposait, depuis vingt ans, l'antagonisme des deux religions, et dont les revendications de la Ligue allaient démesurément accroître le péril. La correspondance de

Henri IV nous a livré le secret de sa force et de sa suprême victoire : c'est qu'il sut, presque toujours, selon les cas, résister à ses partisans, comme à ses adversaires.

La paix de Fleix lui ayant attiré les remontrances de Théodore de Bèze, cet éloquent mais âpre docteur de l'Eglise calviniste, il lui répondit, de Coutras, par une apologie discrète de ses actes et de ses intentions; et, comme Théodore de Bèze ne lui avait épargné, sur d'autres points, ni les conseils ni les critiques, il le remerciait de tant d'avis salutaires, lui en demandait de nouveaux, et semblait faire allusion, dans les lignes suivantes, à quelques reproches indirects touchant les mœurs de la cour de Navarre : « Je reconnais « la charge que Dieu m'a commise, et ne souhaite rien plus, sinon « qu'il me fasse la grâce de m'en pouvoir acquitter dignement. A « quoi j'ai délibéré de m'employer à bon escient et *de régler ma* « *maison*, confessant, à la vérité, que *toutes choses se sentent de la* « *perversité des temps.* » La même lettre vise, à mots couverts, quelques-unes des intrigues dont il était environné, spécialement l'esprit remuant et les vues dominatrices du prince de Condé : « Lesquels (conseils), dit-il à Théodore de Bèze, je vous prie me « départir encore sur les pratiques et menées qui se font par *ceux* « *qui veulent bâtir leur grandeur sur la ruine des autres*, même- « ment sur les derniers degrés desquels ils semblent tâcher de me « déjeter et gagner les devants, pour plus facilement me repousser « et renverser en bas. Cette trame se connaît si manifestement, que « peu de gens en doutent. » Théodore de Bèze dut sentir ces traits, d'autant mieux qu'il était, par tempérament, plus porté à s'entendre avec le prince de Condé qu'avec le roi de Navarre.

Henri écrivit plus de cinquante lettres pour démontrer à ses villes et à ses capitaines les avantages de la paix et la nécessité de l'observer fidèlement. Il est vrai qu'il en écrivait en même temps pour se plaindre des nombreuses infractions relatives à ses « mai- « sons, châteaux et villes », et d'abusives inhibitions concernant le libre exercice du culte; mais toute paix était querelleuse, en ce temps-là. Celle-ci fut bruyamment troublée par les catholiques. Le 26 juillet 1581, sous le commandement des capitaines d'Effieux et de Montardy, ils surprirent la ville de Périgueux. « La noblesse « du Périgord et des environs, dit le président de Thou, fatiguée « par les courses continuelles des garnisons protestantes, engagea « les commandants des troupes du roi à se saisir de Périgueux. Ils

« surprirent cette ville, la nuit, et ils la traitèrent avec tant de bar-
« barie, qu'ils semblaient vouloir venger celle que le baron de
« Langoiran y avait exercée, six ans auparavant, lorsqu'il se rendit
« maître de la ville. Le roi de Navarre ayant porté ses plaintes au
« roi, il n'en reçut que des excuses. »

On n'en usa pas aussi cavalièrement avec le roi de Navarre : il n'était pas homme à se contenter de si peu. Notons, en outre, que de Thou s'est trompé en accusant de « barbarie » les auteurs de la surprise de Périgueux. Sans doute, les catholiques, agissant sans l'agrément de Henri III, commirent de trop nombreux excès dans cette place ; mais ils n'usèrent pas, dans le sens complet du mot, des représailles qu'il était en leur pouvoir d'exercer : en quoi ils montrèrent une modération relative ; car les calvinistes, en 1575, avaient été sans pitié pour les vaincus. La vérité, sur l'affaire de Périgueux, n'est ni dans le jugement sommaire de de Thou, ni dans cette note comique de P. de L'Estoile : « En ce mois de juillet,
« les catholiques de la ville de Périgueux se remirent en la libre
« possession de leur ville, et en chassèrent les soldats huguenots
« qui despiéçay étaient en garnison. Ceux de la religion n'en firent
« pas grand'clameur, et eut-on opinion que ce qui en avoit été fait
« étoit *par intelligence du roi de Navarre et des habitants, qu'on
« disoit avoir donné cent mille francs* pour être déchargés de cette
« garnison, qui leur faisoit mille maux. Quoi que c'en soit, il n'y
« en eut point de coups rués, et se passa doucement cette entreprise. »

Les témoignages incontestables ressortent de la correspondance du roi de Navarre. Le 10 août, il écrit à Brantôme, seigneur de Bourdeille, sénéchal de Périgord : « Mon cousin, j'ai été fort aise
« d'entendre la bonne affection et diligence que vous avez mon-
« trées depuis la prise de Périgueux, pour empêcher ou modérer
« les mauvais effets des preneurs contre ceux qui étaient dedans,
« dont je vous remercie ; mais je suis fort marri d'avoir su que
« votre bonne intention n'a pu être effective selon votre dessein,
« d'autant que la plupart des maisons de ceux de la religion ont été
« pillées et saccagées, et plusieurs faits prisonniers, et il y en a en-
« core auxquels on veut faire payer rançon, comme on a déjà fait
« faire aux autres, entre lesquels est le sieur Saulière, qu'on ne veut
« élargir sans cela, quelque grande perte qu'il ait faite de ses
« meubles et titres ; qui serait son entière ruine et celle de ses en-
« fants.

« Je ne puis croire que le roi mon seigneur ne réprouve grande-
« ment la prise de ladite ville, comme étant advenue par trop grand
« attentat, fait au préjudice de son service et de la paix et tranquil-
« lité publique.

« Je ne puis aussi, pour mon devoir et pour mon honneur, que
« je n'en poursuive la raison et réparation envers Sa Majesté.

« Je vous prie donc, mon cousin, considérer que ne puis autre
« chose là-dessus que d'attendre la volonté et intention de Sa Ma-
« jesté, pour me ranger et conformer selon icelle. Cependant, puis-
« qu'il y a encore dedans la ville des prisonniers, et plusieurs
« meubles pillés appartenant à ceux de ladite religion, je vous prie
« derechef faire le tout rendre, et mettre en liberté tous lesdits
« prisonniers, principalement ledit Saulière, de sorte qu'il n'en
« puisse être fait aucune plus grande plainte. »

Brantôme s'efforça de contenter Henri; mais l'affaire n'en resta pas là. Henri III chargea Matignon, le nouveau lieutenant de Guienne, et Bellièvre, un de ses négociateurs favoris, de régler ce grave différend. A vrai dire, le roi de Navarre ne reçut jamais que des demi-satisfactions. La cour lui avait fait offrir d'abord, à titre d'indemnité, une forte somme. En principe, il acceptait; mais il exigeait, de plus, une autre place. On finit par lui accorder Puymirol, après des contestations qui dépassèrent le terme de l'année 1581.

Le 20 décembre 1581, à Béziers, s'ouvrit une assemblée des Eglises réformées de Languedoc, où Henri III avait envoyé Bellièvre, et le roi de Navarre, Clervaux, afin de hâter la pacification de la province. La mission fut longue et difficile, mais elle réussit dans une assez large mesure. Le roi de France, lui aussi, voulait la paix, et il est probable qu'elle se fût bientôt et solidement établie entre lui et le roi de Navarre sans l'existence de la Ligue, qui, déjà, soufflait discrètement le feu qu'elle mit, plus tard, aux quatre coins de la France. Mézeray résume dans une page pittoresque les vues et les velléités pacifiques de Henri III : « Les conseillers du parle-
« ment de Paris que le roi envoya en Guienne (à la suite du traité de
« Fleix), pour mettre d'accord ceux de la chambre mi-partie de cette
« province, y furent reçus avec l'applaudissement général des peu-
« ples, et les maintinrent en paix trois ans durant. La froideur de
« Matignon s'accommodait fort bien avec le feu des Gascons, et
« savait bien conserver l'autorité du roi, sans blesser le respect qui

« se doit aux princes du sang ; les courtoisies du duc de Mayenne
« avaient adouci les courages les plus farouches dans le Dauphiné ;
« et le maréchal de Montmorency, ennuyé de la guerre, contenait le
« Languedoc dans un doux repos. Le roi aussi était fermement
« persuadé, par trop d'expériences, que la force des armes n'était
« point propre à ramener les dévoyés au sein de l'Église, et que la
« saignée ni les remèdes violents ne valaient rien à cette maladie.
« Partant il se résolut de la traiter avec un certain régime de vivre
« qui corrigeât peu à peu la malignité des humeurs, et rétablit le
« tempérament des viscères qu'on avait trop échauffés. Sa Majesté
« fit connaître aux religionnaires qu'ils ne devaient point craindre
« aucun mal de sa part, mais aussi qu'ils n'en devaient espérer au-
« cun bien... Avec cela il tâchait de les fléchir tout doucement par
« les instructions et par les exemples, exerçant souvent en public
« des œuvres de piété, ayant près de lui des religieux qui prati-
« quaient des dévotions très austères, faisant imprimer toutes sortes
« de livres bien catholiques, et défendant la lecture et l'impression
« de ceux qui ne l'étaient pas.

« Ces moyens convertirent plus de huguenots en trois ou quatre
« ans, que les bourreaux ni les armées n'en avaient converti en
« quarante ; et s'ils eussent continué, cette opinion de conscience
« se fût sans doute dissipée dans peu de temps par une opinion
« d'honneur, et toutes les factions se fussent amorties durant ce
« calme, comme elles s'irritaient par l'émotion. Mais ce roi, au
« lieu de se fortifier pendant ce temps-là, s'affaiblissait davantage ;
« et, comme un homme à qui on aurait coupé les veines dans un
« bain chaud, il perdait avec plaisir ce qui lui restait de vigueur et
« d'autorité ; puis cette défaillance le mettait dans le mépris ; et
« l'orgueil et l'avarice des favoris, choquant les grands et vexant
« les peuples, excitaient contre lui la haine des uns et irritaient la
« patience des autres... »

Les relations cordiales qui tendaient à rapprocher les deux rois
n'auraient pas plus résisté aux boute-feux de la Ligue qu'aux intrigues de cour des mignons et de leur coterie ; mais il n'en fallut
pas tant pour provoquer une nouvelle rupture. Un séjour de la
reine de Navarre à la cour de Henri III ressuscita les hostilités.
Marguerite annonça l'intention d'aller à Paris, vers la fin de l'hiver
1582. L'histoire n'a pu trouver un but politique précis à ce
voyage, qui peut-être n'en avait pas, quoique l'empressement du

roi de Navarre à favoriser l'exécution du projet de sa femme permette de supposer qu'elle emportait avec elle quelque plan concerté entre eux. On s'égaie vraiment à voir le vainqueur de Cahors s'occuper, pendant deux mois, des préparatifs assez compliqués du voyage de la reine. Il écrit lettres sur lettres, tantôt pour convoquer des gentilshommes de haut rang, chargés d'accompagner la reine jusqu'en Saintonge, tantôt pour régler l'itinéraire et annoncer le passage, de ville en ville, du cortège royal, tantôt enfin pour faciliter, par tous les moyens, les chevauchées de la royale voyageuse. Il pousse la sollicitude jusqu'à des détails amusants : dans une lettre à M. de Scorbiac, il demande « huit mulets de bât », pour renforcer l'équipage de transport du « bagage » de la reine. Et les indiscrétions de l'histoire nous donnent, à peu près, la composition de ce bagage. Marguerite, la plus élégante princesse de son temps, voyageait toujours avec une garde-robe au grand complet, comme nous l'apprend Brantôme. Catherine de Médicis, en laissant Marguerite en Gascogne, lui avait dit : « Ma fille, c'est vous
« qui inventez et produisez les belles façons de s'habiller, et, en
« quelque part que vous alliez, la cour les prendra de vous, et
« non vous, de la cour ». Brantôme ajoute : « Comme de vrai, par
« après qu'elle y retourna, on ne trouva rien qui ne fût encore
« plus que de la cour ».

Mais, tout en vaquant à ces soins conjugaux, Henri n'oubliait pas les affaires sérieuses. Il accompagne la reine jusqu'à Saint-Jean-d'Angély ; mais c'est là aussi qu'il doit « communiquer avec M. le Prince », et recevoir de Catherine un message avant-coureur d'une nouvelle entrevue, dont le bruit avait déjà transpiré. « J'es-
« père, écrit-il à Théodore de Bèze, qu'il tient à mettre, autant que
« possible, de son côté, que nous verrons, dans dix jours, la reine
« (Catherine), ce que j'ai pensé être nécessaire pour le bien de la
« paix et le repos de nos Eglises. Je vous prie assurer tout le
« monde que je ne ferai rien qui nous porte préjudice. » Néanmoins, toujours prudent quand il s'agissait pour lui de se rapprocher, en personne, des auteurs de la Saint-Barthélemy, il ne voulut pas aller au-devant de la reine, aussi loin qu'elle l'avait souhaité. Il s'arrêta à Saint-Maixent et lui envoya Lusignan, pour s'excuser de « ne pas aller plus avant, ayant une si grande et si
« belle troupe de noblesse près de lui, avec son oncle de Rohan et
« son cousin le comte de La Rochefoucauld ». L'entrevue pourtant

eut lieu dans la ville où s'était arrêté le roi de Navarre, et, soit politique, soit contentement réel du résultat de la conférence, il s'en montra satisfait dans les lettres qu'il écrivit ensuite.

Au mois d'avril, Henri passa en Béarn, pour faire une « cure aux Eaux-Chaudes ». Étant à Pau, le 11 mai, il convoqua l'assemblée des députés des Eglises réformées, à Saint-Jean-d'Angély, pour la fin du mois. Cette convocation avait été décidée dans les pourparlers du roi de Navarre avec le prince de Condé, après l'entrevue de Saint-Maixent. Nous avons, dans une lettre à Henri III, datée de Saint-Jean-d'Angély, 29 juin, un aperçu des délibérations et résolutions de cette assemblée : « Ayant, sous votre autorité, convoqué
« et assemblé, en la ville de Saint-Jean-d'Angély, les députés des
« Eglises réformées des provinces de votre royaume, pour aviser
« aux moyens qu'il y aurait de faire effectuer votre édit de pacifi-
« cation et établir la paix, partant, selon votre bonne volonté, je
« les ai tous trouvés fort disposés à cela. Mais pour ce que la faute
« de l'exécution procède principalement de l'impunité des excès et
« désordres..., ils ont, pour cette occasion, dressé un cahier des
« contraventions faites à votre édit en vosdites provinces et m'ont
« requis de l'envoyer à V. M., comme je fais, vous suppliant très
« humblement, Monseigneur, qu'il vous plaise déclarer votre
« bonne volonté sur chacun des articles... »

On verra bientôt que le « cahier » n'eut aucune heureuse influence sur les sentiments de la cour.

A son passage à Pau, Henri avait retrouvé, avec sa sœur Catherine, régente de Béarn et des autres pays souverains, quelques-unes de ses obligations de roi et de frère. On avait déjà, plusieurs fois, parlé du mariage de Catherine. Des historiens prétendent qu'il fut question, dès le berceau, de donner sa main au duc d'Alençon, et que Henri III lui-même, en 1575, songea, un instant, à la faire asseoir sur le trône de France. Ce qu'il y a de certain, c'est que presque toute la vie de Catherine se passa dans l'attente de diverses unions, dont une seule était selon son cœur (1). De retour à Pau, vers la fin de l'année 1582, Henri eut à s'occuper sérieusement d'un projet de mariage, qui donna lieu à des négociations délicates. Emmanuel de Savoie, avec des vues d'avenir encore secrètes, mais que révéla, en 1589, sa prise de possession du marquisat de Saluces,

---

(1) Appendice : XVIII.

avait chargé Bellegarde, passé à son service, de demander au roi de Navarre la main de sa sœur. La correspondance de Henri et du duc traite cette question, mais à mots couverts. A la date du 3 septembre, le roi de Navarre, non content d'avoir échangé plusieurs messages avec Emmanuel, écrivait au chancelier de Savoie : « Le « désir que j'ai que l'amitié qui est entre M. le duc de Savoie et « moi soit si ferme et établie qu'elle ne puisse être ébranlée « pour quelque occasion que ce soit, me fait vous prier, comme « l'un de ses plus confidents serviteurs, faire en sorte qu'elle soit « inviolable, et employer votre vertu et prudence à la maintenir « et conserver par un lien indissoluble. Et m'ayant été la négocia- « tion de M. de Bellegarde très agréable, je désire que, par votre « dextérité et conduite, cette affaire réussisse au contentement de « nous deux, en telle sorte qu'elle ne préjudicie à ma conscience, « devoir et réputation. Pour mon regard, j'y apporterai tout ce qui « pourra servir à la faciliter, pour l'aise que j'aurai de voir le tout « conduit à une heureuse fin. »

L'accord s'était établi sur tous les points principaux entre le roi et le duc, et le consentement de Catherine était probablement acquis d'avance. Mais Emmanuel formula une exigence qui rompit la négociation. Il entendait que Catherine abjurât la religion calviniste, et Henri lui déclara franchement que cette condition lui paraissait « trop dure ».

D'autres préoccupations, et d'une tout autre nature, attendaient le roi de Navarre dans son gouvernement de Guienne. On se souvient de l'entreprise criminelle de Favas et des frères Casse, en 1577, sur la ville de Bazas. Il s'en était suivi, l'année d'après, une sentence capitale contre plusieurs des auteurs de cette agression. Ils furent amnistiés par le traité de Fleix. Mais ces frères Casse, qui semblaient avoir pour ancêtres les routiers ou les soudards des Grandes Compagnies, restèrent fidèles à leur existence de violence et de déprédations. La plupart des incidents et des scandales que provoqua leur conduite manquent de dates précises, quoique les lettres du roi de Navarre, dans les derniers mois de l'année 1582, y fassent quelquefois allusion. Samazeuilh nous paraît avoir groupé, avec toute la clarté possible, les faits relatifs à cet épisode, dont les premiers semblent remonter à 1581, après la paix de Fleix, et les derniers ne dépassent guère le commencement de l'année 1583. « On reprochait notamment aux frères Casse d'avoir dévalisé et

« ruiné complètement un marchand de Loudun, qui les fit condam-
« ner à mort par le parlement de Bordeaux. Quand il fallut les
« saisir au corps, ils se renfermèrent dans le château du capitaine
« Lafitte, et firent trembler toute la contrée, qui les savait amplement
« munis d'armes et de munitions de guerre, comme échelles, pétards
« *et autres engins*. Le roi de Navarre prêta main-forte aux officiers
« du parlement. Mais il fallut assiéger le château de Pelleport, et
« Casse, Lafitte et leurs complices périrent tous plutôt que de se
« rendre. On eut à regretter la mort du jeune Lafitte, qui fut tué de
« sang-froid par les assaillants. Ce fut peut-être cet événement qui
« porta l'un des deux frères Casse restant à fortifier sa maison dans la
« ville de Bazas, malgré les représentations du roi de Navarre, dont
« il avait suivi le parti. Bientôt le maréchal de Matignon reçut l'ordre
« de Henri III de lever quelques troupes et de marcher contre ce
« capitaine avec du canon. Henri avait trop de sagacité pour ne pas
« pressentir tous les dangers qui pouvaient résulter de cette mesure.
« Le roi de Navarre donna l'ordre de courir sus à ces aventuriers
« et de les disperser. Le 2 février, il se porta, de sa personne, à Castel-
« jaloux, pour presser l'exécution de cet ordre, et de Casteljaloux
« il poussa jusqu'à Bazas, afin de renouveler ses représentations
« auprès de Casse et de l'engager à détruire ses fortifications. Mais
« ce capitaine ayant rejeté toutes propositions d'arrangement, Henri
« fit raser sa maison dans les journées des 19 et 20 juillet 1583. »
Cette misérable affaire tourmenta, pendant plus d'un an, le roi
de Navarre, contre qui le maréchal de Matignon et surtout la cour
s'en firent toutes sortes d'arguments pour repousser ou ajourner
ses légitimes revendications. Vers la fin de l'année, pourtant,
Henri III, soit de son propre mouvement, soit à l'instigation de
Catherine de Médicis ou de la reine de Navarre, qui était à la cour,
invita formellement son beau-frère à venir, pour quelque temps,
auprès de lui, afin d'arriver à une meilleure entente sur les points
en litige et sur l'ensemble des affaires. Etait-ce de la part de
Henri III une démarche machiavélique, ou l'effet de la sympathie
qu'il eut toujours, dit-on, pour le roi de Navarre? Si l'histoire
doute, à plus forte raison Henri fut-il porté à se méfier de cette
invitation. Il y répondit, le 21 décembre, par une lettre dont Du
Plessis-Mornay, dans ses Mémoires, s'attribue la rédaction. Après
une dissertation pleine de gravité sur les dangers de la situation, et
les irrégularités judiciaires qui jetaient le trouble dans son gouver-

nement de Guienne, le roi de Navarre oppose au roi de France cette piquante fin de non-recevoir : « Le plus grand plaisir et hon-
« neur que je puisse avoir, c'est d'être près de V. M., pour pouvoir
« déployer mon cœur devant Elle par quelques bons services. Mais
« une chose me retarde d'avoir cet heur si tôt, qui est que je dési-
« rerais, premier que partir d'ici, emporter ce contentement avec
« moi d'avoir éteint en cette province toute semence de troubles et
« altérations, pour n'avoir ce malheur et regret, quand je serais
« près de V. M., qu'il y eût encore quelque folie. Et, pour parler
« franchement, je ne vois cela si bien et si sincèrement accompli
« qu'il serait à souhaiter. » La plume et les conseils de Du Plessis-Mornay étaient à son service ; mais cela n'eût point suffi, s'il n'y eût mis lui-même cet esprit de pénétration et de dextérité qui, dès la jeunesse, inspirèrent la plupart de ses actes et de ses déclarations. Il allait avoir grand besoin de ces qualités maîtresses.

CHAPITRE II

Déclarations de Henri au coadjuteur de Rouen. — Désordres en Rouergue, en Quercy et à Mont-de-Marsan. — Tentatives de corruption de l'Espagne, révélées par Henri au roi de France. — Correspondance latine avec les princes protestants de l'Europe. — Querelles de Henri III avec la reine de Navarre. — Marguerite chassée de la cour. — Arrestation de ses dames d'honneur. — Duplicité de Henri III. — Reprise de Mont-de-Marsan par le roi de Navarre. — Michel de Montaigne. — Actes arbitraires du maréchal de Matignon. — Réclamations de Henri. — Attitude des habitants de Casteljaloux. — Négociations au sujet du retour de Marguerite à Nérac. — La Ligue protestante : vues chimériques et but pratique.

Les deux premiers mois de l'année 1583 ne nous offrent aucun événement remarquable. Le 6 mars, Henri répondit de Nérac à une lettre pressante que lui adressait son cousin germain, Charles de Bourbon, coadjuteur de l'archevêque de Rouen. Le prélat, se plaçant sur le terrain purement politique, le conjurait de changer de religion. Il avait écrit, selon toute apparence, avec l'agrément de Henri III. Ce prince, voyant monter, peu à peu, le flot de la Ligue, saisissait toutes les occasions de donner ou de faire donner au roi de Navarre le conseil de rentrer dans l'Eglise, et par conséquent de détruire la raison ou le prétexte invoqué par les ligueurs. La réponse est d'une éloquence presque sacerdotale : il s'y trouve des mots qu'on admira plus tard dans les œuvres oratoires de Bossuet. « Vous m'alléguez qu'il peut mésavenir (arriver mal) au « roi et à Monsieur. Je ne permets jamais à mon esprit de pour-« voir de si loin à choses qu'il ne m'est bienséant ni de prévenir « ni de prévoir... Mais quand Dieu en aurait ainsi ordonné (ce « que n'advienne), celui qui aurait ouvert cette porte, par la même « providence et puissance nous saurait bien aplanir la voie ; car « c'est lui par qui les rois règnent et qui a en sa main le cœur des

« peuples. Croyez-moi, mon cousin, que le cours de votre vie
« vous apprendra qu'il n'est que de se remettre en Dieu, qui con-
« duit toutes choses, et qui ne punit jamais rien plus sévèrement
« que l'abus du nom de religion. »

Au mois d'avril et au mois de mai, il y eut en Guienne des
« levées, armements et constructions militaires », que Henri
signale à Matignon et désapprouve, les jugeant inutiles et de
nature à répandre l'alarme. Quoique les relations fussent amicales
entre le roi et le maréchal, il ne fut guère tenu compte de ces
observations, qu'il dut renouveler et accentuer, au sujet de quelques mouvements en Rouergue et en Quercy et à Mont-de-Marsan. « Je vous prie, dit-il à Matignon, que vous nous veniez voir,
« le plus tôt que vous pourrez... Nous résoudrons s'il faudra aller
« à Mont-de-Marsan, ou en Quercy ou Rouergue, où les choses
« sont en mauvais état, et à quoi il est besoin de remédier, si on
« ne veut y voir un grand mal... » Il est presque démontré que
Henri III, peu de temps après, laissa entrevoir au roi de Navarre qu'il le verrait, sans trop de déplaisir, rentrer dans la ville
de Mont-de-Marsan ; mais Matignon, selon ses habituelles façons
d'agir, ou suivant des instructions secrètes de la cour, temporisa
outre mesure. Henri, de son côté, fut obligé, par de graves préoccupations, de prendre plus longuement patience qu'il ne l'eût
voulu et d'ajourner une revendication décisive. Il reçut, au mois
de mai, de la cour d'Espagne, des propositions qu'un ambitieux
vulgaire eût jugées séduisantes. « Le vicomte d'Echaus ou d'Etchau,
« sujet du roi de Navarre, dit Berger de Xivrey, avait un beau-frère
« nommé Udiano, sujet de Philippe II. Ce prince profita des rela-
« tions entre ces deux gentilshommes, pour faire proposer au roi de
« Navarre une somme de trois cent mille écus à toucher immédia-
« tement, suivie de cent mille écus par mois, s'il voulait faire la
« guerre à Henri III. Saint-Geniès et Mornay, chargés de refuser
« cette offre, eurent, en même temps, mission de faire prier le roi
« d'Espagne de prêter à leur maître, sans conditions politiques, une
« somme de cinq cent mille écus, pour laquelle il aurait engagé tous
« ses biens. Le roi d'Espagne ne prêta rien, et chercha inutilement
« à renouer l'affaire vers l'automne. »

Ce fut en ce moment, semble-t-il, que le roi prit le parti d'avertir
Henri III des offres de l'Espagne. Seulement, soit par hasard, soit
plutôt par un habile calcul politique, l'avis que Du Plessis-Mornay

était chargé de transmettre ne parvint au roi de France qu'après la prise de Mont-de-Marsan par le roi de Navarre. La lettre qui accréditait Mornay fut écrite à la fin du mois de décembre : « La dévo-
« tion que j'ai et aurai, toute ma vie, à tout ce qui touche V. M.
« et le bien de son service, m'a fait dépêcher promptement le sieur
« Du Plessis, pour la grande confiance que j'ai en lui, et de sa
« fidélité, aussitôt que l'occasion s'est présentée d'affaires très im-
« portantes, et dont il est nécessaire que V. M. soit au plus tôt aver-
« tie et bien particulièrement informée. Il plaira à V. M. l'ouïr et le
« croire de ce qu'il vous dira de ma part, comme moi-même... »

Une note de Berger de Xivrey complète cet historique sommaire. Mornay avait été à la cour, au sujet de l'affaire de Marguerite. A ce moment (fin du mois de décembre 1583), il y retourna chargé de dévoiler au roi les tentatives de corruption du roi d'Espagne et l'entreprise formée pour livrer aux Espagnols la ville d'Arles. On mit beaucoup de mystère dans cette négociation. La *Vie de Mornay* place à la fin de 1583 le départ de l'envoyé, mais il n'arriva à la cour que dans le mois de janvier ou février. Quant à ce que dit d'Aubigné, copié par d'autres historiens, que Henri n'aurait pas repoussé spontanément les propositions de Philippe II, et qu'il les eût acceptées définitivement, sans la mort de Monsieur, qui arriva le 10 juin 1584, il suffit de rapprocher cette assertion des dates et des faits authentiques, pour la réduire à néant : une semblable erreur, calomnie inconsciente, peut s'expliquer d'ailleurs par l'ignorance, où fut certainement laissé d'Aubigné, des négociations entre Philippe II et le roi de Navarre et des démarches de Henri auprès de la cour de France.

Avant cette affaire, le roi de Navarre en avait eu sur les bras plusieurs autres, dont il convient de parler avec quelques détails. Ce fut, d'abord, celle de Mont-de-Marsan, à travers les préoccupations de laquelle vint se jeter une volumineuse correspondance latine avec tous les princes protestants de l'Europe (1), œuvre de Du Plessis-Mornay, qui, sous prétexte de travailler à l'établissement de la concorde et de l'unité de doctrine parmi les réformés, déjà divisés, s'efforçait de créer une Ligue protestante, pour l'opposer à la Ligue catholique, dont il redoutait la prochaine entrée en campagne. De la mi-juin aux premiers jours d'août, l'esprit de Henri est obsédé

---

(1) Appendice : XXIV.

par les désordres en Rouergue, en Quercy et à Mont-de-Marsan, qu'il a déjà signalés à Matignon. On sent, dans ces lettres, que la patience lui échappe et qu'il finira par songer à quelque coup de vigueur. Il en méditait un, assurément, lorsque survint le scandale retentissant qui termina le séjour de la reine de Navarre à la cour de France.

Marguerite y était arrivée le 15 mars 1582. La légèreté de ses mœurs l'autorisait peu à faire la satire des mœurs du roi et de ses favoris. Elle s'attira par là leur animadversion ; et sa liaison avec Monsieur, que Henri III avait toujours détesté, ajouta un grief politique à ceux qu'on fit valoir contre elle auprès de son frère. Le duc de Joyeuse, alors au comble de la faveur, était en mission à Rome. Henri III lui envoya une lettre qu'on supposa pleine d'épigrammes contre Marguerite. La reine de Navarre, devinant cet acte de vengeance, fit assassiner, dit-on, le courrier du roi et s'empara de la lettre. La vérité n'a jamais été entièrement divulguée au sujet de cet incident. Quoi qu'il en soit, les soupçons du roi tombèrent sur sa sœur, et il se répandit contre elle en injures et en menaces. Il lui reprocha, devant la cour, les désordres de sa vie, lui jeta au visage la liste de ses amants, et l'accusa même d'avoir eu un bâtard depuis son mariage. Il lui ordonna enfin de quitter sans délai Paris, afin de délivrer la cour de sa « présence contagieuse. Le lundi, huitième jour du présent « mois d'août 1583, dit le journal de L'Estoile, la reine de Navarre, « après avoir demeuré en la cour du roi son frère l'espace de dix-huit « mois, partit de Paris, pour s'acheminer en Gascogne, retrouver le « roi de Navarre son mari, par commandement du roi réitéré plu- « sieurs fois... » Mais, à la réflexion, Henri III se ravisa, et jugeant politique d'ajouter un scandale à celui de la veille, pour avoir un prétexte de l'atténuer, il donna l'ordre de courir après sa sœur et de la séparer de deux de ses suivantes, Mme de Duras et Mlle de Béthune. Un capitaine des gardes, accompagné d'archers et d'arquebusiers, arrête la litière de la reine près de Palaiseau, force Marguerite à se démasquer, ce qui était la suprême injure pour une femme de qualité, à cette époque, maltraite Mme de Duras et Mlle de Béthune, et, laissant la reine presque seule continuer son voyage, les conduit prisonnières à l'abbaye de Ferrière, où elles subirent devant le roi lui-même, assure-t-on, un interrogatoire dont Henri III voulut avoir le procès-verbal. Le roi écrivit alors à son beau-frère qu'il s'était cru obligé de chasser d'auprès de la reine Mme de Duras et Mlle de Béthune « comme une vermine très « pernicieuse, et non supportable auprès d'une princesse d'un « tel rang »; mais il ne disait rien de l'affront subi en pleine cour par la reine elle-même. La lettre de Henri III trompa si bien le roi de Navarre, qu'il se crut obligé d'y répondre par des remercîments. « Je m'assure, disait-il, que quand ma « femme aura su ce qui en est, elle ne pourra qu'elle ne recon- « naisse l'honneur que Vos Majestés lui font d'avoir tant de soin « de la dignité et réputation de sa personne et de sa maison... Au « reste, il n'est pas besoin que je vous die que je la *désire extrê-* « *mement ici*, et qu'elle n'y sera jamais assez tôt venue. » Mais, dès que la vérité lui fut connue, « l'extrême désir » du roi se changea en répugnance. Il envoya d'abord Du Plessis-Mornay demander à Henri III des explications; d'Aubigné assure qu'il reçut une semblable mission, dont il rend compte dans ses *Mémoires;* et, vers la fin du mois de décembre 1583, Yolet fut chargé, à son tour, d'aller négocier, à ce sujet, auprès de la cour de France; car cette affaire avait dégénéré peu à peu en contestation politique, comme nous le verrons plus loin. Les négociations durèrent plus d'un an. Marguerite ne rentra que le 13 février 1585 à Nérac, où le roi la vit deux ou trois fois en passant, par politesse, mais sans pouvoir dissimuler le mépris qu'elle lui inspirait.

Les tribulations conjugales du roi de Navarre ne lui firent pas oublier ses vues sur Mont-de-Marsan : cette place était de son patrimoine; elle avait une importance de premier ordre, « assise, dit « la *Vie de Mornay*, sur le confluent de deux rivières, et comman- « dant un grand pays ». Le traité de Fleix stipulait qu'elle serait rendue sans délai au roi de Navarre. A plusieurs reprises, il avait été mandé aux consuls de Mont-de-Marsan de recevoir ce prince et ses officiers, et au maréchal de Matignon, d'exiger des consuls l'obéissance. « Diverses jussions en avaient été expédiées, mais le « maréchal, qui connaissait les intentions de la cour, tergiversait, « depuis trois ans, et payait d'excuses le roi de Navarre. » Après avoir temporisé lui-même, à son corps défendant, Henri, au milieu des soucis et des tracas dont nous venons de parler, résolut d'en appeler à la force.

Le 19 novembre 1583, il écrivait à Saint-Geniès, son lieutenant-général en Béarn : « Ayant eu réponse du maréchal de Matignon,

« par laquelle je perds toute espérance de rentrer au Mont-de-
« Marsan par son moyen, je me résolus hier de faire exécuter une
« entreprise avec mes gardes et celles de M. le Prince, la nuit d'en-
« tre le dimanche et le lundi. Dont je n'ai voulu faillir de vous
« avertir par ce porteur exprès, vous priant faire tenir prêts six
« cents arquebusiers pour les faire acheminer audit Mont-de-Mar-
« san, si vous avez un avertissement... De ma part, je m'y achemi-
« nerai aussi dès que je saurai la nouvelle. »

L'entreprise, mûrement projetée et conduite avec vigueur, réussit à souhait. « Le roi de Navarre, raconte la *Vie de Mornay*, por-
« tant impatiemment d'avoir été abusé tant de fois, ayant fait recon-
« naître Mont-de-Marsan par les sieurs de Castelnau, de Chalosse
« et de Mesmes, se résout de l'exécuter. M. le prince de Condé l'é-
« tait venu voir à Nérac; sans autre amas, ils prennent leurs gardes
« et donnent à quelques-uns de leurs voisins rendez-vous au milieu
« des Landes. La nuit ensuivante, ils traversent la rivière qui sert
« de fossé à la ville, avec des petits bateaux d'une pièce, pour porter
« l'escalade à la muraille. L'escarpe était haute et pleine de buis-
« sons épais, tellement qu'il fallut chercher des serpes et s'y faire
« un chemin. Dieu voulut néanmoins qu'on leur en donnât le loi-
« sir, et, parvenus au pied de la muraille, ils y posèrent une
« échelle assez proche de la sentinelle, et par là entrèrent dans la
« ville. A l'alarme qui fut donnée par un coup de pistolet qui leur
« échappa, accourut le peuple, mais qui fut tôt dissipé sans meurtre
« que d'un seul; puis la porte fut ouverte au roi de Navarre, et le
« tout composé si promptement, qu'à huit heures du matin, les
« boutiques étaient ouvertes, chacun à sa besogne, sans aucune
« apparence d'hostilité. »

Aussitôt après la prise de Mont-de-Marsan, le roi de Navarre en donna avis à Michel de Montaigne, maire de Bordeaux, par une lettre que malheureusement Berger de Xivrey n'a pu ajouter à son précieux recueil. Du Plessis-Mornay écrivit encore, sur le même sujet, une lettre apologétique à Montaigne.

L'auteur des *Essais* jouissait dans la province de Guienne, et surtout à Bordeaux, d'une influence qu'il mit presque toujours au service des idées de conciliation. La cour de France prêtait volontiers l'oreille à ses conseils ou à ses réclamations. Ce fut à sa demande qu'en 1582, le roi accorda la suppression de la traite foraine, c'est-à-dire des droits qui grevaient les marchandises, à l'entrée ou à la sortie du port de Bordeaux, traite qui violait les droits antérieurs des Bordelais. De 1533 à 1585, les fréquentes absences du maréchal de Matignon, obligé de parcourir la province pour rétablir l'ordre, favorisèrent les velléités factieuses de la grande ville dont Montaigne avait l'administration. Usant d'un heureux mélange de modération et de fermeté, et au risque de perdre une popularité sans égale, il sut épargner à Bordeaux, sinon les émotions, du moins les troubles sanglants dont la cité avait été si souvent le théâtre, et qui devaient, dans la suite, ajouter plus d'une page de deuil à ses annales. Montaigne, esprit tolérant et pénétrant, était un des grands hommes du XVIe siècle les plus capables de comprendre le caractère et le génie du prince qu'il voyait s'élever entre les Valois dégénérés et la Ligue menaçante. Sa personne, ses actes et ses vues trouvèrent d'ailleurs toujours un accueil gracieux auprès du roi de Navarre. Vers la fin de cette année 1583, où nous le voyons recevoir les confidences de Henri, il avait présenté au prince gouverneur de Guienne une adresse dans laquelle le roi était supplié de maintenir, entre Bordeaux et Toulouse, les communications libres pour tous les bateaux de commerce qui naviguaient sur la Garonne. Ces communications étaient parfois interrompues par la garnison du Mas-de-Verdun, mal payée et cherchant à s'indemniser d'une mauvaise paie par des actes de piraterie. L'adresse sollicitait, en même temps, des dégrèvements considérables en faveur du « pauvre peuple », et suppliait le roi d'intercéder, dans ce sens, à la cour de France. Michel de Montaigne, maire, et de Lurbe, procureur-syndic, obtinrent aisément du roi de Navarre qu'il en écrivît au maréchal de Matignon et aux gouverneurs des places riveraines.

Au coup hardi mais légitime de Mont-de-Marsan, la cour et Matignon répondirent par des actes arbitraires, sur plusieurs points, mais surtout à Bazas, où le maréchal mit garnison royale, ce qui provoqua une énergique protestation du roi de Navarre : « Vous « dites que le roi trouve mauvais que j'aie repris possession de ma « ville et maison de Mont-de-Marsan, demeure ordinaire de mes « prédécesseurs, et que S. M. trouve bon de continuer la garnison « que vous avez mise en la ville de Bazas... Il ne le pourrait avoir « commandé sans qu'on lui ait déguisé et mal interprété mes « actions..., et lui avoir celé la façon et modération dont j'ai usé en « me remettant en ma maison. Tout cela ne peut tendre qu'à me

« rendre odieux et m'éloigner de sa bonne grâce, de quoi je ne puis
« être que très mal content, et que de cette façon on veuille, à mes
« dépens, se faire valoir... — Je ne sais ce que vous entendez faire,
« ni quelle autorité vous voulez prendre en mon gouvernement ;
« de quoi je voudrais bien être promptement éclairci... »

Et, à la même heure, il écrit à Henri III pour justifier ses actes à Mont-de-Marsan, renouveler des remontrances peu écoutées, et se plaindre du constant retard apporté au paiement de sa pension, « qui est autrement considérable, dit-il, que les autres, comme « V. M. le sait, parce qu'elle est fondée sur la perte d'un royaume « faite pour le service de la couronne ».

Ces apologies, ces plaintes, ces attaques, ces ripostes s'entre-croisent avec les messages relatifs au retour de Marguerite à Nérac. Instruit, à ce moment, de la conduite de Henri III envers la reine de Navarre, ayant d'ailleurs fait son deuil de toutes les espérances, de l'ordre privé ou de l'ordre politique, que son union avec Marguerite avait pu faire naître en lui, il ne traitait plus cette question qu'au point de vue strict des affaires. Le roi de France veut tenir garnison à Condom, à Agen, à Bazas et à Casteljaloux : c'est, selon Henri, vouloir l'enfermer à Nérac, où rien de lui ne sera libre, pas même sa personne. Il proteste, il veut avoir ses coudées franches, et, quand il les aura, il pourra offrir à la fille des Valois, dans sa bonne ville de Nérac, une hospitalité royale. Il avait réclamé contre les garnisons de Bazas, d'Agen et de Condom ; il n'eut pas besoin de lutter sérieusement pour affranchir Casteljaloux des garnisaires de France. Ceux qui occupaient Bazas ayant été soupçonnés de projeter quelque entreprise contre certaines places du voisinage, l'ancienne ville des sires d'Albret reçut le message suivant du roi de Navarre : « Chers et bien-amés, ayant entendu de
« bon lieu que ceux de Bazas sont après à exécuter certaine entre-
« prise sur quelque ville de ceux de la Religion..., nous ne pouvons
« penser que ce ne soit sur notre ville de Casteljaloux, dont nous
« vous avons voulu avertir, par ce porteur exprès, afin que vous
« fassiez encore meilleure garde qu'à l'accoutumé et préveniez,
« par ce moyen, leur dessein... » Ces conseils furent suivis, et les habitants de Casteljaloux méritèrent, par leur vigilance, les remercîments que Henri leur adressait, quelques jours après : « ... Nous
« sommes bien aise d'entendre le soin que vous apportez à la garde
« et conservation de notre ville de Casteljaloux. Et afin que vous

« ne soyez nullement empêchés d'y vaquer, avec l'ordre qu'il
« faut, nous mandons à notre cousin, le vidame de Chartres (gou-
« verneur d'Albret) de permettre que vous mettiez dans notre
« château tel nombre d'hommes que vous aviserez, lorsque le temps
« et l'occasion le requerra, etc. »

Les négociations engagées à propos de la rentrée de Marguerite dans les Etats du roi de Navarre furent, nous l'avons dit, très laborieuses. Henri III s'y mêla en personne, avec une remarquable vivacité, et une des lettres qu'il écrivit, à ce sujet, vers la fin du mois de janvier 1584, nous révèle son esprit flottant, son caractère irrésolu, si peu faits, l'un et l'autre, pour venir à bout d'un homme à la fois aussi souple et aussi tenace que l'était ce Navarrais, ce « Béarnais », ce « roitelet de Gascogne », dont les mignons et les mignonnes du Louvre faisaient encore des gorges chaudes. Le roi de France disait, dans une dépêche à Bellièvre :
« ... Enfin, il (le roi de Navarre) demande que j'ôte les garnisons
« qui sont à dix lieues de ma ville de Nérac (Agen, Condom et
« Bazas), et qu'il recevra madite sœur et se remettra avec elle,
« selon mon intention ; fondant telle demande sur ce qu'étant le-
« dit Nérac sa principale demeure, il ne voit aucune sûreté pour
« sa personne, demeurant lesdites garnisons. A quoi vous me
« mandez qu'il a depuis ajouté que, considérant le mécontente-
« ment que j'avais de la négociation de Ségur, il estime que je le
« tiens pour criminel de lèse-majesté, et partant qu'il avait d'autant
« plus à se garder et penser à la conservation de sa vie. » Là-dessus, Henri III rétorque, à sa façon, les arguments du roi de Navarre, et il arrive à cette conclusion : « Toutes ces considérations,
« jointes aux justes occasions que j'ai de me défier de lui et des
« pratiques et menées qui se font pour troubler mon royaume,
« m'admonestent de persévérer en mon premier propos, et vou-
« loir, devant toute autre chose, que mondit frère revoie madite
« sœur et la reçoive auprès de lui, comme la raison veut qu'il
« fasse. Cela fait, je suis content traiter et convenir avec lui de la
« sortie desdites garnisons... » — Et quatre lignes plus loin, il ajoute : « Toutefois, s'il s'obstine à ne le vouloir, je désire tant
« me mettre à la raison et obvier à toute altercation, que je suis
« content lui accorder... » — Il accordait précisément ce que demandait le roi de Navarre ! Henri III est là tout entier.

La conclusion de l'affaire fut à peu près selon les vœux du roi de Navarre. Ni Condom, ni Agen ne gardèrent leurs garnisons, et l'on réduisit à cinquante hommes celle de Bazas. Cet accord ne fut définitivement établi que dans les premiers jours de l'année 1584. Vers la fin de l'année précédente, le roi de Navarre, à qui Henri III reprochait, comme on vient de le voir, ses négociations avec les princes protestants, stimule, à chaque instant, le zèle de ses agents et de ses coreligionnaires étrangers, par de nombreuses dépêches adressées aux souverains ou à leurs principaux ministres, et à Ségur, son ambassadeur en Angleterre ; jusqu'au mois de juin 1584, où un grand événement va modifier la situation des partis et rapprocher l'heure des crises, ces négociations difficiles restent au premier rang de ses préoccupations. L'œuvre diplomatique de Henri consistait, dans l'ensemble, comme il le dit lui-même, à rechercher les moyens d'établir l'union entre toutes les Eglises et d'arriver, par là, à l'organisation d'une puissante ligue protestante ; mais il est difficile d'admettre qu'un esprit aussi net et aussi pratique se soit abusé sur le côté chimérique de cette entreprise. A travers toutes ces négociations, auxquelles se mêla même, un instant, la pensée d'un mariage de Catherine de Bourbon avec le roi d'Ecosse, Henri cherchait surtout, et peut-être exclusivement, l'appui efficace de la reine d'Angleterre et des princes allemands ; et cet appui n'était ni dans les discussions théologiques des synodes, ni dans la révision des symboles, mais dans les secours immédiats en hommes et en argent. Ces secours n'arrivèrent qu'à la dernière extrémité, et trop tard, malgré les promesses dont on leurrait, à la journée, les négociateurs de Henri. Ils jouèrent pourtant un rôle considérable dans la politique de cette période, soit tant qu'ils étaient à l'état de projet, soit lorsqu'on sentit leur poids dans la balance des événements.

CHAPITRE III

Mort de Monsieur, duc d'Anjou et d'Alençon. — La « folie d'Anvers » et l'incurie politique des Valois. — Conséquences de la mort de Monsieur. — Le roi de Navarre sur la première marche du trône. — Visées de la Maison de Lorraine. — Henri revendique son titre de « seconde personne du royaume ». — Mission du duc d'Epernon auprès du roi de Navarre. — La conférence de Pamiers. — Le pour et le contre. — Détermination de Henri. — Indiscrétion de Du Plessis-Mornay. — Rapprochement entre les deux rois. — Assemblée de Montauban. — Traité de Joinville entre la Ligue et le roi d'Espagne. — Négociations en Suisse. — Ambassade des Pays-Bas à Henri III. — Déclaration de la Ligue. — La Ligue en armes.

Le 10 juin 1584, mourut, à Château-Thierry, Monsieur, duc d'Anjou et d'Alençon, duc souverain de Brabant et marquis du Saint-Empire. Esprit malsain dans un corps gâté, il avait, toute sa vie, conspiré ou couru des aventures qui tournaient toujours à la conspiration. Il était revenu mourir en France, sous le coup de son dernier désastre, que l'histoire a justement surnommé la « folie d'Anvers ». Il avait pourtant dépendu de la cour de France que la conquête des Pays-Bas devînt une réalité ; mais il eût fallu pour cela secouer le joug des intrigues espagnoles qui enveloppaient de toutes parts la politique de Henri III et de la reine-mère. La France donna au duc d'Anjou un grand nombre de ses enfants, dont quelques-uns des plus illustres, comme La Noue; mais la cour n'entra pas ouvertement dans la lutte, quoiqu'elle eût pu avoir la partie belle, si elle s'y fût jetée franchement, et surtout si elle eût accueilli les propositions que lui firent, en temps opportun, le roi de Navarre et le prince de Condé. Mais rien de viril ne pouvait plus venir des Valois. Relisons cette page attristante de Mézeray :

« François, duc de Montpensier, qu'on nommait le prince-dau-
« phin avant la mort de son père, et le maréchal de Biron y avaient
« mené un renfort de quatre mille hommes de pied français, trois

« mille Suisses et douze cents chevaux ; de plus, avec un peu d'ar-
« gent de la reine-mère, Monsieur avait levé quelques cornettes de
« reîtres. Mais, à parler ainsi, c'était là sa dernière main, il ne devait
« plus rien attendre de France, son crédit était à bout et le roi n'a-
« vait nulle inclination de l'assister.

« Monsieur avait bien quelques traités avec le prince Casimir et
« les autres protestants d'Allemagne ; mais les armes de ce pays-là
« ne se remuant point sans argent, il n'en devait rien espérer... — Il
« pensait tirer quelque secours du roi de Navarre, lequel poussé à
« cela, non moins pour l'honneur de la France que par le désir de
« recouvrer la Haute-Navarre, offrait au roi de France, tandis que
« l'on ferait effort dans les Pays-Bas, de porter la guerre jusque dans
« le cœur de l'Espagne, d'employer pour cela cinq cent mille écus
« de son bien, pour laquelle somme il engagerait ses comtés patri-
« moniaux de Rouergue et de L'Isle, qui valaient plus d'un million
« d'or... — Pour comble de sûreté, avant que de mettre en campagne,
« il promettait de donner Madame, sa sœur unique, en otage,
« comme eût fait le prince de Condé, sa fille ; même quand l'entre-
« prise eût été commencée, il se fût dessaisi des places de sûreté
« avant le temps échu. Mais les ennemis particuliers de ce roi et
« la cabale espagnole firent qu'on rejeta bien loin ces offres, qui
« semblaient bien avantageuses à la France... »

La vie de Monsieur avait souvent bouleversé la cour de France et agité la politique européenne ; sa mort prématurée posa ou compliqua subitement, dans notre pays, des questions où se trouvaient engagés et mis aux prises tous les intérêts légitimes et toutes les ambitions. Monsieur mourant sans avoir été marié, Henri III n'ayant pas d'enfant et paraissant destiné à ne laisser aucune postérité, la race des Valois ne tenait plus qu'à la vie d'un homme, et la couronne de France devait fatalement échoir, soit au Bourbon hérétique, qui avait pour lui le droit national, soit à un prétendant capable de s'imposer par l'intrigue ou par la force. Telle était la perspective qui s'ouvrit devant Henri III.

De son côté, Henri de Bourbon, roi de Navarre, se trouvait brusquement porté sur la première marche du trône, et, de cette hauteur, il voyait une France catholique à conquérir, non seulement sur des croyances et des traditions séculaires encore toutes-puissantes, mais sur une famille princière, féconde en hommes de guerre et en hommes d'Etat, appuyée sur des alliances de premier ordre, et manifestement placée à la tête de la Ligue. Quant aux Guises, la mort venait de supprimer un obstacle redoutable sur la voie où leur politique de domination et d'usurpation s'était déjà essayée ; il ne leur restait plus qu'à détruire, par la Ligue, et le pouvoir du dernier Valois et les chances de succession de son héritier. C'est l'œuvre qu'ils vont tenter avec une vigueur et une audace que ne déconcerteront pas les plus sanglantes catastrophes, jusqu'à ce que l'abjuration vienne achever et assurer la conquête du pays par leur royal adversaire.

Dès que la nouvelle de la mort de Monsieur fut connue, chaque parti prit sa direction. Les Guises firent publier discrètement, en attendant l'éclat prochain, le ban de leur croisade politique et religieuse ; le roi de France, qui les devinait, conçut, une fois de plus, pour leur échapper, le dessein de convertir son beau-frère ; et le roi de Navarre, après les lettres de condoléance sur ce deuil de famille, revendiqua sans délai, en qualité d'héritier présomptif, la jouissance du privilège spécial de la *seconde personne du royaume*. « Monseigneur, disait-il à Henri III, c'est chose accoutumée d'an-
« cienneté et que vos prédécesseurs rois ont observée dès long-
« temps, qu'advenant qu'aucun prince du sang se trouvât le plus
« proche pour tenir lieu de la seconde personne, ils lui font cette
« faveur de lui donner permission de créer métiers ès villes du
« royaume ès quelles il y a métiers jurés, pour rendre témoignage
« au peuple, par cette gratification, du rang qu'il doit tenir en cas
« qu'il n'y ait enfant, le déclarant et le faisant naître comme Fils
« de France, ainsi que l'a très bien remarqué le feu greffier du Til-
« let (greffier en chef du parlement de Paris) en ses Mémoires ex-
« traits du registre de votre cour... — Je vous supplie très hum-
« blement, Monseigneur, me faire tant de grâce que de m'octroyer
« vos lettres de provision... Ce sera chose, combien qu'elle ne soit
« bien grande en soi, qui toutefois, pour la conséquence, et selon la
« capacité du peuple, pourra servir à l'encontre de mes ennemis,
« qui, par factions, ligues et menées, ne tâchent qu'à se prévaloir
« contre moi, au préjudice et détriment de votre autorité et de
« votre couronne. »

Henri III n'avait pas attendu cette lettre, ni même la mort de son frère, pour tenter la démarche à laquelle nous venons de faire allusion : il avait, dès le 15 mai, envoyé vers le roi de Navarre un de ses grands favoris, le duc d'Epernon, surnommé l'archimignon par L'Estoile, et qui fait dans l'histoire une figure à la fois si hautaine et si louche (1). Le duc avait pour mission de porter au prince hérétique les plus cordiales paroles et les plus vives instances de Henri III : le roi de Navarre n'en pouvait suspecter la sincérité, car Du Plessis-Mornay, en mission à la cour, lui écrivait, au mois d'avril : « S. M. ne feint point de dire que vous êtes aujourd'hui « la seconde personne de France. Ces jours passés, S. M., après « son dîner, étant devant le feu, M. du Maine présent et grand « nombre de gentilshommes, dit ces mots : « Aujourd'hui je recon- « nais le roi de Navarre pour mon seul et unique héritier. C'est un « prince bien né et de bon naturel. Mon naturel a toujours été de « l'aimer, et je sais qu'il m'aime. Il est un peu colère et piquant, « mais le fond en est bon. »

Epernon, reçu par Henri avec des égards particuliers, eut avec le roi, à Pamiers, une longue conférence, à laquelle assistèrent Roquelaure, Antoine Ferrier, chancelier de Navarre, et le ministre Marmet. Les exhortations du duc étaient fondées sur des motifs de conscience, d'intérêt et de politique. Roquelaure, catholique, était pour la conversion, ne jugeant pas que le roi pût hésiter entre les psaumes de Clément Marot et la couronne de France. Rien n'empêchait, au dire du ministre, que le roi se présentât au pays, « la couronne d'une main et les psaumes de l'autre ». Antoine Ferrier se prononçait contre la conversion, mais était d'avis que Henri marquât, par un voyage à la cour, ses sentiments de fidélité et d'affection pour le roi de France.

Il est certain que le roi de Navarre fut vivement tenté, dès le premier abord, de se rendre aux désirs de Henri III, pour ce qui concernait le voyage à la cour de France, et qu'il sentit la force des raisons qu'on faisait valoir pour le ramener à la religion de ses ancêtres ; mais, examinée à la lumière des circonstances politiques, la double proposition lui parut inacceptable. Se convertir brusquement, c'était sacrifier tout un parti, s'en attirer la haine, et le jeter sous les ordres d'un autre chef, le prince de Condé, par exemple, qui l'eût préparé à de nouvelles luttes, sans les tempéraments dont n'avait jamais voulu se départir le roi de Navarre.

Il pouvait, sans doute, devenir effectivement « la seconde personne du royaume », le lieutenant-général, presque l'égal de

(1) Appendice : XXV

Henri III. Qu'y gagnait-il et qu'y gagnait le pays ? Les Guises n'abdiqueraient pas, ni la Ligue, ni Condé. Il changeait de camp et modifiait, par là, sa situation personnelle, mais sans assurer sa fortune dynastique et sans accroître les chances d'une pacification générale : tout restait problème pour le pays comme pour lui; seulement les données de ce problème étaient bouleversées, ce qui en rendait la solution plus périlleuse et plus douteuse. En somme, le roi de Navarre ne pouvait donner à Henri III qu'une des satisfactions demandées ; mais le fait seul de sa présence à la cour l'eût infailliblement rendu suspect aux yeux des calvinistes, sans désarmer les Guises ni la Ligue, sans servir efficacement la cause du roi de France et celle de son héritier. Il reçut avec respect et gratitude le message de Henri III, se défendit de toute opiniâtreté aveugle en matière de religion, et, protestant de son vif désir d'être toujours le premier et le plus fidèle serviteur du roi de France, il prit le parti d'attendre une paix honorable, si elle était possible, ou une guerre dont il ne fût pas le provocateur.

La plus inviolable discrétion était commandée, ce semble, au sujet de la conférence de Pamiers ; mais Du Plessis-Mornay craignant, à la réflexion, que des récits erronés et de nature à compromettre le roi de Navarre n'en fussent publiés par les catholiques, par la cour de France elle-même, dont il n'était pas déraisonnable de se méfier, résolut de prendre les devants. Il en composa un « mémoire, avec tous les raisonnements de part et d'autre », dit Mézeray, qui ajoute : « Mais en pensant fortifier ceux de la religion,
« il fournit un ample sujet à leurs ennemis de calomnier les deux rois
« et de donner de mauvaises interprétations au voyage du duc d'Epernon. Ils disaient qu'il n'était pas allé là pour convertir le roi de
« Navarre, mais pour le confirmer dans son hérésie : car on voyait
« bien par le résultat de cette conférence qu'il faisait gloire de
« demeurer obstiné dans son erreur ; qu'ainsi, lorsqu'il serait venu
« à la couronne, à laquelle le roi lui-même lui frayait le chemin par
« l'oppression des princes catholiques, les huguenots ayant la force
« en main renverseraient l'ancienne religion. Leurs émissaires allaient
« semant ces calomnies parmi les peuples, les prédicateurs les trompetaient séditieusement dans les chaires, les confesseurs les suggéraient à l'oreille... Puis, après avoir noirci l'honneur du roi par
« toutes les inventions dont ils pouvaient s'aviser, ils n'oubliaient
« pas de recommander hautement la piété, la valeur et la bonté des

« princes Lorrains, qu'ils nommaient le vrai sang de Charlemagne,
« les boucliers de la religion, et les pères du peuple, insinuant par là
« assez clairement qu'ils étaient plus dignes de tenir le sceptre que
« celui qui le portait. Au souffle de ces calomnies, les zélés, les sim-
« ples et les factieux commencèrent à frémir, à se soulever, à faire des
« assemblées aux champs et aux villes, à enrôler des soldats, à dési-
« gner des chefs muets, au billet desquels les enrôlés devaient se
« trouver à certain rendez-vous. »

La publication de ce mémoire fut une faute toute personnelle à Du Plessis-Mornay et qu'il n'eût certes pas commise, s'il avait demandé l'avis du roi de Navarre. Henri, blessé de cette indiscrétion, dont il vit, tout de suite, la portée, s'en plaignit à son secrétaire, dans la lettre suivante, datée de la fin du mois de septembre 1584 : « J'ai reçu, ce soir, la lettre et le mémoire que m'avez en-
« voyés. J'eusse désiré que me l'eussiez apporté vous-même...
« Venez-vous-en, je vous prie, aussi vide de passion que vous êtes
« plein de vertu. Je sais que vous m'aimez et qu'ayant parlé à moi,
« vous reconnaîtrez les erreurs que vous avez faites, qui ne sont
« bienséantes ni aux uns ni aux autres. »

La mort de Monsieur et la mission du duc d'Epernon opérèrent un rapprochement sensible entre les deux rois. Henri III savait gré à son beau-frère de l'avoir prévenu, l'année précédente, non seulement des menées de Philippe II, mais encore des accointances de la Maison de Lorraine avec la cour d'Espagne, et le roi de Navarre lui fit tenir, dans la suite, beaucoup d'autres avis sur les « remuements » des Guises, qu'il ne perdait jamais de vue. Si Henri III avait trouvé, dans son conseil, les clartés et les résolutions qu'auraient dû y faire naître les actes préliminaires qu'on lui dénonçait de toutes parts, il lui eût été facile d'étouffer le monstre dans son berceau, comme dit Mézeray ; mais, dépourvu de toute énergie, il semblait toujours rechercher, au lieu des raisons d'agir, celles de temporiser, fermant le plus possible les yeux, pour avoir le droit de ne pas voir le mal. On avait beau lui dire que la Ligue encombrait les chemins de courriers, d'émissaires, de troupes même, que son esprit soufflait ouvertement parmi les populations d'un grand nombre de villes : il se laissait persuader par la reine-mère, toujours portée aux demi-mesures, que c'étaient là des émotions passagères provoquées par les bruits qui couraient sur l'organisation de la Ligue protestante ; si bien, qu'il se contenta de

défendre, par un édit, les ligues secrètes, les assemblées et enrôlements de gens de guerre. Ramener à lui le roi de Navarre paraissait être la plus persistante de ses idées. Il avait eu la pensée de donner à son favori Joyeuse le gouvernement du Languedoc ; mais Montmorency n'entendait pas le céder, et, après beaucoup d'actes d'hostilité, le Languedoc allait devenir le théâtre d'une guerre acharnée, lorsque le roi de Navarre, ayant obtenu de Henri III l'autorisation de s'entremettre, parvint à concilier Montmorency et Joyeuse. En échange de ce service, il sollicita l'agrément de Henri III pour la tenue d'une assemblée déjà convoquée à Montauban. « Le roi en fit quelque difficulté, dit Mézeray, tant
« parce qu'il ne le pouvait faire sans donner sujet de murmure aux
« catholiques, que parce que son conseil était offensé de ce qu'elle
« avait été assignée auparavant que de la demander ; néanmoins,
« désirant le gratifier, il lui accorda cette requête, avec un don de
« cent mille écus, et voulut que, de là en avant, il l'appelât « son
« maître » dans ses lettres, comme il faisait autrefois, lorsqu'il était
« en cour auprès de lui. Dans cette assemblée, se trouvèrent le prince
« de Condé, le comte de Laval, le vicomte de Turenne, depuis
« quelques mois sorti de la prison des Pays-Bas, Châtillon, et la
« plupart des seigneurs qui professaient cette religion. Bellièvre y
« alla de la part du roi, pour demander, entre autres choses, la resti-
« tution des places, mais il trouva les courages bien résolus à ne les
« point rendre ; et l'assemblée envoya au roi, par Laval et Du Plessis-
« Mornay, un cahier de plaintes contenant les inexécutions de l'Edit,
« qui tendaient à obtenir la prolongation du terme, et semblaient dire
« que si on leur refusait une si juste demande, ils seraient contraints
« de se mettre sur leurs gardes. Le président Séguier, Villeroy et
« Bellièvre n'étaient point d'avis qu'on leur accordât cette prolon-
« gation, parce que c'était fortifier une religion qu'il fallait détruire,
« c'était diminuer l'autorité royale, et fournir aux ligueurs un pré-
« texte de troubler l'Etat ; et le roi était de lui-même porté à croire
« ce conseil, n'ayant aucune inclination pour les religionnaires.
« Mais les persuasions du duc d'Epernon, qui favorisait le roi de
« Navarre, et la crainte que lui donnèrent les députés de la résolution
« opiniâtre de leur parti, le firent condescendre, après de grandes
« répugnances, à leur laisser les places encore deux ans ; dont il
« leur fit expédier ses lettres à la fin du mois de novembre. »

Comme le dit Mézeray, ce ne fut pas sans de nombreuses dif-

ficultés que l'assemblée de Montauban trouva grâce, par ses cahiers, auprès de Henri III, et, tout en profitant du succès obtenu, le roi de Navarre n'en devint pas plus confiant dans l'avenir. Aussi, dans la lettre qu'il adressa au roi, vers la fin de l'année 1584, pour le remercier du bon accueil fait aux vœux et remontrances de l'assemblée, il disait avec sa fine ironie : « Reste maintenant, Monsei-
« gneur, comme il a plu à V. M. faire connaître cette sienne bonne
« volonté à ses très humbles sujets, qu'aussi il lui plaise, par une
« même bonté, commander, au plus tôt que ses affaires pourront le
« permettre, les expéditions nécessaires pour leur en faire sortir les
« effets... » Fidèle à son rôle, il affectait toujours de compter sur Henri III, mais il sentait bien que toute cette bonne volonté était, comme d'habitude, eau bénite de cour. Et, en effet, quelques jours après, il eut, plusieurs fois, l'occasion de se plaindre à Matignon de diverses irrégularités, en Languedoc, en Rouergue, en Quercy et en Périgord.

Les Guises, depuis quelque temps éloignés de la cour, n'attendaient qu'un prétexte pour stimuler le zèle de la Ligue, déjà toute à leur dévotion. Lorsqu'ils surent que Henri III venait d'accorder aux calvinistes un délai de deux ans pour la remise des places de sûreté, ils n'hésitèrent plus à développer leurs plans et à en presser l'exécution. Le dernier jour de l'année 1584, par le traité de Joinville, ils associent le roi d'Espagne à la Ligue, qu'il prend, en quelque sorte, sous son patronage et à sa solde. Ce pacte éclaire l'histoire des quinze années qui vont suivre ; en voici le résumé :

« Les contractants, pour la conservation de la foi catholique,
« tant en France qu'aux Pays-Bas, conclurent une confédération et
« ligue offensive et défensive, perpétuelle et à toujours, pour eux et
« pour leurs descendants, avec ces conditions : qu'arrivant la mort
« du roi Henri III, le cardinal de Bourbon serait installé en sa place,
« comme prince vraiment catholique et le plus proche héritier de la
« couronne, en excluant entièrement et pour toujours tous les prin-
« ces de France, étant à présent hérétiques et relaps, et des autres
« ceux qui seraient notoirement hérétiques, sans que nul pût jamais
« régner qui aurait été infecté de ce venin ou le tolérerait dans le
« royaume ; que le cardinal venant à être roi renouvellerait le traité
« fait à Cambrai l'an 1558, entre les rois de France et d'Espagne ;
« qu'il ferait bannir par édit public tous les hérétiques ; que les
« princes français contractants feraient observer en France les saints

« décrets du concile de Trente ; que le cardinal de Bourbon renon-
« cerait pour lui et ses successeurs à l'alliance du Turc ; qu'ils don-
« neraient ordre que toutes pirateries cesseraient vers les Indes et îles
« adjacentes, empêcheraient que les villes des Pays-Bas ne seraient
« plus mises aux mains des Français, défendraient le commerce avec
« les rebelles des Pays-Bas, et aideraient, par la force des armes, le
« roi catholique à réduire les villes rebelles, et celle de Cambrai ;
« que S. M. catholique, tandis que la guerre durerait, fournirait aux
« princes français cinquante mille pistoles par mois, dont il en avan-
« cerait quatre cent mille de fixe mois en fixe mois ; que le cardinal
« lui tiendrait compte de ces frais, s'il parvenait à la couronne ; que
« les contractants ne pourraient jamais traiter avec S. M. très chré-
« tienne, ni aucun autre prince, au préjudice de cette Ligue ; qu'il
« ferait garder place, pour signer, aux ducs de Mercœur et de Nevers ;
« qu'il se ferait deux originaux de ce traité, dont l'un demeurerait à
« S. M. catholique, l'autre au cardinal, qui se les enverraient mutuel-
« lement, dans le mois de mars, ratifiés, signés et scellés de leurs
« sceaux, mais qu'il serait tenu secret jusqu'à ce que les deux parties
« en consentissent la publication. »

Aussitôt, l'argent espagnol afflue dans les mains des Guises, et ils s'en servent pour enrôler des troupes et acheter les consciences hésitantes de quelques capitaines ou gouverneurs de places : la Ligue est prête à s'affirmer partout. Les Guises, non contents d'avoir à leurs ordres une armée française soudoyée par l'Espagne, négocient avec la Suisse, dans les cantons catholiques, une forte levée ; ils s'y heurteront, quelques mois plus tard, à la diplomatie de la reine-mère et à celle du roi de Navarre, Catherine conjurant les Suisses de refuser leur secours aux princes lorrains, parce qu'elle se disposait à faire la paix avec eux, et Henri s'efforçant de démontrer aux cantons que l'intérêt religieux n'est pour rien dans la politique de la Maison de Lorraine, et que, en la secourant, ils viennent en aide aux alliés de la Maison d'Autriche, leur ennemie (1).

Les Guises passaient, pour ainsi dire, la revue de leurs forces ; mais l'ambassade des insurgés des Pays-Bas, venant offrir à Henri III la souveraineté de ces provinces, que la reine Elisabeth l'engageait vivement à accepter, avança de beaucoup l'heure de la bataille. On était alors au mois de février. Dans le courant de mars, le vieux

(1) Appendice : XXIV.

cardinal de Bourbon, oncle du roi de Navarre, prenant au sérieux le rôle d'héritier présomptif et légitime de Henri III, que les Guises lui avaient assigné dans leur comédie, prêta son nom aux premières déclarations de la Ligue, où s'étalait un mélange indescriptible de vues factieuses et de religieuses déclamations (1).

Au bruit de ces appels à une nouvelle guerre civile, les ligueurs prennent les armes, s'assurent d'un grand nombre de places, échouent sur quelques points importants, notamment à Marseille et à Bordeaux, mais s'emparent successivement de Châlon-sur-Saône, de Lyon, de Verdun et de Toul. Les voilà en marche : ils ne feront plus halte qu'au mois de juillet, à la signature du traité de Nemours, qui leur livre tout ce que la cour pouvait leur livrer de la France.

(1) Appendice : XXVI.

CHAPITRE IV

Entrevue, à Castres, du roi de Navarre et du maréchal de Montmorency. — L'avis de Henri III. — Offres du roi de Navarre au roi de France. — L'assemblée de Guîtres et ses résolutions. — Négociations de Ségur en Angleterre et en Allemagne. — Déclaration de Henri. — Les hostilités de la reine de Navarre. — Surprise de Bourg par la Ligue. — Prise du Bec-d'Ambès par Matignon. — Gabarret.

Le roi de Navarre ne restait pas témoin muet et inactif des mouvements que nous venons d'indiquer. Il avait des agents à la cour de France, et surveillait par eux les actes et les projets du roi et ceux de la Ligue. Aussi, tout en travaillant à pacifier le Languedoc et, par conséquent, à se lier de plus en plus avec Montmorency, et échangeant avec Matignon des réclamations de toute sorte sur les infractions aux édits ou les actes arbitraires, il s'efforçait de se ménager des ressources autour de lui et à l'étranger. En attendant le retour de Ségur, qui lui disait, d'Angleterre, avoir reçu des promesses formelles de secours, il se rendit à Montauban et à Castres, pour donner ordre à quelques affaires, mais surtout pour jeter les bases d'un pacte avec le gouverneur de Languedoc. « Il arriva à « Montauban, le 14 mars 1585, accompagné, dit le Journal de Fau- « rin, du prince de Condé et du vicomte de Turenne, ayant couché, « la nuit précédente, à Puylaurens. Les consuls lui présentèrent les « clefs de la ville et le dais, sous lequel il se mit. » Ce fut à Castres que le roi et le duc se rencontrèrent. Ils allèrent au prêche ensemble, le duc y laissant le roi. C'était une bravade dont Montmorency marqua le caractère en ces termes : « Le Premier Président de « Toulouse (soupçonné d'appartenir à la Ligue) ne sera pas long- « temps sans savoir que j'ai été au prêche. » Il revint, à la fin du prêche, pour accompagner le roi chez lui. Après cette entrevue, qui dura huit jours, Henri retourna à Montauban, le 27 mars.

Le roi de Navarre était à Castres, le 23 mars, lorsqu'il reçut de Henri III la lettre suivante : « Mon frère, je vous avise que *je n'ai « pu empêcher*, quelque résistance que j'aie faite, *les mauvais des-« seins du duc de Guise*. Il est armé, tenez-vous sur vos gardes, et « n'attendez rien. J'ai entendu que vous étiez à Castres, avec mon « cousin, le duc de Montmorency ; ce dont je suis bien aise, afin « que vous pourvoyiez à vos affaires ; je vous envoyerai un gentil-« homme à Montauban, qui vous avertira de ma volonté. » Que n'y avait-il pas à répondre à ces aveux presque cyniques de faiblesse, et disons le vrai mot, de lâcheté ? Le roi de Navarre ne perdit pas le temps à en triompher. Dans sa réponse, qui fait directement allusion à l'ambition forcenée des Guises et au caractère factieux de la Ligue, il se plaint de n'être pas ouvertement employé, par le roi de France, pour la défense des droits de la couronne et des intérêts du pays, et il supplie Henri III de lui donner l'occasion de marcher à la tête de ses serviteurs. Cette lettre fut écrite de Bergerac, d'où il en adressa quelques autres roulant sur le même sujet, une surtout, dans laquelle il déplorait le massacre d'Alais, où une centaine de protestants, rappelés de l'exil par les soins de Montmorency, avaient été égorgés, à l'instigation, disait-on, des partisans du duc de Joyeuse.

Henri s'était rendu à Bergerac, pour y préparer la convocation d'une assemblée. Il fut décidé qu'elle serait tenue à Guîtres, le 30 mai, dans une des salles de l'abbaye. On se réunissait sous le coup de l'étrange lettre de Henri III, reçue à Castres, et du message de ce gentilhomme dont elle avait annoncé l'arrivée. L'envoyé de Henri III avait demandé au roi de Navarre de laisser combattre, sans leur chef, ses soldats, sous les drapeaux du roi de France. Fallait-il accéder à cette proposition inouïe ? et, si on la repoussait, fallait-il faire à la paix tous les sacrifices, ou se résoudre à la guerre ? Henri posa ces questions dans une courte harangue, devant soixante personnes environ, parmi lesquelles plusieurs officiers de haut rang. « Si j'eusse cru, mes amis, dit-il, que les « affaires qui se présentent n'en eussent voulu qu'à ma tête, que « la ruine de mon bien, la diminution de mes intérêts et de tout « ce qui m'est le plus cher, hors l'honneur, vous eût apporté tran-« quillité et sûreté, vous n'eussiez point eu de mes nouvelles, et « avec l'avis et assistance de mes serviteurs particuliers, j'eusse, « aux dépens de ma vie, arrêté les ennemis ; mais étant question

« de la conservation ou ruine de toutes les Eglises réformées et,
« par là, de la gloire de Dieu, j'ai pensé devoir délibérer avec
« vous de ce qui vous touche. Ce qui se présente le premier à
« traiter est si nous devons avoir les mains croisées durant le
« débat de nos ennemis, envoyer tous nos gens de guerre dedans
« les armées du roi, sans nom et sans autorité, qui est une opi-
« nion en la bouche et au cœur de plusieurs ; ou bien si nous
« devons, avec armes séparées, secourir le roi et prendre les occa-
« sions qui se présenteront pour notre affermissement. Voilà sur
« quoi je prie un chacun de cette compagnie vouloir donner son
« avis sans particulière passion. »

L'unanimité ne se fit qu'après une vive discussion. Turenne parla le premier, et se déclara contre la prise d'armes, appuyé par une vingtaine de voix. Mais la plupart des assistants partageaient l'opinion présumée de Henri, et d'Aubigné, qui la connaissait, la fit triompher. On prit la résolution de s'opposer aux ligueurs, dans la mesure indiquée par le roi. Les régiments de Lorges, d'Aubigné, Saint-Seurin et Charbonnières reçurent aussitôt l'ordre de se diriger vers la Saintonge et le Poitou, et de marcher sous le commandement du prince de Condé ; le roi de Navarre laissa Bergerac, Sainte-Foy, Castillon et quelques autres places plus éloignées sous la garde du vicomte de Turenne, et retourna à Montauban.

Ségur, le principal négociateur du roi de Navarre à l'étranger, était revenu d'Angleterre, au commencement du printemps, avec les promesses de secours dont il avait donné avis dans sa correspondance ; mais la situation s'étant aggravée au point que l'on sait, il importait que ces promesses fussent tenues, dans le plus bref délai. Aussi, à peine arrivé, Ségur dut-il reprendre le chemin de la cour d'Elisabeth, pour presser la conclusion de cette grave affaire (1). En arrivant à Londres, Ségur écrivit à la reine, pour lui rappeler la promesse, qu'elle avait faite au roi de Navarre, de mettre à sa disposition une forte somme ; mais Elisabeth lui fit savoir qu'elle préférait enrôler elle-même des troupes en Allemagne, et ce désaccord suspendit les négociations. Plus tard, au mois d'octobre, Ségur, n'ayant encore que des promesses, reçut l'ordre de passer d'Angleterre en Allemagne, pour voir quelles ressources on pouvait s'y procurer avec l'argent anglais, et, en même temps, Cler-

(1) Appendice : XXIV.

vaux, autre négociateur de Henri, s'ingéniait, en Suisse, à préparer une levée. Au bout de neuf à dix mois, en mai 1586, Ségur n'avait encore obtenu rien de décisif : les princes allemands délibéraient au sujet d'une ambassade qu'ils voulaient envoyer à Henri III, pour essayer, par là, de pacifier les esprits en France, avant d'y entrer en armes. Les « secours » n'arrivèrent qu'en 1587, ne purent se joindre à l'armée du roi de Navarre, et furent presque anéantis, sans avoir rien fait d'utile pour la cause. Pour le moment, Henri les attendait, et hâtait, de tous ses vœux, leur arrivée ; mais bien lui prit de ne pas compter sur eux pour se mettre en défense.

Il y déploya beaucoup d'activité, sans aucune précipitation. C'était fut toujours sa politique, lorsqu'il devait lutter contre le roi de France, que de rester, ou de sembler rester sur la défensive, et d'affecter, jusqu'à la dernière heure, quelque espoir d'accommodement. C'est ainsi que, de Bergerac, le 10 juin 1585, nous le voyons adresser à Henri III copie d'une déclaration dans laquelle il fait l'apologie de sa conduite, et qu'il lui demande l'autorisation d'envoyer à toutes les cours de parlement de France. Dans ce manifeste, « après s'être
« purgé des noms injurieux de perturbateur du repos public, d'hé-
« rétique, de persécuteur de l'Eglise, de relaps, et d'incapable de la
« couronne, Henri déclarait au roi de France, à tous Ordres et
« Etats du royaume, à tous princes de la chrétienté temporels ou
« ecclésiastiques, que, pour sa religion, il était et serait toujours
« prêt à se soumettre à la décision d'un légitime concile général ou
« national, comme il était porté par les édits de pacification ; que
« pour l'administration de l'Etat, il acquiesçait à ce qui en serait
« ordonné en une légitime assemblée des Etats-Généraux de ce
« royaume. » Puis venait un éclatant défi, qui fut comme le dernier cri de la chevalerie française : « D'autant que les chefs de la Ligue
« l'avaient pris pour sujet et prétexte de leurs armes, et tâchaient
« de faire croire qu'ils n'en voulaient qu'à lui, semant dans leurs
« protestations diverses calomnies contre son honneur, il suppliait
« le roi de ne point trouver mauvais qu'il dît et prononçât qu'ils
« avaient menti ; de plus, que, pour épargner le sang de la noblesse
« et éviter la désolation du pauvre peuple, la confusion et le dés-
« ordre de tous les Etats, il offrait au duc de Guise, chef de la
« Ligue, de vider cette querelle de sa personne à la sienne, un à un,
« deux à deux, dix à dix, vingt à vingt, en tel nombre que le sieur de
« Guise voudrait, avec armes usitées entre chevaliers d'honneur,

« soit dans le royaume, au lieu qu'il plairait à S. M. de nommer,
« soit dehors, en tel endroit que Guise voudrait choisir, pourvu
« qu'il ne fût point suspect aux uns ni aux autres. » Ce défi produisit un grand effet, mais fut décliné par celui auquel il s'adressait : le duc de Guise s'excusa respectueusement, avec remercîment de l'honneur qui lui était fait, mais qu'il ne pouvait accepter, dit-il, parce qu'il soutenait la cause de la religion, et non une querelle particulière.

C'était l'heure où Henri III, s'abandonnant aux conseils de Catherine de Médicis, faisait avec la Ligue une alliance dont les engagements, publiés seulement au mois de juillet, furent promptement divulgués par les soins de ceux des contractants qui avaient le beau rôle.

A la première nouvelle de cette victoire diplomatique de la Ligue et des Guises, il y eut comme un ébranlement général dans les esprits, surtout en Guienne. Quelque temps auparavant, le maréchal de Matignon avait mis la main sur le Château-Trompette, qu'il suspectait de connivence avec les ligueurs. Il eut bientôt à se préoccuper des entreprises de la reine de Navarre, décidément brouillée avec son mari. Marguerite venait de quitter Nérac et de se fortifier dans Agen, soutenue par Duras. Voyant arriver la confusion, elle y voulut aider, en faisant, elle aussi, sa petite guerre de Ligue, à la fois contre le roi de France et contre le roi de Navarre, et devenant ainsi le précurseur des princesses de la Fronde. Nous aurons à mentionner bientôt sa misérable chute. Matignon faisait observer les mouvements de cette turbulente héroïne, lorsque la Ligue fit soudain une conquête, presque aux portes de Bordeaux. Saint-Gelais de Lansac couvait de l'œil, depuis plusieurs mois, la ville de Bourg, et le roi de Navarre, informé de ses menées, les avait dénoncées à Matignon, qui n'en tint pas compte. Au mois de juin, Bourg fut enlevé par un coup de main, et Matignon ayant annoncé cette nouvelle au roi de Navarre : « J'ai
« entendu, répondit Henri, ce que vous m'avez mandé de la
« prise de Bourg par les rebelles ; c'est chose que j'ai prévue et
« dont j'ai donné quelquefois des avis, à quoi on aurait pu pré-
« voir autrement qu'on n'a fait jusqu'ici ». Ce qu'il y eut de fâcheux pour Matignon, c'est qu'il ne put jamais reprendre Bourg, parce que le duc d'Epernon, selon le récit de Brantôme, ayant, dans la suite, chassé les ligueurs de cette place, refusa de la remettre

aux mains qui l'avaient si mal protégée, et la garda jusqu'en 1590, où il se décida, sur l'ordre de Henri IV, à y laisser entrer la garnison de Matignon (1).

Le maréchal, ne pouvant reprendre Bourg, voulut, du moins, s'opposer à une autre entreprise de Lansac. Ce capitaine avait fait construire, au Bec-d'Ambès, un fort destiné à donner plus d'importance à la conquête de Bourg et à lui servir de poste avancé dans le Bordelais. Une lettre de Matignon à Henri III, datée du 30 juin, contient le récit de la prise et de la destruction de ce fort, dont la garnison, quoique aguerrie, ne fit aucune résistance sérieuse. Les assiégés y perdirent une trentaine d'hommes, et laissèrent, entre les mains du maréchal, quarante prisonniers, au nombre desquels se trouvait le fameux Gabarret. C'était un aventurier de la pire espèce, qui avait mérité cent fois la corde, par toutes sortes de crimes, notamment par un projet d'attentat contre la vie du roi de Navarre. Matignon aurait dû, sans délai, livrer Gabarret à la justice, mais on ne voit pas dans l'histoire que cet insigne malfaiteur ait eu la fin qu'il méritait (2).

(1) Appendice : XXVII.
(2) Appendice : XXVIII.

CHAPITRE V

Le traité de Nemours. — Les « funérailles en robe d'écarlate ». — Alliance définitive du roi de Navarre et du maréchal de Montmorency. — Préparatifs de Henri. — Lettre à Henri III. — La guerre de la reine Marguerite. — Elle est chassée d'Agen. — Sa chute. — Les Seize. — Les Guises somment Henri III de faire la guerre au roi de Navarre. — Nouvelle démarche de Henri III auprès de son beau-frère. — Insuccès de cette démarche. — Le manifeste de Saint-Paul-Cap-de-Joux.

Le traité de Nemours, dont la France entière connaissait déjà les principales clauses, n'était pas encore signé, mais on a vu que Henri n'avait pas attendu d'en avoir le texte authentique sous les yeux, pour se préparer, de toutes façons, à la lutte. Plus elle était imminente, plus il redoublait d'activité et même d'assurance. Le 8 juillet, au moment, pour ainsi dire, où s'échangeaient les signatures, — elles furent données le 7 — il écrivait à Ségur : « La hâte de « nos ennemis est aussi grande à nous nuire que leur perfidie et « méchanceté. Vous loueriez beaucoup notre résolution, si la « voyiez. Nous avons *prou pour nous défendre* ; amenez-nous de « quoi les battre. » Rien ne vint à temps, et il les battit tout de même. Dans cette crise, où il se dépensait et se multipliait, avec une ardeur prodigieuse, il ne perdit, un seul instant, ni son sang-froid, ni sa gaîté. Sa lettre à Ségur contient un *post-scriptum* d'une bonne humeur et d'une familiarité bouffonnes : « Excusez-moi, si « je ne vous écris de ma main ; j'ai tant d'affaires, que je n'ai pas le « loisir de me moucher. »

Et pourtant, cet homme, qui sortait à peine de la jeunesse, et que tant d'épreuves, de malheurs et de dangers avaient rendu souple et fort comme l'acier le mieux trempé, ce prince déjà prêt à supporter tous les coups du sort, parce que, ayant triomphé de la plupart d'entre eux, il pensait n'en avoir plus aucun à redouter, ce vaillant, en un mot, eut un instant de terrible angoisse, quand le traité définitif de Nemours lui fut mis sous les yeux. Ce traité, il l'avait jugé odieux et intolérable, d'après ce qui en avait transpiré ; mais il n'en connaissait qu'à moitié la formidable économie.

En vertu de ce pacte (1), on rétablissait partout la religion catholique, on retirait aux religionnaires les libertés et les droits assurés par les divers édits de pacification, on bannissait leurs ministres, on supprimait les chambres mi-parties, on donnait aux princes ligués des gardes pour leurs personnes, les places qu'ils demandaient : Châlons, Toul, Verdun, Saint-Dizier, Reims, Soissons, Dijon, Beaune, Rue en Picardie, Dinan et Le Conquet, en Bretagne, et l'argent qu'ils demandaient, plus de quatre cent mille écus. Le traité, signé de Catherine de Médicis, du cardinal de Bourbon, du cardinal et du duc de Guise et du duc de Mayenne, fut approuvé par lettres-patentes, et, sur l'opposition du parlement, enregistré, le 18 juillet, en lit de justice. « J'ai grand'peur, dit « Henri III, à la vue de ce document inouï, que, en voulant perdre le « prêche, nous ne hasardions fort la messe. » Et, au retour du lit de justice, il ajouta : « Mon autorité vient d'expirer en ce lit, et le « parlement en a célébré les funérailles en robes d'écarlate ». Le traité de Nemours, c'était d'abord la monarchie « à pied », comme dit L'Estoile, traitant avec la Ligue « à cheval », c'est-à-dire ployant le genou devant les Guises et leur livrant la France ; puis, c'était la proscription des calvinistes, et enfin, la guerre civile.

L'historiographe Pierre Mathieu dit tenir du roi de Navarre que sa moustache blanchit soudain, après une douloureuse méditation sur le traité de Nemours. Néanmoins, son cœur ne faiblit pas. Dès le 15 juillet, ses lettres partent dans toutes les directions, pour annoncer la grande nouvelle, réconforter les esprits, recommander la vigilance. Un de ces messages doit être particulièrement noté : il s'adressait aux consuls de la ville de Castres, à qui le roi de Navarre conseille de prendre, pour leur sûreté, les bons avis de Montmorency. A dater de ce moment, il s'établit entre le roi et le duc la plus intime et la plus salutaire union. En s'appuyant l'un sur l'autre, ils constituèrent aussitôt, en attendant mieux, une force de résistance pour leur cause.

Si Henri lançait ses courriers sur tous les chemins, à l'adresse

---

(1) Appendice : XXIX.

des princes étrangers, de ses négociateurs et de ses gouverneurs ou autres officiers, il ne menait pas lui-même une existence de cabinet. De Saintonge en Armagnac, des frontières du Languedoc à celles du Poitou, de Guienne en Béarn, il était toujours en mouvement, à la fois général, sergent d'armes et administrateur ; s'assurant du bon état dés places, pourvoyant, autant que possible, aux besoins de leur armement, traçant aux troupes leur itinéraire, fixant leurs rendez-vous, réglant enfin tous les détails de l'entrée en campagne ; et, sans illusion sur les desseins de la cour et les projets des Guises, il s'efforçait de ne rien laisser au hasard. Sa dernière lettre à Henri III, dans laquelle il mêle encore la discussion à la protestation, est datée de Bergerac, 21 juillet. Il rappelle au roi de France de précédentes déclarations, toutes en sa faveur, à lui, Henri de Bourbon, et qui portent la condamnation de la Ligue et des Guises. Il retrace la situation que lui crée le traité de Nemours, et ajoute : « Je laisse « à penser à V. M. en quel labyrinthe je me trouve et quelle espé- « rance me peut plus rester qu'au désespoir. J'ai fait ouvertement à « V. M. les plus équitables offres qui se peuvent faire pour la paix « publique et générale, pour votre repos et le soulagement de vos « sujets. » Il rappelle ces offres, surtout celle de « quitter son gou- « vernement et toutes ses places, à condition que les Guises et la « Ligue fassent le semblable, pour ne retarder la paix de l'Etat ». Il revient sur son défi au duc, et termine en disant que, si le sort en est jeté, il le déplore pour la couronne et pour le pays, mais qu'il espère « en la justice de sa cause et en Dieu, qui lui doublera « le cœur et les moyens contre tous ses ennemis, qui sont ceux du « roi et de la France ».

Vers la mi-août, l'Agenais, où s'était déjà manifestée une assez vive agitation, causée par les entreprises de la reine Marguerite, devint le théâtre de la petite guerre à laquelle nous avons fait allusion plus haut. Les dispositions hostiles de la reine de Navarre s'affirmèrent, et ses troupes entrèrent en campagne. Une tentative qu'elles firent sur Tonneins fut châtiée par Henri en personne; il leur tua un capitaine, un enseigne et une centaine de soldats, battant ainsi, du même coup, et sa femme et la Ligue. Marguerite essaya de prendre sa revanche sur Villeneuve, mais elle y échoua honteusement (1). Rien ne lui réussit, et sa bonne ville d'Agen, où

---

(1) Appendice : XXX.

elle s'était établie plutôt de force que de gré, finit par la prendre en haine, elle et les Duras, ses tenants, si bien, que le maréchal de Matignon ayant marché sur Agen, pour avoir raison, au nom du roi de France, des hostilités de la reine de Navarre, cette ville saisit l'occasion et se souleva. Marguerite dut s'enfuir précipitamment, en piètre équipage, avec ses courtisans et ses dames. A dater de cette fuite, la belle Marguerite de Valois sort de l'histoire pour entrer, pour s'abîmer dans la chronique scandaleuse d'un temps si fertile en scandales.

Le traité de Nemours mettait la monarchie française aux ordres des Guises. Il n'avait cependant pas stipulé que Henri III ferait la guerre au roi de Navarre et au parti calviniste ; mais les Guises se sentirent bientôt assez forts pour l'exiger. Il s'était formé dans Paris, d'abord à leur insu, cette association connue dans l'histoire sous le nom de « Ligue des Seize », composée de laïques et d'ecclésiastiques, et qui se proposait un triple but : propager les idées de la Ligue au sein de la population parisienne et dans les provinces, donner une direction à toutes les associations et à tous les actes isolés, et, par la concentration des pouvoirs, accroître, dans d'immenses proportions, les forces de cette puissance factieuse. La Ligue était un Etat dans l'Etat, si même elle ne s'y substituait complètement. Les Seize tendaient à absorber la Ligue, ce qu'ils firent plus tard. Les Guises approuvèrent l'œuvre des Seize, dès que son organisation fut complète, et que les premiers résultats en démontrèrent l'efficacité. Maîtres de Paris, et se croyant en mesure d'avoir bientôt presque toute la France dans leur camp, les Guises agirent alors auprès de Henri III, pour le décider à faire lui-même la guerre au « Béarnais » et à ses alliés.

Le roi de France, avant d'obéir aux sommations de la Ligue, voulut tenter un dernier effort auprès du roi de Navarre. Il lui envoya une députation composée de l'abbé Philippe de Lenoncourt, plus tard cardinal, de M. de Poigny, et du président Brulart de Sillery. « Au départ de cette députation, dit P. de L'Estoile, on fai-
« sait déjà à Paris l'épitaphe du roi de Navarre, parce qu'on disait
« qu'il serait incontinent bloqué et pris ; et toutefois beaucoup trou-
« vaient l'instruction étrange qu'on lui voulait donner pour sa con-
« version, qui était avec l'épée sur la gorge. Aussi madame d'Uzès,
« voyant qu'à la queue de ceux qu'on y envoyait pour cet effet, il y
« avait une armée, ne put se tenir de dire au roi, en gossant à sa

« manière accoutumée, en présence de plusieurs ligueurs qui étaient
« là, « qu'elle voyait bien que l'instruction du Béarnais était
« toute faite et qu'il pouvait bien disposer de sa conscience,
« puisque à la queue des confesseurs qu'on lui envoyait, il y avait
« un bourreau ».

La députation arriva, le 25 août 1585, à Nérac, où se trouvait Henri, accablé de travaux et de préoccupations, mais ferme et confiant. Les députés avaient pour mission de conjurer, une dernière fois, le roi de Navarre de rendre les places de sûreté, de révoquer les ordres qu'il avait donnés pour une levée en Allemagne, et de se faire catholique, dans l'intérêt de la succession au trône, le cas échéant, ou, tout au moins, de suspendre, durant dix mois, l'exercice de la religion réformée. De Thou nous a conservé l'analyse détaillée de la réponse du roi de Navarre au discours de l'abbé de Lenoncourt. « Le roi répondit aux ambassadeurs qu'il était infini-
« ment redevable à S. M. des favorables dispositions où elle était à
« son égard et des témoignages honorables qu'elle voulait bien lui
« en donner; qu'au reste, il était sensiblement mortifié de ce que ce
« prince n'avait pas mieux aimé accepter ses services, comme il
« l'aurait fait, s'il eût été mieux conseillé, que se livrer au caprice
« de gens qu'il regardait avec raison comme ennemis de sa personne
« et de son Etat, et de leur prêter même des armes par sa trop
« grande bonté, pour l'obliger à entreprendre malgré lui la guerre
« la plus injuste. Qu'il remerciait S. M. du soin qu'elle paraissait
« prendre de son salut, mais qu'il la priait de faire réflexion s'il y
« aurait de la justice ou de l'honneur pour lui d'abandonner, pour
« des motifs de crainte et d'espérance, une religion dans laquelle il
« avait été élevé...; que cependant il ne refuserait pas de se faire
« instruire et de changer, s'il était dans le mauvais chemin, non
« plus que de se soumettre à la décision d'un concile libre... Que
« pour ce qui était des villes de sûreté accordées aux protestants,
« il était inutile de leur en demander la restitution dans un temps
« où on ne pourrait les accuser d'injustice quand ils en demande-
« raient de nouvelles, afin de pouvoir se mettre à couvert des fureurs
« de la guerre pour laquelle les ennemis du repos public faisaient
« de si grands préparatifs. Qu'enfin il importait peu, pour la tran-
« quillité de l'Etat, qu'il suspendît pour un temps l'exercice de la
« religion protestante, et qu'elle avait jeté en France des racines
« trop profondes, à l'abri des précédents édits, pour pouvoir espérer

« que celui que les factieux venaient d'extorquer de S. M. fût capa-
« ble de l'exterminer ainsi en un instant. »

Le lendemain, Henri congédiait la députation, en lui remettant pour son beau-frère cette déclaration courtoise, dont la correction irréprochable dut être plus sensible à Henri III que ne l'eût été une violente protestation : « Je penserais offenser la suffisance
« (capacité) de MM. de Lenoncourt, de Poigny et président Bru-
« lart, si je voulais, par cette lettre, discourir et faire entendre à
« V. M. ce qui s'est passé entre eux et moi. Je suis bien marri que
« je ne suis accommodé en toutes les choses qu'ils m'ont proposées
« de la part de V. M., pour laquelle et son contentement je vou-
« drois accommoder et employer ma vie propre ; mais je me pro-
« mets tant de sa bonté et prudence, qu'elle en trouvera les occasions
« raisonnables. »

Henri, comme on le voit, restait toujours fidèle à sa politique envers la couronne. Jamais il n'avait consenti, et il ne consentit jamais, dans la suite, à répondre en ennemi ou même en adversaire aux actes d'hostilité de Henri III. Il ne gardait pas seulement cette attitude dans ses lettres au roi de France ou dans ses déclarations aux envoyés de ce prince, mais encore dans tous les documents par lesquels il exprimait publiquement sa pensée.

Au commencement du mois d'août, par exemple, il avait eu, à Saint-Paul-Cap-de-Joux, dans le Lauraguais, une entrevue avec le prince de Condé et le duc de Montmorency, d'où il sortit un manifeste signé des deux princes. Dans ce manifeste, il dénonce les visées de la Maison de Lorraine, il fait l'apologie de sa propre conduite, et déclare ne tenir pour ennemis que les chefs de la Ligue, qui sont « ennemis de la Maison de France et de l'Etat, tels que,
« peu auparavant, le roi les avait déclarés (1) ».

(1) Appendice : XXXI.

CHAPITRE VI

Sixte-Quint et la Ligue. — La bulle du 9 septembre 1585 contre le roi de Navarre et le prince de Condé. — Réponse de Henri à la bulle. — Début de la « guerre des Trois Henri ». — Condé reprend les armes en Poitou et en Saintonge. — Il assiège Brouage. — Sa désastreuse expédition dans l'Anjou. — Henri III se décide à faire la guerre aux calvinistes. — Formation de trois armées royales. — Energie du roi de Navarre. — La comtesse de Gramont. — Son caractère ; son dévouement au roi de Navarre ; son rôle. — Voyage de Henri à Montauban.

Après le départ des envoyés de la cour, Henri venait d'expédier à tous les princes protestants et à divers personnages la copie de la protestation collective dont nous venons de parler, lorsque les foudres du Vatican grondèrent sur sa tête. Le pape Grégoire XIII était mort, au mois d'avril. Le Père Daniel rapporte que, « peu de « jours avant sa mort, s'entretenant avec le cardinal d'Este, il lui « dit que les Ligués de France n'auraient jamais ni bulle, ni bref de « lui, d'autant qu'il ne voyait pas assez clair dans cette intrigue. « Toutefois la conduite qu'il tint à cet égard autorisa extrêmement « la faction, et la condescendance qu'il eut de laisser mettre son nom « par le cardinal de Bourbon à la tête de la liste des souverains « qui y entraient, fit un étrange effet sur les catholiques ». Le successeur de Grégoire, Sixte-Quint, n'hésita pas à désapprouver hautement la Ligue, dont il condamnait l'esprit et les vues factieuses ; il donna même une bulle que le duc de Nevers, de passage à Rome, fut chargé de remettre à Henri III, par laquelle « il « excommuniait en même temps ceux qui donneraient des secours « aux huguenots, *et ceux qui entreprendraient quelque chose* « *contre le roi et contre son royaume* ». C'était viser la Ligue en pleine poitrine ; mais les intéressés ne virent là que ce qu'ils voulaient voir. Cette première bulle n'eut aucun retentissement. Il n'en fut pas de même de celle que donna le Pape, cinq jours après, le

9 septembre 1585. Elle excommuniait le roi de Navarre et le prince de Condé, les privait, eux et leurs successeurs, de tous leurs Etats, spécialement du droit de succéder à la couronne de France, et déliait leurs vassaux et sujets de leur serment de fidélité. Par cette bulle, le Saint-Père n'entendait pas venir en aide à la Ligue, qu'il ne mentionnait pas ; mais la coïncidence était précieuse pour les factieux : le Pape lançait les foudres spirituelles contre les princes qu'ils voulaient terrasser par leurs armes, afin qu'il n'y eût plus personne entre le trône de France et eux. La Ligue, antérieurement désavouée par Sixte-Quint, allait probablement lui devoir son triomphe.

Le Père Daniel assure que le roi de Navarre répondit à la bulle par quatre manifestes : c'est une erreur. Henri fit à l'anathème du Saint-Siège deux réponses : l'une indirecte et adressée « à MM. de la Faculté de théologie du Collège de Sorbonne (1) » ; l'autre directe, et qui, au mois d'octobre ou de novembre, fut affichée aux portes mêmes du Vatican. Le Père Daniel dit, au sujet de cet écrit : « Il y « appelait comme d'abus de cette bulle au parlement et au concile « général, et il implorait le secours des souverains, qui devaient « tous s'intéresser dans sa cause, par l'injure que le Pape faisait à « l'autorité royale, en s'attribuant la puissance de disposer des « couronnes et le droit de décider sur de tels différends. On dit que « Sixte-Quint, quoiqu'il n'eût pas sujet d'être satisfait de cette in- « sulte, ne la blâma pas, et qu'à cette occasion il dit au marquis de « Pisany (ambassadeur de France) qu'il serait à souhaiter que le roi « son maître eût autant de résolution contre ses ennemis que le « roi de Navarre en faisait paraître contre ceux qui haïssaient « son hérésie : ce qui est assez conforme à ce qu'on a écrit dans « la vie de ce Pape, que, de tous les souverains de la chrétienté, « il n'estimait guère que ce prince et Elisabeth, reine d'Angle- « terre. »

Quant à la lettre à MM. de la Sorbonne, datée de Mont-de-Marsan, 11 octobre 1585, c'est une dissertation à la fois politique et théologique, et qui exprimait sans doute les sentiments du roi de Navarre, mais dont la rédaction était de Du Plessis-Mornay, en voie de mériter son surnom de « pape huguenot ». Il faut noter,

---

(1) Appendice : XXXII.

d'ailleurs, que la bulle de Sixte-Quint ne fut accueillie avec satisfaction que par la Ligue. Le parlement de Paris n'était pas loin d'y voir un attentat contre la couronne, et Henri III lui-même se montra plus mécontent que satisfait du décret pontifical.

Le prince de Condé, toujours pressé d'en venir aux mains, commença, dès le mois de septembre, les hostilités dans le Poitou. Il y trouva devant lui le duc de Mercœur, gouverneur de Bretagne, et le rejeta dans son gouvernement ; puis, descendant vers la Saintonge, il mit le siège devant Brouage, vaillamment défendu par Saint-Luc, mais dont il se fût rendu maître, selon toute apparence, si la nouvelle d'un coup de main tenté par les protestants sur Angers n'était venue modifier ses plans. La citadelle d'Angers avait été surprise par une poignée de religionnaires, qui réclamaient de prompts secours. Le prince prit deux mille chevaux, laissa le commandement du siège à un de ses lieutenants, et courut à Angers. Il y arriva trop tard : ses amis avaient capitulé. Condé fit une tentative désespérée sur les faubourgs de la ville, et fut obligé de battre en retraite. Ce fut une débandade, dans laquelle il eut beaucoup de peine à se sauver ; il passa de Normandie en Angleterre, d'où la reine le fit reconduire à La Rochelle. Pendant cette retraite désastreuse, le reste de son armée était contraint de lever le siège de Brouage, à l'approche de l'armée de Matignon manœuvrant pour faire sa jonction avec celle de Mayenne, qui, à son tour, en s'avançant dans le midi, interrompit les succès de Turenne en Limousin, où il s'était emparé de la ville de Tulle. A ce moment, Lesdiguières parcourait victorieusement le Dauphiné et les contrées voisines ; il prenait Chorgues, Montélimar, Embrun, et se mettait en mesure de tenir tête à l'armée que menait contre lui le duc d'Epernon. Tels furent les débuts de la « guerre des Trois Henri ».

Dès que l'on fut aux prises sur tous les points, c'est-à-dire dans les premiers jours du mois d'octobre, les chefs de la Ligue, dit le Père Daniel, « enflés de leurs succès, pressèrent le roi de mettre à
« exécution l'article du traité de Nemours par lequel tous les hu-
« guenots devaient être chassés du royaume, quoique les six mois
« qu'ils avaient pour en sortir ne fussent point encore expirés. Ils
« obtinrent, par leurs importunités, l'avancement de ce terme ; et le
« roi eut la faiblesse de donner un édit dans son conseil au mois
« d'octobre, qui ordonnait, sous peine de confications des biens, et

« de crime de lèse-majesté, à tous les calvinistes, de faire abjura-
« tion de leurs erreurs dans quinze jours ; et après ce court espace,
« on commença à exécuter l'édit. Le roi de Navarre attendit quel-
« que temps, pour voir si l'on continuerait à le faire ; et, ayant su
« qu'on y procédait avec beaucoup de rigueur, il fit, de son côté, une
« déclaration par laquelle il fut ordonné, dans tous les pays dont il
« était le maître, de traiter les catholiques comme le roi traitait les
« huguenots. On saisit et on vendit leurs biens, et on les chassa des
« villes et de leurs terres. Une infinité de gens de tous côtés,
« tant catholiques que calvinistes, furent réduits à la dernière
« misère, et on ne vit jamais dans le royaume une pareille désola-
« tion. »

Ni les échecs du prince de Condé, ni la mise en campagne de trois armées royales, ni les nouvelles mesures de rigueur prises contre les huguenots, n'eurent raison de l'énergie du roi de Navarre. Des derniers jours du mois de septembre au commencement du mois de décembre, il entretint une correspondance exclusivement militaire avec un grand nombre de gouverneurs et de capitaines, Saint-Geniès, Geoffroy de Vivans, Favas, André de Meslon, sénéchal d'Albret, Chouppes, un des héros de Cahors, Manaud de Batz, gouverneur de l'Eauzan, etc. Le 1er décembre, il envoie des lettres de respectueuse mais ferme protestation à Henri III et à la reine-mère ; puis il tire résolûment l'épée.

C'est à ce moment que, pour la première fois, suivant la chronologie adoptée par le recueil de Berger de Xivrey, nous rencontrons, mêlée à la vie publique de Henri, une femme d'un grand cœur et d'un haut caractère, cette illustre Diane d'Andouins, veuve de Philibert comte de Guiche et de Gramont, et que les chroniqueurs du XVIe siècle ont surnommée la « belle Corysandre (1) ». Si jamais les atténuations furent de mise dans les jugements du moraliste sur une liaison irrégulière, l'histoire les apporte toutes ici en témoignage. La femme du roi de Navarre, frappée de toutes les déchéances, était devenue son ennemie ; humainement parlant, il était libre et, plus encore, seul ; l'amitié, l'appui, l'alliance politique de la comtesse de Gramont, pourtant catholique, s'offrirent naturellement à lui, qui manquait si souvent d'amis, de partisans, de toutes les ressources si nécessaires à sa vie de combats. Ainsi com-

(1) Appendice : XXXIII.

mença le pacte qui se consomma dans l'amour. Il ne faut pas confondre cette passion avec celles qui ont si souvent gâté la jeunesse et même la maturité de Henri de Bourbon. Cette maîtresse fut une amie fidèle, ingénieuse et puissante. Plus d'un de ces vaillants capitaines qui se pressaient autour de lui dans les batailles, et qui le conduisirent jusqu'au trône, n'a pas fait autant pour son service, et par conséquent pour le salut et l'honneur de la France, que cette noble femme, restée irréprochable après la séparation comme elle l'avait été avant de se donner à lui et à sa royauté proscrite. Henri fut son héros quand il était aux prises avec la mauvaise fortune, et il n'y a pas dans l'histoire trace d'une seule faveur royale pour elle. Cent fois elle lui vint en aide, comme aurait pu le faire un prince, tantôt par ses biens qu'elle engageait, tantôt par les hommes d'Etat et de guerre dont elle lui conquérait le talent et la bravoure, tantôt enfin par des actes d'un dévouement héroïque, tels qu'une ingérence hardie dans les affaires militaires et le danger personnel intrépidement affronté. Plus d'une fois, le roi de Navarre n'eut sous ses ordres que des troupes levées et soldées par la comtesse de Gramont, et c'est bien à elle qu'il écrivait, le 9 décembre 1585 : « Je « vous porterai toutes nouvelles et le *pouvoir de faire vider les* « *forts* »

A cette date, il était en campagne depuis quelques jours déjà, et parcourait, à travers les détachements ennemis, quelques contrées de l'Albret et de l'Armagnac, afin de pourvoir à leur sûreté. Dans la lettre dont on vient de lire une phrase si caractéristique, il raconte un fait de guerre : « Dimanche, se fit près Monheurt une jolie
« charge, qui est certes digne d'être sue. Le gouverneur, avec trois
« cuirasses et dix arquebusiers à cheval, rencontra le lieutenant de
« La Bruyère (ou Brunetière), gouverneur du Mas-d'Agenais, qui
« en avait douze, et autant d'arquebusiers tous à cheval. Le nôtre
« se voyant faible et comme perdu, dit à ses compagnons : « Il
« les faut tuer ou vaincre ». Il les charge de façon qu'il tue le chef et
« deux gendarmes et en prend deux prisonniers, les met à vau-de-
« route, gagne cinq grands chevaux et tous ceux des arquebusiers,
« et n'eut qu'un blessé des siens. »

« Je fais force dépêches », ajoutait-il dans la même lettre. Il ne faisait pas moins de chevauchées, non pour chercher personnellement la bataille, ce n'en était pas encore l'heure, mais pour armer ses places, ramasser des troupes, faire acheter et transporter des poudres, et se préparer enfin, de toutes façons, à la guerre défensive dont il avait conçu le plan. Le temps ne lui manqua pas pour cette grosse besogne; il en eut assez pour traverser l'Armagnac et l'Agenais, et se rendre, dans les derniers jours du mois de décembre 1585, à Montauban, d'où il méditait d'adresser au pays plusieurs manifestes et de le prendre à témoin de la justice de sa cause.

LIVRE QUATRIÈME

(1586-1589)

CHAPITRE PREMIER

Les quatre manifestes du roi de Navarre.— Jonction de l'armée de Mayenne et de l'armée de Matignon. — Conduite du maréchal. — Prise de Montignac en Périgord par Mayenne. — Dénombrement des deux armées royales. — Résolution et bonne humeur. — Premier siège de Castets. — Henri fait lever ce siège à Matignon. — Le plan du roi de Navarre. — Voyage de Henri à Pau. — Les Etats de Béarn et les subsides. — Retour précipité. — Le roi cerné. — Les deux messages de Henri à son « Faucheur ». — La comédie militaire de Nérac — Illusions de Mayenne et de Poyanne. — Odyssée du roi de Navarre, de Nérac à Sainte-Foy. — Le duc de Mayenne et le vicomte d'Aubeterre.

L'année 1586 s'ouvre par quatre manifestes datés de Montauban le 1ᵉʳ janvier, et adressés au clergé, à la noblesse, au Tiers-Etat, à la ville de Paris. Voici la conclusion de la lettre au clergé : « Nous
« croyons un Dieu, nous reconnaissons un Jésus-Christ, nous re-
« cevons un même Evangile. Si, sur les interprétations de même
« texte, nous sommes tombés en différend, je crois que les courtes
« voies que j'avais proposées (le concile libre) nous pourraient
« mettre d'accord... La guerre que vous poursuivez si vivement
« est indigne de chrétiens, indigne entre les chrétiens, de ceux
« principalement qui se prétendent docteurs de l'Evangile. Si la
« guerre vous plaît tant, si une bataille vous plaît plus qu'une dis-
« pute, une conspiration sanglante qu'un concile, j'en lave mes

« mains : le sang qui s'y répandra soit sur vos têtes. Je sais que
« les malédictions de ceux qui en pâtiront ne peuvent tomber sur
« moi, car ma patience, mon obéissance et mes raisons sont prou
« connues. J'attendrai la bénédiction de Dieu sur ma juste défense,
« lequel je supplie, Messieurs, vous donner l'esprit de paix et d'u-
« nion pour la paix de cet Etat et l'union de son Eglise. »

Dans le manifeste à la noblesse de France, après l'exposé apologétique, il touche la fibre nationale : « Ils (les ligueurs) se sont
« formalisés aussi du gouvernement de cet Etat, ont voulu pourvoir
« à la succession, l'ont fait décider à Rome par le pape. Vous donc
« qui tenez le premier lieu en ce royaume, si le besoin d'icelui
« l'avait requis, auriez-vous été si nonchalants de vous laisser pré-
« venir par étrangers en cet office ? N'auriez-vous point eu de soin
« de la postérité ?... Car qu'a-t-on vu que Lorrains en tous ces re-
« muements ? Mais certes, pour réformer ou transformer l'État,
« comme ils désirent, il n'était besoin de votre main, il n'apparte-
« nait qu'à étrangers de l'entreprendre... Le procès ne se pouvait
« juger en France.., il fallait qu'il fût jugé en Italie. » — Rappelant son défi au duc de Guise « pour sauver le peuple de ruine, pour
« épargner le sang de la noblesse », il jette le gant et compte sur
l'avenir : « Ne pensez, Messieurs, que je les craigne... On sera
« plutôt lassé de m'assaillir que je ne serai de me défendre ; je les
« ai portés, plusieurs années, plus forts qu'ils ne sont, plus faibles
« beaucoup que je ne suis. Vous avez expérience et jugement : le
« passé vous résoudra de l'avenir. » — Il y a, dans la conclusion,
très pathétique, des mots poignants, des élans sublimes : on n'avait
jamais peut-être, depuis Jeanne d'Arc, parlé un langage aussi national : « Je plains certes votre sang répandu et dépendu (dépensé)
« en vain, qui devait être épargné pour conserver la France ; je le
« plains, employé contre moi, à qui le deviez garder, étant ce que
« Dieu m'a fait en ce royaume, pour *joindre une France* à la France,
« au lieu qu'il sert aujourd'hui à la chasser de France »...

Voici la conclusion de la lettre au Tiers-Etat : « Je compâtis à vos
« maux ; j'ai tenté tous les moyens de vous exempter des misères
« civiles ; je n'épargnerai jamais ma vie pour les vous abréger...
« Je sais que, pour la plupart, vous êtes assujettis sous cette vio-
« lence ; je ne vous demande à tous qui, selon votre vocation, êtes
« plus sujets à endurer le mal que non pas à le faire, que vos vœux
« et vos souhaits et vos prières ».

Quant au manifeste à la ville de Paris, il était bien ce qu'il devait être. Dans cette page, Henri ne démontre pas : il affirme, et compte sur la pénétration de l'esprit parisien. L'exorde seul dit tout : « Je « vous écris volontiers, car je vous estime comme le miroir et « l'abrégé de ce royaume ; et non toutefois pour vous informer de « la justice de ma cause, que je sais vous être assez connue ; au « contraire, pour vous en prendre à témoins, vous qui, par la mul- « titude des bons yeux que vous avez, pouvez voir et pénétrer pro- « fondément tout ce qui se passe en cet Etat ».

Dès les premiers jours de janvier, « tout est en armes en France », comme l'écrit le roi de Navarre au baron de Saint-Geniès. Le duc de Mayenne et Matignon s'étaient rencontrés à Châteauneuf, sur la Charente, vers la fin du mois de décembre. Ils parurent se mettre d'accord pour le plan de campagne ; mais, outre qu'ils se méfiaient l'un de l'autre, il a été reconnu que Matignon avait reçu de Henri III l'ordre secret, non, comme l'ont dit quelques-uns, de ménager le roi de Navarre, mais, tout en le combattant, d'agir le moins possible de concert avec le duc, afin de ne pas multiplier les succès de la Maison de Guise. A la vérité, aucun témoignage authentique n'est venu confirmer précisément cette interprétation de la conduite du maréchal ; mais on n'en peut nier la vraisemblance, quand on étudie les actes de Matignon pendant le cours de la campagne. Si aucune arrière-pensée ne dirigea quelques-uns de ses actes, il faut avouer alors qu'ils furent sous l'influence d'une sorte de fatalité, dont profita, dans une large mesure, la cause du roi de Navarre.

Après leur entrevue, le duc et le maréchal semblèrent avoir hâte de se séparer : Matignon revint en Guienne, et Mayenne, qui n'osa pas assiéger Saint-Jean-d'Angély, où régnait la peste, prit quelques bicoques, en Saintonge et en Périgord. Pierre de L'Estoile note un de ces exploits : « Le 6ᵉ jour de février (1586), la ville de Monti- « gnac en Périgord, ou plutôt bicoque, que tenaient ceux de la Reli- « gion, fut rendue, par composition, au duc de Mayenne. Le roi de « Navarre n'avait auparavant qu'un concierge dans cette place, sans « vouloir souffrir qu'on y fît la guerre. Aussi, deux jours après cette « belle prise, les habitants, qui tous étaient de la Religion, se rachetè- « rent pour mille écus, qu'ils baillèrent à Hautefort, et fut, par ce « moyen, remise en leur puissance. Voilà comme on commença à « exterminer l'hérésie, par vider la bourse des hérétiques ; et toute- « fois la Ligue, à Paris, en fit un trophée au duc de Mayenne. »

Le chiffre des troupes que mettaient en mouvement le duc de Mayenne et le maréchal de Matignon n'est donné qu'approximativement par les historiens : il n'était pas inférieur à vingt mille hommes de toutes armes, sans compter les gentilshommes qui servaient en volontaires et se joignaient habituellement au gros de l'armée, quand elle passait ou séjournait dans leur voisinage. Il y avait, dans cette accumulation de forces, de quoi inquiéter, sinon effrayer le roi de Navarre et ses partisans. Ils attendirent l'orage de pied ferme, et même avec autant de bonne humeur que de courage. Du Plessis-Mornay écrivait à la duchesse d'Uzès, qui vivait à la cour de Henri III : « Nous sommes attendant M. de Mayenne. Son « armée s'évapore en menaces, et les effets en seront tant moindres. « Croyez, Madame, qu'il nous tarde de le chasser et que ce saint « est taillé à ne pas faire grands miracles en Guienne. » Et Henri écrivait, de son côté, avec une pointe de forfanterie qui ne déplaît pas : « Depuis quatre mois, ils n'ont pas assiégé une seule bicoque « des nôtres, ils n'ont pas défait une seule de nos compagnies, et « les leurs, de maladie ou d'autre incommodité, se sont défaites de « la moitié ; espérant bien, avec le moindre secours que je puis avoir, « les combattre ou tout au moins les chasser de mon gouvernement, « auquel j'ai eu jusqu'ici mes allées et venues franches, les tenant « encore par delà les rivières. » Le roi de Navarre était alors à Montauban, ayant sous la main un corps d'élite de deux mille hommes environ, prêt à se porter sur les points faibles, ou à profiter de l'occasion pour tenter quelque coup heureux. Le 25 janvier, il était à Nérac ou dans le voisinage de cette ville, quand il eut connaissance de « lettres écrites par le maréchal de Matignon au premier prési- « dent de Toulouse », lettres qui annonçaient que le dessein des deux armées était de « nettoyer la rivière (la Garonne) et réduire toutes « les villes qui sont auprès, suivant le commandement du roi fait « au duc, à la requête de ceux de Toulouse et de Bordeaux, afin « de rendre le commerce desdites villes libre ». Cette lettre interceptée lui donnait de précieuses indications ; il les utilisa sans délai en envoyant chercher des poudres en Béarn pour les distribuer, en supplément, à quatre places qu'il jugeait pouvoir être assaillies : Clairac, Nérac, Casteljaloux et Castets. Huit jours après, l'armée de Matignon paraissait devant Castets.

Castets appartenait à Favas. Ce n'était qu'un château, mais fortifié de main de maître, bien armé et approvisionné. Favas l'avait

donné en garde au capitaine de Labarrière, qui s'y était enfermé avec une troupe aguerrie. Vingt fois les Bordelais avaient demandé à Matignon d'enlever aux calvinistes cette place, non seulement parce qu'elle était la propriété d'un de leurs plus redoutables adversaires, mais encore et surtout parce qu'elle pouvait interrompre, selon le bon plaisir da la garnison, toutes les communications par eau entre Bordeaux et le haut pays. Le maréchal, venu devant Castets avec une grande partie de son armée, ordonna de vigoureuses attaques, qui furent repoussées. Labarrière, digne lieutenant de Favas, exécuta même deux sorties où la garnison eut l'avantage. Le siège durait depuis quelques jours, lorsque le roi de Navarre, avec une petite armée de deux ou trois cents maîtres et de dix-huit cents arquebusiers, parut tout à coup aux environs de la place. Matignon décampa, sans même risquer une escarmouche, et alla s'embusquer dans Langon. Nous disons s'embusquer, car, ayant près de cinq mille hommes et huit canons, il pouvait aisément tenir tête au roi de Navarre. Sa retraite à Langon fut évidemment la manœuvre d'un général qui recule devant l'ennemi pour l'attirer dans un piège où sa défaite est inévitable. Henri aurait accepté le combat, puisqu'il venait l'offrir, mais il se détourna sagement du piège. Il entra dans Castets, y dîna pour témoigner de son succès, et repartit sans bravade inutile, mais après avoir complètement réussi dans son entreprise. Il a fait lui-même le récit de ce coup heureux dans une lettre à Saint-Geniès datée de Montpouillan, le 21 février : « J'ai été, avec mes troupes, jusque près de Langon, à
« une lieue, et fus hier dîner à Castets. Et après dîner, j'en partis
« en bataille, après avoir fait ce que j'avais desseigné (projeté), sans
« que jamais nous ayons eu une seule alarme. Au contraire, nos
« ennemis en ont été tellement alarmés que M. de Matignon
« resserra toute sa cavalerie dedans Langon. Ils ont fait barricades,
« mis des pièces aux avenues et fait tout ce qu'on a accoutumé quand
« on doit être, assailli. Dieu a béni mon voyage, qui a été utile,
« encore que je l'aie entrepris contre l'opinion de tout le monde : à
« lui seul en soit la gloire. »

A ce moment, le roi de Navarre était en marche, mais sans armée, vers le Béarn, où l'appelait le soin d'affaires importantes dont la plupart des historiens ne semblent pas avoir soupçonné l'existence. Ce voyage faisait partie d'un plan conçu avec hardiesse et qui fut exécuté avec audace.

Lorsque Henri fut convaincu que deux armées, se donnant la main ou manœuvrant dans le voisinage l'une de l'autre, allaient parcourir le gouvernement de Guienne et l'assaillir dans ses propres Etats, il lui fallut d'abord songer à mettre, autant que possible, en sûreté toutes les places capables de résistance, ce qu'il fit, comme nous l'avons vu. Puis, il envisagea les chances et les suites probables d'une lutte personnelle en Guienne et en Gascogne. Il l'eût soutenue, et victorieusement sans doute, avec une armée toujours disponible. Mais il n'en avait aucune : pour faire lever à Matignon le siège de Castets, il avait rassemblé deux mille hommes pris dans ses garnisons. Les armées de Mayenne et de Matignon tenant la campagne et investissant ou guettant les places du roi de Navarre, il pouvait, à la rigueur, inquiéter de temps à autre l'ennemi, lui infliger quelques échecs, lui tendre çà et là des embuscades, lui faire, en un mot, une guerre de partisans assez meurtrière, mais, par contre, imposer longuement à tout le pays le poids de cette guerre d'une issue douteuse. Sans autre champ de bataille néanmoins, il eût certainement voulu vaincre ou périr sur celui où tendaient à le cerner Mayenne et Matignon. Mais le terrain de la lutte était fort étendu, et il se trouvait même que, par la présence des deux armées en Guienne et en Gascogne, où elles rencontraient des obstacles à chaque pas, la place lui était laissée libre en Saintonge pour y être à portée, soit de rassembler de nouvelles forces, en vue de les pousser vers le duc et le maréchal, soit de les employer avantageusement dans un large rayon autour de La Rochelle, soit enfin de s'en servir pour aller, à travers le Poitou soulevé, au-devant de l'armée étrangère, dont l'entrée en France n'était qu'une question de temps.

De toute façon, le roi de Navarre était déterminé, non à abandonner ses Etats, d'ailleurs bien défendus, mais à transporter son action personnelle au delà des limites où allait s'exercer l'action des deux armées royales. Il avait donc formé le projet de tourner ou de traverser ces deux armées, aussitôt que l'état de ses affaires lui permettrait d'exécuter cette entreprise. Après son expédition à Castets, il fut informé des mouvements de Mayenne, qui suivait une route encore indécise, mais tracée de telle sorte qu'elle devait le mettre en mesure d'occuper rapidement tous les passages de la Garonne, depuis les lignes de Matignon jusque dans le voisinage d'Agen. Henri n'avait pas de temps à perdre ; et quoiqu'il eût dit en riant : « Monsieur de Mayenne n'est pas si mauvais gar-

« çon qu'il ne me permette de me promener quelque temps en Gas-
« cogne », il revit en courant plusieurs places où il restait quelques
ordres à donner, et séjourna huit jours à Nérac. Là, il entretint
avec sa sœur Catherine, régente de Béarn, une correspondance ac-
tive, mais qui n'aboutit pas au gré de ses désirs. Le 6 mars, il quittait Nérac, allait coucher à Eauze, et, le 7, il couchait à Pau, où
il passa deux jours entiers. Ce voyage, au moment où Mayenne
inondait l'Agenais de ses troupes, a été reproché à Henri comme
une aventure galante. « Il s'oubliait auprès de la belle Corysandre »,
disent vingt historiens, le grave Mézeray en tête. S'il se fût oublié
à Pau, ce n'eût pas été auprès de la comtesse de Gramont, qui était
à Hagetmau, mais auprès de la régente. La vérité est que ce voyage
fut nécessité par une question de subsides que la correspondance
mentionnée plus haut n'avait pu résoudre selon les vues de
Henri.

Nous avons fait connaître les bonnes relations qui existaient entre
le roi de Navarre et les Etats de Béarn. En 1585, les Etats, com-
prenant la gravité du péril qui menaçait leur souverain et même
leur existence, car ils pouvaient redouter plus que jamais un retour
offensif de l'Espagne, alliée de la Ligue, s'étaient assemblés quatre
fois, pour aviser aux meilleurs moyens de mettre le pays en état de
défense.

Le 25 février 1586, Henri leur adressa de Nérac une longue lettre
où il dépeignait les dangers de la situation que lui avait créée l'alliance du roi de France avec la Ligue, et sollicitait de nouveaux subsides. Si l'on songe que le roi de Navarre manquait d'argent, comme
il en manqua presque toujours, et en avait besoin plus que jamais,
on comprendra de quelle importance était pour lui le succès de sa
requête aux Etats de Béarn. Il ressentit sans doute quelque mauvaise impression du premier accueil fait à cette requête, et peut-être
essaya-t-il d'avoir gain de cause à ce sujet, sans quitter Nérac, où
il séjourna huit jours, comme dans l'attente de quelques nouvelles ;
mais tout porte à croire qu'il jugea nécessaire de se transporter à
Pau pour assurer l'issue favorable de cette négociation. Il ne rap-
porta de son voyage que le vote d'un subside de trente mille écus
environ, qui ne firent pas long usage, mais dont il ne pouvait se
passer au début de la campagne. Plus tard, les Etats votèrent tous
les emprunts demandés pour subvenir aux frais de la guerre, et ils
se départirent franchement de leur économie ombrageuse et intem-

pestive, quand ils eurent connaissance du projet qu'avait conçu la Ligue de livrer la Basse-Navarre à son allié Philippe II.

Il y a apparence que les nouvelles des mouvements de Mayenne abrégèrent le séjour de Henri dans la capitale de ses États souverains. Il en partit dans l'équipage le plus restreint, le 10 mars; il passa en courant à Nogaro, à Eauze et à Hagetmau, et il était, le 12 ou le 13, dans cette dernière ville, résidence de la comtesse de Gramont, quand il apprit, de source certaine, que le cercle des troupes royales se resserrait de plus en plus autour de lui : les passages de la Garonne étaient gardés ; de forts détachements battaient l'estrade depuis Bayonne jusque dans le Condomois, et Baylens de Poyanne, gouverneur de Dax, marchait vers Nérac, à travers la Chalosse, l'Armagnac et l'Albret.

Si rapides qu'eussent été les mouvements du roi de Navarre, il se voyait cerné et serré de fort près. Il ne fallait plus songer à gagner de vitesse l'ennemi, mais à l'affronter, à le dépister à force d'audace, et, au besoin, à franchir ses lignes, l'épée à la main. Le 12 ou le 13 mars, il écrit de Hagetmau à Manaud de Batz, gouverneur d'Eauze : « Ils m'ont entouré comme la bête et croient « qu'on me prend aux filets. Moi, je leur veux passer à travers ou « dessus le ventre. J'ai élu mes bons, et mon Faucheur en est. Que « mon Faucheur ne me faille en si bonne partie, et ne s'aille amuser « à la paille, quand je l'attends sur le pré. — Ecrit à Hagetmau, ce « matin, à dix heures. » Le porteur avait ordre, sans doute, d'indiquer au baron de Batz un rendez-vous fixé par le roi ; mais, avant que le message fût accompli, de nouveaux avis parvinrent à Henri, qui l'obligèrent à modifier son itinéraire et celui des officiers qui devaient le rejoindre, soit à Hagetmau, soit sur le parcours de Hagetmau à Nérac ; il fallait se hâter, et les chemins ordinaires n'étaient pas sûrs : ce fut la raison d'un second message. Armand de Montespan partit pour Eauze avec ce billet, dont le sentiment et le style seront admirés tant que vivront la langue française et le souvenir de Henri IV : « Mon Faucheur, mets des ailes à ta « meilleure bête. J'ai dit à Montespan de crever la sienne. Pour- « quoi ? Tu le sauras de moi, demain, à Nérac ; mais par tout « autre chemin, hâte, cours, viens, vole : c'est l'ordre de ton « maître et la prière de ton ami. — Ecrit à Hagetmau, à midi. »

Le 14, au soir, Henri était à Nérac, où il trouva les gentilshommes qu'il avait « élus ». On signalait, de toutes parts, l'approche de l'ennemi ; d'un moment à l'autre, il pouvait bivouaquer à portée de canon. Quoique le roi eût passé toute la journée à cheval, il déploya une activité sans égale dans les préparatifs de son expédition. Pour tromper les espions de Mayenne, qu'il supposait aux aguets dans le voisinage, il fit descendre ostensiblement des chevaux au pied des murs, du côté le plus escarpé du château, en face des collines sur lesquelles, selon toute apparence, devaient prendre position les détachements de l'armée de Mayenne. Au milieu de la garnison et de la bourgeoisie armée, il affecta de se montrer lui-même sur les remparts, à la lueur des torches, comme s'il eût pris ses dernières dispositions pour repousser un assaut. La nuit se passa en démonstrations de ce genre, qui eurent pour résultat, comme le roi l'avait prévu, de mettre l'armée ennemie en éveil, depuis les faubourgs de Nérac jusqu'aux divers passages de la Garonne. En même temps, Henri faisait courir le bruit qu'il allait traverser le Condomois pour s'enfermer dans Lectoure, ou que, s'enfonçant dans les landes, il irait se mettre à l'abri dans Casteljaloux. Les officiers attachés à sa poursuite couvaient déjà des yeux cette noble proie ; à l'exemple de Mayenne, qui, peu de jours auparavant, avait mandé à la cour que « le Béarnais » ne pouvait lui échapper, Poyanne envoya un message à Henri pour le supplier, vu l'inutilité de la défense, de déposer les armes et de daigner se rendre à lui. Le roi, ayant pris quelque repos et choisi son escorte, donna l'ordre, sur la fin de la nuit, de tirer vivement le canon, afin qu'à ce bruit, l'ennemi courût vers la ville et n'eût d'yeux et d'oreilles que pour ce qui s'y passait ; puis, sortant tout à coup de Nérac avec ses amis, suivi de deux cents chevaux, il s'élance à découvert sur la route de Condom, la suit quelques instants, fait un détour à travers bois, revient passer à l'ouest de Nérac, mais hors de vue, prend à Barbaste la direction de Casteljaloux, la quitte près de Xaintrailles, et descend vers Damazan, où il fait halte une heure. De là, il repart pour Casteljaloux, passe dans le voisinage, laisse la ville à gauche, traverse tout ce petit pays montueux qu'on appelle le Queyran, gagne les forêts de Calonges et du Mas-d'Agenais, s'engage dans les ravins qui débouchent près de Caumont, et entre dans ce château, à la nuit tombante, ayant gardé avec lui seulement une vingtaine de cavaliers et indiqué Sainte-Foy pour rendez-vous au reste de son escorte.

Pendant cette course rapide et stratégique, qui ne fut qu'un jeu pour le roi, habitué à parcourir en chasseur les campagnes et les bois du pays, il fut sur le point, plus d'une fois, d'en venir aux mains avec les détachements qui couraient vers Nérac. Mais de courtes haltes ou des détours faits à propos lui permirent d'éviter toute rencontre. A Caumont, Henri et son escorte tombaient de fatigue. La Garonne était là, à leurs pieds, et, à travers la brume, ils pouvaient apercevoir ou deviner les feux de quelques bivouacs ennemis, sur l'une ou l'autre rive; mais il fallait à la fois reprendre des forces et attendre l'instant favorable. On n'eut pas grand loisir : trois heures après, en pleine nuit, l'alarme fut donnée au château par l'approche d'un gros détachement, commandé, disait-on, par Poyanne. Le roi et sa troupe remontent à cheval, s'aventurent sur les bords de la rivière, s'y procurent une barque, passent l'eau les uns après les autres, et, de nouveau réunis, entament la seconde étape de cette course vertigineuse. On est obligé de voyager tout juste au milieu des ennemis. C'est d'abord Marmande, dont on effleure la contrescarpe, de continuels qui-vive auxquels on ne répond rien ou que l'on accueille par des chansons ; puis, le jour venu, c'est la garnison de La Sauvetat et quelques autres voulant voir de trop près les héros de cette odyssée, et stimulant par d'hostiles démonstrations la rapidité de leur marche. Elle eut son terme enfin, le 16 mars, dans Sainte-Foy, « auquel lieu, dit Sully, semblablement se rendirent, sur « le soir même, tous ceux qui étaient demeurés derrière avec les « bagages, sans qu'il eût été fait perte d'un seul valet ni d'un seul « cheval ».

Il est aisé de s'imaginer la confusion et la colère du duc de Mayenne en apprenant l'insuccès de cette campagne toute personnelle contre le roi de Navarre. Il cria et fit crier bien haut à la trahison ; le vicomte d'Aubeterre, qui commandait à La Sauvetat, fut particulièrement soupçonné d'avoir livré passage à Henri. Rien n'est moins prouvé qu'un pareil acte de complaisance ; mais le voyage du roi de Navarre fut jugé si audacieux, qu'on s'efforça d'en expliquer le succès par la complicité supposée de quelques officiers de l'armée de Mayenne. Quoi qu'il en soit, le vicomte d'Aubeterre, ayant eu avis des accusations portées contre lui, fit savoir à tout venant qu'il « ferait mentir le premier qui lui tiendrait de pareils « propos », et personne, pas même Mayenne, n'osa relever ce défi.

CHAPITRE II

Caumont et Sainte-Bazeille. — Préparatifs de résistance. — Le chroniqueur royal. — Siège et reddition de Sainte-Bazeille. — Sévérité du roi de Navarre. — Castets acheté à Favas par le duc de Mayenne. — Mésintelligence entre Mayenne et Matignon. — Siège et reddition de Monségur. — André de Meslon. — Séjour et intrigues de Mayenne à Bordeaux. — Affaires de Poitou et de Saintonge. — Retour d'Angleterre de Condé. — Prise du château de Royan. — Exploits de Condé. — Siège de Brouage. — Arrivée du roi de Navarre devant cette place. — Obstruction du second havre de France. — Le maréchal de Biron en Saintonge. — Siège de Marans. — Trêve entre le roi de Navarre et le maréchal. — Le vrai motif de cette trêve. — Tentatives de négociation. — Un chef-d'œuvre épistolaire. — Lettre prophétique d'Elisabeth d'Angleterre à Henri III. — Siège et prise de Castillon par Mayenne et Matignon. — Le dernier exploit du duc de Mayenne en Guienne. — Brocard huguenot. — Apologie du duc et réponse des calvinistes.

En passant à Caumont, dont Geoffroy de Vivans était gouverneur en même temps que de Sainte-Bazeille, Henri avait pu juger des périls auxquels étaient exposées ces deux places. Quoiqu'il eût confié le commandement supérieur, en Guienne et en Gascogne, au vicomte de Turenne, il ne laissa pas de suivre d'un œil vigilant tout ce qui se faisait ou se préparait dans ces provinces. Le 18 mars, de Sainte-Foy, il écrivit à Vivans : « J'envoie demain deux compa-« gnies à Sainte-Bazeille. Je vous prie vous y trouver pour les y « recevoir, et si l'ennemi y tourne, assurez-vous que j'y mettrai « plus de six cents hommes, et pour ce, résolvez-vous de vous y « jeter, comme vous m'avez promis. Si vous pensez le faire, je vous « enverrai douze ou quinze gentilshommes des miens, qui ont « envie d'être à un siège avec vous. » Les lettres de Henri, à cette époque, sont les seuls documents que l'histoire puisse invoquer pour fixer les souvenirs relatifs au siège de Sainte-Bazeille et à quelques autres faits de guerre de moindre importance. Laissons donc parler le royal chroniqueur.

Le 20 mars, il écrit à Geoffroy de Vivans : « Parce que vous m'avez
« mandé que vous ne pouviez vous mettre dedans Saint-Bazeille,
« parce que vous étiez obligé de garder Caumont, qui est, à la
« vérité, de grande importance, j'ai pensé d'y donner ordre et la
« pourvoir de gens et de munitions...; il a fallu m'aider du régiment
« de Coroneau qui était à Montpaon (Rouergue); mais d'autant qu'il
« y a telle division entre Bajorans et lui, qu'il a demandé à servir
« partout ailleurs, sinon là, j'ai résolu de vider ce différend en y
« envoyant le sieur d'Espeuilles, pour y commander généralement...
« Si M. de Turenne ne vous accommode de ce qu'il vous faut, je
« vous prie me le mander, afin que je vous envoie tout ce que je
« pourrai... »

Le 25 mars, au même : « Vous ne sauriez croire combien on tue
« tous les jours de gens de l'armée de M. du Maine (Mayenne).
« Deux régiments ont voulu prendre le fort de Monbalen (ou
« Monbahus); ils ne l'ont fait, et y est demeuré des assiégeants
« soixante soldats et trois capitaines. — Boisdomain, étant de
« retour de Montflanquin, s'est logé dedans La Sauvetat; il y a pris
« quelques gens d'armes de M. de Lauzun, tué sept ou huit soldats
« et pris autant. A Clairac, ils (les religionnaires) ont mis en pièces
« douze ou quinze corps de garde. — Ils meurent encore dans leur
« armée. J'ai pris un messager que M. du Maine envoyait à Madame
« du Maine. J'ai su, par les lettres qu'il portait, qu'une matinée on
« avait enterré dix-huit des officiers de la maison de M. du
« Maine. »

Le 2 avril, au même : « J'ai ici des nouvelles de la cour, et ne
« vient aucun rafraîchissement à ses armées, qui se défont et se
« diminuent tous les jours. Quant à Caumont, je m'assure qu'ils
« n'oseraient l'avoir regardé pour l'attaquer. J'ai si bien pourvu à
« Sainte-Bazeille qu'ils s'y morfondront pour le moins. S'ils en vien-
« nent à bout, ils ne seront plus en état d'aller à Caumont. Quand
« vous aurez besoin de gens, je donnerai ordre de vous les faire
« tenir... Assurez-vous, monsieur de Vivans, que je ne vous lais-
« serai en peine... Je tiens vingt gentilshommes prêts et deux
« cents arquebusiers... »

Le 8 avril, au même : « J'ai mandé à M. de Turenne de vous
« envoyer Fouguères et sa compagnie. Je vous ai envoyé Boësse
« (Boisse) et Panissaud, qui sont en chemin avec la poudre. Je
« mande à M. de Turenne de vous en bailler encore autant... Je

« tiendrai d'autres hommes prêts pour vous les envoyer quand il
« sera besoin, et n'épargnerai chose quelconque qui soit en mon
« pouvoir pour votre conservation et votre place... »

On voit, par ces extraits, où se peignent d'une façon intime la sollicitude, la prévoyance et l'on peut dire presque la camaraderie royales, quel prix Henri attachait à la défense victorieuse de Sainte-Bazeille. Ce n'était pourtant, au dire de Rosny, qui alla y prêter la main au gouverneur, qu'une ville bâtie en terre, avec des remparts sans consistance ; mais, à la bien défendre et à y fatiguer les assaillants, les partisans du roi de Navarre devaient gagner, comme il le dit, de rendre beaucoup moins vives et moins dangereuses les tentatives sur Caumont, place dont il avait grandement à cœur la conservation. Or, d'incident en incident, il arriva précisément que Sainte-Bazeille, malgré sa forte garnison, fut mal défendue et rendue presque sans coup férir. Le capitaine d'Espeuilles et ses huit cents hommes firent d'abord bonne contenance ; mais, dès les premiers effets des batteries, qui furent foudroyants, le gouverneur perdit courage et négocia aussitôt une capitulation. Mayenne la lui accorda d'autant plus volontiers, qu'il appréhendait l'arrivée de nouveaux secours envoyés par Vivans ou par le roi de Navarre. La place, investie le 9 avril, fut livrée, avant le 20 du même mois. Cette date approximative est fixée par une lettre du roi de Navarre à Vivans : « Je ne vous dirai autre chose, sinon que j'ai trouvé fort
« étrange qu'on soit entré en négociation et qu'on ait traité avec
« les ennemis, sans m'en avertir et sans nécessité. Cela fait con-
« naître à nos ennemis, qui ne sont pas si bien comme aucuns
« pensent, que nous n'avons pas le cœur qu'ils craignaient. Je
« voudrais, Monsieur de Vivans, que vous sachiez et avec quel
« mépris de nous et de quelle façon nos ennemis parlent de
« ce traité. »

L'Estoile et Sully nous ont laissé des détails sur la reddition de Sainte-Bazeille. Le journal de Faurin atteste que le siège commença le 9 avril. L'Estoile dit qu'elle fut rendue dans le même mois, mais sans faire mention du jour. « En ce mois, dit-il, la ville de Sainte-
« Bazeille, en Gascogne, que le duc de Mayenne avait assiégée et
« battue de dix-huit canons, lui fut rendue par les huguenots, avec
« composition fort avantageuse pour eux, et peu pour les soldats de
« la Ligue, qui ne trouvaient nul profit à la prise de telles places, où
« ils ne faisaient butin que de quelques rats affamés ou de quel-

« ques chauves-souris enfumées ». Toutefois, si la prise de Sainte-Bazeille n'était pas un exploit militaire pour le prince lorrain, remarque Berger de Xivrey, c'était un véritable échec pour le roi de Navarre. Les Mémoires de Vivans parlent des efforts de ce gentilhomme, qui envoya vainement au secours de cette ville une partie de la garnison de Caumont. Le ton de la lettre royale s'accorde aussi parfaitement avec ce que raconte Sully du mécontentement de Henri. Vingt gentilshommes de marque, du nombre desquels était Rosny, avaient instamment demandé la permission de se jeter dans Sainte-Bazeille pour acquérir de l'honneur avec M. d'Espeuilles, capitaine brave et expérimenté. « La capitulation, dit Sully, fut d'autant plus blâmée, qu'elle
« se trouva plus avantageuse et plus exactement observée, les rois et
« les chefs d'armée approuvant davantage que l'on sorte des places,
« le bâton blanc en la main, après avoir tenté tout hasard et péril, et
« s'être défendu jusqu'à l'extrémité, que de s'en revenir avec armes
« et bagages, tambour battant, enseignes déployées, mèches allu-
« mées des deux bouts, balles en bouche et pièces roulantes, et ne
« s'être point battus. Aussi trouvâmes-nous, lorsque nous arrivâ-
« mes à Bergerac, le roi de Navarre en merveilleuse colère contre
« tous nous autres, de sa maison principalement, jusques à n'en
« vouloir pas voir un seul, croyant que tout se fût passé de leur
« avis. Mais, quand il eut été informé de la vérité, il demeura plus
« content de nous autres, et tourna tout son courroux contre
« M. d'Espeuilles, lequel ayant envoyé quérir, après qu'il eut fait
« la révérence, il lui dit : « Eh bien ! Monsieur d'Espeuilles,
« qu'avez-vous fait de la place que je vous avais donnée en garde
« pour le service de Dieu et la conservation des Eglises ? Car je sais
« bien que ces gentilshommes que je vous avais baillés pour acqué-
« rir de l'honneur et apprendre le métier avec vous n'ont pas été de
« votre opinion. » A quoi l'autre (tout en furie et mutiné de ce
« qu'il avait ouï dire que le roi l'accusait de lâcheté) lui répondit :
« Sire, j'en ai fait ce que V. M. en eût pu faire, si, étant à ma place,
« elle eût rencontré tous les habitants et la plus grande partie des
« soldats entièrement bandés contre toute autre résolution que
« celle que j'ai prise. » — « Par Dieu ! repartit le roi, plus irrité
« qu'auparavant, vous n'aviez que faire de m'alléguer ainsi mal
« à propos, et par ma comparaison penser couvrir votre faute ;
« je n'eusse jamais fait cette bêtise que de laisser entrer mes

« ennemis en ma place, avec une entière liberté de parler à un cha-
« cun, et encore moins me fussé-je mis entre leurs mains pour capi-
« tuler. Et afin que, par votre exemple, les autres soient enseignés
« à user de plus de générosité et de prudence, suivez cet exempt
« des gardes, qui vous mènera où vous méritez. Et en cette sorte,
« sans lui donner loisir de répliquer, il fut mené en prison. »

La perte de Sainte-Bazeille fut d'autant plus sensible au roi de Navarre qu'elle suivit de près celle de Castets, assiégé de nouveau et réduit à l'extrémité par Matignon. Mayenne, sans même prendre l'avis du maréchal, l'acheta pour douze mille écus d'or à Favas, marché qui, soit dit en passant, donnait au vendeur comme à l'acheteur une figure plus mercantile qu'héroïque. L'acquisition de Castets par le duc de Mayenne servit, du moins, les intérêts du roi de Navarre, en ce que la mésintelligence qui existait entre les deux généraux s'en accrut et devint irrémédiable. Ils ne purent s'entendre sur un projet d'attaque contre Caumont, dont les Bordelais souhaitaient la chute non moins que celle de Sainte-Bazeille et de Castets. Retenu à Meilhan par une maladie réelle ou feinte, Matignon insista pour que le duc tournât ses forces contre Monségur, qui rompait, disait-il, les grands chemins et le commerce du Limousin, du Périgord et du Quercy. « Le nom de cette ville qui
« veut dire mont d'assurance, dit Mézeray, montre assez que sa
« situation est sur un haut, où, sans être commandée d'aucun en-
« droit, elle commande toute la plaine d'en dessous ; plus étroite
« et plus avancée du côté qu'elle regarde Duras, plus large et plus
« habitée de celui qu'elle regarde La Réole, et voyant couler à ses
« pieds la petite et fertile rivière du Drot, au milieu d'une belle
« et longue prairie. Le duc ayant fait ses approches sur la fin d'avril,
« devint malade à son tour d'une fièvre double tierce : ce qui obli-
« gea depuis Matignon d'y venir, et après qu'ils se furent abouchés
« à Rochebrune, il lui laissa tout le commandement. Il s'était jeté
« dedans cinquante gentilshommes, outre deux compagnies de
« gens de guerre, qui avec les habitants faisaient environ huit cents
« hommes, nombre bien petit pour tenir contre une si puissante
« armée, mais encouragé par le vicomte de Turenne qui était aux
« environs avec un camp volant de cinq cents chevaux et deux
« mille hommes de pied, qu'il mettait à couvert quand il voulait
« dans les villes de Sainte-Foy, Bergerac, Gensac et Castillon.
« Après que les assiégeants leur eurent ôté l'espérance de ce

« secours, la batterie commença par trois endroits, si furieuse que
« l'on y compta deux mille quatre cents coups de canon en un
« jour. Ceux de dedans ne s'étonnèrent point de ces grandes
« esplanades, ni de l'assaut qui leur fut donné, mais ils le soutin-
« rent courageusement, et se retranchèrent derrière les ruines.
« L'émulation d'entre les royaux et les ligués et le défaut des
« poudres, dont il en fut trop consumé à tirer à coup perdu,
« retardèrent la prise de la place, jusques à temps que l'on
« eût fait venir de nouvelles munitions de Bordeaux, et qu'on eût
« agrandi les brèches. Le quinzième de mai, les assiégés capitulèrent
« aux conditions qu'ils seraient conduits en lieu de sûreté, avec
« armes et bagages, mèches éteintes et tambours couverts ; mais la
« composition leur fut mal gardée ; quelques compagnies se
« jetèrent sur eux, en tuèrent deux cents et dépouillèrent les autres,
« la licence du soldat mal discipliné s'étant portée à cette cruauté,
« sans être réprimée par ses capitaines qui pensaient par là gagner
« l'estime des Parisiens et les bonnes grâces des prédicateurs
« séditieux de la Ligue, au dire desquels c'était impiété de faire
« miséricorde aux hérétiques, et pis qu'infidélité de leur garder
« la foi. »

Léo Drouyn, dans ses *Variétés girondines*, rappelle que « Meslon
« fut accusé de n'avoir pas résisté autant qu'il aurait pu le faire, ou
« d'avoir manqué de courage dans cette occasion. Quelques officiers
« de la garnison, soupçonnés d'avoir fait courir des bruits malveil-
« lants contre lui, déclarèrent par écrit qu'on les avait calomniés...
« Après la prise de Monségur, Meslon dut, malgré ses services pas-
« sés et la résistance désespérée de la ville, tomber en disgrâce. On
« lui reprocha non seulement cet échec, mais la non-réussite de
« quelques autres entreprises. Le roi de Navarre paraissait l'ou-
« blier... » Mais, en 1588, Henri lui écrivit de La Rochelle :
« Monsieur de Meslon, il me semble que c'est assez demeurer chez
« soi, sans témoigner à son maître et au parti l'affection qu'on doit
« avoir à l'un et à l'autre. Disposez-vous donc à me venir trouver » ;
et en 1590, il le nomma mestre-de-camp de dix compagnies. Ces
témoignages vengèrent noblement l'ancien gouverneur de Monségur des ingratitudes passagères et des calomnies dont il avait eu à
souffrir (1).

(1) Appendice : XXXIV.

Heureux de voir que Caumont échappait à l'étreinte des deux armées, le roi de Navarre se consola aisément des échecs que lui avaient infligés Mayenne et Matignon. En écrivant, le 29 avril, de Bergerac, à Ségur pour lui recommander de hâter de tout son pouvoir l'arrivée des secours allemands, il lui donne ce plaisant bulletin de la campagne : « Le grand effort de cette armée, depuis cinq « ou six mois, est tombé sur deux maisons assez mauvaises que « vous connaissez, Montignac et Sainte-Bazeille, et sur la maison « privée d'un gentilhomme nommée Castets, laquelle est au sieur « de Favas. Ils eussent pu les acheter, de gré à gré, pour vingt ou « trente fois moins qu'ils n'y ont fait de dépense, sans la perte de cinq « ou six mille hommes, morts de maladie ou de main. Nous avons « été trop longtemps sur la défensive. » Et le 15 mai : « J'ai trois « armées en mon gouvernement : celles de MM. de Mayenne, de « Matignon et de Biron (en Poitou et en Saintonge). Ils n'ont pas « beaucoup gagné sur nous; jusques-ici leurs trophées sont sur « Montignac, Castets, Sainte-Bazeille et Monségur. »

Comme il était déjà question du siège de Castillon par Mayenne, Henri ajoutait : « Le duc du Maine assiège Castillon. Il y aura de « l'exercice pour quelque temps ». — L'allusion à la « défensive » entr'ouvre l'horizon des luttes prochaines, qui, grâce au secours allemand attendu ou, tout au moins, à la diversion qu'il devait apporter, aboutirent, du côté du roi de Navarre, à la journée de Coutras. Henri ne luttait pas au jour le jour : il voyait de haut et prévoyait de loin.

Avant d'aller accomplir à Castillon son dernier exploit en Guienne, le duc de Mayenne, malade ou fatigué, avait séjourné quelque temps à Bordeaux, pendant que Matignon prenait Monségur. Il ne négligea rien pour gagner la ville et le pays à la Ligue. « En ce temps, « dit le Journal de L'Estoile, le duc de Mayenne, après la prise de « Monségur, se retire en la ville de Bordeaux, pour là se rafraîchir « et faire panser d'une maladie qu'il avait; où il fit assez long « séjour avec sa femme, qui l'était venue trouver pour le secourir « en sa maladie. Et eut-on opinion qu'y étant logé à l'archevêché, « il fit tout ce qu'il put pour ranger la ville à la dévotion de ceux « de la Ligue et à la sienne. » Matignon conçut de telles défiances des intrigues de Mayenne à Bordeaux, « qu'il suscita le parlement, dit « Mézeray, à députer vers le duc pour se plaindre de sa conduite ». Malgré les remontrances et les bouderies du parlement de Bordeaux, la maladie où les intrigues de Mayenne se prolongèrent jusqu'au milieu de l'été. Nous le retrouverons devant Castillon, où il ne parut qu'au mois de juillet, les deux armées royales ayant accordé au pays qu'elles occupaient une sorte de trêve pendant la durée des moissons. Nous avons maintenant à nous rendre compte de ce qui s'était passé en Saintonge, depuis que le roi de Navarre s'en était rapproché en quittant la Gascogne.

D'abord déconcertés, vers la fin de l'année 1585, par la débandade des troupes de Condé et les échecs qui s'ensuivirent, en Poitou et en Saintonge, les réformés reprirent peu à peu courage. « Là-dessus, revint (d'Angleterre) le prince de Condé en fort glo-
« rieux équipage, accompagné de dix vaisseaux de la reine Elisa-
« beth et chargé de cinquante mille écus d'argent qu'elle lui avait
« prêtés, avec promesse d'assister son parti et sa personne, tout
« autant que le salut de son Etat le pourrait permettre. » Rassurés par ce retour triomphant, les calvinistes de Saintonge reprirent la lutte avec autant de succès que de vigueur. Ils se saisirent, au mois de février, du château de Royan, à la possession duquel étaient attachés deux cent mille écus de contributions annuelles. Toutes les petites places qui gênaient les mouvements de La Rochelle tombèrent en leur pouvoir. Entre deux expéditions, le prince de Condé épousa, le 16 mars, Charlotte de La Trémouille, et, le jour même de ses noces, provoqué par une compagnie de cavalerie passant dans le voisinage de Taillebourg, il eut les honneurs d'une brillante escarmouche.

Au mois de mai, les calvinistes dirigèrent contre Brouage une entreprise considérable. Renonçant à prendre cette place, que gardait toujours Saint-Luc, ils résolurent d'en obstruer le port : « Les Rochelais, qui en avaient toujours été jaloux, à cause
« qu'ayant assez d'eau pour recevoir les grands navires en tout
« temps, il ôtait la chalandise au leur, où l'on ne pouvait entrer
« que de haute marée, contribuèrent volontiers à ce dessein; pour
« lequel ayant été armés vingt-cinq vaisseaux ronds, quatre galères
« et quelques barques, Saint-Gelais qui en était amiral allait enfon-
« cer de vieux corps de navires pleins de lest en forme de palissade,
« au lieu le plus étroit de ce port. La renommée ayant porté jus-
« ques aux oreilles du roi de Navarre la gloire que le prince de
« Condé acquérait en ces combats, il partit de Sainte-Foy pour y
« avoir part; et son émulation la lui faisant prendre à tous les

« périls, il hâta tellement l'exécution de l'entreprise, qu'il vit ache-
« ver la palissade en peu de jours. Les courants amenèrent au tra-
« vers de cette palissade un grand sillon de vases qui, se liant avec
« ces vaisseaux, les tenait tellement embourbés qu'on n'en pût arra-
« cher que les plus légers. Ainsi ce havre, qui était le second de
« France pour sa bonté, devint enfin un havre de nulle considéra-
« tion. »

La Rochelle triomphait ; mais à ce triomphe la France perdait un de ses meilleurs ports. Tels sont les fruits désastreux de la guerre, et surtout de la guerre civile : on ne peut se vaincre mutuellement qu'en amoindrissant la patrie.

Les calvinistes de Guienne et de Gascogne ne semblaient plus avoir à redouter les entreprises de Mayenne et de Matignon, et l'on vient de voir que leurs affaires s'étaient fort améliorées entre La Rochelle et Saint-Jean-d'Angély ; mais le maréchal de Biron, à la tête d'une troisième armée, venait de traverser le Poitou et d'arriver en Saintonge. Le roi de Navarre, qui connaissait par expérience la vigueur et le talent de cet adversaire, envoya La Trémouille rassembler des forces dans le Bas-Poitou, pour les joindre à celles dont il disposait et être prêt à tenir la campagne contre le nouvel arrivant. Il le fut, dès la fin du mois de mai. En juin, Biron, ayant avec lui cinq ou six mille hommes, débuta par le siège de Marans. Il l'investit puissamment, à grand renfort de travaux extraordinaires, et paya si bien de sa personne qu'il eut une main mutilée par une arquebusade. Néanmoins, Marans, qui ne semblait pas pouvoir lui échapper, ne fut pas pris : Henri et Biron conclurent inopinément une trêve, aux termes de laquelle le maréchal, laissant Marans au roi, avec la faculté d'y mettre un gouverneur, qui fut La Force, le propre gendre de Biron, fit reculer son armée au delà de la Charente et poussa la condescendance jusqu'à renoncer à toute entreprise sur Tonnay-Charente. Cette trêve fit accuser Biron de connivence avec le roi de Navarre, et il faut convenir que cette accusation ne manquait pas de vraisemblance. On pouvait supposer, en effet, que Biron, par les avantages qu'il accordait à Henri, voulait s'assurer, dans l'avenir, la bienveillance de la « seconde personne du royaume » ; mais la véritable cause de l'entente subite qui s'établit entre le roi de Navarre et le maréchal fut le désir exprimé par Henri III, inquiet des progrès de la Ligue, de négocier une fois de plus avec son beau-frère, comme il en était question depuis plusieurs mois. Une entrevue de ce prince avec Catherine de Médicis avait été projetée, dès l'année précédente : elle n'eut lieu qu'au mois de décembre 1586. Le roi de Navarre lui-même ne laissait échapper aucune occasion de faire tenir à Henri III des exhortations dans le sens de la paix. « Sur la fin de ce « mois (juin 1586) », note P. de L'Estoile, « La Marsilière, secrétaire « du roi de Navarre, vint trouver le roi à Paris, par commandement « de son maître, qui tâchait à divertir le roi de la guerre, lui proposant « beaucoup d'inconvénients qui pouvaient lui en arriver et lui don- « nant des expédients très beaux et très sûrs pour se défaire et se « dépêtrer de la Ligue et des ligueux. Mais le roi, qu'on avait peine « à faire sortir d'une cellule de capucin, tant plus il y pense et plus « il trouve de faiblesse de son côté et d'avancement aux affaires de la « Ligue : tellement que, comme si le duc de Guise l'eût déjà tenu « par le collet, la générosité lui manque et le cœur lui fault. Et s'en « retourna ledit La Marsilière avec réponse aussi froide comme « était douteuse et tremblante la résolution de ce prince. »

Libre dans Marans, après comme avant le siège, le roi de Navarre s'y transporta vers la mi-juin, et, au retour, le 17, il en envoyait à la comtesse de Gramont cette description, qui a pris place parmi les chefs-d'œuvre épistolaires du XVIe siècle : « C'est une île renfer- « mée de marais bocageux, où, de cent en cent pas, il y a des « canaux pour aller chercher le bois par bateau. L'eau claire, peu « courante ; les canaux de toutes largeurs ; les bateaux de toutes « grandeurs. Parmi ces déserts, mille jardins où l'on ne va que par « bateau. L'île a deux lieues de tour, ainsi environnée ; passe une « rivière par le pied du château, au milieu du bourg, qui est aussi « logeable que Pau. Peu de maisons qui n'entrent de sa porte dans « son petit bateau. Cette rivière s'étend en deux bras qui portent « non seulement grands bateaux, mais les navires de cinquante « tonneaux y viennent. Il n'y a que deux lieues jusques à la mer. « Certes, c'est un canal, non une rivière. Contre mont vont les « grands bateaux jusques à Niort, où il y a douze lieues ; infinis « moulins et métairies insulées ; tant de sortes d'oiseaux qui « chantent ; de toute sorte de ceux de mer. Je vous en envoie des « plumes. De poisson, c'est une monstruosité que la quantité, la « grandeur et le prix ; une grande carpe, trois sols, et cinq un « brochet. C'est un lieu de grand trafic, et tout par bateaux. La « terre très pleine de blés et très beaux. L'on y peut être plaisam-

« ment en paix, et sûrement en guerre. L'on s'y peut réjouir avec
« ce que l'on aime et plaindre une absence. Ha! qu'il y fait bon
« chanter! » — Le roi de Navarre perdit Marans en 1587, à la
reprise des hostilités.

Le 25 juin, Henri ayant reçu d'Angleterre une copie des lettres
adressées par la reine Elisabeth au roi de France et à la reine-mère,
au sujet du traité de Nemours, communiquait ces curieux documents à la comtesse de Gramont. Voici quelques extraits de la
lettre de la reine d'Angleterre à Henri III ; ils viennent à leur
place dans ce livre, car les prophétiques pensées qu'ils expriment
étaient, vers le milieu de l'année 1586, déjà justifiées en partie par
des faits éclatants.

« Je m'étonne, disait Elisabeth, de vous voir trahi en votre con-
« seil même, voire de la plus proche qu'ayez au monde (Catherine
« de Médicis), et qu'êtes si aveugle de n'en sentir goutte... » —
Contre les Guises et la Ligue : « Je prie Dieu qu'ils veulent *finir là ;*
« je ne le crois, car *rarement on voit les princes vivre, qui sont si*
« *subjugués... Dieu vous garde d'en faire la preuve...* » — Elle
lui offre ses bons offices : « S'il vous plaît user de mon aide, vous
« verrez que nous leur ferons ressentir avec la plus grande honte
« que jamais rebelles eurent... » Salutation finale : « ... Priant le
« Créateur vous assister de sa sainte grâce et *vous relever les esprits.*
« — Très bonne sœur et cousine, très assurée et fidèle, ELISABETH. »

Pendant que la trêve conclue avec Biron permettait au roi de
Navarre de fortifier ses places et de remettre ses troupes sur un bon
pied, l'armée de Mayenne, appuyée d'une partie des troupes de
Matignon, s'acheminait vers Castillon, où elle mit le siège, du 10
au 12 juillet. Cette entreprise fut une affaire de famille. Au double
point de vue militaire et politique, la prise de Castillon ne pouvait
être que d'une médiocre importance ; Mayenne aurait dû attaquer
plutôt Sainte-Foy et surtout Bergerac. Mais Castillon appartenait
à Henriette de Savoie, sa femme, dont il trouva bon de recouvrer
le bien avant de guerroyer dans le seul intérêt de l'Etat. La place
était défendue par le baron de Savignac et Alain, un des meilleurs
officiers de siège de l'époque. La garnison se composait de neuf
cents hommes d'une valeur éprouvée. Il fallut, pendant un mois et
demi, l'effort de toute l'armée de Mayenne pour briser la résistance
des assiégés, que soutenaient, à l'extérieur, les escarmouches de
nombreux détachements dirigés par Turenne contre les assiégeants.

Les munitions ayant manqué à ceux-ci, et la peste s'étant mise dans leurs rangs, Mayenne était sur le point de lever le siège, lorsque Matignon parvint à décourager les défenseurs de la place, réduits à un très petit nombre par la maladie et les combats, en empêchant l'entrée d'un secours envoyé par Turenne et en se procurant des poudres que lui vendirent des marchands de La Rochelle, « plus « adonnés, dit Mézeray, à leur profit particulier qu'à l'intérêt de la « cause commune ». Castillon capitula le 31 août 1586 (1). Mayenne lui fit de dures conditions, et le parlement de Bordeaux, appliquant les édits dans toute leur rigueur, condamna à mort ceux des habitants de Castillon qui furent livrés à sa justice. Ce nouvel exploit de Mayenne lui attira plus de sarcasmes que de louanges, si l'on en juge par une note de L'Estoile : « Au commencement de « septembre (1586), arrivèrent à Paris les nouvelles de Castillon « rendu, lorsque les assiégés désespérant plutôt d'y pouvoir vivre que « de le défendre, toute composition étant honorable à ceux qui ne « pouvaient plus combattre et que la peste avait tellement abattus que « les médicaments leur étant faillis et les chirurgiens morts, il n'y « avait plus que deux femmes pour secourir les malades, qui leur « servaient de garde, de chirurgien et de médecin. La ville fut donnée « au pillage, mais on n'y trouva que quelques vieux haillons pesti- « férés : en quoi on remarqua la bonne affection du duc de Mayenne « à l'endroit de l'armée du roi, à laquelle il bailla libéralement la « peste en pillage. Et ici finirent les trophées de ce grand duc, lequel « (comme dit Chicot à son maître, lorsqu'on lui en apporta les « nouvelles) : « S'il ne prend, ce dit-il, que tous les ans trois villes « sur les huguenots, on en a encore pour longtemps. »

Le premier chagrin passé de la prise de Castillon, le roi de Navarre eut de quoi se consoler en voyant que le siège de cette place avait achevé la ruine de l'armée de Mayenne. Décimée par les combats et par la peste, mal payée, condamnée à courir de grands risques pour de minces profits, cette armée se désagrégea rapidement, malgré les efforts de Mayenne et de la Ligue pour obtenir du roi qu'elle fût fortifiée d'hommes et d'argent. A l'entrée de l'automne, il n'en restait pas quatre compagnies intactes, et le duc, jetant feu et flammes contre la cour et contre Matignon, quitta la partie et le pays en emmenant de vive force, comme son plus

---

(1) Appendice : XXXV.

précieux trophée, Anne de Caumont, jeune et riche héritière qu'il destinait à son fils. Mais cette entreprise elle-même ne réussit pas dans la suite. Sur la plainte de M. de La Vauguyon, tuteur de la jeune femme, Henri III refusa d'autoriser le mariage rêvé par Mayenne, et Anne de Caumont épousa plus tard le comte de Saint-Pol. Le jugement de L'Estoile sur la campagne qui s'acheva par cet enlèvement est devenu celui de l'histoire : « Le duc de Mayenne « n'avait rien fait qu'accroître la réputation du roi de Navarre et « diminuer la sienne ». Il fut poursuivi jusque dans Paris par un brocard huguenot qui n'avait rien d'excessif : « N'ayant pu prendre « la Guienne, il a pris une fille ». Mais un semblable avortement n'était pas du goût de la Ligue et de la Maison de Lorraine. Aussi, de retour à Paris, le duc de Mayenne fit-il publier une pompeuse relation de ses faits et gestes ; par malheur pour lui, les calvinistes avaient des plumes expertes, et la relation fut bafouée par Du Plessis-Mornay en personne (1).

(1) Appendice : XXXVI.

CHAPITRE III

Les ambassadeurs des princes protestants à Paris. — Leur requête et la réponse de Henri III. — Entrevue de Saint-Brice. — Méfiance des calvinistes. — Discussions pendant l'entrevue. — Ajournement et reprise des négociations. — Catherine de Médicis et Turenne. — Perfidie de la reine-mère. — Rentrée en campagne. — Reprise de Castillon par Turenne. — Succès du roi de Navarre en Saintonge et en Poitou. — L'armée du duc de Joyeuse et ses succès. — Joyeuse retourne à la cour. — Expédition de Henri jusque sur la Loire. — Le comte de Soissons et le prince de Conti entrent à son service. — Henri rétrograde jusqu'en Poitou. — Les trois nouvelles armées royales. — Henri III à Gien. — Le nouveau manifeste du roi de Navarre.

La trêve conclue en Saintonge entre le roi de Navarre et Biron, ou plutôt accordée gracieusement par Biron au roi de Navarre, avait été suggérée par Henri III, effrayé des entreprises de la Ligue et de la perspective d'une invasion allemande. Des pourparlers avaient lieu constamment pour amener une nouvelle entrevue de la reine-mère et du roi de Navarre ; Henri III se flattait de gagner son beau-frère en le ramenant à la religion catholique, et Catherine se proposait, au pis-aller, de faire tomber ce prince dans quelqu'un des pièges familiers à sa diplomatie. La reine-mère était déjà venue en Poitou, au mois de juillet ; mais elle n'avait pu décider le roi de Navarre à se prêter à une négociation personnelle. L'arrivée à Paris des ambassadeurs des princes protestants et les allures de plus en plus hautaines des chefs de la Ligue déterminèrent Catherine à faire de nouvelles instances auprès de Henri. La démarche des princes protestants avait un caractère comminatoire qu'il faut expliquer.

Ces princes, sollicités depuis deux ans par le roi de Navarre, avaient pris enfin la résolution d'intervenir en France. « Très « difficiles à échauffer, dit Mézeray, et ne s'émouvant que par des « raisons de grand poids, ils différaient toujours à se mêler des affai-

« res de leurs voisins, jusqu'à ce qu'il leur eût manifestement paru
« qu'il s'agissait purement de la religion, et non pas de l'obéissance
« des sujets envers leur prince. Lorsqu'ils en furent pleinement
« informés par les édits mêmes et les mandements du roi, et que
« le roi de Navarre leur eût fourni des marchands qui assuraient
« les premiers paiements des capitaines et gens de guerre, tant sur
« les joyaux qu'il avait fait porter en ce pays-là par Ségur-Pardail-
« lan, que sur les promesses de la reine Elisabeth, et sur la caution
« du duc de Bouillon et de quelques autres seigneurs, ils conclu-
« rent entre eux d'assister les religionnaires tout de bon ; mais
« auparavant ils jugèrent à propos de députer une grande et solen-
« nelle ambassade vers le roi, par laquelle ils l'exhorteraient de
« vouloir entretenir les édits de pacification ; croyant que si les
« prières de tant de princes et d'Etats ses anciens alliés ne trou-
« vaient point de lieu auprès de lui, au moins elles témoigneraient
« que leur envie n'était pas de faire la guerre à un roi de France de
« gaîté de cœur, mais de secourir les opprimés et de maintenir la
« religion qu'ils professaient. »

Henri III s'efforça d'abord d'éconduire les ambassadeurs en affectant de quitter Paris, de séjourner à Lyon, de voyager en divers lieux, pendant qu'ils l'attendaient à deux pas du Louvre. Il lassa la patience des uns, qui repartirent sans audience, mais ne put éviter les autres ni leurs remontrances, qui tendaient d'une manière générale au rétablissement des édits de pacification et contenaient des reproches sur le peu de foi qu'il avait gardé aux huguenots. Le roi n'accueillit qu'avec une extrême hauteur reproches, conseils et souhaits, et congédia définitivement les ambassadeurs après une seule audience. Il y eut quelque chose de légitime dans la fierté dont fit preuve Henri III en cette occasion ; mais les historiens s'accordent à reconnaître qu'il lui eût été facile de faire sentir son autorité et de maintenir sa dignité, sans jeter le gant à des princes dont il pouvait déconcerter ou ajourner l'entreprise par une attitude moins provoquante.

Après le départ des ambassadeurs protestants, Henri III se tourna avec une vivacité nouvelle du côté du roi de Navarre. Catherine de Médicis, malgré la goutte qui l'incommodait, se rendit à Poitiers et obtint enfin, non sans une série de contre-temps et de laborieuses négociations, qu'une conférence aurait lieu entre elle et le roi de Navarre. Le rendez-vous fut pris au château de Saint-

Brice, près de Cognac, pour la mi-décembre. Henri et Condé, assistés de plusieurs conseillers, s'y entourèrent de toutes les précautions imaginables. Le château appartenait à un de leurs amis; mais cette sûreté ne leur suffit pas, ni plusieurs autres que leur accordait Catherine. Ils exigèrent la présence dans le voisinage de quatre de leurs régiments, dont un gardait le château, pendant chaque séance. Par-dessous leurs habits de gala, Henri, Condé, Turenne et d'autres chefs calvinistes affectèrent de porter des armes défensives, et la reine-mère s'en étonnant, Condé répondit: « C'est « encore trop peu, Madame, d'un plastron et d'une cuirasse pour « se couvrir contre ceux qui ont faussé les édits du roi. Nos biens « ayant été mis à l'encan, il ne nous reste plus que des armes, et « nous les avons prises pour défendre nos têtes proscrites. » Henri lui-même se départit de ses allures confiantes, dont tout le monde connaissait l'habituelle bonhomie. Quand la reine-mère voulait entretenir à part Henri, Condé ou Turenne, les deux autres gardaient la porte eux-mêmes, comme le régiment gardait le château. Catherine de Médicis était accompagnée des ducs de Montpensier et de Nevers, du maréchal de Biron et de quelques officiers ou gentilshommes dévoués à Henri III, mais non inféodés à la Ligue. Son escorte n'aurait pu la tirer des mains des protestants, s'ils eussent voulu porter la main sur elle, comme la pensée leur en vint, ainsi que le raconte Mézeray : « Mais Henri, qui avait dans « le fond de l'âme, non pas à l'intérieur seulement, les véri- « tables sentiments d'honneur, abhorrait tellement toutes les « lâchetés, qu'il ne put consentir à celle-là, et crut indigne de sa « générosité de se servir des moyens qu'il avait si souvent repro- « chés à ses ennemis. »

L'histoire a recueilli sur la conférence de Saint-Brice un grand nombre de détails qui peignent en traits pittoresques la situation et les caractères. Voici, d'après l'historiographe Pierre Mathieu, la plus grande partie du dialogue de la reine-mère et du roi de Navarre dans la première entrevue :

« La reine-mère, après les révérences, embrassements et caresses « dont elle était fort libérale, parla en cette sorte: « Eh bien, mon « fils, ferons-nous quelque chose de bon ?

— « Il ne tiendra pas à moi ; c'est ce que je désire, repartit le « roi de Navarre.

— « Il faut donc que vous me disiez ce que vous désirez pour
« cela.

— « Mes désirs, Madame, ne sont que ceux de Votre Majesté.

— « Laissons ces cérémonies, et me dites ce que vous demandez.

— « Madame, je ne demande rien, et ne suis venu que pour
« recevoir vos commandements.

— « Là, là, faites quelque ouverture.

— « Madame, il n'y a point ici d'ouverture pour moi.

— « Mais quoi, ajoute la reine, voulez-vous être la cause de la
« ruine de ce royaume, et ne considérez-vous point qu'autre que
« vous après le roi n'y a plus d'intérêt?

— « Madame, ni vous, ni lui ne l'ont pas cru, ayant dressé huit
« armées pour cuider me ruiner.

— « Quelles armées, mon fils? Vous vous abusez. Pensez-vous
« que si le roi vous eût voulu ruiner, il ne l'eût pas fait! La puis-
« sance ne lui a pas manqué, mais il n'en a jamais eu la volonté.

— « Excusez-moi, Madame, ma ruine ne dépend point des
« hommes : elle n'est ni au pouvoir du roi ni au vôtre.

— « Ignorez-vous la puissance du roi et ce qu'il peut?

— « Madame, je sais bien ce qu'il peut, et encore mieux ce qu'il
« ne pourrait faire.

— « Eh quoi donc! ne voulez-vous pas obéir à votre roi?

— « J'en ai toujours eu la volonté, j'ai désiré de lui en témoigner
« les effets, et l'ai souvent supplié de m'honorer de ses commande-
« ments, pour m'opposer, sous son autorité, à ceux de la Ligue,
« qui s'étaient élevés en son royaume, au préjudice de ses édits,
« pour troubler son repos et la tranquillité publique. »

« Là-dessus la reine toute en colère : « Ne vous abusez point, mon
« fils, ils ne sont point ligués contre le royaume; ils sont Français,
« et tous les meilleurs catholiques de France, qui appréhendent la
« domination des huguenots, et pour le vous dire tout en un mot,
« le roi connaît leur intention, et trouve bon tout ce qu'ils ont fait.
« Mais laissons cela ; ne parlez que pour vous, et demandez tout ce
« vous voulez : le roi vous l'accordera.

— « Madame, je ne vous demande rien ; mais si vous me demandez
« quelque chose, je le proposerai à mes amis et à ceux à qui j'ai
« promis de ne rien faire ni traiter sans eux.

— « Or bien, mon fils, puisque vous le voulez comme cela, je ne
« vous dirai autre chose, sinon que le roi vous aime et vous

« honore, et désire vous voir auprès de lui, et vous embrasser
« comme son bon frère.

— « Madame, je le remercie très humblement, et vous assure que
« jamais je ne manquerai au devoir que je lui dois.

— « Mais quoi, ne voulez-vous dire autre chose ?

— « Et n'est-ce pas beaucoup que cela ?

— « Vous voulez donc continuer d'être cause de la misère, et à
« la fin de la perte de ce royaume ?

— « Moi, Madame, je sais qu'il ne sera jamais tellement ruiné
« qu'il n'y en ait toujours quelque petit coin pour moi.

— « Mais ne voulez-vous pas obéir au roi ? Ne craignez-vous
« point qu'il ne s'enflamme et s'irrite contre vous ?

— « Madame, il faut que je vous dise la vérité : il y a tantôt dix-
huit mois que je n'obéis plus au roi.

— « Ne dites pas cela, mon fils.

— « Madame, je le puis dire ; car le roi, qui m'est comme père,
« au lieu de me nourrir comme son enfant et ne me perdre, m'a
« fait la guerre en loup ; et quant à vous, Madame, vous me l'avez
« faite en lionne.

— « Eh quoi ! ne vous ai-je pas toujours été bonne mère ?

— « Oui, Madame ; mais ce n'a été qu'en ma jeunesse : car
« depuis six ans je reconnais votre naturel fort changé.

— « Croyez, mon fils, que le roi et moi ne demandons que votre
« bien.

— « Madame, excusez-moi, je reconnais tout le contraire.

— « Mais, mon fils, laissons cela ; voulez-vous que la peine que
« j'ai prise depuis six mois ou environ demeure infructueuse, après
« m'avoir tenue si longtemps à baguenauder ?

— « Madame, ce n'est pas moi qui en suis cause ; au contraire,
« c'est vous. Je ne vous empêche que vous reposiez en votre lit ; mais
« vous, depuis dix-huit mois, m'empêchez de coucher dans le mien.

— « Et quoi ! serai-je toujours en cette peine, moi qui ne
« demande que le repos ?

— « Madame, cette peine vous plaît et vous nourrit ; si vous
étiez en repos, vous ne sauriez vivre longuement.

— « Comment, je vous ai vu autrefois si doux et si traitable,
« et à présent je vois sortir votre courroux par les yeux, et l'entends
« par vos paroles.

— « Madame, il est vrai que les longues traverses et les fâcheux

« traitements dont vous avez usé à mon endroit m'ont fait changer
« et perdre ce qui était de mon naturel.

— « Or bien, puisque ne pouvez faire de vous-même, regardons
« à faire une trêve pour quelque temps, pendant lequel vous pourrez
« conférer et communiquer avec vos ministres et vos associés, afin
« de faciliter une bonne paix, sous bons passeports, qui à cette fin
« vous seront expédiés.

— « Eh bien ! Madame, je le ferai.

— « Eh quoi, mon fils, vous vous abusez ! Vous pensez avoir des
« reîtres, et vous n'en avez point.

— « Madame, je ne suis pas ici pour en avoir nouvelles de vous. »

Par cette première entrevue, qui se passa toute en semblables propos, la reine-mère se convainquit de la difficulté de sa mission. Il était évident que le roi de Navarre venait à elle plutôt avec le parti pris de ne pas s'accommoder qu'avec des idées de conciliation. Elles étaient, en effet, loin de son esprit, parce que derrière la reine-mère ou derrière le roi de France, non irréconciliables, comme la suite le prouva, Henri et ses amis voyaient la Ligue, leur ennemie mortelle, dont la destruction seule pouvait assurer leur existence. Catherine pourtant ne s'avoua pas vaincue ; elle eut encore deux entrevues avec le roi de Navarre. Dans la seconde, elle lui demanda de contremander la levée allemande, et insista sur le changement de religion, première condition d'un accord et d'une paix durables. « Madame, répondit Henri, le respect du roi et ses commande-
« ments m'ont fait demeurer faible et donner aux ennemis, avec
« la force, l'audace qui est la fièvre de l'Etat. Votre accusation est
« comme celle du loup à l'agneau ; car mes ennemis boivent à la
« source des grandeurs. Vous ne me pouvez accuser que de trop
« de fidélité ; mais moi je me puis plaindre de votre mémoire, qui
« a fait tort à votre foi. » Il se défendit de toute concession au sujet de la levée allemande, faisant sentir à la reine qu'il pénétrait l'arrière-pensée cachée sous cette demande, et qu'il n'était pas homme à se désarmer, quand on s'efforçait de l'accabler de toutes parts. Et quant au changement de religion : « Comment,
« ajouta-t-il, ayant tant d'entendement, êtes-vous venue de si loin
« pour me proposer une chose tant détestée et de laquelle je ne puis
« délibérer avec conscience et honneur que par un légitime con-
« cile auquel nous nous soumettrons, moi et les miens ? »

Les conseillers de Catherine, prenant à leur tour la parole, s'efforcèrent de séduire Henri par la perspective des bonnes grâces royales, dont il tirerait de si grands avantages. Le roi de Navarre avait réponse à tout; et Nevers, ayant eu la hardiesse de lui dire : « Sire, vous seriez mieux à faire la cour au roi de France qu'au « maire de La Rochelle, où vous n'avez pas le crédit d'imposer « un sou en vos nécessités », ce duc, d'origine italienne, s'attira cette piquante réponse, qui visait Catherine de Médicis et tous ses compatriotes si bien en cour : « Nous n'entendons rien aux impo-« sitions, car il n'y a pas un Italien parmi nous. Je fais à La Ro-« chelle ce que je veux, n'y voulant que ce que je dois. »

Catherine tenta un nouvel effort dans une troisième entrevue. Elle proposa de suspendre pour une année l'exercice de la religion réformée, et de conclure en même temps une trêve, afin de pouvoir assembler les Etats-Généraux auxquels on soumettrait les conditions d'un accommodement. Mais Henri et Condé « connurent « bien que cet expédient ne tendait qu'à détourner le grand secours « d'Allemagne, qu'ils ne pourraient jamais rassembler, s'il était une « fois dissipé; ils consentirent seulement, au cas qu'on leur promît « un concile et que le roi leur en donnât lettres, de faire des trêves « pendant lesquelles ils manderaient les députés des provinces, sans « lesquels ils ne pouvaient rien conclure ». A son tour, Catherine refusa, si bien qu'il ne put y avoir accord que sur une trêve de douze jours, pour donner le temps de rendre compte de la conférence au roi et de prendre ses nouveaux ordres. Là-dessus la reine-mère se retira à Niort, puis à Fontenay, et le roi de Navarre à La Rochelle. La trêve expirait le 6 janvier. Catherine s'efforça de renouer les négociations, mais Henri ne voulut plus traiter en personne. Il envoya à Fontenay le vicomte de Turenne, qui « traitait adroitement de plusieurs choses avec la reine-mère, dit « Davila, mais n'en concluait aucune ».

Le dernier mot de Catherine fut que le roi voulait une seule religion dans son royaume, et Turenne, en arrivant aux sarcasmes, répondit : « Les calvinistes le veulent bien aussi, « Madame, pourvu que cette religion soit la leur ; autrement il faut « se battre ». Ainsi finit la conférence. Catherine chercha les moyens de la recommencer, jusqu'au mois de février, où quelques troubles suscités par les Seize la rappelèrent à Paris.

Mais la diplomatie de la reine-mère, après avoir échoué dans les négociations directes, faillit réussir par les bruits perfides qui coururent touchant la conférence de Saint-Brice. Pendant qu'elle avait lieu, Catherine manœuvra de telle sorte que l'on commençait à douter des résolutions du roi de Navarre. Il fut obligé d'en écrire à ses amis pour rétablir la vérité : il la fit connaître tout au long, en France et à l'étranger, dès que les pourparlers eurent pris fin. « Il s'est passé, écrivait-il de La Rochelle, beaucoup de temps aux « traités d'avec la reine, sans beaucoup de certitude du fruit qu'on « en devait attendre, qui m'a fait toujours résoudre de ne m'atta- « cher point si fort à la suite de cette négociation que le soin de « pourvoir à nos affaires en fût amoindri. Les mouvements qui « sont depuis survenus à Paris l'ont rappelée, et j'ai évité, à son « départ, qu'elle eût occasion ni prétexte de se plaindre de nous, « lui ayant fait offrir par M. de Turenne d'employer ma personne « et tous mes biens pour rétablir l'autorité du roi anéantie « par ceux de la Ligue et acquérir un perdurable repos à ses su- « jets. » Il ajoutait à ses explications l'avis de sa prochaine rentrée en campagne. Et, en effet, il s'était déjà empressé d'envoyer Turenne mettre tout en ordre, en Guienne, en Gascogne et dans le Haut-Languedoc. Turenne vit à Castres le maréchal de Montmorency, remplit sa mission dans diverses provinces et revint pour reprendre Castillon, ce qu'il fit en un tour de main. Alain, le vaillant défenseur de la place contre Mayenne, fit dresser au bon endroit une échelle, qui introduisit les assiégeants dans la place, Turenne en tête. La prise de Castillon avait coûté plus de deux cent mille écus à Mayenne ; Turenne la reprit avec une échelle qui valait bien quatre écus : beau sujet d'épigrammes pour les adversaires de la Ligue et les ennemis particuliers de la Maison de Lorraine.

Le roi de Navarre, de son côté, s'était remis à l'œuvre. Du mois d'avril au mois de juin, il prit, en Saintonge et en Poitou, une vingtaine de villes et de châteaux, entre autres Talmont, Chizé, Sauzé, Saint-Maixent, Fontenay. Une lettre datée de Saint-Maixent et adressée au duc de Montpensier peut donner une idée de l'activité qu'il déploya dans cette campagne : « Je n'ai point couché « dans mon lit depuis quinze jours, disait-il, par les soins, la fati- « gue ou les tracas que la conduite de l'artillerie apporte. »

En juin, il eut devant lui une armée commandée par le duc de Joyeuse et qui ne permit pas à ses petites troupes de tenir régulièrement la campagne. Il fortifia les garnisons de ses meilleures pla-

ces, rasa les plus faibles et s'en tint aux escarmouches. Joyeuse prit Tonnay-Charente et Maillezais, reprit Saint-Maixent, écrasa un parti huguenot, à la Mothe-Saint-Eloi, et se montra partout impitoyable. Il arrivait déjà près de La Rochelle, lorsque, prétextant quelques maladies qui fatiguaient ses troupes, il les laissa sous les ordres de Lavardin, son maréchal de camp, et repartit pour la cour, où il redoutait fort les entreprises et les succès de son rival, le duc d'Epernon. Le jour de son arrivée à Paris, un courrier lui apportait la nouvelle d'une défaite que le roi de Navarre venait d'infliger à son armée. « Comme le roi de Navarre, dit Mézeray,
« fut averti par un nommé Despondes son domestique, qui était
« prisonnier de Joyeuse, que Lavardin remmenait son armée, il se
« résolut de la suivre et de la charger sur sa retraite, lorsqu'elle
« croirait être bien loin de tout danger. Il en attrapa et défit plu-
« sieurs compagnies, entre autres celle des gens d'armes du duc
« logée à Vismes, deux lieues en deçà de Chinon, où il prit la cor-
« nette blanche. Lavardin, étonné de savoir que sa cavalerie avait ainsi
« été surprise et taillée en pièces dans ses logements, se rangea le
« plus promptement qu'il put dans la petite ville de La Haye sur la
« Creuse. Le roi de Navarre l'y investit aussitôt, s'assurant bien de
« le forcer dans l'épouvante où il le voyait ; mais, faute de canon,
« dont quelques-uns rejetaient la faute sur la jalousie du prince de
« Condé qui avait dû en amener, il ne put parachever un si beau
« dessein. »

Il est probable qu'en poussant de la sorte les troupes de Lavardin, Henri avait recherché, outre les succès obtenus, l'occasion d'aller au-devant de son cousin, le comte de Soissons. Ce prince venait de prendre, avec le prince de Conti, la résolution de combattre sous les drapeaux du roi de Navarre. De Montsoreau, où il s'arrêta, Henri envoya Turenne vers le comte de Soissons, qui arriva bientôt à la tête de trois cents gentilshommes et de mille arquebusiers. Le prince de Conti devait rallier prochainement l'armée avec d'autres troupes, qu'il s'occupait de réunir au delà de la Loire. Avec les forces que Turenne venait de lui amener, le roi de Navarre était en mesure de tenir la campagne, mais il avait à choisir entre deux directions : ou marcher un peu à l'aventure, et peut-être prématurément, vers l'armée des reîtres, qui venait à peine de franchir la frontière, ou rebrousser en Poitou, s'y fortifier et partir de là, à bon escient, pour aller donner la main aux auxiliaires. Le

second parti prévalut, et l'armée rétrograda. Or, sur ces entrefaites, Henri III, pressé par la Ligue, venait de mettre sur pied trois nouvelles armées : la première, commandée par le duc de Guise, reçut l'ordre de s'opposer à la marche des Allemands ; la deuxième, formée des troupes restées sous le commandement de Lavardin, mais fortifiée de cavalerie et d'une magnifique troupe de noblesse, allait être menée contre le roi de Navarre par le duc de Joyeuse ; la troisième enfin, conduite par Henri III en personne, devait opérer sur la Loire. Au mois d'août, la France entière était couverte de soldats. « C'était pitié, dit Mézeray, de voir alors ce misérable
« royaume gémissant sous le faix insupportable de tant d'armées
« qui le ravageaient sans miséricorde. Car le duc de Joyeuse en
« conduisait une en Guienne, le roi de Navarre y en avait une au-
« tre, Matignon une troisième ; Montmorency et Lesdiguières en
« levaient une en Languedoc et Dauphiné ; le prince de Conti
« ralliait tout ce qu'il pouvait d'hommes dans l'Anjou et pays du
« Maine ; cette armée étrangère, semblable à un essaim de saute-
« relles, dévorait toutes les contrées par où elle passait ; et celle du
« roi, qui s'était ramassée de toutes les provinces, avec le désordre
« et les pillages qui sont ordinaires dans un temps de licence, ra-
« vageait ces riches pays qui sont depuis Orléans jusqu'à Nevers. »

Henri III partit de Paris, le 12 septembre, pour aller rejoindre son armée à Gien ; le duc de Guise et le duc de Joyeuse étaient déjà en campagne ; Lesdiguières en Dauphiné, Montmorency en Languedoc étaient aux prises tantôt avec les troupes royales, tantôt avec les partisans de la Ligue. Avant que cette grande levée de boucliers fût complète, vers la mi-juillet, le roi de Navarre, d'accord avec le prince de Condé et le duc de Montmorency, avait lancé un nouveau manifeste destiné à justifier sa prise d'armes et à en expliquer les mobiles. Ce document faisait le procès à la Ligue et aux Guises, déclarait que les religionnaires prenaient les armes uniquement pour « garantir et défendre le roi, la Maison de Bourbon et
« tous les bons Français de l'oppression des ennemis conjurés de
« la couronne et de l'Etat », et concluait en ces termes : « Nous,
« Henri, roi de Navarre, premier prince et pair de France, Henri
« de Bourbon, prince de Condé, et Henri de Montmorency, pre-
« mier officier de la couronne et maréchal de France…, supplions
« S. M. d'avoir pour agréable la prise de nos armes et de croire
« que nous ne les prenons que pour elle, pour sa liberté et pour son

« service; que nous sommes prêts d'aller la trouver dans tel
« endroit qu'il lui plaira nous commander. Prions aussi tous rois,
« princes, seigneurs..., tant voisins qu'alliés de cette couronne,
« nous vouloir assister et secourir... Déclarons tous ceux qui s'y
« opposeront ennemis conjurés de cet Etat et de la tranquillité de
« ce royaume, protestant les prendre en notre protection et sauve-
« garde..., sans rien altérer ni innover en aucune façon, ainsi que
« nous agissons en Guienne, Languedoc et Dauphiné. »

CHAPITRE IV

Le duc de Joyeuse cherche la bataille, et le roi de Navarre temporise. — Les motifs de la poursuite et ceux de la temporisation. — Joyeuse dédaigne l'appui de Matignon. — Occupation de Coutras. — Henri veut éviter la bataille en passant l'Isle. — Joyeuse ne lui laisse pas achever cette manœuvre. — Jactance de Joyeuse. — Journée de Coutras. — Le champ de bataille. — Les deux armées. — Echec des calvinistes. — Revanche. — Les grandes charges et la mêlée. — Défaite de l'armée catholique. — Exploits du roi de Navarre. — Mort de Joyeuse. — Les pertes des deux armées. — Après la victoire. — Grandeur d'âme de Henri. — Controverses sur la journée de Coutras. — Lettre au roi de France. — Lettre à Matignon.

Le roi de Navarre, en se repliant vers le midi, même avant l'arrivée de Joyeuse, comptait s'ouvrir un chemin par la Guienne et le Languedoc, pour aller faire sa jonction avec les auxiliaires allemands ; mais Joyeuse avait reçu l'ordre de le suivre, de le harceler, en se concertant avec Matignon, de telle sorte que, enveloppé par les deux armées royales, il fût impossible à Henri d'éviter une bataille, qu'on pensait lui devoir être fatale, et dont la perte le mettrait, lui et la cause protestante, à la merci de Henri III. Si Joyeuse eût été un homme de guerre expérimenté, capable de suspendre ses coups pour en assurer l'effet, ce plan devait réussir, puisque, malgré l'incapacité de ce général, il s'en fallut de peu que le roi de Navarre n'eût à combattre à la fois les deux armées, dont c'eût été miracle qu'il triomphât. Mais le duc de Joyeuse, poussant la bravoure jusqu'à la témérité, entouré de gentilshommes ardents et ambitieux comme lui, s'imagina que joindre le roi et le battre, c'était tout un, et qu'une armée de dix mille hommes n'avait pas besoin de s'appuyer sur celle de Matignon pour défaire en bataille rangée sept ou huit mille huguenots qui semblaient fuir devant lui.

Il courait donc sans relâche sur les traces du roi de Navarre, tandis que ce prince, qui sentait qu'une seule bataille perdue pourrait ruiner sa cause, cherchait à gagner les pays de la Dordogne, où les places qu'il possédait lui faciliteraient la résistance, d'abord, et ensuite la marche en avant du côté de l'armée étrangère. Il arriva, le 19 octobre, au passage de Chalais et d'Aubeterre, au moment où le duc établissait son quartier général à La Roche-Chalais. L'occupation de Coutras devait protéger ou contrarier les mouvements du roi ; Henri et Joyeuse eurent la même pensée, qui les amena presque simultanément à se disputer ce poste. Mais Joyeuse, pourtant invité par un émissaire de Matignon à faire diligence pour s'emparer de Coutras, n'y envoya Lavardin que tard, et avec des forces insuffisantes pour s'y maintenir. Lavardin y était à peine, que La Trémouille, chargé d'une mission semblable par le roi de Navarre, s'y jeta à corps perdu avec deux cent cinquante salades, et força l'ennemi à rebrousser jusqu'à La Roche-Chalais. A deux heures du matin, le 20 octobre, l'armée calviniste passa la Drône et se logea dans Coutras et dans les villages voisins, excepté l'artillerie, la cavalerie légère, commandée par La Trémouille, et une troupe de quatre-vingts salades sous les ordres de La Boulaye, qui allèrent se poster entre Coutras et la Roche-Chalais. Suivant son plan de retraite, le roi de Navarre se mit en devoir d'effectuer le passage de l'Isle. La moitié de l'artillerie et des bagages, confiés aux soins de Clermont d'Amboise et de Rosny, était déjà passée, lorsque les batteurs d'estrade calvinistes vinrent annoncer les mouvements de l'armée royale, qui faisaient présumer qu'elle serait en vue au point du jour. A cette nouvelle, le roi de Navarre ordonna de faire repasser promptement du côté de Coutras tout ce qu'on avait transporté sur l'autre bord, et désigna un monticule pour y placer les trois pièces qui composaient son artillerie. Malgré tous les efforts de Clermont d'Amboise et de ses officiers, les deux armées étaient déjà aux prises, avant que cette artillerie eût pu servir ; mais elle n'en contribua pas moins au gain de la bataille.

Quelques historiens, sans y prendre garde, ont parlé d'un conseil de guerre tenu par le roi de Navarre, dans lequel on aurait longuement discuté les avantages et les dangers d'une rencontre. L'heure où cette discussion aurait eu lieu n'est point celle où nous sommes arrivés dans notre récit. Avant que le roi ordonnât le passage de l'Isle, l'action n'avait pas été résolue, puisque la retraite continuait, et dès que l'on sut que Joyeuse arrivait sur Coutras, il ne fut pas besoin de conseil de guerre pour décider qu'on se battrait : le roi et ses lieutenants n'eurent qu'à concerter entre eux le plan de la bataille. Ils envisagèrent avec courage la nécessité où ils se trouvaient, et s'y comportèrent avec un héroïsme que la victoire couronna. Henri ne choisit ni le lieu ni l'heure ; il fut forcé d'accepter l'un et l'autre, et le triomphe qui l'attendait, il ne l'ambitionna, on peut l'affirmer, que lorsqu'il lui fallut vaincre ou périr. Du côté de Joyeuse, il en fut autrement. On n'a jamais bien su si le duc se flattait, comme l'ont dit quelques-uns, de l'espoir de devenir le chef de la Ligue, à laquelle appartenait plus qu'au roi de France l'armée sous ses ordres ; mais il avait, d'ailleurs, toutes les ambitions, toutes les témérités et toutes les vanités. Le 19 octobre, au soir, quand il sut que le roi de Navarre était à portée de ses coups, il ne put se contenir. Assemblant ses officiers, moins pour délibérer que pour faire échange de jactance, il leur dit tenir de Henri III l'ordre de combattre en toute occasion le Béarnais ; que, même sans cet ordre, il n'hésiterait pas à l'attaquer avec la forte armée et la brillante noblesse qui marchaient sous ses enseignes ; qu'à la vérité, il pouvait compter sur la prochaine arrivée de Matignon, mais qu'il n'était pas besoin de toutes ces forces pour anéantir des hordes de rebelles et d'aventuriers. Ce discours, qui se tenait au souper du duc, fut suivi d'acclamations, et l'on raconte que les convives s'engagèrent par serment à ne faire aucun quartier aux huguenots. Ces bravades irritèrent tellement l'impatience de Joyeuse, qu'il fit partir sa cavalerie légère à dix heures du soir et battre aux champs à onze, pour la faire suivre par le reste de l'armée. Dans la nuit, les coureurs des deux partis se livrèrent à quelques escarmouches de peu d'importance.

« Au soleil levant, la cavalerie légère du duc, qui faisait son avant-
« garde, ayant aperçu celle du roi de Navarre à une lieue et demie
« de Coutras, vint, sans délibérer, fondre sur elle. Le duc de La
« Trémouille soutint bravement le choc ; mais, comme il ne
« voulait point s'engager, et que, suivant les ordres du roi de
« Navarre, il ne pensait qu'à faire sa retraite vers Coutras, il fit
« mettre pied à terre à soixante de ses arquébusiers et leur fit occu-
« per un défilé. La Roche-Galet se mit à leur tête et s'acquitta par-
« faitement d'une si dangereuse commission par le feu qu'il fit sur
« la cavalerie ennemie ; mais il courait risque d'y périr avec tous

« ses soldats, sans une vigoureuse charge que fit le capitaine Haram-
« bure. Sur ces entrefaites, arriva La Boulaye avec ses quatre-vingts
« salades; le nouveau feu qu'il fit sur les ennemis les fit reculer de
« cinq cents pas et donna moyen au duc de La Trémouille de faire
« sa retraite en bon ordre.

« Lorsqu'il arriva, le roi de Navarre rangeait son infanterie et ses
« hommes d'armes en bataille dans une garenne proche de Coutras,
« et il fit prendre poste, à côté, au duc de La Trémouille, à la tête
« de la cavalerie légère. Mais, ayant fait réflexion qu'il n'avait pas
« de quoi garnir un grand chemin plein de buissons, entre cette
« cavalerie et le reste des troupes, et que cet endroit était trop
« fourré, il résolut de changer de terrain. Le capitaine Favas lui
« représenta qu'il était un peu tard de prendre ce parti, vu qu'il ne
« pouvait le faire sans prêter le flanc aux ennemis; mais, ayant
« délibéré avec ce capitaine et le vicomte de Turenne, il jugea
« que l'armée du duc de Joyeuse n'étant pas encore là tout
« entière ni tout à fait rangée, elle n'entreprendrait pas de l'atta-
« quer durant ce mouvement; et ainsi il fit avancer un peu son
« armée sur la droite, au delà du grand chemin.

« La plaine où il la rangea était de six à sept cents pas d'étendue
« en largeur. L'armée avait à dos le bourg de Coutras et à sa gauche
« le ruisseau de Palar; elle s'étendait à droite de la garenne de
« Coutras et dans un petit bois taillis, au delà duquel le roi de
« Navarre posta deux mille fantassins. La cavalerie faisait la
« première ligne. La Trémouille eut la droite, ayant devant lui
« Vignolles avec cent vingt arquebusiers. A la gauche de La Tré-
« mouille, était le vicomte de Turenne avec la cavalerie de Gasco-
« gne. Plus loin, en tirant toujours vers la gauche, était le prince
« de Condé, et puis le roi de Navarre jusqu'au bord du grand che-
« min. Les deux escadrons des deux princes étaient chacun de trois
« cents chevaux; celui du comte de Soissons, de deux cents che-
« vaux seulement, fermait cette gauche.

« Le roi de Navarre suivit, en cette rencontre, une manière de
« l'amiral de Coligny, dont il avait remarqué l'utilité : ce fut de
« mettre des arquebusiers à pied à côté de chaque escadron. Leur
« emploi était d'attendre de pied ferme les escadrons ennemis, et de
« ne tirer sur eux que de vingt pas pour ne pas le faire inutile-
« ment. Ces petits bataillons étaient seulement de cinq de front et
« autant de file; les premiers étaient ventre à terre, les seconds sur

« un genou, les troisièmes penchés, et ceux de derrière debout, pour
« faire tous leurs décharges en même temps.

« Comme le bois de la droite était un poste très important, on
« avait mis de ce côté-là la plus grande partie de l'infanterie, et il
« n'en restait que très peu pour la gauche. D'Aubigné représenta
« fortement au roi le danger de ce défaut, mais il était difficile d'y
« remédier, car de faire marcher de l'infanterie, de la droite, par
« derrière l'armée, c'était lui faire prendre un chemin bien long, et
« il était fort hasardeux de la faire passer à la tête de l'armée, en
« présence de celle de l'ennemi qui se rangeait. Le parti que prit le
« roi de Navarre fut de tirer soixante arquebusiers de chacun des
« régiments de Valiraux, de Montgomery, des Bories, de Belzunce
« et de Salignac, et de les faire courir à la débandade entre les deux
« armées, ce qu'ils exécutèrent heureusement.

« La disposition de l'armée du duc de Joyeuse se fit de cette sorte.
« Il opposa au bois de la droite du roi de Navarre un gros d'infan-
« terie, composé des régiments de Picardie et de Tiercelin, où il y
« avait environ dix-huit cents mousquetaires, et le fit soutenir de
« mille corcelets. Ceux-ci avaient à leur droite un escadron de qua-
« tre cents lances ; suivait à côté un autre de cinq cents, opposé à
« celui du vicomte de Turenne ; au delà, en tirant toujours vers la
« droite, était la cornette blanche du duc de Joyeuse, et dix des plus
« belles compagnies de gens d'armes qu'on eût vues depuis long-
« temps. Le gros était de treize à quatorze cents lances. La droite
« était fermée par un bataillon de Cluseaux et par sept cornettes
« d'arquebusiers à cheval ; tout cela faisant en cet endroit environ
« deux mille cinq cents hommes. L'artillerie, qui n'était que de
« deux canons, fut placée entre la cornette du duc et l'escadron de
« cinq cents lances. Celle du roi de Navarre, qui n'avait non plus que
« deux canons et une coulevrine, arriva au moment qu'on était prêt
« de donner, et fut placée sur un petit tertre de sable, à la droite
« de l'escadron du comte de Soissons.

« Ces deux armées étaient à peu près égales en nombre d'infan-
« terie, celle du duc étant de cinq mille fantassins, et celle du roi
« de Navarre de quatre mille cinq cents. Pour ce qui est de la ca-
« valerie, ce prince n'avait que douze à treize cents chevaux, et le
« duc deux fois autant, beaucoup mieux équipés, et dans ce nom-
« bre beaucoup de gendarmerie.

« A en juger par ce qui paraissait à la vue, l'armée du duc de

« Joyeuse était une des plus lestes qui se fussent mises de longtemps
« en campagne. Grand nombre de seigneurs s'étaient à l'envi mis
« en dépense, pour briller dans cette expédition presque comme
« dans une fête, et avaient fourni libéralement aux frais des équi-
« pages d'une infinité de gentilshommes leurs amis ou leurs servi-
« teurs, qui étaient à leur suite. On ne voyait de tous côtés que
« gens tout chamarrés d'or et d'argent, de magnifiques écharpes,
« des bouquets de plumes en forme d'aigrettes flottantes sur les cas-
« ques, des armes luisantes et dorées, des chevaux richement har-
« nachés ; au lieu que, dans l'armée du roi de Navarre, les soldats,
« pour la plupart, étaient mal habillés, les chevaux sans housses,
« les princes et le roi de Navarre même fort simplement vêtus. »

Il était neuf heures. Les deux armées étaient complètement ran-
gées, et l'artillerie commençait à jouer, lorsque le roi de Navarre,
qui, à diverses reprises, avait adressé la parole aux officiers et aux
soldats, se tourna vers les princes de Condé et de Soissons, et leur
dit simplement : « Souvenez-vous que vous êtes du sang de Bour-
« bon, et vive Dieu ! je vous ferai voir que je suis votre aîné ! — Et
« nous, répondit le prince de Condé, nous vous montrerons que
« vous avez de bons cadets ! » Alors, sur un signal attendu, deux ministres, La Roche-Chandieu, qui était aussi un homme de guerre,
et Louis d'Amours, firent la prière, à laquelle s'unirent de cœur le
roi, les princes et toute l'armée protestante. A ce spectacle, des railleries éclatèrent parmi les jeunes gentilshommes de l'armée catholique. — « Ils se confessent, ils sont à nous ! disaient-ils. — Ne vous
« y fiez pas, répliqua de Vaux (ou Lavardin), qui connaissait ces
« rudes adversaires : quand les huguenots font cette mine, ils ont
« envie de se bien battre. »

« Le premier succès des deux artilleries ne fut pas égal. Celle
« des catholiques, fort mal placée et mal tirée, ne tua qu'un che-
« val, et après quelques volées, on fut obligé de la changer de
« place, au lieu que celle du roi de Navarre, admirablement bien
« servie par l'habileté de Clermont d'Amboise, faisait un grand
« effet. Le premier coup donna dans la cornette blanche du duc de
« Joyeuse : ce qui parut à quelques-uns d'un mauvais présage. Elle
« fit un grand ravage dans la cavalerie et dans le régiment de Pi-
« cardie, dont des files de dix-huit et vingt hommes furent empor-
« tées.

« Lavardin, voyant ce ravage, piqua vers le duc, et lui dit en

« colère : « Monsieur, nous perdons pour attendre, il faut jouer ».
« La permission lui ayant été donnée de charger, il se met à la tête
« de son escadron, fait sonner la charge, et partant en même temps
« avec le capitaine Mercure, commandant d'une troupe d'Albanais,
« ils donnent l'un et l'autre de furie, Lavardin sur l'escadron de La
« Trémouille, et Mercure sur celui de Harambure. Ils les rompi-
« rent, et les vainqueurs poursuivirent les fuyards jusque dans
« Coutras ; ceux-ci, pour la plupart, ayant traversé la Drône, se
« sauvèrent à toutes jambes, et entre autres plus de vingt gentils-
« hommes qui s'étaient signalés en plusieurs rencontres. Quelques-
« uns fuirent jusqu'à Pons, et y allèrent répandre la nouvelle de la
« déroute entière du roi de Navarre. La Trémouille, se voyant
« abandonné de ses gens, se retira à l'escadron du vicomte de
« Turenne, qui, dans le moment, fut enfoncé par Montigny, et
« aussi malmené : de sorte qu'il fut contraint de gagner, lui troi-
« sième, avec La Trémouille et le capitaine Chouppes, l'escadron
« du prince de Condé.

« Comme les fuyards de l'escadron de Turenne passaient auprès
« de celui du prince, Montausier et Vaudoré, qui étaient auprès de
« lui, crièrent de toutes leurs forces : « Au moins, Messieurs, ceux
« qui s'enfuient ne sont ni Saintongeois ni Poitevins ». Ils par-
« laient de la sorte par la jalousie qu'ils avaient contre les Gascons,
« dont le roi de Navarre exaltait sans cesse la bravoure. Cette rail-
« lerie eut un très bon effet ; car, se sentant piqués jusques au vif
« d'un tel reproche, au lieu de fuir vers Coutras, comme les autres
« avaient fait, quelques officiers gascons prirent à droite avec une
« partie de bons soldats, et ils firent, dans la suite de la bataille,
« très bien leur devoir.

« Tandis que la cavalerie légère du roi de Navarre était si mal-
« traitée, le peu d'infanterie qu'il avait jetée à sa gauche fut atta-
« quée par deux cents enfants perdus, détachés du régiment de
« Cluseaux qu'elle avait en tête. Les capitaines Saint-Jean-de-Li-
« gouré et Caravez allèrent au-devant avec six-vingt de leurs gens,
« et les reçurent si bien, qu'ils les recognèrent jusqu'à leurs pi-
« quiers.

« Ce fut dans ce même temps que de cet endroit on vit fuir les
« escadrons de Turenne et de La Trémouille, et que l'on com-
« mença à crier victoire dans l'armée catholique. Il y a des mo-
« ments dans lesquels tout dépend de la disposition d'esprit où se

« trouve le soldat. Ce premier malheur, qui devait naturellement
« décourager cette infanterie huguenote, lui inspira de la fureur.
« Les capitaines Montgomery et Belzunce leur crièrent : « Enfants,
« il faut périr ; mais il faut que ce soit au milieu des ennemis ;
« allons, l'épée à la main, il n'est plus question d'arquebuses ». Et
« se mettant avec les autres officiers à la tête du bataillon, qui
« n'était pas de plus de trois cents hommes, ils marchent, tête
« baissée, à l'infanterie catholique plus nombreuse des deux tiers
« que la leur, se jettent au travers des piques, les écartant ou les
« arrachant aux piquiers, l'enfoncent et la mettent en une entière
« déroute.

« L'infanterie du roi de Navarre ne se comporta pas avec moins
« de bravoure à la droite de l'armée, où le capitaine Charbonnières
« chargea les régiments de Tiercelin et de Picardie, qui avaient
« gagné le fossé du bouquet de bois où ce prince avait mis le gros
« de ses fantassins. Ces deux régiments furent défaits à plate cou-
« ture, et il se fit, à cet endroit, un grand massacre.

« Toutes ces trois charges se firent dans le même temps. Le duc
« de Joyeuse, ayant vu la déroute d'une partie de la cavalerie hu-
« guenote, ne tarda pas à s'ébranler, pour aller enfoncer les deux
« gros escadrons du roi de Navarre et du prince de Condé et celui
« du comte de Soissons, qui n'avaient point encore combattu. Ce
« fut là que l'on vit combien la valeur en de telles occasions est
« inutile sans l'expérience et la discipline militaire. La gendarme-
« rie du duc de Joyeuse était aux premiers rangs, la lance en arrêt
« sur la cuisse, pour enfoncer et culbuter la tête des escadrons
« opposés. Dans ces sortes d'assaut de gendarmerie, deux choses
« étaient essentielles : la première, que les gendarmes marchas-
« sent serrés et sur la même ligne, afin que l'effort se fît en même
« temps de tout le front ; la seconde, qu'ils ne prissent pas trop longue
« carrière, ainsi qu'on parlait alors, c'est-à-dire, qu'ils ne com-
« mençassent pas de trop loin à courir à bride abattue, pour ne
« se pas mettre hors d'haleine, ni eux ni leurs chevaux, et ne pas
« perdre une partie de leurs forces, étant extrêmement chargés du
« poids de leurs armes. La fougue qui emportait cette jeune no-
« blesse l'empêcha d'observer ces deux règles. Plusieurs, en appro-
« chant des escadrons ennemis, étaient hors de rang de la longueur
« de leurs chevaux, et, ayant pris carrière de trop loin, cela fut
« cause que presque pas un d'eux ne désarçonna celui qu'il atta-

« quait ; mais ce qui les déconcerta le plus, fut la décharge qui se
« fit très à propos et de fort près par les arquebusiers que le roi de
« Navarre avait placés à côté de chaque escadron ; une infinité en
« fut jetée par terre, et les escadrons de ce prince qui n'avaient pas
« branlé, jusqu'à ce que les ennemis fussent à dix pas d'eux, ayant
« piqué et enfoncé par les brèches avec des lances plus courtes et
« par conséquent plus fortes, les percèrent et les serrèrent de si
« près que la plupart ne purent se servir de leurs longues lances,
« et furent obligés de les lever en l'air, signe d'une prochaine
« déroute dans ces sortes de combats. Elle ne tarda pas, en effet :
« tout ce gros de cavelerie fut percé d'un bout à l'autre, pris par
« les deux flancs et bientôt dissipé ; et comme l'infanterie des deux
« ailes était déjà en déroute, la bataille, qui ne dura pas une heure,
« fut entièrement gagnée par le roi de Navarre.

« Le roi de Navarre fit paraître en cette journée toute la con-
« duite d'un très grand capitaine, et s'exposa dans le plus chaud
« de la mêlée, comme un simple soldat. » Au moment de la charge,
des gentilshommes se jetaient à l'envi au-devant de lui, pour le
couvrir de leurs corps : « A quartier ! à quartier ! s'écria-t-il ; ne
« m'offusquez pas : je veux paraître ! » Il avait dans son escadron
des compagnons et des serviteurs de la première heure, tels que
Jean de Pons, Plassac, Charles de La Boulaye, Jacques de Cau-
mont-La-Force, Frédéric de Foix-Candale, etc. Plusieurs furent
grièvement blessés à ses côtés, entre autres le baron d'Entraigues et Manaud de Batz, son indomptable Faucheur.

« Dès le commencement du combat, il fut attaqué par le baron
« de Fumel et par Châteaurenard, cornette de Sansac, qui s'atta-
« chèrent à lui. Il fut secouru par Frontenac, qui abattit Fumel
« d'un coup de sabre sur la tête. Le roi de Navarre saisit au corps
« Châteaurenard, lui criant : « Rends-toi, Philistin ». Et, dans ce
« moment, il courut un grand risque de la part d'un gendarme de
« Sansac, qui, tandis que ce prince tenait Châteaurenard embrassé,
« lui donna plusieurs coups sur le casque, du tronçon de sa lance ;
« mais le capitaine Constant l'en délivra en tuant le gendarme. Le
« prince de Condé et le comte de Soissons se signalèrent beaucoup
« durant toute l'action. Le premier eut son cheval tué sous lui, et
« le second fit plusieurs prisonniers de sa propre main. L'action
« par laquelle Saint-Luc se conserva la vie dans cette déroute est
« remarquable et fut beaucoup louée. Ayant rencontré le prince de

« Condé poursuivant les fuyards, il pique à lui et le renverse de
« son cheval du coup de lance qu'il lui porte, et en même temps,
« sautant de dessus le sien, lui présente la main pour le relever et
« le gantelet, en lui disant : « Monseigneur, je me fais votre pri-
« sonnier ! » A quoi le prince répondit en l'embrassant, et le fit
« mettre en sûreté.

« Le duc de Joyeuse ne fut pas aussi heureux, car, voyant tout
« perdu sans aucune ressource, et se retirant seul vers son artillerie,
« il fut rencontré par Saint-Christophe et La Vignole, auxquels il
« jeta son épée, leur promettant une rançon de cent mille écus.
« Mais les capitaines Bourdeaux, Des Centiers et La Mothe-Saint-
« Héray survenant, dans ce moment, ce dernier le tua d'un coup
« de pistolet dans la tête. »

Telle fut l'issue de la bataille de Coutras. La victoire du roi de Navarre était complète. Les catholiques perdaient trois mille hommes de pied, une grande partie de leur cavalerie et plus de quatre cents gentilshommes, la plupart ayant préféré la mort à la fuite. On comptait parmi eux, outre le duc de Joyeuse et Saint-Sauveur, son frère, Piennes, Brézé, Aubigeous, La Suze, Gouvello, Pluviaut, Neuvy, Fumel, La Croisette, de Vaux, Tiercelin. Au nombre des prisonniers se trouvèrent Bellegarde, qui mourut de ses blessures, Saint-Luc, Cypierre, Montigny, Piennes l'aîné, Montsoreau, Châteauvieux, Chastellux, Villegombelin, Châteaurenard, Guy du Lude et Sansac. La perte des vainqueurs fut peu considérable : un petit nombre de soldats et cinq gentilshommes seulement furent tués. Cette disproportion avec la perte des vaincus s'explique par le caractère foudroyant de la bataille. En moins d'une heure, l'armée de Joyeuse fut rompue de tous côtés et en fuite. La plupart des victimes de cette journée tombèrent dans la déroute.

« Le roi de Navarre eut, en cette occasion, la gloire d'avoir, le
« premier, gagné une grande bataille à la tête d'un parti qui,
« jusque-là, avait presque toujours été battu dans les actions géné-
« rales et sous les plus habiles capitaines, tels qu'avaient été le feu
« prince de Condé et l'amiral de Coligny. Il ne s'acquit guère
« moins d'honneur par la manière généreuse et peu usitée alors
« dont il accueillit les vaincus tombés entre ses mains. Il donna
« ordre qu'on eût grand soin des blessés ; il fit rendre les honneurs
« funèbres à Joyeuse et à son frère; il relâcha presque tous les pri-
« sonniers sans rançon, fit des présents à quelques-uns des princi-

« paux et rendit leurs drapeaux à quelques autres, comme au sieur
« de Montigny. » La prise de Cahors avait rendu redoutable le roi
de Navarre ; la victoire de Coutras le marquait, pour l'avenir,
de tous les signes de la conquête et du triomphe. Ce jour-là, il
mérita la couronne de France.

La journée de Coutras provoqua, dans son temps, de vives discussions, que les historiens, aux deux siècles suivants, et même de
nos jours, ont reprises en sous-œuvre, s'accordant presque tous sur
ce point, que le roi de Navarre ne sut pas profiter de sa victoire,
que même il en perdit tous les fruits par la légèreté de sa conduite.
C'est un lieu commun qu'il est difficile de ne pas rencontrer sous
la plume des écrivains qui ont raconté, autrefois ou récemment, la
vie de Henri IV. Cette quasi-unanimité n'a pu nous convaincre :
sans poser en principe l'infaillibilité du roi de Navarre, nous avons
vu distinctement dans les faits historiques la preuve qu'il fit, après
la bataille de Coutras, ce qu'il pouvait et ce qu'il devait faire.

Tous les reproches adressés au roi de Navarre pour n'avoir pas
profité de la journée de Coutras se réduisent à deux points : il ne
marcha pas vers la haute Loire, afin de s'y joindre à l'armée auxiliaire ; cette première faute commise, il abandonna son armée pour
aller présenter les trophées de sa victoire à la comtesse de Gramont.
La plupart des historiens, se copiant les uns les autres, n'ont même
pas pris la peine d'examiner les arguments dont se compose leur
thèse. Il n'est pas nécessaire de les scruter profondément, pour
s'apercevoir qu'ils se contredisent. Le roi de Navarre devait-il
marcher vers l'armée auxiliaire ? Il le devait, assurent ces historiens.
Qu'on les lise donc, eux et leurs devanciers, et l'on reconnaîtra
que le roi de Navarre ne put pas faire ce qu'on lui reproche de
n'avoir point fait : d'abord, parce que son conseil s'y opposa, Turenne et le comte de Soissons en tête ; et, en second lieu, parce qu'il
ne pouvait disposer, pour une aussi longue campagne, de l'armée
qui venait de détruire celle de Joyeuse : elle était composée, en
grande partie, de troupes enrôlées pour quelques semaines, qui
n'entendaient pas demeurer indéfiniment sous les drapeaux du roi
de Navarre, et dont quelques-unes commencèrent à plier bagages
pour le retour, le soir même de la bataille. Aller au-devant des
auxiliaires, à travers deux armées, avec deux ou trois mille hommes,
c'eût été un acte de folie. Voilà des faits certains. Mais, ne
pouvant joindre les Allemands, le roi de Navarre devait, tout au

moins, occuper la Saintonge, l'Angoumois et le Poitou. Sans doute, il eût fait preuve d'une extrême incurie, en laissant ces provinces dépourvues de toute défense : aussi ne furent-elles point abandonnées. Condé garda la Saintonge ; les garnisons du Poitou reçurent des renforts ; Turenne, avec une petite armée, parcourut le Périgord et surveilla le Limousin, de même qu'une partie de la Guienne et de la Gascogne. Le roi de Navarre s'en tint d'une façon générale à la guerre défensive, en attendant une meilleure fortune. L'étude des faits prouve qu'il ne put pas faire autrement. Ajoutons, sans hésiter, que, même avec toute latitude, sa conduite aurait dû être ce qu'elle fut.

Le roi de France, à la tête d'une armée, était sur la Loire, vers laquelle marchaient les auxiliaires allemands et suisses des calvinistes. Les recevoir et attendre avec eux le choc d'une armée commandée par un Joyeuse ou un prince lorrain, c'était une résolution à laquelle aurait pu s'arrêter le roi de Navarre ; mais les mener, avec ses troupes françaises, contre Henri III en personne, contre le symbole vivant de la royauté, voilà ce que l'héritier présomptif du trône n'aurait pu faire sans devenir le premier des rebelles, sans démentir toutes ses déclarations, toute sa politique depuis l'année 1576. Henri n'eût pas laissé échapper l'occasion d'écraser l'armée de Guise ou toute autre armée de la Ligue ; contre l'armée du roi, il ne devait que se défendre. C'est ce qu'il eût fait, si Henri III eût marché sur lui, et, en réalité, c'est ce qu'il fit toujours.

Quant aux historiens qui, d'après d'Aubigné, accusent naïvement Henri d'avoir « donné à l'amour » les fruits de la victoire de Coutras, en allant faire visite à la comtesse de Gramont, pendant son voyage en Gascogne et en Béarn, le bon sens suffit pour les réfuter : nous ne dirons rien de plus de leur fantaisie de dénigrement.

Le lendemain de la bataille, le roi de Navarre écrivit au roi de France une lettre dont le texte, avant de venir jusqu'à nous, a subi certainement quelques altérations, ne fût-ce que dans les formules usuelles, mais qui n'en est pas moins un document authentique. Voici cette lettre, que La Burthe, maître des requêtes du roi de Navarre, fut chargé de présenter à Henri III :

« Sire, mon seigneur et frère, remerciez Dieu : j'ai battu vos
« ennemis et votre armée. Vous entendrez de La Burthe si, malgré
« que je sois l'arme au poing au milieu de votre royaume, c'est moi
« qui suis votre ennemi, comme ils le vous disent. Ouvrez donc

« vos yeux, Sire, et connaissez qui sont-ils. Est-ce moi, votre frère,
« qui peux être l'ennemi de votre personne? Moi, prince de votre
« sang, de votre couronne? Moi, Français de votre peuple? Non,
« Sire; vos ennemis, ce sont ceux-là qui, par la ruine de notre sang
« et de la noblesse, veulent la vôtre, et au par-dessus votre cou-
« ronne. Certes, si n'y eût Dieu mis la main, c'était fait de vous,
« en ce lieu de Coutras, et ils vous eussent en nous tué, Sire,
« comme en votre cœur ils nous ont tués. Car par après, tout seul
« resté de tant de rois et princes, de quel sommeil eussiez dormi
« entre ces épées rouges de votre sang, ou même entre pires choses
« que ces épées? Avisez promptement à cette besogne, si encore en
« est temps; car le tout est caché dans les abîmes de la volonté de
« Dieu. Mais devant lui je proteste de la justice de mes armes et
« de tout ce sang dont un jour vous faudra lui rendre compte.
« Bandez, Sire, cette plaie de votre peuple; baillez-lui la paix;
« baillez-la à Dieu, à vos Etats, à votre frère, à votre conscience.
« Vainqueur, c'est moi qui vous la demande ; ou s'il faut guerre,
« laissez-la-moi rendre à ceux-là qui seuls vous la font et à nous, et
« me les baillez à mener, à cette heure qu'ils savent quel je suis.
« La Burthe, un des plus hommes de bien qui soient en la chré-
« tienté, et que par devers vous je dépêche avec simple lettre de
« créance, pour ce qu'en sa fidélité du reste m'en assure, et aussi
« pour ce qu'autrement ne puis faire, vous fera entendre que je ne
« veux que le repos de tous et la conservation du mien. Et de quoi
« votre pape se mêle de me vouloir ôter ce que de Dieu je tiens ?
« Par quoi lui a Dieu été et lui sera toujours contraire en si mé-
« chante œuvre. Lequel Dieu vivant je prie bien fort, Sire, qu'il
« vous rouvre le clair entendement qu'il vous a baillé, et qu'il a
« permis être troublé pour les grands péchés de ce royaume, et
« aussi celui de la grande part de votre brave noblesse, à tel point
« aveuglée par ces Lorrains; alors verriez à plein, Sire, qu'en toute
« cette pauvre France, n'est pas un seul cœur français ennemi de
« son roi; la grande source de ce poison serait découverte à tous;
« et vous, Sire, verriez qu'ici sommes, plus que ne pensez, vos
« véritables serviteurs et sauveurs de votre couronne. »

Cette page à la fois héroïque et politique porte l'esprit à des hauteurs où l'élèvent bien rarement les bulletins de victoire.

Le 23 octobre, Henri adressait au maréchal de Matignon une autre lettre beaucoup plus intime assurément, mais qui atteste, par

quelques détails pleins de délicatesse, comme par les déclarations qui la terminent, la générosité attendrissante du vainqueur de Coutras : « Avant que de partir de Coutras, j'avais donné ordre
« pour faire conduire les corps de M. de Joyeuse et de son frère à
« Libourne... Auparavant je commandai que leurs entrailles fus-
« sent enterrées avec leurs cérémonies (catholiques), à quoi les
« seigneurs et gentilshommes (catholiques) qui sont ici (prisonniers)
« et aucuns des miens assistèrent aussi. Je suis bien marri qu'en
« cette journée, je ne puis faire différence des bons et naturels
« Français d'avec les partisans et adhérents de la Ligue ; mais, pour
« le moins, ceux qui sont restés en mes mains témoigneront la
« courtoisie qu'ils ont trouvée en moi et en mes serviteurs qui les
« ont pris. Croyez, mon cousin, qu'il me fâche fort du sang qui se
« répand, et qu'il ne tiendra point à moi qu'il ne s'étanche (1) ».

(1) Appendice : XXXVII.

CHAPITRE V

Voyage de Henri en Gascogne et en Béarn. — Le comte de Soissons et ses vues d'avenir. — Défaite des auxiliaires allemands et suisses. — Saül et David. — Conseil de la Ligue à Nancy. — Siège de Sarlat par Turenne. — Défense victorieuse. — Expédition de Favas en Gascogne. — Petits faits de guerre racontés par Henri. — Le mal domestique. — Mort du prince de Condé à Saint-Jean-d'Angély. — Arrestation de la princesse de Condé. — Les récits du roi de Navarre. — Nouveaux projets d'attentat contre sa personne. — Perte de Marans. — Monbéqui et Dieupentale. — Les menées factieuses des Seize. — Menaces de Henri III. — Les Seize appellent le duc de Guise à leur aide. — La journée des Barricades. — Henri III en fuite. — Négociations des factieux avec le roi. — Il leur accorde l'édit d'union du 21 juillet. — Toute-puissance des Guises et de la Ligue. — Henri III reconnaît pour héritier présomptif le cardinal de Bourbon. — L'arrière-pensée royale.

Le roi de Navarre, accompagné du comte de Soissons, passa quelques semaines en Gascogne et en Béarn. Des historiens lui ont presque fait un crime d'avoir présenté à Madame de Gramont les drapeaux et enseignes conquis à la bataille de Coutras, comme si un pareil acte d'héroïque galanterie n'était pas la digne récompense d'un dévouement qui avait été pour quelque chose dans la récente victoire !

Le comte de Soissons, selon l'abréviateur des *Economies royales* d'accord avec les Mémoires contemporains, avait su gagner le cœur de Madame, sœur du roi, et il entretenait constamment Henri de son dessein d'épouser cette princesse ; mais il avait, en agissant ainsi, des vues ambitieuses qui se découvrirent dans la suite. « Il
« prétendait se faire subroger par ce mariage dans tous les droits
« du roi de Navarre, et comme il ne voyait aucune apparence que
« ce prince, ayant pour ennemis déclarés le pape, l'Espagne et les
« catholiques de France, pût jamais venir à bout de ses entrepri-
« ses, il comptait s'enrichir de ses dépouilles, et y gagner du moins

« les grands biens qui composaient l'apanage de la Maison d'Albret,
« en deçà de la Loire... Ce voyage servit au roi de Navarre à con-
« naître plus particulièrement celui qu'il était sur le point de se
« donner pour beau-frère. Le comte de Soissons ne put si bien
« dissimuler que le roi ne devinât une partie de ses sentiments, et
« une lettre qu'il reçut de Paris acheva de les lui dévoiler. On lui
« apprenait que le comte avait juré qu'aussitôt qu'il aurait épousé
« Madame, il l'emmènerait à Paris et abandonnerait le parti de son
« bienfaiteur, et qu'on prendrait alors des mesures pour achever
« le reste. Cette lettre, que le roi de Navarre reçut au retour de la
« chasse, et prêt à tomber dans le piège qu'on lui tendait, lui donna
« pour le comte une aversion que rien ne put jamais effacer. »

Le comte de Soissons ne se sépara définitivement du roi de Navarre qu'après la journée des Barricades. « Livré à de perpé-
« tuelles chimères, il regarda cet événement comme un coup de la
« fortune, qui, en le délivrant de tous ses rivaux, allait le rendre
« tout-puissant dans le conseil et à la cour de Henri III. Chan-
« geant donc incontinent de batterie, il résolut d'aller s'offrir
« à ce prince, et pour donner plus de relief à son action, il voulut
« paraître devant le roi, suivi d'un grand nombre de créatures,
« qu'il chercha dans la cour du roi de Navarre et parmi ses plus
« affectionnés serviteurs, dont il ne se fit point de scrupule de
« tenter la fidélité. Le roi de Navarre sentit comme il le devait
« l'indignité de ce procédé... »

Pendant son séjour à Nérac ou dans les environs de cette ville, vers la mi-novembre, le roi de Navarre reçut la nouvelle des multiples échecs que les deux armées royales, celle du duc de Guise et celle de Henri III, avaient infligés aux auxiliaires allemands, à Vimory, à Auneau et sur quelques autres points. Leurs corps nombreux et redoutables, mais indisciplinés et démoralisés par l'absence du roi de Navarre, furent tour à tour écrasés. Ils avaient fait péniblement leur jonction avec les Suisses protestants, qui, s'imaginant être venus en France pour défendre Henri III contre la Ligue et trouvant le roi en personne devant eux, refusèrent de se battre et négocièrent une retraite. Les débris de l'armée allemande, commandée par le baron de Donha, reprirent le chemin de la frontière, laissant, à chaque pas, des blessés et des malades, qui périssaient sous les coups des paysans. Le 2 décembre, les Suisses protestants obtinrent du roi un traité et une gratification de quatre cent mille écus. Leur retraite ne fut pas moins désastreuse que celle des Allemands. Rentré à Paris, Henri III fit chanter un *Te Deum* solennel et recueillit quelques vivats populaires ; mais les ligueurs réagirent contre ce triomphe de commande, en exaltant les exploits du duc de Guise : leurs prédicateurs affectèrent d'appliquer au souverain et au sujet le verset de la Bible : « Saül en a tué « mille, et David, dix mille ». L'Estoile a noté en quelques traits vifs cet épisode : « Ainsi la victoire d'Auneau fut le cantique de la « Ligue, la réjouissance du clergé, qui aimait mieux la marmite « que le clocher, la braverie de la noblesse guisarde, et la jalousie « du roi, qui reconnut bien qu'on ne donnait ce laurier à la Ligue « que pour flétrir le sien : en ce véritablement misérable, qu'il « fallait qu'un grand roi comme lui fût jaloux de son vassal. »

Le roi, blessé dans son orgueil, se vengea en surchargeant son « archimignon », le duc d'Epernon, de nouvelles faveurs. La Maison de Lorraine, doublement irritée de voir Epernon arriver au faîte, pendant qu'elle était elle-même battue en brèche à la cour, tint à Nancy, le 8 janvier 1588, en présence du cardinal de Bourbon, un conseil où se formulèrent de nouvelles prétentions. D'abord repoussées par le roi, elles devinrent plus tard la base du fameux édit d'union, développement et consécration du traité de Nemours. En même temps, les vues et les pratiques factieuses de la Ligue s'affirmèrent de plus en plus dans Paris et dans les principaux centres de son action : on pouvait déjà prévoir le jour où Henri III dans sa capitale serait moins roi que le duc de Guise.

Le roi de Navarre, n'ayant plus rien à attendre des mouvements de cette armée étrangère dont la levée l'avait occupé si longtemps, et sur laquelle il avait fondé tant d'espérances, reprit en Gascogne son existence de petits combats et de coups de main. Ses capitaines ne restèrent pas inactifs. Après la séparation de l'armée calviniste, le lendemain de la bataille de Coutras, Turenne s'empara de toutes les places entre l'Isle et la Dordogne, et résolut d'assiéger Sarlat. La ville ayant fièrement répondu à la sommation, les opérations du siège commencèrent le 25 novembre. Sarlat, qui avait soutenu un siège, en 1562, contre Duras, et connu, en 1574, le poids des armes de Geoffroy de Vivans, était à peu près démantelé : petit à petit, les habitants avaient détruit les ouvrages rudimentaires laissés par ce capitaine. Les Sarladais ne s'en mirent pas moins courageusement à l'œuvre, exhortés par La Mothe-Fénelon, leur évêque, et par son cousin. Le siège, très meurtrier, surtout pour les assiégeants, que, pour comble de malheur, la maladie décima, fut levé le vingt-unième jour, mardi 15 décembre. Plusieurs épisodes firent grand honneur à la bravoure des habitants. En vain Turenne livra-t-il à la ville un furieux assaut, le 5 décembre ; en vain fit-il venir des renforts du Limousin et de l'Agenais: les assiégés ne faillirent pas un seul instant, quoique Matignon, à qui le roi de Navarre donnait des préoccupations et des inquiétudes par le siège d'Aire, qui fut prise vers le 7 décembre, n'eût pu envoyer à Sarlat le moindre secours. Cette ville ne fut aidée dans sa vigoureuse résistance que par quelques gentilshommes du voisinage, qui s'y jetèrent, au péril de leur vie.

D'un autre côté, Favas, de retour en Gascogne, où il avait le commandement de Casteljaloux, délogea les catholiques de quelques petits forts situés dans le voisinage de cette ville. Il alla ensuite mettre le siège devant Vic-Fezensac, comptant y surprendre Lau et une partie de la noblesse d'Armagnac qu'il avait associée à la défense de la place. Vic-Fezensac, Nogaro et plusieurs autres villes de moindre importance tombèrent au pouvoir de Favas ; mais, ayant été grièvement blessé devant Jegun, sa campagne finit là, et ses troupes allèrent rallier l'armée de Turenne. Au mois de janvier, le roi de Navarre se remit aux champs ; ses lettres à la comtesse de Gramont nous donnent quelques détails sur les faits de guerre auxquels il prit part :

Le 20 février (de Casteljaloux) : « Dieu a béni mon labeur ; j'ai
« pris Damazan sans perdre qu'un homme. Je monte à cheval pour
« aller reconnaître le Mas-d'Agenais. Je ne sais si je l'attaque-
« rai. »

Le 23 février : « ...J'avais bloqué le Mas-d'Agenais, mais je n'y
« avais mené l'artillerie, craignant que l'armée du maréchal (Mati-
« gnon) ne me la fît lever de devant en diligence, le grand-prieur
« de Toulouse étant joint à lui avec l'armée de Languedoc. Je vais
« monter à cheval avec trois cents chevaux et donnerai jusqu'à la
« tête de leur armée. »

Le 1er mars (de Nérac) : « Hier, le maréchal et le grand-prieur
« vinrent nous présenter la bataille, sachant bien que j'avais con-
« gédié toutes nos troupes. Ce fut au haut des vignes, du côté
« d'Agen. Ils étaient cinq cents chevaux et près de trois mille hom-
« mes de pied. Après avoir été cinq heures à mettre leur ordre, qui
« fut assez confus, ils partirent, résolus de nous jeter dans les fossés

« de la ville, ce qu'ils devaient véritablement faire, car toute leur
« infanterie vint au combat. Nous les reçûmes à la muraille de ma
« vigne qui est la plus loin, et nous nous retirâmes au pas, toujours
« escarmouchant, jusqu'à cinq cents pas de la ville, où était notre
« gros, qui pouvait être de trois cents arquebusiers. L'on les ra-
« mena de là jusques où ils nous avaient assaillis C'est la plus
« furieuse escarmouche que j'aie jamais vue, et de moindre effet ;
« car il n'y a eu que trois soldats blessés, tous de ma garde, dont les
« deux n'est rien. Il y demeura deux des leurs, dont nous eûmes
« la dépouille, et d'autres qu'ils retirèrent à notre vue, et force bles-
« sés que nous voyions amener. »

Ce fut vraisemblablement à cette date que les perfidies du comte de Soissons révélées au roi de Navarre, qui dut laisser paraître quelque chose de son mécontentement, donnèrent naissance aux querelles intestines auxquelles fait allusion la lettre suivante, adressée de Nérac, le 8 mars, à la comtesse de Gramont : « Le diable est
« déchaîné. Je suis à plaindre et est merveille que je ne succombe
« sous le faix. Si je n'étais huguenot, je me ferais Turc. Ha ! les
« violentes épreuves par où l'on sonde ma cervelle ! Je ne puis fail-
« lir d'être bientôt ou fol ou habile homme Cette année sera ma
« pierre de touche. C'est un mal bien douloureux que le domes-
« tique ! Toutes les gehennes que peut recevoir un esprit sont sans
« cesse exercées sur le mien. Je dis toutes ensemble. Plaignez-
« moi... »

Ce « mal domestique » dont Henri se plaignait à bon droit, allait se jeter au travers de sa vie agitée, en y apportant, par surcroît, une nouvelle complication politique. Le 5 mars 1588, Henri Ier de Bourbon, prince de Condé, mourut subitement à Saint-Jean-d'Angély. On voulut attribuer cette catastrophe aux suites du coup de lance dont il fut renversé à Coutras, non blessé ; mais « les marques
« du poison », comme le dit le roi de Navarre, furent visibles, et, selon l'opinion la plus générale, le crime fut commis à l'instigation ou du consentement de la princesse elle-même, Charlotte de La Trémouille. Arrêtée par ordre du roi de Navarre, la veuve de Condé ne fut jamais jugée. On procéda contre elle, mais il y eut sursis jusqu'après ses couches, et le procès interrompu n'aboutit, six ans plus tard, en 1595, qu'à un arrêt du parlement de Paris déclarant la princesse innocente. Belcastel, page de sa maison, s'était enfui après la mort du prince, mais Ancelin Brillaud ou Brillant, intendant au

service du prince de Condé, fut accusé de complicité, condamné et écartelé. Il n'est rien resté, que nous sachions, de la procédure dirigée, dès les premiers jours, contre la princesse, de sorte que les lettres du roi de Navarre à madame de Gramont sont doublement précieuses pour l'histoire de ce tragique épisode.

Le 10 mars : « Pour achever de me peindre, il m'est arrivé l'un
« des plus extrêmes malheurs que je pouvais craindre, qui est la
« mort subite de Monsieur le Prince. Je le plains comme ce qu'il
« me devait être, non comme ce qu'il m'était... — Ce pauvre prince
« (non de cœur), jeudi, ayant couru la bague, soupa, se portant
« bien. A minuit, il lui prit un vomissement très violent, qui lui
« dura jusques au matin. Tout le vendredi, il demeura au lit. Le
« soir, il soupa, et ayant bien dormi, il se leva le samedi matin,
« dîna debout et puis joua aux échecs. Il se lève de sa chaise, se
« met à promener par sa chambre, devisant avec l'un et l'autre.
« Tout à coup, il dit : « Baillez-moi ma chaise, je sens une grande
« faiblesse ». Il n'y fut assis qu'il perdit la parole, et soudain après,
« il rendit l'âme, assis. Les marques de poison sortirent soudain.
« Il n'est pas croyable l'étonnement que cela a porté en ce pays-là.
« Je pars, dès l'aube du jour, pour y aller pourvoir en diligence. Je
« me vois en chemin d'avoir bien de la peine. Priez Dieu hardi-
« ment pour moi. Si j'en échappe, il faudra bien que ce soit lui
« qui m'ait gardé. »

Le 13 mars (d'Eymet) : « Il m'arriva, l'un à midi, l'autre au soir,
« deux courriers de Saint-Jean. Le premier rapportait comme Bel-
« castel, page de Madame la Princesse, et son valet de chambre,
« s'en étaient fuis, soudain après avoir vu mort leur maître ; avaient
« trouvé deux chevaux, valant deux cents écus, à une hôtellerie du
« faubourg, que l'on y tenait il y avait quinze jours, et avaient
« chacun une mallette pleine d'argent. Enquis, l'hôte dit que c'é-
« tait un nommé Brillant qui lui avait baillé les chevaux, et lui
« allait dire tous les jours qu'ils fussent bien traités. Ce Brillant
« est un homme que Madame la Princesse a mis en la maison, et
« lui faisait tout gouverner. Il fut tout soudain pris. Confesse avoir
« baillé mille écus au page, et lui avoir acheté ces chevaux, par le
« commandement de sa maîtresse, pour aller en Italie. Le second
« (courrier) confirme, et dit de plus que l'on avait fait écrire une
« lettre à ce Brillant, au valet de chambre qu'on savait être à Poi-
« tiers, par où il lui mandait être à deux cents pas de la porte, qu'il

« voulait parler à lui. L'autre sortit. Soudain, l'embuscade qui était
« là le prit, et fut mené à Saint-Jean. Il n'avait encore été ouï, mais
« bien disait-il à ceux qui le menaient : « Ah ! que Madame est mé-
« chante ! que l'on prenne son tailleur, je dirai tout sans gêne (tor-
« ture) ». Ce qui fut fait. Voilà ce que l'on en sait jusques à cette
« heure. Souvenez-vous de ce que je vous ai dit d'autres fois ; je ne
« me trompe guère en mes jugements : c'est une dangereuse bête
« qu'une mauvaise femme... J'ai découvert un tueur pour moi... »

Le 15 mars : « Je serai jeudi à Saint-Jean, d'où je vous mande-
« rai toutes nouvelles. L'on a trouvé sur le valet de chambre des
« perles et des diamants qui ont été reconnus. »

Le 17 mars : « ... Les soupçons croissent du côté où les avez pu
« juger. Je verrai tout demain. J'appréhende fort la vue des fidèles
« serviteurs de la maison, car c'est, à la vérité, le plus extrême
« deuil qui se soit jamais vu. Les prêcheurs romains prêchent tout
« haut, par les villes d'ici autour, qu'il n'y en a plus qu'un à avoir,
« canonisent ce bel acte et celui qui l'a fait, admonestent tous bons
« catholiques de prendre exemple à une si chrétienne entreprise... »

Le 21 mars : « Pour le fait de la procédure de la mort de
« Monsieur le Prince, de plus en plus, l'on découvre la méchan-
« ceté, et tout du côté que vous pûtes juger par ma dernière... »

Cette procédure occupa longtemps le roi de Navare. Il croyait
évidemment à la culpabilité de la princesse de Condé ; mais quoiqu'il eût sollicité les bons offices de la reine-mère pour faciliter
l'arrestation de Belcastel, le page échappa à toutes les recherches.

La correspondance dont on vient de lire des extraits fait allusion
aux nouveaux attentats dirigés contre le roi de Navarre. Dans une
lettre adressée, le 20 mars, de Saint-Jean-d'Angély au maréchal de
Matignon, il revient sur le fait indiqué en ces termes : « J'ai décou-
« vert un tueur pour moi ». Il raconte que, pendant son dernier
séjour à Nérac, un homme dépêché pour le tuer fut soupçonné
et pris, et il ajoute : « Lequel, depuis mon partement, a confessé
« le fait et déposé pareillement comme et par qui il avait été em-
« ployé pour ce faire. J'ai bien voulu vous faire la présente pour
« vous prier affectueusement me faire ce plaisir d'envoyer deux ou
« trois personnes qualifiées pour voir le personnage, sa déposition
« et comme tout s'est passé, afin que vous soyez mieux éclairé
« de la vérité du fait. J'envoie un passe-port pour ceux qui iront
« de votre part et une lettre adressante aux consuls de Nérac. » Le

même jour, annonçant à La Roche-Chandieu, ministre calviniste, qu'il s'occupe du procès des assassins du prince de Condé, il l'entretient également du projet d'attentat de Nérac, et donne d'autres détails : « En même temps, il y avait vingt quatre hom-
« mes dépêchés pour me tuer ; il y en a un qui est Lorrain et se
« disait Frison, à qui le cœur faiblit en me présentant une requête
« à Nérac.. » L'histoire ne donne pas le dernier mot de cette affaire.

Tout en surveillant l'action de la justice, le roi de Navarre guerroyait çà et là. Vers la fin de mars, Lavardin ayant occupé Marans, Henri reprit sur-le-champ un des forts de cette place et se donna beaucoup de peine pour la ressaisir ; mais elle ne retomba en son pouvoir qu'au mois de juillet. Dans une de ses expéditions antérieures en Languedoc, il avait pris deux bourgs fortifiés, Monbéqui et Dieupentale. Pendant qu'il investissait Marans, il apprit que les garnisons laissées dans ces deux places les avaient abandonnées après les avoir pillées. « J'entends, écrivait-il à M. de
« Scorbiac, gouverneur de Castres, que punition exemplaire soit
« faite de ceux qui ont quitté et pillé Monbéqui et Dieupentale,
« que j'avais conquis au danger de ma vie. »

Mais on touchait au moment où les violences de la Ligue allaient bouleverser la scène politique, et rejeter à l'arrière-plan tous les petits faits de guerre semblables à ceux dont nous venons de parler. Les Seize, enhardis par l'impunité que leur assuraient l'ascendant des Guises et la faiblesse de Henri III, formaient, chaque jour, quelque nouveau complot contre l'autorité royale, et dépassaient même dans leur zèle les vues des chefs supérieurs de la Ligue. Ils avaient provoqué, vers la fin de l'année 1587, une déclaration des docteurs de Sorbonne portant qu'on peut ôter le gouvernement aux princes qu'on ne trouve pas tels qu'il faut, comme l'administration au tuteur qu'on tient pour suspect. Le roi s'était borné à leur adresser des réprimandes et des menaces. Deux fois, un projet d'enlèvement de Henri III fut déjoué, grâce aux avis secrets que lui fit tenir Nicolas Poulain, lieutenant de la prévôté. Au mois d'avril 1588, cependant, le roi perdit patience. Il fit venir en sa présence quelques-uns des Seize, entre autres le président de Neuilly, leur parla sur un ton très irrité, leur dit qu'il connaissait leurs menées factieuses, et leur déclara qu'il en ferait, au besoin, prompte et sévère justice. Aussitôt les Seize mandèrent au duc de Guise de venir à leur aide. Prévenu de cette démarche, le roi interdit au duc l'accès de Paris ; mais Guise, n'ayant pas reçu ou feignant de n'avoir pas reçu à temps les ordres du roi, passa outre, et le 9 mai, il entrait dans Paris, où il descendait au palais de la reine-mère. Henri III fut obligé de recevoir ce sujet révolté et triomphant, et n'osa pas châtier son insolence ; mais comme il ne voulut pas lui accorder tout ce qu'il demandait, la Ligue organisa une insurrection, et, le 12 avril, à la suite de la célèbre journée des Barricades, Henri III quitta Paris en fugitif, pendant que, pour comble d'humiliation, la reine-mère affectait de négocier avec le duc de Guise pour lui dissimuler le projet de fuite du roi. Le duc et la Ligue furent bientôt effrayés de leur victoire : elle arrivait trop tôt, et faisait d'eux manifestement des rebelles. Henri III, retiré à Chartres, sembla d'abord résolu à traiter Guise et les ligueurs en criminels de lèse-majesté ; mais peu à peu, effrayé, à son tour, de la puissance de ces ennemis, il consentit à traiter avec eux, et signa à Rouen l'édit d'union, qui fut enregistré à Paris, le 21 juillet. Les prétentions formulées, l'année précédente, par l'assemblée de Nancy, formèrent les articles du nouvel édit. Le roi promettait de combattre les huguemots jusqu'à leur entière destruction, et de ne laisser le trône qu'à un prince catholique. Il était stipulé que nul ne pourrait être nommé à un office public, sans prêter un serment « de catholicité ». Des articles secrets amnistiaient tous les actes de la Ligue, maintenaient ses troupes, lui accordaient de nouvelles places de sûreté. Quinze jours après, le duc de Guise était nommé généralissime des armées royales, et les autres chefs ligueurs recevaient des commandements. Mayenne était mis à la tête d'une armée qui devait aller combattre Lesdiguières dans le Dauphiné, et le duc de Nevers en devait mener une autre contre les huguenots du Poitou. Enfin Henri III reconnut pour héritier présomptif de la couronne ce cardinal de Bourbon dont il avait raillé, quelques années auparavant, les ridicules prétentions. A la nouvelle de ces victoires inespérées, la Ligue poussa des cris de joie dans la France entière, et, à Paris, elle fit chanter un *Te Deum* pour célébrer la forclusion du roi de Navarre.

Quand on étudie ce traité d'union, où l'abdication s'étale en articles, il est bien difficile de conserver le moindre doute sur l'existence d'une arrière-pensée dans l'esprit de Henri III. Un roi qui met tant d'armes dans les mains de son ennemi rêve le suicide ou la vengeance, et Henri III montra bientôt, par de tragiques résolutions, qu'il n'avait pas entendu se précipiter lui-même du trône. Ce qu'il cédait au duc de Guise fait revenir à la mémoire ce qu'autrefois Charles IX avait cédé à Coligny. Il faut nécessairement résoudre ce dilemme : ou Henri III n'avait ni intelligence, ni amour-propre, et alors on conçoit qu'il ait tout livré à la Maison de Lorraine ; ou, profondément irrité, mais dissimulant pour mieux préparer sa revanche, il était capable de dresser le piège solennel des Etats de Blois, pour y détruire politiquement, par la sentence de ces assises, ou y supprimer par la force un homme qui en était arrivé à chasser le roi de sa capitale. Si les Etats de Blois n'eussent pas été, en majorité, sous le joug de la Ligue, Henri III eût obtenu d'eux la condamnation de la Ligue et des Guises, et les poignards des Quarante-Cinq fussent restés au fourreau. Mais les Etats et le duc, mis face à face, ne firent qu'un, et ce fut alors que Henri III, malgré ses pauvres finesses, qui consistaient à débaptiser la Ligue et à faire la part de ses excès et celle de ses actes légitimes, fut amené à choisir entre l'abdication réelle et le pouvoir conservé par un crime.

CHAPITRE VI

La politique du roi de Navarre en face de Henri III et de la Ligue. — Lettre à l'abbesse de Fontevrault. — Lettre au vicomte d'Aubeterre. — La ruine de l'*Armada*. — Les affaires des calvinistes en Dauphiné, en Languedoc et en Guienne — Sage activité de Henri. — Grandes et petites négociations. — Les Etats-Généraux à Blois. — Discours de Henri III. — La Ligue amnistiée dans le passé et incriminée dans l'avenir. — Revanche des Guises. — Condamnation du roi de Navarre par les Etats. — Résistance de Henri III. — Le roi de Navarre à l'assemblée de La Rochelle. — Réclamation des députés, à Blois et à La Rochelle, contre les abus de pouvoir. — Henri reprend le harnais. — Prise de Niort. — Le coup d'Etat de Blois. — Les deux conseils donnés au roi de France. — Assassinat du duc de Guise. — Henri III ne sait pas profiter de son crime. — Négociations puériles. — Soulèvement universel contre le roi de France. — Menaces du Saint-Siège. — Débandade de l'armée royale. — Mort de Catherine de Médicis. — Son dernier conseil à Henri III. — Il se décide à négocier avec son beau-frère. — Expéditions et maladie du roi de Navarre.

Entre la convocation des Etats-Généraux, annoncée à Rouen, au mois de juillet, et leur séance d'ouverture, qui eut lieu seulement le 16 octobre 1588, le roi de Navarre, habitué de longue date à se voir anathématiser par la cour de France comme par la Ligue, eut le loisir d'étudier le nouveau terrain où les partis allaient se livrer bataille. L'édit d'union ne le surprit ni ne l'effraya ; il en fut moins ému que de cette néfaste journée des Barricades qui avait vu le roi de France chassé de son palais par une démonstration populaire. Il n'avait jamais voulu, même au plus fort des perfidies de Catherine et de Henri III, se poser en adversaire de l'autorité royale, et depuis la victoire de Coutras, il comprenait, encore mieux qu'auparavant, que le salut de la couronne et du pays, et par conséquent le succès de sa juste cause dépendaient d'une sincère alliance entre Henri III et son héritier présomptif. Cette alliance, Henri III l'avait souvent désirée, mais en y mettant des conditions qui auraient rendu le roi de Navarre odieux au parti calviniste, lui eussent fait perdre brusquement son appui, et, le laissant suspect et isolé à côté du roi de France, auraient privé celui-ci du bénéfice de la réconciliation. Mettre librement son épée au service de Henri III, donner pour base à l'entente un édit de large tolérance, de sage liberté, préluder à l'action commune contre la Ligue par la pacification entre les royalistes et les calvinistes, d'où naîtrait logiquement, au profit des deux rois et pour le bien du pays, un nouveau et puissant parti de la couronne, telles avaient toujours été les vues hautement avouées du roi de Navarre. Après la journée des Barricades, il s'attacha plus que jamais à les faire prévaloir.

Vers la fin du mois de mai, répondant à une lettre pressante d'Eléonore de Bourbon-Vendôme, sœur du feu roi Antoine et abbesse de Fontevrault, qui le priait de se soumettre à la fois à l'Eglise et au roi de France, il découvrait sa pensée discrètement, tout en dénonçant l'hypocrisie des meneurs de la Ligue. Cette confidence d'un roi politique et guerrier à une femme vénérable est d'une beauté d'expression que nul commentaire ne saurait rendre : « Ma
« tante, disait Henri, il ne saurait rien venir de votre part que je ne
« reçoive comme de ma propre mère Je sais que les avertissements
« que me donnez procèdent d'une entière et parfaite amitié que me
« portez; mais vous savez quelle est ma résolution, de laquelle il
« me semble que je ne dois me départir, et que vous-même ne me le
« devez conseiller ; connaissant (comme je vous ai toujours dit) que
« ce n'est à la religion qu'on en veut, mais à l'Etat, ainsi que vous
« peut assez témoigner ce qui est naguère advenu à Paris, et l'en-
« treprise que la Ligue a voulu, ces jours passés, faire sur le roi,
« qui est plus catholique que pas un d'icelle. Toutefois vous voyez
« si on a laissé de le traiter en huguenot. Croyez, ma tante, que
« ceux qui ont les armes à la main ne manquent jamais de prétexte ;
« et quant à moi aussi, je ne m'arrête point là, mais je me remets
« en la bonté de Dieu, qui connaît la justice de ma cause et qui la
« saura discerner des pernicieux desseins des méchants. Celui qui
« donne et conserve les couronnes, conservera, s'il lui plaît, à notre
« roi celle qu'il lui a donnée. Il faut se résoudre à sa volonté et
« obéir à ses jugements... » Et dans une lettre d'un tout autre caractère, mais sur le même sujet, adressée, le mois suivant, au vicomte d'Aubeterre, officier au service de Henri III, le roi de

Navarre indiquait avec une incomparable droiture de sens le but où devaient tendre, selon lui, et sa politique et celle de Henri III : « ...Encore il y a remède (à la situation), pourvu que le roi soit « fidèlement servi de ses bons sujets et qu'ils fassent leur devoir. « C'est maintenant la saison où on connaîtra les bons Français. De « ma part, je n'ai autre désir que d'employer tout ce qui est en mon « pouvoir et ma personne... »

Ce n'étaient ni la crainte ni le désarroi de ses affaires qui dictaient des déclarations semblables au roi de Navarre ; car les démêlés survenus entre les royalistes et la Ligue avaient donné une nouvelle vigueur aux revendications de son parti et démontré à beaucoup de « bons Français » le danger qu'il y avait à seconder les entreprises des princes de la Maison de Lorraine. A la vérité, Henri III n'avait pas encore signé l'édit d'union ni confié le commandement général de son armée au duc de Guise, et la sentence de proscription contre le roi de Navarre ne fut rendue par les Etats de Blois que quatre mois plus tard ; mais que Henri prévît ou non ces conséquences, — et il pouvait sans beaucoup de peine les prévoir, connaissant ses adversaires, — il devait compter sur la logique des choses, sur la lumière qui se dégagerait des faits, sur le sentiment de la conservation, qui, tôt ou tard, jetterait le roi de France dans ses bras, pourvu qu'ils fussent bien armés et capables de dompter la Ligue. Il lui fallait à la fois prouver sa force et attester, avec une inébranlable constance, son dessein de faire cause commune avec Henri III.

Sa ligne de conduite ainsi tracée conformément au devoir et à l'intérêt bien entendu, aucun événement ne put l'en faire dévier, et plus d'un vint lui démontrer la sagesse de ses résolutions. Telle fut, par exemple, au mois d'août, la destruction de « l'invincible Armada », cette flotte immense sous l'effort de laquelle Philippe II avait rêvé d'anéantir la puissance de l'Angleterre, et que la Ligue accompagnait de ses vœux, attendant les plus heureux contre-coups de sa victoire. Ce désastre, en paralysant pour quelque temps l'Espagne, privait les ligueurs du seul point d'appui important qu'ils eussent à l'étranger. L'aspect général des affaires du parti calviniste inspirait, du reste, à ses chefs plus de confiance qu'elle ne leur causait d'inquiétude. Au moment où l'édit d'union les menaçait d'une nouvelle et implacable guerre, presque à l'heure où périssait l'Armada, Lesdiguières, chef des calvinistes en Dauphiné, signait avec La Valette, frère aîné du duc d'Epernon et lieutenant du roi, un traité d'alliance défensive et offensive contre tous ceux qui entreraient en armes dans cette province, convention qui réduisait à l'impuissance l'armée dont Mayenne avait reçu le commandement. Le duc d'Epernon, qui ne fut pas étranger à ce traité, était entré lui-même en lutte contre la Ligue, à propos de son gouvernement d'Angoulême, dont le roi, sollicité par les Guises, l'avait dépouillé, mais dont il n'entendait pas se dessaisir, et cet incident pouvait déconcerter plus d'une entreprise des ligueurs dans l'Angoumois et les provinces voisines. La Guienne, la Gascogne et le Béarn n'étaient pas des pays où la Ligue, mal vue de Matignon, pût aisément s'étendre. Dans le Languedoc, Henri pouvait compter sur Montmorency. Enfin il tenait lui-même la Saintonge et ne manquait pas de ressources en Poitou. Accroître ces ressources, grossir ses troupes de façon à contenir l'armée du duc de Nevers qu'il allait avoir sur les bras, se donner ainsi le loisir d'attendre que Henri III lui revînt, éclairé par les événements et pressé par la nécessité, c'était l'œuvre à laquelle il devait s'employer avant tout. Il l'entreprit avec son activité habituelle.

Il entretenait une correspondance suivie avec ses négociateurs auprès de la reine d'Angleterre et des princes protestants d'Allemagne, dont il espérait obtenir de nouveaux secours en hommes et en argent. En même temps, il convoquait, de toutes parts, ses partisans disséminés, et les priait, avec une héroïque gaîté, comme dans la lettre suivante adressée au baron d'Entraigues, de venir se mettre, eux et leur fortune, au service de sa cause : « Dieu aidant, j'espère que
« vous êtes, à l'heure qu'il est, rétabli de la blessure que vous reçûtes
« à Coutras... Sans doute, vous n'aurez manqué, ainsi que vous
« l'avez annoncé à Mornay, de vendre vos bois, et ils auront produit quelques mille pistoles. Si ce est, ne faites faute de m'en
« apporter tout ce que vous pourrez. Je ne sais quand, ni d'où, si
« jamais je pourrai vous les rendre, mais je vous promets force
« honneur et gloire, et argent n'est pas pâture pour des gentilshommes comme vous et moi. »

A travers ces grandes ou petites négociations, il se tenait constamment en haleine, lui et ses troupes, courant de place en place, reprenant, au mois de juillet, ce délicieux Marans si éloquemment vanté à la comtesse de Gramont et qu'il n'avait pu ressaisir pendant l'hiver, et gagnant, d'une chevauchée à l'autre, nombre de forts et de villettes, surtout Beauvoir-sur-Mer, château puissamment fortifié par le duc de Mercœur.

Les délibérations des Etats-Généraux réunis à Blois, le 16 octobre, ne tardèrent pas à prouver au roi de Navarre, comme à tous les esprits attentifs, que l'accord était précaire entre le roi de France et le duc de Guise. Nous n'avons à retenir de ces assises que deux faits principaux. Dans la séance royale, Henri III prononça un discours qui tout à la fois amnistiait la Ligue dans le passé et la condamnait dans l'avenir. Il se déclarait prêt à jurer l'édit d'union et entendait que les Etats le jurassent avec lui, mais il proclamait que dorénavant les associations, pratiques, menées, levées d'hommes et d'argent seraient considérées par lui comme autant de crimes de lèse-majesté : c'était incriminer et interdire l'existence même de la Ligue. Les Guises sentirent le coup, et s'efforcèrent de prendre leur revanche dans les délibérations suivantes. Ils l'obtinrent des Etats, au mois de novembre, par la proclamation de la déchéance du roi de Navarre, en tant qu'héritier présomptif de la couronne de France. Cette résolution, à laquelle les Etats eussent logiquement abouti en suivant la pente des choses, sous l'influence des Guises qui les dominaient, fut provoquée par une requête des députés calvinistes réunis à La Rochelle, sous la présidence du roi de Navarre, et par laquelle ils demandaient qu'on leur accordât la liberté de conscience, selon l'édit de janvier 1562, la restitution de leurs biens saisis et la réunion d'un concile général libre, promettant de se soumettre à ses décisions. Les calvinistes déclaraient que si leur requête était repoussée, ils ne reconnaîtraient pas la légitimité de l'assemblée des États. « La demande du concile, dit
« Mézeray, était mise en avant, à l'instance du roi de Navarre, qui
« désirait, par cet expédient, faire connaître aux catholiques qu'il
« n'était point ennemi mortel de leur religion, ni si opiniâtre dans
« la sienne qu'on leur avait persuadé : ce qu'il tâcha d'insinuer dans
« les esprits, par un livre, en forme d'avertissement aux Etats, dont
« les termes étaient fort recherchés et tout le discours conduit avec
« beaucoup de circonspection. Mais, en des matières si chatouilleu-
« ses, le milieu étant bien souvent plus dangereux que les extrémités,
« d'autant qu'en tâchant de complaire à l'un et l'autre des deux par-
« tis, on les offense tous les deux, ce moyen redoubla plus fort les soup-
« çons des consistoriaux et donna sujet à la Ligue de procéder avec
« plus d'animosité contre lui. » Le Père Daniel, parlant du même

écrit, donne la raison de son insuccès parmi les députés des Etats :
« Le roi de Navarre avait affaire à des gens qui, pour la plupart,
« appréhendaient plus sa conversion qu'ils ne la souhaitaient ».
Henri avait donc contre lui dans cette circonstance tous les ligueurs
de parti pris et tous les protestants fanatiques. Ce fut à vaincre et
à conquérir ces deux sortes d'adversaires qu'il employa ses efforts
et son génie, et mérita une gloire immortelle.

« La condamnation du roi de Navarre, dit Palma Cayet, se traita
« par toutes les trois chambres (clergé, noblesse, tiers-état). Douze
« de chacune chambre furent députés vers S. M. pour lui faire
« entendre leur résolution et lui dire qu'ils avaient avisé que le
« roi de Navarre serait déclaré hérétique, chef d'iceux, relaps,
« excommunié, indigne de toute succession, couronne, royauté et
« gouvernement. » Il faut rendre cette justice à Henri III, qu'il
opposa une vive résistance à l'exorbitante prétention de la Ligue.
Il voulut, en présence des députés, faire discuter leur requête par
son procureur général Jacques de La Guesle, « lequel, ajoute
« Favyn, par une grave et judicieuse remontrance, montra l'imper-
« tinence de cette proposition ». En définitive, le roi sacrifia ou
parut sacrifier son beau-frère.

Pendant que les Etats de Blois disposaient de l'autorité royale, pour
le présent et pour l'avenir, le roi de Navarre était obligé, de son
côté, de livrer bataille à ses partisans, dans cette assemblée de La Rochelle dont nous venons de parler. Au milieu de leurs revendications
factieuses, les Etats de Blois eurent de légitimes velléités de réforme
politique et administrative, et, par une remarquable coïncidence, les
députés calvinistes réunis à La Rochelle firent entendre des réclamations et des critiques analogues à celles dont les Etats eurent à
s'occuper. Il y avait dans les esprits, à ce moment, comme une
vague tendance à contrôler et limiter les actes du pouvoir royal,
et à regagner le terrain perdu, pour les libertés anciennes, pendant
quarante ans d'arbitraire, de favoritisme et de guerre civile. Mézeray, dans sa grande *Histoire*, nous a laissé sur cette crise une page
d'autant meilleure à reproduire ici, qu'elle donne la physionomie
de l'assemblée de La Rochelle.

« Ce n'était pas seulement la Ligue qui remuait toutes choses
« pour embarrasser l'esprit du roi, mais avec elle était joint encore
« le désir unanime de tous les peuples, qui, voyant les affaires sur
« le point d'une entière révolution, étaient poussés ou par je ne

« sais quel instinct, ou par les raisonnements des plus avisés politi-
« ques qui s'étaient répandus parmi eux, à faire leur profit de ce
« changement. Et ils le désiraient avec d'autant plus d'ardeur,
« qu'ils avaient sous les règnes derniers ressenti de plus grandes
« oppressions.

« Cette passion régnait dans les esprits des religionnaires aussi
« bien que parmi les catholiques, et au même temps qu'elle faisait
« tant de peine au roi dans les Etats de Blois, elle n'en donnait guère
« moins au roi de Navarre dans ceux de La Rochelle. Ce prince avait
« convoqué les Etats de son parti en cette ville; les députés de leurs
« dix-huit provinces auxquelles ils avaient réglé leurs Eglises s'y
« étant rendus, et y ayant été reçus selon l'ordre qu'ils ont accoutumé
« d'observer en leurs synodes, il en avait fait l'ouverture le quator-
« zième de novembre. Or, il avait procuré cette assemblée, tant pour
« réunir à soi la créance et l'affection de tous les religionnaires, dont
« plusieurs n'avaient pas bonne opinion de lui, que pour se servir de
« leurs forces à défendre son droit à la succession de la couronne ;
« mais il pensa bien y trouver tout le contraire de ce qu'il en avait
« espéré. Elle le contraignit d'en défendre l'entrée à quelques-uns
« des siens qui lui étaient suspects ; il fallut qu'il y souffrît de sévères
« reproches, et même des calomnies contre sa conduite ; les ministres
« ne lui celèrent aucune de ses fautes ; ils firent une rude censure
« de toute sa vie, n'épargnèrent pas ses amours, et le blâmè-
« rent de tiédeur au fait de la religion. Quand on en fut sur le
« premier point des contributions, les députés du Languedoc, ani-
« més par leur instigation, se bandèrent directement contre ses of-
« ficiers pour les impôts des passages, se plaignant que ces derniers
« se convertissaient au profit de quelques personnes particulières...
« Ils proposèrent de choisir des protecteurs de leur religion, parce
« qu'ils s'imaginaient que cette considération retiendrait le roi qu'il
« ne se fît catholique, comme ils appréhendaient, ou du moins que
« s'il les abandonnait, il ne pût pas les ruiner.

« A tous leurs reproches, ce prince ne répondit qu'avec une
« merveilleuse patience et une discrétion qui faisait violence à son
« courage. Pour leurs autres entreprises, il tâcha de les dissiper en
« gagnant doucement les uns, divisant les autres, et recherchant soi-
« gneusement tous ceux qu'il savait les plus animés. L'adresse et les
« soins de Du Plessis-Mornay, dont il employait heureusement la

« plume et le crédit dans ses plus épineuses affaires, le serviront uti-
« lement en cette occasion.

« Enfin, après diverses propositions fort rudes qu'ils faisaient pour
« se prémunir contre la tyrannie, c'étaient leurs termes, lesquelles il
« sut adroitement détourner ou arrêter, il en fut quitte pour leur
« accorder l'établissement de quelques chambres particulières, à
« Saint-Jean-d'Angély, Bergerac, Montauban, Nérac, Foix et Gap en
« Dauphiné, qui, recevant les plaintes de chacun et leur rendant jus-
« tice, contiendraient ses officiers en leur devoir, selon les règlements
« qui se feraient en cette assemblée. Après que les Etats selon leur
« opinion eurent ainsi pourvu à leur liberté contre les entreprises du
« dedans, ils travaillèrent avec une parfaite union à chercher les
« moyens de soutenir le grand effort que la Ligue leur allait jeter sur
« les bras, et pendant un mois que cette assemblée dura, ils firent de
« si beaux règlements pour la levée et distribution des deniers, pour
« les ordres qu'il fallait tenir, tant pour attaquer que pour se défen-
« dre, pour la discipline militaire et pour l'étroite observance des
« lois, que l'on jugea par là qu'ils n'étaient pas si faciles à vaincre,
« comme la Ligue le publiait. »

Au sortir de l'assemblée de La Rochelle, Henri écrivait à la comtesse de Gramont : « Vous me pensiez soulagé pour être retiré en
« nos garnisons. Vraiment, s'il se refaisait encore une assemblée, je
« deviendrais fol ! Tout est achevé, et bien, Dieu merci ! Je m'en
« vais à Saint-Jean-d'Angély assembler mes troupes pour visiter
« M. de Nevers, et peut-être lui faire un signalé déplaisir, non en
« sa personne, mais en sa charge. » En somme, il se remettait à
l'œuvre, fortifié et plus déterminé que jamais. Dans la campagne
précédente, il avait refoulé en Bretagne et attaqué jusque dans ses
foyers le duc de Mercœur, gouverneur de cette province. Il avait
pris dix ou douze places, entre autres Beauvoir-sur-Mer. Présente-
ment, il courait à Niort, qu'il comptait enlever d'un coup de main
et qu'il prit, en effet, par escalade, à la fin du mois. Mais pendant
qu'il s'y acheminait, et que, de toutes parts, ses amis convoqués se
dirigeaient vers la Saintonge et le Poitou, pour lui faire une armée
capable non seulement de tenir tête à celle du duc de Nevers, mais
de dominer sur la Loire, dans le voisinage même de Henri III, le
château de Blois était le théâtre d'un événement tragique, qui allait
changer la face des choses. Les Etats, dans la main du duc de
Guise, faisaient, depuis deux mois, le siège de l'autorité royale ; de

quelque côté que se tournât Henri III, il rencontrait une humiliation ou un danger. On lui imposait la publication des décisions du concile de Trente, dans lesquelles il pouvait lire, la Ligue aidant, une menace de déchéance à bref délai ; le duc de Savoie venait de mettre la main sur le marquisat de Saluces ; le roi d'Espagne, l'allié, le patron étranger de la Ligue, avait, au moins indirectement, coopéré à cette victoire frauduleuse, et les Etats, excepté la noblesse, refusaient au roi de France les moyens de venger un tel affront : il lui fallait subir le démembrement. Au même instant, les avis, les révélations lui arrivaient de tous côtés sur d'anciennes menées du duc de Guise dont il n'avait eu jusqu'alors que le soupçon, et sur de nouveaux projets qui tendaient directement à mettre le roi dans l'absolue dépendance du sujet. Henri III hésita quelques jours entre l'abdication, que lui conseillait le dégoût, et un coup de force, que lui suggéraient son amour-propre blessé et ce qu'il croyait être l'intérêt de la couronne elle-même. Il se décida enfin pour la répression violente, et prit conseil. Il avait à choisir entre deux modes d'exécution : la justice et l'arbitraire. Les uns lui conseillaient les voies légales ; les autres, objectant la popularité de Guise et son ascendant sur les Etats, le portaient à se défier d'un procès et à se faire justice lui-même. L'arrêt prononcé, le duc dédaigna tous les avertissements qu'un assez long délai lui permit de recevoir, et, avec une force d'âme incroyable, pendant que les terreurs anticipées de la catastrophe assombrissaient tous les visages, il s'en tint au mot superbe : « On n'oserait ». Il se précipita, pour ainsi dire, au devant de la mort, qui le frappa dans la matinée du 23 décembre 1588.

On attribue à Catherine de Médicis mourante (1) ce mot sur l'exécution de Blois : « C'est bien coupé, mon fils, mais il faut « recoudre ». Henri III ne sut pas profiter de l'assassinat du duc de Guise : il se jeta dans les finesses pour gagner les Etats, presque en entier dévoués à la Ligue ; il entama des négociations avec les factieux, sans en excepter les Seize ; il voulut attirer Mayenne lui-même, le frère de la principale victime ; il se priva du bénéfice de sa criminelle énergie en perdant un temps précieux et en laissant au parti décapité le loisir de se reconnaître et de se réorganiser pour de nouvelles luttes. Le sang du Balafré, qui devait, dans la pensée de Henri III, éteindre la guerre civile, en aviva le foyer dans

---

(1) Appendice : XXXVIII.

la France entière. La chute de ce vassal formidable, sur laquelle le roi prisonnier avait compté pour redevenir un roi libre, laissa la couronne dans un isolement qui parut comme l'agonie du pouvoir. Henri III n'eut gain de cause nulle part : les Etats s'inclinèrent devant lui, et s'en allèrent souffler la vengeance et la rébellion dans toute les provinces. Rome fut inflexible, et sa réponse au meurtre du cardinal de Guise et à l'emprisonnement du cardinal de Bourbon fit prévoir une prochaine excommunication. Les Seize, déjà maîtres de Paris, l'accablaient d'une honteuse dictature, en attendant la lieutenance-générale de Mayenne, qui fut proclamée le 17 février 1589 ; en quelques semaines, plus de cent villes de premier ordre se déclarèrent pour la Ligue, et plusieurs d'entre elles traînèrent dans la boue l'effigie royale ; enfin, le roi vit la plupart de ses régiments se débander sous les ordres de leurs officiers et passer du côté des factieux. Blois n'était plus sûr ; Henri III vint à Tours, dans les premiers jours de mars, avec les débris de son armée. Ce fut à ce moment qu'il songea, trop tard pour son honneur, à l'unique appui qui lui restait, à cet héritier présomptif qu'il avait sacrifié à la Ligue, à ce Bourbon hérétique, seul capable, s'il était honnête homme, de relever la fortune du dernier Valois.

A la nouvelle de l'assassinat du duc de Guise, le roi de Navarre dit : « Tout autre que moi rirait du malheur de la Maison de Lor-
« raine, et serait bien aise de voir l'indignation, les déclarations et
« les armes du roi tournées contre eux ; moi, certes, je ne le puis
« faire ni ne le fais, sinon en tant que, de deux maux, je suis con-
« traint de prendre le moindre. »

C'était là un sentiment humain et politique ; mais il fut aisé à Henri de prévoir les conséquences que devait entraîner pour ses propres affaires le coup d'Etat de Blois. Il jugea qu'après cet événement l'entente n'était plus possible entre le roi de France et la Ligue, et se tint prêt à répondre à l'appel de Henri III. A vrai dire, les négociations entre les deux princes avaient été plutôt suspendues que rompues, et Rosny, s'il faut en croire son récit, les avait secrètement renouées, peu de temps après la catastrophe. Tout conspirait pour les faire aboutir à un salutaire accord ; on y exhortait, de toutes parts, Henri III et le roi de Navarre ; au dire de quelques historiens, Catherine de Médicis elle-même, à son lit de mort, avait fait entendre des paroles de paix sincère et durable, des conseils qui démentaient toute sa vie politique ; mais la nécessité parlait encore plus haut que tous les conseillers. Néanmoins, tout en négociant avec son-beau frère, le roi de Navarre tenait la campagne avec autant de succès que d'activité. A la fin du mois de décembre, il avait pris Niort ; le 1er janvier, Saint-Maixent et Maillezais recevaient ses garnisons ; le 9 janvier, il allait au secours de La Garnache, qu'assiégeaient les troupes du duc de Nevers, lorsqu'il tomba malade d'une forte pleurésie qui le mit en un tel danger qu'on fit courir le bruit de sa mort. « Certes, écrivait-il à la comtesse de Gramont, « j'ai vu les cieux ouverts, mais je n'ai été assez homme de bien « pour y entrer. Dieu veut se servir de moi encore. En deux fois « vingt-quatre heures, je fus réduit à être tourné avec le linceul. Je « vous eusse fait pitié. Si ma crise eût demeuré deux heures à venir, « les vers auraient fait grand'chère de moi. » Le 18, il était en pleine convalescence, et au mois de février, il reprenait le harnais pour préparer le coup qu'il méditait sur Châtellerault, l'Ile-Bouchard et d'autres places. Il y entra avant le mois de mars. Pendant qu'il faisait toute cette besogne, il ne négligeait pas ses projets à longue vue. Il déférait à La Noue le commandement des mercenaires qu'on levait, pour son compte, en Allemagne ; il trouvait même le temps de continuer sa correspondance religieuse avec les princes protestants, et surtout il suivait avec une extrême vigilance les phases de sa négociation avec Henri III, négociation capitale et dont l'historique demande quelques détails.

CHAPITRE VII

Négociation entre les deux rois. — Le rôle de Rosny et celui de Du Plessis-Mornay. — Opposition et intrigues de Morosini, légat du pape. — Prise de Châtellerault et de l'Ile-Bouchard. — Tergiversations de Henri III. — Ferme attitude du roi de Navarre. — Le « moyen de servir ». — L'accord s'établit. — Le manifeste de Châtellerault.

Le roi de France, connaissant la bonne volonté du roi de Navarre, et conseillé par quelques personnages influents, tels que le duc d'Epernon et la duchesse d'Angoulême, qui lui offrirent leur entremise, fit tenir des paroles conciliantes à son beau-frère, et Henri lui envoya d'abord secrètement Rosny, comme l'attestent les *Economies royales*. Les bases d'un accord furent verbalement établies, mais Henri III, toujours craintif et se défiant de son entourage, ne voulut pas que les conventions fussent formulées par écrit : Rosny dut se contenter de la parole royale, avec laquelle il revint auprès du roi de Navarre. Ce prince, raconte Bury, après avoir écouté avec attention le récit que lui faisait le baron de Rosny, ayant de la peine à résister à la défiance que le passé lui avait inspirée, lui demanda plusieurs fois, d'un ton inquiet, si le roi, pour cette fois, agissait sincèrement. « Il m'a parlé, dit Rosny, avec tant de « fermeté, il m'a donné sa parole avec tant d'assurance, que je n'en « doute plus, et j'y joins le témoignage de Rambouillet, qui me l'a « confirmé. — Puisqu'il traite avec moi de bonne foi, dit Henri, « je ne veux donc plus prendre de villes. » — Il venait de prendre, ce jour-là même, Châtellerault. — « Retournez, continua le roi, « lui porter mes lettres; car je ne crains ni Morosini, ni Nevers. » Rosny reprit la poste, et se rendit à Montrichard, où le roi s'était avancé avec toute sa suite, pour recevoir plus promptement la réponse du roi de Navarre. L'impatience qu'il en avait était si grande, qu'aussitôt que Rosny fut arrivé, il approuva toutes les demandes

du roi de Navarre, même le passage sur la Loire, et voulut que Rosny repartît sur-le-champ pour lui en porter la nouvelle. D'après les *Economies royales*, Rosny n'eut pas la satisfaction de conclure définitivement le traité, parce que, étant tombé malade dès son retour, la suite des négociations fut confiée à Du Plessis-Mornay, qui s'en acquitta avec l'habileté dont il faisait preuve dans toutes les missions dont il était chargé. Au cours de celle-ci, Morosini, légat du pape, en surprit le secret et s'efforça de la faire échouer, non seulement par ses instances auprès du roi, mais encore par des intrigues avec les ligueurs, où il franchit les bornes des convenances diplomatiques. Avant d'arriver à sa conclusion, le traité parut souvent à la veille de rester à l'état de projet. Le 8 mars, Henri écrivait à Madame de Gramont : « Dieu me continue ses bénédictions.
« Depuis la prise de Châtellerault, j'ai pris l'Isle-Bouchard,
« passage sur la Vienne et la Creuse, bonne ville et aisée à fortifier.
« Nous sommes à Montbazon, six lieues près de Tours, où est le
« roi. Son armée est logée jusques à deux lieues de la nôtre, sans
« que nous nous demandions rien ; nos gens de guerre se rencon-
« trent et s'embrassent, au lieu de se frapper, sans qu'il y ait trêve
« ni commandement exprès de ce faire. Force de ceux du roi se
« viennent rendre à nous, et des miens nul ne veut changer de
« maître. Je crois que S. M. se servira de moi ; autrement il est
« mal, et sa perte nous est un préjugé dommageable. »

Henri était d'autant mieux fondé, en ce moment, à prévoir l'heureuse issue des négociations, qu'il avait adressé de Châtellerault, le 4 mars, aux trois Etats du royaume ce célèbre manifeste qui n'a peut-être pas d'égal dans les fastes de l'éloquence politique, et que nous allons reproduire. Mais Henri III, déterminé quant au fond du traité, ne pouvait se départir de ses habitudes de tergiversation. Dix fois, tout fut prêt, jusqu'à la signature ; dix fois, elle fut tenue en suspens. La correspondance du roi de Navarre avec Du Plessis-Mornay donne une idée de ces misérables ajournements. Le 23 mars, Henri déplore tant de retards. Il avait offert une trêve de cinq mois ; Henri III, après l'avoir acceptée, veut qu'elle dure toute une année. Il demandait une ville de passage, pour franchir sûrement la Loire ; Henri III offrait les Ponts-de-Cé, mauvaise place à laquelle le roi de Navarre préfère Saumur. « Pour Dieu ! dit enfin
« le roi de Navarre, *que l'on ne m'ôte point le moyen de servir !* »

A ce cri, qui fait vibrer le cœur français, même à trois siècles de distance, Henri III pourtant se rendit : le roi de Navarre eut à peu près licence de travailler, comme il l'entendait, au salut de son maître, de la royauté et de son pays ; il devenait, à la charge d'être « toléré », lui et les siens, pendant une année, l'auxiliaire de Henri III contre la Ligue ou tout autre ennemi qui méconnaîtrait les droits de la couronne. Il avait bien mérité ce succès par sa constance, son énergie et son génie déjà mûr pour les suprêmes victoires ; il en eût été digne rien que par les déclarations de Châtellerault, dans lesquelles, tout en donnant le bilan de sa conscience, comme l'a dit un historien, il faisait resplendir, pour son temps et pour la postérité, les grandioses images du roi et de la patrie. Voici quelques-unes des pensées de ce document immortel :

« S'il eût plu à Dieu tellement toucher le cœur du roi mon sei« gneur et les vôtres, qu'en l'assemblée que quelques-uns de vos « députés ont faite à Blois, près S. M., j'eusse été appelé, comme « certes il me semble qu'il se devait, et qu'il m'eût été permis « librement de proposer ce que j'eusse pensé être de l'utilité de cet « Etat, j'eusse fait voir comme quoi j'en avais non seulement le « désir au cœur, la parole à la bouche, mais encore les effets aux « mains. Puisque cela ne s'est point fait, je veux au moins vous « faire entendre, à ce dernier coup, ce que j'estime nécessaire au « service de Dieu, du roi mon seigneur, et au bien de ce royaume...

« On m'a souvent proposé de changer de religion ; mais com« ment ? La dague à la gorge ! Quand je n'eusse point eu de respect « à ma conscience, celui de mon honneur m'en eût empêché, par « manière de dire... — Instruisez-moi, je ne suis point opiniâtre. « Si vous me montrez une autre vérité que celle que je crois, je « m'y rendrai et ferai plus, car je pense que je n'y laisserai nul de « mon parti qui ne s'y rende avec moi...

« Je vous conjure tous, par cet écrit, autant catholiques serviteurs « du roi mon seigneur, comme ceux qui ne le sont pas ; je vous « appelle comme Français ; je vous somme que vous ayez pitié de « cet Etat, de vous-mêmes ; que, le sapant par le pied, ne vous « sauverez jamais, que la ruine ne vous en accable... Je vous con« jure de dépouiller, à ce coup, les misérables humeurs de guerre « et de violence qui dissipent et démembrent ce bel Etat, qui nous « ensanglantent du sang les uns des autres, et qui nous ont déjà « tant de fois fait la risée des étrangers...

« Il faut que le roi fasse la paix, et la paix générale, avec tous ses

« sujets; et, à ce propos, qu'un chacun juge de mon intention.
« Voilà comme j'entends l'animer contre ses sujets qui ont été de
« cette belle Ligue! Et vous savez tous, néanmoins, que quand je
« le voudrais faire (comme je le ferai, s'il me le commande), je
« traverserai beaucoup leurs desseins et leur taillerai bien de la
« besogne...

« J'appelle notre noblesse, notre clergé, nos villes, notre peuple :
« qu'ils considèrent où nous allons entrer, ce que deviendra la
« France, quelle sera la face de cet Etat, si ce mal continue. Que
« fera la noblesse si notre gouvernement se change, comme il le
« fera indubitablement, et vous le voyez déjà. Que deviendront
« les villes, quand, sous une apparence vaine de liberté, elles
« auront renversé l'ancien ordre de ce bel Etat?... Et toi, peuple,
« quand ta noblesse et tes villes seront divisées, quel repos auras-tu?
« Peuple, le grenier du royaume, le champ fertile de cet Etat, de
« qui le travail nourrit les princes, la sueur les abreuve, les métiers
« les entretiennent, l'industrie leur donne les délices à rechange,
« à qui auras-tu recours, quand la noblesse te foulera, quand
« les villes te feront contribuer? Au roi, qui ne commandera ni aux
« uns, ni aux autres? Aux officiers de la justice? où seront-ils?
« A ses lieutenants? quelle sera leur puissance? Au maire d'une
« ville? quel droit aura-t-il sur la noblesse? Au chef de la noblesse?
« quel ordre parmi eux? Pitié, confusion, désordre, misères par-
« tout! Et voilà le fait de la guerre...

« On m'a mis les armes en main par force. Contre qui les em-
« ploierai-je à cette heure? Contre mon roi? Dieu lui a touché le
« cœur : il a pris la querelle pour moi. Contre ceux de la Ligue?
« Pourquoi les mettrais-je au désespoir? Pourquoi, moi, qui prê-
« che la paix en France, aigrirais-je le roi contre eux et ôterais-je,
« par l'appréhension de mes forces, à lui l'envie, à eux l'espérance
« de réconciliation? Et voyez ma peine: car si je demeure oisif, ou
« ils feront encore leur accord, et à mes dépens, comme j'ai vu
« deux ou trois fois advenir; ou ils affaibliront tellement le roi et
« se rendront si forts, que moi, après sa ruine, n'aurai guère de
« force ni de volonté pour empêcher la mienne...

« Nous sommes dans une maison qui va fondre, dans un bateau
« qui se perd, et n'y a nul remède que la paix... — Pour conclu-
« sion donc, moi, meilleur (je le puis dire) et plus intéressé en ceci
« que vous tous, je la demande, au nom de tous, au roi mon sei-

« gneur. Je la demande pour moi, pour ceux de la Ligue, pour tous
« les Français, pour la France. Qui la fera autrement, elle n'est pas
« bien faite. Je proteste de me rendre mille fois plus traitable que
« je ne le fus jamais, si jamais j'ai été difficile. Je veux servir
« d'exemple aux autres par l'obéissance que je montre à mon roi...

« Et cependant, jusqu'à ce qu'il ait plu à Dieu de donner au roi
« mon seigneur le loisir de pourvoir aux affaires de son Etat, y
« remettant la paix, qui y est si nécessaire, je ferai, aux lieux où
« j'aurai plus de pouvoir, reconnaître son autorité. Et, pour cet
« effet, je prends en ma protection et sauvegarde tous ceux, de
« quelques condition et qualité qu'ils soient, tant de la noblesse,
« de l'Eglise, que des villes, que le peuple, qui se voudront unir
« avec moi en cette bonne résolution, sans permettre qu'à leurs
« personnes et biens il soit touché en manière quelconque... Je
« proteste devant Dieu que, tout ainsi que je n'ai pu souffrir que
« l'on m'ait contraint en ma conscience, aussi ne souffrirai-je ni ne
« permettrai jamais que les catholiques soient contraints en la leur
« ni en leur libre exercice de la religion... »

CHAPITRE VIII

La trêve de Tours. — Passage de la Loire. — Nouvelle déclaration. — Henri III veut recevoir le roi de Navarre. — Méfiance et murmures des vieux huguenots. — Henri va au rendez-vous. — Entrevue de Plessis-lès-Tours. — Paroles du roi de Navarre. — Heureux effets de la réconciliation. — Henri se remet en campagne. — Attaque de Tours par l'armée de Mayenne. — Conseils salutaires du roi de Navarre à Henri III.— Succès des royalistes. — La grande armée royale. — Monitoire de Sixte-Quint contre Henri III. — Siège de Pontoise. — Les deux rois devant Paris. — Assassinat de Henri III à Saint-Cloud. — Sa mort. — Henri IV en Gascogne et Henri IV en France.

La trêve de Tours fut signée le 3 avril. Elle n'accordait au roi de Navarre, pour assurer le passage de son armée sur la Loire, que les Ponts-de-Cé; mais des difficultés pour la prise de possession de cette place y firent substituer la ville de Saumur, dont Du Plessis-Mornay fut nommé gouverneur. Saumur devint la base d'opérations du roi de Navarre. Il passa la Loire, le 21 avril, et distribua aussitôt son armée dans de nouveaux quartiers. L'avant-veille, il avait fait paraître une déclaration sur les motifs de cette démarche décisive, qui annonçait publiquement sa prochaine réunion avec le roi de France. Ce nouveau manifeste, rédigé par Du Plessis-Mornay, contient un tableau saisissant des désordres provoqués par la Ligue et un jugement plein de force sur la situation politique de la Maison de Lorraine (1). C'est, dans l'ensemble, un résumé du manifeste de Châtellerault; en voici la conclusion : « Nous protestons que l'ambition
« ne nous met point aux armes; assez avons-nous montré que nous
« la méprisons ; assez avons-nous aussi d'honneur d'être ce que nous
« sommes, et l'honneur de cet Etat ne peut périr que n'en périssions.
« Aussi peu, et Dieu nous est témoin, nous mène la vengeance. Nul
« n'a plus reçu de torts et d'injures que nous, nul jusques ici n'en
« a moins poursuivi, et nul ne sera plus libéral de les donner (re-

(1) Appendice : XXXIX.

« mettre) aux ennemis, s'ils veulent s'amender, en tout cas, à la
« tranquillité, à la paix de la France. »

Il ne restait plus aux deux rois qu'à sceller leur réconciliation sur le cœur l'un de l'autre, en présence de leurs amis et à la face du pays tout entier, afin que leurs deux armées apprissent d'eux à n'en faire qu'une pour la défense de la même cause. Le 28 avril, le roi de Navarre prit son gîte à Maillé, à deux lieues de Tours. Henri III, qui était à Plessis-lès-Tours, lui fit savoir qu'il aurait, le 30 avril, sa visite pour agréable. Il y eut là, pour les vieux capitaines huguenots, quelques heures de terrible anxiété et de défiance trop légitime. Les souvenirs de la Saint-Barthélemy et la récente exécution de Blois obsédaient leur esprit et leur dictaient des remontrances qui allèrent jusqu'au blâme et jusqu'à l'exaspération, lorsque, sur le désir exprimé par Henri III, le roi de Navarre, au lieu de s'arrêter au pont de Lamotte, comme il l'avait d'abord projeté, résolut de traverser la Loire pour aller saluer son beau-frère à Plessis-lès-Tours. Aux discours et aux murmures qui tendaient à le dissuader de se fier à Henri III, le roi de Navarre répondit : « Dieu me dit
« que je passe et que je voie, il n'est en la puissance de l'homme de
« m'en garder, car Dieu me guide et passe avec moi, je suis assuré
« de cela, et me fera voir mon roi avec contentement, et trouverai
« grâce devant lui. » Il passa donc, avec une escorte de gentilshommes et de gardes, auxquels il recommanda de se tenir à l'écart.

« De toute sa troupe, dit Cayet, nul n'avait de manteau et de pa-
« nache que lui; tous avaient l'écharpe blanche ; et lui, vêtu en sol-
« dat, le pourpoint tout usé, sur les épaules et aux côtés, de porter
« la cuirasse, le haut-de-chausses de velours de feuille morte, le
« manteau d'écarlate, le chapeau gris avec un grand panache blanc,
« où il y avait une très belle médaille, étant accompagné du duc de
« Montbazon et du maréchal d'Aumont, qui l'étaient venus trou-
« ver de la part du roi, arriva au château du Plessis. Le roi y était
« venu une heure auparavant avec tous les princes et toute sa no-
« blesse, et, en attendant l'arrivée dudit roi de Navarre, il alla aux
« Bons-Hommes. Toute la noblesse était dans le parc avec une
« multitude de peuple curieux de voir cette entrevue. Incontinent
« que le roi de Navarre fut entré dans le château, on alla avertir le
« roi, lequel s'achemina le long du jeu de Paillemail, cependant
« que le roi de Navarre et les siens descendaient l'escalier par lequel
« on sortait du château pour entrer dans le parc. Au pied des degrés,

« M. le comte d'Auvergne, assisté de Messieurs de Sourdis, de
« Liancourt et autres chevaliers des ordres du roi, le reçurent et
« l'accompagnèrent pour aller vers Sa Majesté. Au bruit que les
« archers firent, criant : *Place ! place ! voici le roi !* la presse se
« fendit, et sitôt que le roi de Navarre vit Sa Majesté, il s'inclina,
« et le roi vint l'embrasser. »

« Monseigneur, dit le roi de Navarre, embrassez votre cousin ;
« servez-vous, pour votre défense, de celui que vous avez offensé
« par la guerre... Ma foi vous clame roi, et votre résolution me fait
« ami du roi. Les peuples à venir ne passeront ceci sous silence.
« Les étrangers sont assis au trône royal et vous fuyez vos sujets
« jusqu'aux frontières de votre royaume. Vous ne perdriez pas votre
« couronne tout seul : votre royauté et ma vie prendraient fin au
« même jour ; où, si je vous survis, Votre Majesté vivra en moi, et
« jamais personne ne régnera par-dessus les rois (1). » Henri III le
serra plusieurs fois dans ses bras, l'appelant son frère et manifestant la joie la plus vive. « Le roi pensait avec le roi de Navarre faire
« un tour de promenade dans le parc ; il lui fut impossible, pour la
« multitude du peuple, dont les arbres mêmes étaient tout chargés.
« L'on n'entendait partout que ces cris d'allégresse de *Vive le roi !*
« Quelques-uns criaient aussi : *Vivent les rois !* Ainsi Leurs Ma-
« jestés, ne pouvant aller de part ni d'autre, rentrèrent dans le
« château, où se tint le conseil, et y demeurèrent l'espace de deux
« heures. Au sortir du conseil, ils montèrent à cheval, et le roi de
« Navarre reconduisit le roi jusques au pont Sainte-Anne, à mi-
« chemin du faubourg de la Riche ; et prenant congé de S. M., il s'en
« retourna passer la rivière de Loire et alla loger au faubourg Saint-
« Symphorien, en une maison vis-à-vis du pont de Tours. »

Le soir même, Henri adressait à Du Plessis-Mornay le bulletin
de cette heureuse journée : « La glace a été rompue, non sans
« nombre d'avertissements que si j'y allais, j'étais mort. J'ai passé
« l'eau en me recommandant à Dieu, lequel par sa bonté ne m'a pas
« seulement préservé, mais fait paraître au visage du roi une joie
« extrême, au peuple, un applaudissement non pareil, même criant :
« *Vivent les rois !* de quoi j'étais bien marri. Il y a eu mille particu-
« larités que l'on peut dire remarquables. Envoyez-moi mon bagage
« et faites avancer toutes nos troupes. »

(1) Appendice : XL.

Le lendemain, dès la première heure, le roi de Navarre, à pied et suivi d'un seul page, entra dans la ville pour donner le bonjour à Henri III. « Toute cette matinée, ajoute Palma Cayet, fut employée
« en conseil et délibération d'affaires, jusque sur les dix heures que
« le roi alla à la messe, et fut accompagné jusqu'à la porte de
« l'église Saint-Gatien par le roi de Navarre, qui de là s'en alla
« visiter les princesses de Condé et de Conti. L'après-dînée se
« passa à courir la bague, le long des murs du parc du Plessis, où le
« roi de Navarre et tous les princes et grands seigneurs s'exercèrent
« cependant que le roi était à vêpres aux Bons-Hommes. Deux jours
« se passèrent en cette entrevue, durant lesquels le roi résolut de
« faire une armée forte et puissante pour aller assiéger Paris. »

Les éléments de cette puissante armée qu'il importait de former sans délai, pour arrêter les progrès de la Ligue, étaient fort disséminés. L'entrevue de Plessis-lès-Tours équivalait à la publication du ban et de l'arrière-ban pour tous les royalistes de France sans distinction de culte; mais il fallait se hâter. Les deux rois expédièrent des ordres et des convocations de tous côtés, sans oublier les levées d'auxiliaires en Allemagne et en Suisse. Mais l'activité de Henri III avait grand besoin du concours de son nouvel allié. Il y eut encore, de la part du roi de France et de ses lieutenants, des hésitations, des ajournements que le roi de Navarre était incapable de subir dans l'inaction. Aussi avait-il repris la campagne, superbe de vigueur et d'entrain. Pendant qu'il était éloigné de Tours, Mayenne, par une marche forcée, vint surprendre les faubourgs de cette ville, faillit enlever Henri III, et eût emporté la ville, où il avait des intelligences, si quelques troupes du roi de Navarre, qui le précédaient de peu, n'eussent arrêté l'élan du chef de la Ligue. Le danger auquel Henri III venait d'échapper fut un argument dont le roi de Navarre se servit pour presser, de part et d'autre, la réunion des forces et la jonction des deux armées. A cheval jour et nuit, ou occupé à dicter des messages pour ses capitaines, ses gouverneurs et ses villes les plus éloignées, il trouva le loisir d'adresser à Henri III les plus salutaires et les plus pressants avis. « Le bruit
« courait, lui écrit-il, qu'alliez en Bretagne : j'en étais enragé, car
« pour regagner votre royaume, il faut passer sur les ponts de
« Paris. Qui vous conseillera de passer par ailleurs n'est pas bon
« guide. » Et, dans une autre lettre, il trace le plan de l'action avec une précision et une autorité où s'affirment le grand capitaine

et le grand politique. « Mon avis est que, tant que vous ferez de
« diverses armées, il ne faut douter que ne soyez sujet à tels acci-
« dents. Je dirai donc que Votre Majesté doit avoir un chef aux
« provinces où il n'y en a point, avec ce qu'il lui faut seulement
« pour conserver ce que vos serviteurs tiennent, et faire que ce
« qu'il y aura de plus vienne tout à vous. Car, rabattant l'autorité
« du chef, les membres ne sont rien. Ceux que vous envoyez aux
« provinces veulent tous vous acquérir quelque chose, et par là
« se rendre recommandables. C'est un juste désir, mais non propre
« pour votre service à cette heure. Trois mois de défensive par vos
« serviteurs, et vous employer ce temps à assaillir, vous mettent
« non du tout hors de peine, mais vos affaires en splendeur et celles
« de vos ennemis en mépris, grand chemin de leur ruine. Je puis
« vous donner ce conseil plus hardiment que personne ; nul n'a
« tant d'intérêt à votre grandeur et conservation que moi, nul ne
« vous peut aimer tant que moi, nul n'a plus expérimenté ceci que
« moi, à mon grand regret. Lorsque nous oyions dire : « Le roi
« fait diverses armées », nous louions Dieu et disions : Nous voilà
« hors de danger d'avoir du mal. Quand nous entendions : « Le
« roi assemble ses forces et vient en personne, et ne fait qu'une
« armée », nous nous estimions, selon le monde, ruinés. Mon
« maître, gardez cette lettre pour, si vous me croyez et qu'il vous
« en arrive mal, me le reprocher ; aussi qu'elle me serve d'acte de
« ma fidélité, si vous ne me croyez et que vous vous en trouviez
« mal. Montrez cet avis à qui il vous plaira. Je voudrais avoir donné
« beaucoup et être près de Votre Majesté, pour alléguer mille
« raisons, qui seraient trop longues à écrire. Voici un coup de
« partie : résolvez mûrement et exécutez diligemment. »

Ces conseils étaient donnés dans les premiers jours du mois de juin. A ce moment, l'union des deux rois avait déjà produit d'heureux fruits. Leurs armées infligeaient partout des échecs à la Ligue ; les gentilshommes arrivaient avec des renforts, de tous les pays de France ; un corps de dix mille Suisses, à la solde de Henri III, était sur le point de franchir la frontière. Enfin le mouvement de concentration et la marche sur Paris commencèrent. Il n'y eut bientôt qu'une seule armée royale, dont le roi de Navarre commanda l'avant-garde. Tout plia sous l'effort de cette armée, excepté Orléans, qui parut en état de l'arrêter assez longtemps pour compromettre le succès du plan général : on passa outre. Le roi de

Navarre se jetait dans le péril avec la fougue des premières armes ; catholiques et protestants rivalisaient de bravoure ; Henri III lui-même semblait avoir ressaisi l'épée de Jarnac et de Moncontour : c'était bien la monarchie française reconstituée sur le champ de bataille. A Étampes, Henri III reçut le monitoire par lequel Sixte-Quint le frappait d'excommunication, si, dans dix jours, le cardinal de Bourbon et l'archevêque de Lyon, prisonniers depuis le coup d'Etat de Blois, n'étaient pas remis en liberté. « Le roi, « dit le Père Daniel, en fut consterné, et quelques remontrances « qu'on lui fît pour le convaincre des nullités de cet acte, il ne pou- « vait revenir des inquiétudes de conscience qu'il lui causait, « jusqu'à ce que le roi de Navarre, l'ayant entretenu là-dessus pour « lever ses scrupules, lui dit qu'il y avait un remède à ce mal, qui « était d'assiéger Paris au plus tôt. « Vainquons, ajouta-t-il, et nous « aurons l'absolution ; mais si nous sommes battus, nous serons « excommuniés, aggravés et réaggravés. » Henri reproduisait, dans cette boutade, l'avis récemment envoyé au roi par le cardinal de Joyeuse, instruit des sentiments de la cour de Rome.

Pontoise résista quelques jours. Le roi de Navarre, « qui voulait « être présent à tout, y courut grand risque de la vie, car il était « appuyé sur les épaules du mestre-de-camp Charbonnières, quand « une arquebusade lui brisa les deux bras ; pareille chose était « déjà arrivée à ce prince, au siège de Jargeau, où Philippe de « Montcassin-Houeillets, autre mestre-de-camp, fut tué à ses « pieds ». Le 24 juillet, Pontoise était aux mains de l'armée royale ; le 25, les auxiliaires suisses arrivaient ; deux jours après, le siège de Paris était résolu ; le 30 juillet, les deux rois, après avoir chassé les ligueurs de Saint-Cloud, établissaient leur quartier-général, Henri III, dans le bourg même, et le roi de Navarre, à Meudon. La Ligue, depuis trois mois partagée entre le décourage-ment et la fureur, vit s'étendre, autour des murailles où l'ambition et le fanatisme avaient établi son règne, une armée de quarante mille hommes, ayant à sa tête, sous le roi de France et son héritier présomptif, plus de cent capitaines, princes, grands seigneurs, officiers de fortune, habitués à vaincre depuis longtemps, et sûrs de vaincre une fois de plus. Aucune force humaine, sortant de Paris, n'aurait pu, par le glaive, détourner ou suspendre les coups de cette armée. Paris vomit sur le camp de Henri III un assassin fanati-tique, et le meurtrier du duc de Guise, l'instigateur de la Saint-

Barthélemy, tomba, le 1er août, sous le couteau de Jacques Clément.

Pendant quelques heures, sur l'avis du premier chirurgien Du Portal, tout le monde crut que la blessure n'était pas mortelle. Le roi de Navarre, mandé en toute hâte, reçut le plus affectueux accueil de Henri III, qui, s'exprimant comme si la succession à la couronne était ouverte, fit entendre de magnanimes et prophétiques paroles, plus roi sur son lit de mort qu'il ne l'avait jamais été pendant sa vie. L'espérance de le sauver ne dura pas longtemps. Vers minuit, il entrait dans une agonie qui se prolongea jusqu'aux premières heures du jour. Avec lui s'éteignit une race qui avait eu sa part de gloire, mais dont les vertus et le génie, dégénérant de règne en règne, en étaient arrivés, sous le sien, à un complet épuisement. Presque épuisé aussi, le pays avait besoin de se refaire autour d'un chef capable de guérir ses plaies, de rallier ses forces et de lui ouvrir de nouvelles et larges voies dans le conflit des nations, des dogmes et des idées. En sortant de la chambre mortuaire de Henri III, Henri IV était ce chef, et s'il avait rencontré une fidélité unanime chez les anciens serviteurs du dernier des Valois, il aurait pu, d'un seul élan, relever à la fois le trône et la patrie. Mais il trouva devant lui, avec la Ligue et l'étranger faisant cause commune, ces déserteurs et ces trafiquants du droit qui ont, dans tous les temps, perdu tant de grandes causes. Cette vaste conspiration ne troubla jamais ni son courage ni sa foi dans l'avenir : par le génie autant que par les armes, par le cœur non moins que par le génie, il sut vaincre et sauver les Français. Nous le laissons au seuil de cette mémorable lutte. Il y a deux cycles dans sa glorieuse vie. Pendant la durée du premier, fermé sur le cercueil de Henri III, nous l'avons vu naître et s'élever jusqu'à la hauteur de son incomparable destinée : c'est Henri IV en Gascogne. Dès que s'ouvre le second cycle, Henri de Bourbon entre de plain-pied dans l'histoire de France, où la gloire le couronnera, parce qu'il a su apprendre, sur une terre fertile en héros, à devenir Henri le Grand.

CONCLUSION.

Reprenons le dernier mot de notre récit pour achever de justifier, s'il en est besoin, la thèse historique énoncée dans l'introduction et prouvée dans le livre.

Le roi de France tout entier s'était affirmé dans le roi de Navarre, à la sanction près des actes, pour laquelle lui firent si longtemps défaut la force et le pouvoir. Il suffit, pour s'en convaincre, de se représenter les traits principaux du souverain durant les deux périodes, parallèlement résumées.

L'homme de guerre qui avait fait ses premières armes sous Condé et Coligny, qui avait tenu tête à Biron et à Matignon, qui s'était joué de Mayenne, qui avait étonné la France par la prise de Cahors et l'Europe par la victoire de Coutras, qui, sans argent, sans allié notable, et avec des poignées de soldats, avait, en douze ans, combattu, fatigué, défait ou détruit huit ou dix armées, ce capitaine, déjà l'égal des plus vaillants et des plus habiles, n'avait plus rien à apprendre lorsqu'il planta sa tente en vue de Paris : le héros d'Arques et d'Ivry s'était formé en Gascogne. Vérité absolue et que ne saurait effleurer même le moindre doute.

L'étude de l'œuvre politique, plus vaste et plus complexe que l'œuvre militaire, aboutit à une conclusion analogue.

Le roi de France pacifia son pays. La paix avait été le but constant du roi de Navarre, prêt à tous les sacrifices pour l'établir ou la maintenir, même quand il n'était entouré que d'ennemis, qu'il avait sujet de redouter les perfidies de Catherine de Médicis et la politique versatile de Henri III, même quand, à se prêter aux accommodements, il risquait, parmi les calvinistes, sa popularité si chèrement acquise.

L'édit de Nantes, qui élargissait l'Etat en y introduisant la liberté de conscience et faisant de la tolérance une de ses lois fondamentales, ce dogme philosophique et politique des temps modernes, si péniblement enfanté, ne fut promulgué qu'en 1599 ; mais on le rencontre partout dans la vie du roi de Navarre, tantôt comme un sentiment qu'il exprime d'instinct, tantôt comme une pensée dominante, formulée avec ampleur, tantôt enfin, à l'état de revendication précise, dans les négociations, dans les manifestes, dans les traités. La paix de Saint-Germain elle-même, qui précéda la Saint-Barthélemy et en fut la première amorce, c'est l'édit de Nantes avec l'arrière-pensée du piège. Mais il n'y avait aucune arrière-pensée dans l'esprit du roi de Navarre, quand il écrivait à un catholique, cinq ans après la Saint-Barthélemy : « Combien que soyez de « ceux-là du Pape, je n'avais aucune méfiance de vous... — Ceux « qui suivent tout droit leur conscience sont de *ma religion*, et « moi je suis de celle de tous ceux-là qui sont braves et bons. » La religion dont il parlait en ces termes, à l'âge de vingt-trois ans, qui fut toujours la sienne et finit par lui gagner la France entière, était celle du droit, de l'honneur, de la paix due à tous les hommes de bonne volonté, à tous les fidèles serviteurs de la royauté et du pays. Et ce n'est là qu'une pensée ; mais elle reparaît, à chaque instant, confirmée et développée dans les lettres, les déclarations et les protocoles que nous avons cités ou résumés. Henri de Bourbon portait l'édit de Nantes sous sa cuirasse, au milieu des camps et des batailles, un quart de siècle avant qu'il fît de tous les bons Français une seule famille.

Forcé de tirer l'épée contre les armées que Henri III prêtait aux Guises et à la Ligue plutôt qu'il ne les envoyait, de son propre mouvement, contre lui, le roi de Navarre, en un temps où les ambitions étaient sans scrupules et où ses coreligionnaires mêmes projetèrent souvent de démembrer la France, en haine de la monarchie qui les opprimait, donna l'exemple de la fidélité à la patrie et même au roi, en repoussant les propositions de l'Espagne, en combattant les idées anarchiques de Condé et des vieux huguenots, en ne permettant jamais qu'on le regardât comme l'adversaire de Henri III. Il était donc, longtemps avant 1589, le roi « patriote », le roi de la réconciliation, de l'union, de l'unité française.

Les meilleurs mêmes d'entre les souverains sont condamnés, par leur principe, par la loi qui les institue, à tenir pour ennemis, au dedans certains hommes, au dehors certaines nations, et à leur rendre guerre pour guerre. Si ce sentiment d'inimitié est de la haine, il y eut une haine au cœur de Henri IV. Roi de France, il détesta, combattit et voulut abattre cette puissance hispano-allemande qui s'incarnait dans la Maison d'Autriche et, depuis Charles-Quint, menaçait constamment l'Europe de son joug. C'est que, tout enfant, au milieu des débris d'un royaume conquis par l'Espagnol, il avait connu, par tradition, le poids de ce joug, et que, plus tard, roi de Navarre, vivant dans le dangereux voisinage de Philippe II, il avait vu souvent, non seulement ses petits Etats, mais le royaume de France voués au démembrement par les Espagnols et les « espagnolisés ». Toute sa politique extérieure, toutes ses vues sur un équilibre européen favorable à son pays, vinrent de la haute et salutaire aversion que lui légua Jeanne d'Albret pour l'ennemi héréditaire, et qui s'entretint au spectacle des marchés de la Ligue avec Philippe II.

Il ne suffit pas à un roi d'aimer son pays, d'être grand par lui-même, d'être le premier de son temps : s'il ne connaît pas les hommes, s'il ne sait pas les susciter ou les choisir pour les associer à sa mission, il ne la remplira point. Cette science des hommes, Henri IV la posséda au plus éminent degré : il eut les ministres, les capitaines, les négociateurs, les magistrats, tous les coopérateurs que réclamait sa royale tâche. Mais il n'avait pas attendu l'héritage de Henri III pour lire dans le cœur et dans l'esprit de ses serviteurs. Il les connut dès la première heure, il les devina, les appela, les mit en leur place, fut leur compagnon autant que leur chef, et il aurait pu dire de la plupart d'entre eux ce qu'il dit un jour de Biron, avant sa chute : « Je le montre volontiers à mes amis et à mes « ennemis ».

La vertu souveraine, le charme tout-puissant de Henri de Bourbon furent sa clémence et sa tendre sollicitude pour le « pauvre « peuple ». La vie du roi de Navarre est pleine de pardons généreux, de charités touchantes, d'exquises cordialités. C'est avec de tels trésors qu'il remporta ses plus belles victoires ; et quand ils montèrent avec lui sur le trône enfin conquis, ils attirèrent toute la France à ses pieds.

Ici peut s'arrêter ce parallèle, maintenu à dessein dans les principales lignes de l'histoire, par où se jugent les hommes et les époques. L'œuvre de Henri IV est le patrimoine de la France et de la civilisation elle-même. A Dieu ne plaise que, pour flatter l'orgueil des pays nourriciers désignés sous le nom collectif de Gascogne, nous les invitions à revendiquer un injuste privilège de gloire ! Mais qu'elle sache bien, cette première patrie du fils de Jeanne d'Albret, depuis les frontières espagnoles du Béarn jusqu'aux plaines de la Dordogne, depuis les plages de La Rochelle jusqu'aux portes de Toulouse, qu'elle sache bien que ce n'est pas seulement l'enfant-roi qui est sorti de son sein, mais le roi tout entier.

APPENDICE

I.

Voici la liste dés principaux ouvrages qu'il a fallu consulter pour écrire la présente étude :
Lettres missives de Henri IV, recueil de Berger de Xivrey et de J. Guadet.
Histoire de Navarre, par André Favyn.
Histoire des derniers troubles de France, par Pierre Mathieu.
Chronologie Novenaire, de Palma Cayet.
Histoire et *Mémoires*, d'Agrippa d'Aubigné.
Economies royales, de Sully.
Vie de Mornay.
Journal de P. de L'Estoile.
Histoire de Jacques-Auguste de Thou.
Mémoires divers (Castelnau, La Noue, duc de Bouillon, Marguerite de Valois, Brantôme).
Vie militaire et privée de Henri IV, par Musset-Pathay.
Histoire de France, par Mézeray.
Hstoire de France, par le Père Daniel.
Histoire de Henri le Grand, par Hardouin de Péréfixe.
Education de Henri IV, par Duflos.
Histoire des troubles en Béarn, par l'abbé Poeydavant.
Histoire de Jeanne d'Albret, par Mademoiselle Vauvilliers.
Histoire de la Gascogne, par l'abbé Monlezun,
Histoire de l'Agenais, du Condomois et du Bazadais, par J.-F. Samazeuilh.
De l'amour de Henri IV pour les lettres, par l'abbé Brizard.
Le Château de Pau, par Bascle de Lagrèze.
Les Béarnais au temps de Henri IV, par Alphonse Pinède.
Variétés Girondines, par Léo Drouyn,
Archives historiques de la Gironde, précieux recueil, créé et dirigé par M. Jules Delpit, et enrichi, d'année en année, par des travaux, — entre autres ceux de MM. Delpit, Tamizey de Larroque et Léo Drouyn, — dont nous voudrions pouvoir louer dignement le mérite. (*Page* 2.)

II.

Jeanne d'Albret « était, dit Favyn, d'une humeur si joviale, que l'on ne pouvait s'ennuyer auprès d'elle. Éloquente entre les personnes de son siècle, selon les erres de la reine Marguerite, elle pouvait, par le moyen de ses discours, charmer les ennuis et passions de l'âme ».

Tel est le portrait, sans doute ressemblant, de la jeune fille et de la jeune femme. Plus tard, Jeanne connut, à son tour, les « ennuis et passions de l'âme ».

« C'était, dit Bascle de Lagrèze, la femme la plus instruite de son temps : elle savait le grec, le latin, la plupart des langues vivantes ; elle surveillait les études de ses enfants. Instruite par Marot dans l'art de faire des vers, elle enseignait à ses élèves la poésie, qui ennoblit le langage et donne à la prose plus de charme et d'harmonie. »

Les anciens auteurs vantent sa « santé florissante », qui ne tarda pourtant pas à dépérir.

« On aime à interroger le château de Pau sur la manière dont Jeanne d'Albret y vivait. Elle consacrait toute la matinée au travail ; elle répondait, de sa propre main, aux gouverneurs et aux magistrats, lorsqu'ils s'adressaient directement à elle. Après son dîner, elle donnait audience, soit dans son palais, soit dans son parc, à tout le monde, pendant deux heures ; ensuite les seigneurs et les dames étaient admis à lui faire leur cour jusqu'à son souper. Ses plus doux moments étaient ceux qu'elle passait à s'entretenir avec des savants et des hommes de lettres attirés et retenus auprès d'elle par son esprit supérieur autant que par ses libéralités. Si les vertus privées de la reine eussent suffi pour rendre son peuple heureux, le Béarn aurait joui de la continuation des temps de prospérité de Henri II et de Marguerite. » *(Page 8.)*

C'est à l'époque du passage de Charles IX à Nérac, en 1565, que Mézeray place la réponse de Jeanne d'Albret à Catherine de Médicis, et il rapporte cette réponse dans les termes suivants : « Si « j'avais mon fils et tous les royaumes de la terre dans ma main, je « les jetterais tous au fond de la mer, plutôt que de perdre mon « salut. » *(Page 34.)*

On lit dans le *Château de Pau* qu'aussitôt que Jeanne eut pris possession de la souveraineté tout entière, elle ne cacha plus ses sentiments et sa ferme volonté de répandre partout ce qu'elle appelait la « liberté évangélique ». Ce haut esprit tomba dans la manie. « Elle travaillait, comme sa mère, à décorer ses appartements de tapisseries brodées de ses mains habiles. Elle avait composé, au château, une tente de plusieurs pièces qu'elle nommait les prisons « rompues ». C'était l'emblème des liens et du joug du pape, qu'elle prétendait avoir brisés. Elle y avait retracé diverses scènes de l'histoire sacrée, comme la délivrance de Suzanne, celle du peuple d'Israël opprimé par Pharaon, l'élargissement de Joseph, etc. Elle se plaisait à figurer des chaînes rompues, des menottes, des estrapades, des gibets mis en pièces, et au-dessus, elle inscrivait, en grosses lettres, ces paroles de saint Paul : « *Ubi spiritus, ibi libertas* ». Son animosité contre la religion catholique se montrait partout. Elle avait une très belle tapisserie, faite de la main de Marguerite, et représentant le sacrifice de la messe ; elle enleva la partie où le prêtre montrait au peuple la sainte hostie, et y substitua un renard qui, se tournant vers l'assemblée, semblait dire, en faisant d'horribles grimaces : « *Dominus vobiscum* ».

Bascle de Lagrèze, après avoir rappelé les excès commis en Béarn par les réformés, ajoute : « Faut-il donc s'étonner que le souvenir de ces scènes de désolation et de carnage ait laissé une impression profonde dans la mémoire populaire, et jeté sur le nom de Jeanne d'Albret un reflet de sang ? Je n'ai pas oublié les récits des anciens du pays que j'aimais à écouter, dans mon enfance, comme un écho des traditions du temps passé. Ils faisaient d'étranges histoires sur la cruauté de la reine Jeanne, à laquelle ils attribuaient toutes les horreurs commises dans son temps, et, de plus, singulièrement augmentées et grossies par leur imagination effrayée et crédule. » (*Page* 37.)

On lit dans l'*Histoire de France* de Mézeray, au sujet du monitoire contre Jeanne d'Albret : «... Le roi très-chrétien (Charles IX) commanda à Loysel et à L'Isle, ses ambassadeurs à Rome, de remontrer au pape : Qu'en cette entreprise sur la personne d'une reine menaçant tous les rois qui sont frères, ils étaient tous obligés d'empêcher ce coup qui portait directement sur leurs têtes, lui principalement, à qui cette princesse touchait si près d'alliance et de parenté, qui savait que son aïeul avait été dépouillé de ses États pour l'affection qu'il avait témoignée envers la France, qui avait vu mourir son mari pour son service dans la guerre contre les huguenots, et qui nourrissait son fils aîné dans sa cour. Par ainsi qu'il ne pouvait abandonner la protection d'un orphelin et d'une veuve... Mais qu'outre ces considérations de piété et de générosité, celles de son État y étaient jointes de trop près pour le dissimuler... » (*Page* 38.)

Voici le résumé du testament de Jeanne d'Albret :

Après avoir recommandé son âme à Dieu et l'avoir supplié de lui pardonner ses péchés, elle ordonne que son corps soit inhumé, sans pompe ni cérémonie, au lieu où le roi son père avait été enseveli. Ensuite, elle enjoint au prince son fils de cultiver la piété, en la réglant selon le culte dans lequel il a été nourri, de ne pas s'en laisser détourner par les intérêts, les passions et les plaisirs du monde; de veiller à l'exécution de ses ordonnances; de fuir les mauvais conseillers, les libertins, et d'appeler dans son conseil les hommes vertueux ; d'avoir un soin particulier de sa sœur Catherine, de la traiter en bon frère, de faire achever son éducation en Béarn, et de la marier avec un prince de sa religion; d'aimer comme ses frères le prince de Condé et le prince de Conti, ses cousins. Enfin, elle institue le prince de Navarre son héritier et met ses deux enfants, leur personne, leur fortune et leur croyance, sous la protection du roi, de la reine et des ducs d'Anjou et d'Alençon. (*Page 77.*)

III.

« Antoine de Bourbon descendait en ligne directe et masculine de Robert, comte de Clermont, cinquième fils du roi saint Louis.

« Ce Robert épousa Béatrix, fille et héritière de Jeanne de Bourgogne, baron de Bourbon de par sa femme Agnès, à cause de quoi Robert prit le nom de Bourbon, non pas toutefois les armes, mais il retint celles de France.

« Cette sage précaution a beaucoup servi à ses descendants pour se maintenir dans le rang de princes du sang, qui peut-être se fût perdu, s'ils n'en eussent pas usé de la sorte.

« Entre les branches puînées qui sont issues de cette branche de Bourbon, la plus considérable et la plus illustre a été celle de Vendôme. Elle portait ce nom, parce qu'elle possédait cette grande terre, qui lui était venue, en 1364, par le mariage de Catherine de Vendôme, sœur et héritière de Bouchard, dernier comte de Vendôme, avec Jean de Bourbon, comte de la Marche. Pour lors, elle n'était que comté; mais elle fut depuis érigée en duché par le roi François Ier, l'an 1515, en faveur de Charles, qui était deux fois arrière-fils de Jean et père d'Antoine. Ce Charles eut sept enfants mâles : Louis, Antoine, François, un autre Louis, Charles, Jean, et un troisième Louis. Le premier Louis et le second moururent en enfance, Antoine demeura l'aîné; François, qui fut comte d'Enghien, et gagna la bataille de Cérisoles, mourut sans être marié; Charles fut cardinal du titre de Saint-Chrysogone et archevêque de Rouen : c'est lui qu'on nomme le vieux cardinal de Bourbon; Jean perdit la vie à la bataille de Saint-Quentin ; le troisième Louis s'appela le prince de Condé et eut des enfants mâles des deux lits : du premier sortirent Henri, prince de Condé, François, prince de Conti, et Charles, qui fut cardinal-archevêque de Rouen, après la mort du vieux cardinal de Bourbon ; du second vint Charles, comte de Soissons,

« Or, conclut Hardouin de Péréfixe, il y avait huit générations de mâle en mâle depuis saint Louis jusqu'à Antoine, qui était duc de Vendôme, roi de Navarre et père de notre Henri. »

Brantôme a tracé un portrait d'Antoine de Bourbon :

« Il était très bien né, brave et vaillant, car de cette race de Bourbon il n'y en a point d'autres ; belle apparence, belle taille, et plus haute de beaucoup que celle de tous messieurs ses frères ; la majesté toute pareille, la parole et éloquence très bonne. Il acquit et laissa après lui une très belle réputation en Picardie et en Flandre, quand il fut lieutenant du roi et quand il s'en alla, roi de Navarre, commander en Guienne ; car il conserva très bien à ses rois ces pays, et si en conquêta : de sorte qu'on ne parlait, en cela, que de M. de Vendôme.

« Mal récompensé pourtant de ses rois, et même du roi Henri, quand il l'oublia en son traité de paix entre lui et le roi d'Espagne, qu'il ne se fit aucune mention du recouvrement de son royaume de Navarre d'un seul petit trait de plume ; et certes, il y eut du tort, car ce prince avait fidèlement servi la couronne de France, pour laquelle soutenir, au moins les siens, la reine Jeanne était déshéritée, et était aussi cousine germaine du roi... »

De Thou rapporte que les conseillers de François II, à l'époque de la conjuration d'Amboise, voulurent faire assassiner Antoine de Bourbon dans le cabinet même du roi. Le roi de Navarre, informé du complot, ne laissa pas d'entrer dans le cabinet. « S'ils me « tuent, dit-il à un de ses gentilshommes, prenez ma chemise toute « sanglante, portez-la à mon fils et à ma femme : ils liront dans mon « sang ce qu'ils doivent faire pour me venger. »

Sa droiture et sa respectueuse contenance devant François II firent échouer le complot.

Ce prince avait, outre les défauts déjà signalés, une honteuse et bien étrange monomanie, — que quelques écrivains, par une confusion qui s'explique, ont gratuitement prêtée à son fils Henri IV. Il prenait, il volait tout ce qui lui convenait ! Chaque soir, ses valets de chambre, en le déshabillant, inspectaient ses poches, et, le lendemain, ils allaient à la recherche des personnes victimes du vol royal. (*Pages* 24-36.)

IV.

Il est à remarquer, dit Bascle de Lagrèze, comme une particularité historique très curieuse, que tous les historiens se sont trompés sur la date de la naissance de Henri IV, qu'ils fixent au 13 décembre. Voici ce que nous lisons dans le Journal des naissances et morts des princes de Béarn, tenu par l'évêque d'Oloron : « Ce 14 de décembre 1553, ma dicte Jehanne, princesse de Navarre, accoucha de son troisième fils à Pau en Béarn, entre une et deux heures après minuict. Lequel fut baptisé le mardi VIᵉ jour de mars dudict an, audit lieu de Pau ; et furent ses parrains, le roi de Navarre, son grand-père, qui le nomma Henry, et Monseigneur le cardinal de Vendôme, son oncle paternel, et fut sa marraine, la sœur du roi de Navarre, veufve de feu Monseigneur de Rohan. » (*Page* 11.)

On connaît la première strophe du motet religieux et populaire que, selon la tradition, Jeanne d'Albret aurait chanté à la naissance de Henri IV.
En voici la traduction :

> Notre-Dame du bout du pont,
> Venez à mon aide en cette heure !
> Priez le Dieu du ciel
> Qu'il me délivre vite,
> Qu'il me donne un garçon ;
> Tout, jusqu'au haut des monts, l'implore.
> Notre-Dame du bout du pont,
> Venez à mon aide en cette heure !

Au sujet de ce cantique publié pour la première fois dans le *Château de Pau*, l'auteur donne ce détail archéologique : « Voyez-vous en face de l'aile méridionale du château, au milieu du Gave, les piliers à demi ruinés d'un vieux pont qui n'existe plus ? Au bout de ce point, s'élevait jadis une chapelle dédiée à la Vierge, et célèbre par la renommée de ses miracles. C'est à Notre-Dame du bout du pont que les Béarnaises adressaient leurs prières, dans toutes leurs peines, dans toutes leurs souffrances, et surtout dans les douleurs de l'enfantement... » (*Page* 10.)

V.

Mademoiselle Vauvilliers, dans son *Histoire de Jeanne d'Albret*, a recueilli tous les détails fournis par l'histoire sur le complot franco-espagnol dirigé contre Jeanne d'Albret et ses enfants. Nous résumons quelques parties de son récit, auxquelles nous n'avons pu nous arrêter.

Quelque temps après la mort du duc François de Guise, le capitaine Dimanche reçut, on ne dit pas de qui, des instructions nouvelles, qui lui enjoignaient d'aller se mettre en rapport avec les conjurés espagnols. Il partit de Bordeaux pour se rendre auprès du duc d'Albe, qui le dépêcha aussitôt à Philippe II, sous la conduite de François d'Alaya, plus tard ambassadeur à la cour de France. Philippe II était alors à Monçon, sur les frontières de la Navarre. Dimanche tomba malade à Madrid et, pendant sa maladie, fut mis en relations avec Vespier, natif de Nérac, valet de chambre de la reine Elisabeth. Vespier ayant surpris la moitié du secret du capitaine, obtint de lui une entière révélation. Il en fit instruire aussitôt la reine d'Espagne, par l'entremise de l'abbé Saint-Etienne, son aumônier et son confident; et Elisabeth ayant agi auprès de l'ambassadeur de France, Evrard de Saint-Sulpice, qui avait suivi le roi à Monçon, l'ambassadeur, après avoir fait épier toutes les démarches de l'aventurier, acquit la conviction qu'il y avait un secret entre Philippe II et lui. Il envoya aussitôt son secrétaire Rouleau en France, avec des lettres de créance pour le roi et la reine-mère, et d'autre part, fit tenir les avis nécessaires à Jeanne d'Albret, qui, sur son conseil, quitta la résidence de Pau pour celle de Nérac. Rouleau, arrivé à la cour, fit le récit du complot, donna les preuves, et sur la demande du connétable de Montmorency, l'arrestation de Dimanche fut décidée; mais on présume que le capitaine fut prévenu de ce dessein, par suite de l'indiscrétion ou de la connivence de quelque haut personnage, car il ne put être rencontré sur les chemins qu'il devait prendre pour rentrer en France.

De Thou dit expressément qu'il fut instruit de tous les détails de la conspiration par Rouleau et par les enfants du valet de chambre Vespier, et que, avant d'aller en Espagne, Dimanche avait conféré avec Montluc, d'Escars et d'Aspremont, vicomte d'Orthe, qui avaient des intelligences avec la Maison de Guise.

Tous les témoignages pour ou contre entendus, il demeure acquis, tout au moins, qu'il y eut un projet d'attentat; mais on ne saurait affirmer que l'accord se soit jamais établi pour l'exécution. (*Page* 39.)

VI

On lit dans le livre de J. Guadet, *Henri IV, sa vie, son œuvre, ses écrits*, au sujet du voyage de Charles IX (1564-1566) : « Jeanne d'Albret reçut à Nérac les royaux voyageurs, et l'histoire a conservé le souvenir de la brillante réception qui leur fut faite. Elle a raconté aussi qu'un jour, le roi s'amusant à tirer de l'arc avec le duc de Guise et le prince de Navarre, le duc, toutes les fois qu'il était vainqueur, cédait à Charles IX le droit de tirer le premier, mais que le prince de Navarre, qui était le plus jeune et le moins fort des trois, ayant été vainqueur à son tour, fut moins courtois et voulut jouir pleinement de ses prérogatives ; que le roi le trouvant mauvais, banda son arc et se disposait à tirer, lorsque, prompt comme l'éclair, le jeune Béarnais le devança. D'autres vont plus loin et veulent qu'il ait tourné sa flèche contre la poitrine du roi. » (*Page* 44.)

VII.

François de La Noue, dit *Bras de fer*, ne fut pas seulement un des grands hommes de guerre du XVIe siècle ; ses écrits le recommandent encore au souvenir de la postérité. On peut extraire d'admirables pages des *Discours politiques et militaires* qu'il composa pendant sa dure captivité à Limbourg. Il s'y rencontre surtout des jugements sur les guerres civiles que les meilleurs moralistes pourraient avouer. (*Page* 68.)

VIII.

Henri de Valois, roi de Pologne, trouva, sur la terre étrangère, de fréquentes et douloureuses allusions à la Saint-Barthélemy.

« Le déplaisir qu'il en eut, dit Pierre Mathieu, se rencontrait si souvent en son âme qu'il en perdit le dormir et, deux jours après son arrivée à Cracovie, ayant l'esprit fort travaillé de ces inquiétudes, il envoya quérir par un valet de chambre, sur les trois heures après minuit, Miron, son premier médecin, qui logeait dans le château, auprès de sa chambre, et qui l'entretenait souvent la nuit, par la lecture ou le discours, comme les princes d'Europe ont de coutume...

« Le roi, voyant entrer Miron en sa chambre, lui parla en la sorte que je rapporte ici ses paroles, car il voulut qu'elles fussent écrites fidèlement par lui, et les ai trouvées si judicieuses et importantes, que encore que je n'aie pas accoutumé d'enfler les volumes de cette Histoire des labeurs d'autrui, j'ai cru qu'il les fallait représenter en leur propre et naturelle forme. »

Mathieu donne ensuite le récit du roi de Pologne à Miron. (*Page* 81.)

IX.

La « déposition du roi de Navarre dans le procès criminel contre le sieur de La Mole, le comte de Coconas et autres » a été reproduite et annotée par Berger de Xivrey dans son recueil des *Lettres missives de Henri IV*. (*Page* 86.)

X.

Si d'Aubigné était réellement l'homme qu'il a voulu peindre dans ses *Mémoires*, ce serait un personnage des plus antipathiques et un honnête homme douteux.

A chaque page, pour ainsi dire, il médit de ceux qu'il a connus, et des plus grands, et des meilleurs, lorsqu'il ne les calomnie pas. Il affecte surtout de dire le plus grand mal de Henri IV, dont il fait un avare, un envieux, un ingrat, etc.

Et pourtant, de loin en loin, il ne peut s'empêcher de dire, en termes explicites, que ce prince était bon et grand. Il écrit, à la suite d'une disgrâce : « Tout cela joint ensemble le fit résoudre, à la fin, de me rappeler auprès de lui, et il m'écrivit, pour cela, quatre lettres consécutives, *que je jetai au feu en les recevant.* Mais mon mécontentement cessa lorsque j'eus appris qu'étant averti de mon entreprise sur Limoges, et ensuite que j'y avais été fait prisonnier, *il avait mis à part quelques bagues de la reine sa femme* pour payer ma rançon et me tirer de prison ; joint que la nouvelle étant venue que j'avais eu la tête tranchée, il en avait témoigné un grand deuil et perdu le repos; tout cela me toucha à mon tour et me détermina à retourner à son service... »

Il le dénigre de toutes façons :

« L'empressement que je témoignais à rechercher toutes les occasions périlleuses pour me distinguer du commun, et à me trouver partout où il y aurait de la gloire à acquérir, *m'attira la haine et l'envie du roi de Navarre*, à cause des louanges qui m'en revenaient et qu'il voulait toutes pour lui seul : sur quoi je dirai une chose : *qu'il souffrait impatiemment qu'on louât ceux de ses serviteurs qui avaient fait les plus belles actions à la guerre et qui lui avaient rendu les plus grands services...* »

Et l'on va voir, par d'Aubigné lui-même, ce qu'était, en réalité, ce maître ingrat, ce détestable prince :

« Je pris ce temps-là (en 1582) pour aller faire l'amour à la susdite Suzanne de Lezay (qu'il épousa), et, dans mon absence, le roi de Navarre écrivit en ma faveur plusieurs lettres à ma maîtresse, lesquelles étant réputées contrefaites par mes rivaux et quelques parents de la demoiselle, *il vint lui-même au lieu où elle demeurait pour les avouer siennes et pour honorer la recherche de son domestique...* »

Après la mort du roi :

« Il faut que je dise ici que la France, en le perdant, perdit un des plus grands rois qu'elle eût encore eus. Il n'était pas sans défauts ; mais, en récompense, *il avait de sublimes vertus.* »

―――

Il y a beaucoup d'erreurs et, qui pis est, de faussetés dans l'*Histoire* et les *Mémoires* de d'Aubigné, si précieux, malgré tout, pour l'histoire du XVIe siècle. Tous les historiens sérieux les ont reconnues et signalées. On trouve, dans les *Mémoires*, notamment, quantité de gasconnades tragiques ou comiques.

En somme, d'Aubigné est très souvent vantard, et il n'avait pas besoin de l'être, puisqu'il avait certainement tous les courages, excepté un pourtant, celui qui consiste à juger sans passion et à ne pas noircir un beau caractère parce qu'on en a été froissé ou méconnu.

Dans la « langue verte » d'aujourd'hui, il faudrait dire que d'Aubigné est un illustre toqué, avec des allures de héros ou de capitan, selon les cas, avec le grand cœur d'un loyal guerrier, les petitesses intellectuelles et morales d'une sorte de Gil-Blas, ou les effervescences moitié baroques, moitié terribles, d'un sectaire tout près d'être visionnaire.

C'était, en définitive, une âme dure et un assez mauvais homme. Mécontent, à juste titre, de son fils Constant, il l'anathématise en ces termes, à la fin de ses *Mémoires :* « Une telle perfidie me fut si sensible, que je rompis pour jamais avec lui, oubliant absolument tous les liens du sang et de l'amitié qui m'attachaient à ce fripon et misérable fils ; *et je vous conjure, mes autres enfants,* de ne conserver la mémoire de votre indigne frère que *pour l'avoir en exécration.* » Paroles d'autant plus graves et odieuses qu'elles sont lancées d'outre-tombe. On n'y retrouve, assurément, ni le chrétien, ni le père, ni même l'homme dans la générosité naturelle de son caractère. (*Page* 90.)

XI.

L'édit de pacification rendu au mois de mai 1576 créa (article 18), au parlement de Paris, une chambre composée de deux présidents et de seize conseillers, dont la moitié devait appartenir à la religion réformée. Cette chambre devait être envoyée, trois mois par an, pour y rendre la justice, aux pays de Poitou, Angoumois, Aunis et La Rochelle. Une chambre composée de la même manière était établie à Montpellier, dans le ressort du parlement de Toulouse. Il s'en était créé aussi une formée de deux présidents et de dix conseillers dans chacun des parlements de Grenoble, de Bordeaux, d'Aix, de Dijon, de Rouen et de Bretagne.

On appelait chambre tri-partie le tribunal qu'au mois de juillet 1578, en conséquence du traité de Bergerac, on établit à Agen. Il se composait de douze conseillers, 4 réformés et 8 catholiques ; deux présidents, l'un catholique, l'autre protestant. Pour un arrêt, il fallait que le tiers des juges appartînt à la religion huguenote.

Après le traité de Fleix, cette chambre fut remplacée par une chambre de justice envoyée en mission. L'article 2 porte : « Le roi enverra au pays et duché de Guienne une chambre de justice composée de deux présidents, quatorze conseillers, un procureur et un avocat de S. M. : gens de bien, amateurs de paix, intégrité et suffisance requises. Lesquels seront par S. M. choisis et tirés des parlements de ce royaume et du grand conseil... Lesquels présidents et conseillers ainsi ordonnés connaîtront et jugeront toutes causes, procès et différends, et contraventions à l'édit de pacification. Serviront, deux ans entiers, audit pays et changeront de lieux et de séances, de six mois en six mois, afin de purger les provinces et rendre justice à chacun sur les lieux.... »

Vers la même époque, il fut établi, à l'Isle-d'Albi, une chambre de justice spéciale, qui joua un rôle important, et dont il est souvent parlé dans les lettres et manifestes du roi de Navarre. (*Pages* 92-124-140.)

Les membres de la chambre de justice de Guienne arrivèrent à Bordeaux, au mois de mars 1581 ; mais plusieurs circonstances, dit l'abbé O'Reilly, retardèrent leur réunion jusqu'au mois de janvier 1582. Leur première séance eut lieu le 26 de ce mois. Michel de Montaigne, maire de Bordeaux, assistait à cette séance.

Monsr du bats j'ay antandu aucy pleysr les survegnes
que nous & monsr de roquelaure avons fet a ceuls de la
relygyon & la sauvete que nous partyculyerement
avés donnee au nre chau de suberbye a ceuls de mon
peys de bearn & aussy lofre que me ouopte pour celuys
de nre dyt chau dequoy ie vous veus byen remersyer &
pryer de croyre que combyen que soyes de ceuls du pape
ie ne auos toute fcou my dyes mesfyance de vous dessus ses
choses ceus quy suyvent tout droyt leur consyance sont
de ma relygyon & moy ie suys de cele de tous ceus la quy
sont brunes & bons sur ce ie ne fere la presante plus
longue synon pour vous recomander la place quues au
moyn & destre sur vos gardes pour ce que ne peut fayllyr
que neuyes byentot du bruyt aus oreyles mes de ceus la
ie man repose sur vous come le devos fere sur—

                        Vre plus assure & meylleur
                              amy Henry

Parmi les conseillers se trouvait Jacques-Auguste de Thou, le futur président à mortier du parlement de Paris, le futur auteur d'une de nos plus belles *Histoires*. (*Page* 159.)

XII.

La formule de la Ligue de Péronne a été souvent reproduite, mais avec d'innombrables variantes. Le Père Louis Maimbourg et, après lui, le Père Daniel en ont donné comme authentique une version qui diffère en plus d'un point du texte inséré par d'Aubigné dans son *Histoire universelle*.

Il en fut de ce programme d'opposition politique et religieuse comme de la plupart des programmes : adopté en principe par les ligueurs, il subit diverses interprétations, selon les mobiles et les fluctuations de la lutte.

Nous n'avons pas à juger ici l'œuvre de la Ligue après l'avènement de Henri IV ; mais nous dirons volontiers, avec M. Charles Mercier de Lacombe, dans sa belle étude sur *Henri IV et sa politique* : « Entre les mains des Guises, la Ligue commence avant le moment où elle eût été légitime, et ne finit qu'après le moment où elle devenait inique. » (*Page* 93.)

XIII.

Manaud baron de Batz, seigneur de Sainte-Christie, etc., était du petit nombre des gentilshommes catholiques d'Armagnac qui surent rester fidèles à la fois à leur religion et à leur souverain. (*Page* 96.)

La lettre d'explication du roi de Navarre, datée de 1578, et que mentionne notre récit, était conçue en ces termes :

« Monsieur de Batz, c'est vrai qu'un gros vilain homme m'a
« voulu mettre en suspicion votre fidélité et affection ; or, à tel
« que me faut entendre est bien mon oreille ouverte, mais lui sont
« bouchés mon cœur et ma croyance, comme en telle occasion.
« Et n'en faites plus de compte que moi. En quel autre que vous
« pourrais-je tenir ma confiance pour la conservation de ma ville
« d'Eauze, là où je ne puis donner d'autre modèle que le brave
« exemple de vous-même ? Et tant qu'il vous souviendra du mira-
« cle de ma conservation, que daigna Dieu y opérer principalement
« par votre valeur et bonne résolution, ne pourrez oublier votre
« devoir. Par quoi vous prié-je de vous en souvenir chaque jour,
« pour l'amour de moi, qui m'en souviendrai toujours pour le recon-
« naître envers vous et les vôtres. Sur ce, n'ai autre exprès com-
« mandement à vous bailler que de faire très certain état de l'amitié
             « Du bien vôtre   Henry. »

Voici la dernière des lettres connues du roi de Navarre au baron de Batz. Elle est datée, non de 1587, comme l'a cru Berger de Xivrey, mais du mois de mars 1588, au moment où le roi, allant en Saintonge, quittait la Gascogne, où il ne revint jamais :

« Monsieur de Batz, je suis bien marri que ne soyez encore rétabli de votre blessure de Coutras, laquelle me fait véritablement plaie au cœur, et aussi de ne vous avoir pas trouvé à Nérac, d'où je pars demain, bien fâché que ce ne soit avec vous. Et bien me manquera mon Faucheur par le chemin où je vas; mais avant de quitter le pays, je vous le veux bien recommander. Je me défie de ceux de Saint-Justin. Vous m'avez bien purgé ceux d'Eauze, mais ceux de Cazères et de Barcelone sont de vilains remuants, et je n'ai nulle assurance au capitaine La Barthe, qui a par là une bonne troupe et qui m'a cependant juré son âme : beaucoup m'ont trahi vilainement, mais peu m'ont trompé. Celui-ci me trompera s'il ne me trahit bientôt. De plus, ces misérables que j'ai déchassés d'Aire tiennent les champs. De tout ce serai-je tout inquiet jusqu'à tant que je vous sache sur pied avec votre troupe, éclairant le pays. Mon ami, je vous laisse en mains ces affaires ; et, quoique soit en vous ma plus sûre confiance pour ce pays, toutefois, vous aimerait bien mieux là où il va et près de lui,

« Votre affectionné ami,   HENRY. »

(*Pages* 133-134.)

XIV.

On lit, sur l'aventure d'Eauze, dans le livre premier de la *Vie de Mornay* : « Même se trouva (M. de Mornay) avec le roi de Navarre, au fait d'Eauze, non assez expliqué par ceux qui ont écrit l'histoire. Cette ville est du patrimoine de Navarre en Armagnac, en laquelle il pensait entrer avec toute sûreté; et, de fait, les magistrats lui étaient venus au-devant présenter les clefs avec les chaperons rouges. Entré néanmoins qu'il est, lui cinquième, un certain qui était en la tour de la porte laisse tomber la herse, criant en son langage : « Coupe le râteau, il y en a prou, le Roy y est (*Coupo lo rastel, che prou n'y a, lo Re y es*). » Tellement qu'il se trouva enfermé entre ce peuple, les mutins lui portant l'arquebuse à la poitrine. Et sans doute y eût été accablé, n'eût été que trois de ses gardes, qui étaient entrés à pied, se jetèrent dans une tour qui était sur la muraille, à la faveur de laquelle une autre porte fut ouverte à ceux qui étaient demeurés dehors. A peine ce prince fut-il en plus évident péril. »

Berger de Xivrey, dans ses notes, dit, à propos de la lettre royale qui nomme Manaud de Batz gouverneur de la ville d'Eauze et du pays d'Eauzan :

« Cette lettre à M. de Batz montre qu'il était un des quatre seigneurs qui accompagnaient le roi, et on doit conclure du passage des *Economies royales*, qui diffère peu de celui de Mornay, mais est plus circonstancié, que les deux autres étaient Rosny et Béthune. »

Berger de Xivrey ajoute les observations suivantes :

« Des quatre seigneurs qui s'étaient trouvés avec le roi Navarre à une si chaude affaire, Mornay lui était nécessaire pour le conseil, Rosny était encore trop jeune pour avoir le commandement d'une place. Restaient donc de Batz et Béthune. Ce dernier fut d'abord nommé gouverneur d'Eauze. Mais je le trouve accompagnant le roi dans les premières expéditions de 1577. Or, la prise d'Eauze était de 1576, comme le remarque l'abbé Brizard, qui avait des renseignements de la famille de Batz, et j'ai cru devoir placer cette lettre-ci vers la fin de cette année (1576). »

Le lecteur fera encore une autre observation : c'est que le silence absolu gardé par Du Plessis-Mornay et Sully sur la part prise par Manaud de Batz au combat d'Eauze montre combien peu ils se souciaient de rendre justice aux catholiques, même à ceux que le roi distinguait parmi les plus fidèles et les plus vaillants.

Roquelaure était certainement à Eauze, aux côtés du roi de Navarre. Rappelons brièvement sa glorieuse carrière.

Antoine de Roquelaure, seigneur de Roquelaure en Armagnac, de Gaudoux, etc., baron de Lavardens et de Biran, fils de Géraud, seigneur de Roquelaure, et de Catherine de Bezolles, était né en 1543 et jouissait déjà de beaucoup de crédit auprès de Jeanne d'Albret. Elle lui donna sa part dans la terre de Roquelaure, dont il était co-seigneur avec elle, et l'engagea au service de son fils. Roquelaure fut lieutenant de la compagnie des gendarmes de ce prince et maître de la garde-robe. Il continua cette dernière fonction auprès de Henri IV, qui le nomma, en 1595, chevalier de ses ordres. Il joignit à ces titres, en 1610, quelque temps avant la mort de Henri IV, ceux de lieutenant de roi dans la haute Auvergne, capitaine du château de Fontainebleau, gouverneur du comté de Foix, et lieutenant-général du gouvernement de Guienne. En 1615, il devint maire perpétuel de Bordeaux et maréchal de France. Il mourut à Lectoure, le 9 juin 1625.

Eauze et l'Eauzan formaient un territoire de sept lieues de long sur quatre de large. Il était borné au nord par le Gabardan, au sud et à l'est par l'Armagnac, à l'ouest par le Marsan. (*Page* 104.)

XV.

Ce qui suit est extrait de l'*Histoire de l'Agenais, du Condomois et du Bazadais*, par J.-F. Samazeuilh :

« La Vachonnière, gouverneur de cette ville, se laissant entraîner par ses jeunes officiers dans une excursion du côté de Marmande, « pour aller chercher, disaient-ils, à la mode de leur pays, de quoi faire fumer le pistolet », ils montèrent à cheval, au nombre de 38 arquebusiers.

« Parmi eux se trouvaient deux Bacoue et les Brocas.

« Or il arriva que le baron de Mauvezin, chef catholique, venait de concerter avec les Metges de La Réole et les capitaines Massiot et Métaut, l'un d'Aiguillon, l'autre de Saint-Macaire, une entreprise contre la garnison de Casteljaloux avec 20 salades d'élite, outre la compagnie des gens d'armes de ce baron et 750 arquebusiers tirés de Marmande et des lieux circonvoisins. Leur plan était de cacher ces arquebusiers au moulin de Labastide, situé sur leur route, à une lieue de Casteljaloux, et d'aller provoquer ensuite les réformés de cette ville pour les entraîner, par une fuite simulée, dans une embuscade.

« Mais La Vachonnière étant parti le premier, ce dessein ne put recevoir son exécution. Seulement, lorsque l'avant-garde de Casteljaloux, composée de 15 salades et commandée par d'Aubigné, que secondait le capitaine Dominge avec 15 arquebusiers à cheval, parvint sur le bord de la Garonne, ils virent tout le bord opposé en aval de Marmande « noirci de gens de guerre », et une première batelée d'ennemis qui allaient atteindre la rive gauche à Valassins. Aussitôt d'Aubigné commande à Dominge de mettre pied à terre et de donner sur ceux qui abordaient. Dominge tue ou noie toute cette avant-garde, au nombre de 60 hommes; la plupart n'eurent pas même le temps d'ajuster leurs mèches. Mais comme le reste s'empressait de s'embarquer pour venir les venger, La Vachonnière, qui avait suivi de près son lieutenant, prévoyant que la partie ne serait pas égale, se mit alors en retraite, au simple pas de ses chevaux... »

Les catholiques, suivant, en toute hâte, leurs ennemis, offrirent le combat près de Malvirade. « Ce fut l'un des engagements les plus acharnés et les plus glorieux pour les réformés, car ces derniers étaient à peine un contre dix, et d'Aubigné fait observer avec raison qu'il ne faut pas dédaigner cette affaire, « pour ce que les hommes n'y sont pas comptés par milliers. »

« L'aîné des Brocas et un cavalier d'Aiguillon se coupèrent la gorge avec leurs poignards. Bacoue, en tuant l'ennemi qu'il avait en tête, reçut aussi une blessure mortelle ; puis vinrent quelques hallebardiers qui l'achevèrent dans le fossé où il venait de combattre. La Vachonnière tomba, « les reins coupés d'une balle ramée, et de plus, brûlant de quatre arquebusades »; d'Aubigné voulut le sauver et le remettre en selle; mais il tomba presqu'aussitôt, à son tour, couvert de blessures, et lorsque le capitaine Dominge vint à son secours, il le vit qui, sous trois cadavres, s'escrimait encore de son épée, dont il blessa mortellement Métaut, Bastanes et Metges le jeune. A l'aide de quelques-uns de ses compagnons, Dominge dégagea le lieutenant de La Vachonnière et le remonta sur son cheval. Quant à La Vachonnière lui-même, il était déjà mort.

« Les pertes éprouvées au combat de Malvirade n'avaient pas découragé la garnison de Casteljaloux, car, peu de temps après, et sous les ordres de d'Aubigné qui, durant le repos occasionné par ses blessures, venait de dicter au juge de cette juridiction « les premières stances de ses *Tragiques* », elle s'empara « par escalade (d'après ses *Mémoires*) et par intelligence (d'après son *Histoire universelle*) de Castelnau-de-Mesmes, sur la rivière de Ciron, où fut tué le juge du lieu, avec trois autres habitants.

« Sur ces entrefaites, l'armée de Villars, grossie de toute la noblesse de l'Armagnac et des troupes des capitaines Gondrin, Fontenille, Labatut, Poyanne, Lartigue et autres, avait entrepris le siège de Manciet. Le capitaine Mathieu défendit cette ville avec tant de résolution que l'on s'empressa de lui accorder une capitulation honorable, sur le faux avis que le roi de Navarre assiégeait, de son côté, Beaumont-de-Lomagne. Mais il n'était question ici que d'une attaque dirigée par les habitants de cette ville, vers la fin de juin ou au commencement de juillet 1577, contre notre prince en marche sur Montauban, et qu'il repoussa de manière à leur ôter le goût de semblables insultes.

« Il résulterait, d'un passage des Mémoires de Sully, que, dans le cours de cette campagne, Villars « fit quelques tentatives sur Casteljaloux et sur Nérac, mais qu'il trouva partout le roi de Navarre qui déconcerta ses desseins. « Ce prince s'exposait comme le moindre soldat, et fit devant Nérac un coup d'une extrême hardiesse, lorsqu'un gros de cavalerie s'étant détaché pour venir le surprendre, il le repoussa presque seul. Nos prières ne furent point capables de l'engager à prendre plus de soin de sa vie. »

« Rassuré sur ses villes de l'Albret, Henri s'en alla du côté de la Dordogne. Le 2 septembre 1577, il était à Sainte-Foy-la-Grande, d'où il envoya aux consuls de Bergerac et à M. de Meslon, sénéchal d'Albret, des instructions pour assurer la défense de cette contrée. « Ces mesures sont d'autant plus nécessaires, ajoutait-il, « que, traitant en ce moment de la paix, il faut empêcher, pour « obtenir de meilleures conditions, que l'ennemi ne nous enlève « nos places pendant les négociations. » Ces craintes se réalisèrent au sujet de Langon, que les réformés venaient d'enlever au capitaine La Salle du Ciron, et que Largimarie leur reprit et démantela. Seulement ce fait peut se confondre avec la prise de Langon, du 8 avril 1578.

« Jusqu'à la paix dont il est question dans cette lettre, nous ne trouvons plus à dire, pour nos contrées, qu'une petite campagne des réformés de Casteljaloux dans les Landes. » Elle se termina par un engagement des plus meurtriers.

« Les catholiques, forcés au combat, jetèrent leurs arquebusiers dans un bois voisin, et, protégés ainsi sur leur flanc, ils attendirent la charge. Le capitaine de Casteljaloux imita cette manœuvre : il envoya également ses arquebusiers dans le bois, pour ne pas être inquiétés de ce côté, et se formant ensuite en bataille à cent cinquante pas des ennemis, les 45 salades des réformés entamèrent leur charge, dont le succès fut complet, car ils passèrent sur le ventre aux catholiques, et lorsqu'ils tournèrent bride pour achever leur tâche, ils virent ceux qui avaient survécu à genoux et demandant quartier. » Les soldats de Bayonne eurent seuls la vie sauve, et ils furent renvoyés au vicomte d'Orthe avec leurs armes et leurs chevaux.

« Peu de jours après, il vint à Casteljaloux un trompette de Bayonne, chargé de présents en écharpes et en mouchoirs ouvrés, pour toute la garnison ; et, plus tard, le roi de Navarre se trouvant, lui septième, à une fête que lui donnait La Hilière, successeur du vicomte d'Orthe, dans son gouvernement, les habitants de Bayonne apprirent que le capitaine de Casteljaloux était dans la compagnie de ce prince, et, pour payer sa « courtoisie », ils l'accablèrent de soins et de prévenances. » (*Page* 118.)

XVI.

Berger de Xivrey a noté, d'après d'Aubigné, ce curieux incident de la conférence de Nérac :

« La Meausse, gouverneur de Figeac, était un vieux gentilhomme d'un esprit juste et ferme. Lors des conférences de Nérac, il avait d'un seul mot détruit tout l'effet d'une comédie jouée par Catherine de Médicis, et peinte de main de maître par d'Aubigné. « La reine ayant ouï quelques gentilshommes ployer en leurs réponses particulières, les voulut voir et essayer ensemble en sa chambre, et là découpler une harangue curieusement élaborée par Pibrac, auquel on avait recommandé l'éloquence miraculeuse de Pologne, comme à un coup de besoin. Cependant elle, de son côté, avait appris par cœur plusieurs locutions qu'elle appelait consistoriales.

« Pibrac, bien préparé, harangua devant ces fronts d'airain, merveilleux en délicatesse de langage, exprès en ses termes, subtil en raisons, lesquelles il fortifiait et illustrait d'exemples agréables, presque tous nouveaux et curieusement recherchés...

« Il fut si pathétique qu'il rendit comme en extase les plus délicats de ses auditeurs. Adonc la reine, ayant les yeux comme larmoyants, se lève de sa chaire et haussant les mains sur sa tête, s'écria plusieurs fois : « Eh bien ! mes amis, donnons gloire au Dieu vivant, faisons « choir de ses mains la verge de fer ! » Et comme elle eut demandé au nez de quelques-uns : « Que pouvez-vous répliquer ? » tout fut muet, jusques au gouverneur de Figeac, nommé La Meausse, qui, comme l'interrogation s'adressait à lui, répondit : « Je dis, Madame, « que Monsieur que voilà a bien étudié ; mais de payer ses études de « nos gorges, nous n'en pouvons comprendre la raison. » (*Page* 131.)

XVII.

Ces pages sur les rapports du roi de Navarre avec les Etats de Béarn sont extraites d'une excellente étude, publiée en 1865 par M. Alphonse Pinède, avocat, sous ce titre : *Les Béarnais au temps de Henri IV.* (*Page* 137.)

XVIII.

Il est certain que la lettre adressée, le 10 avril 1580, à la reine Marguerite par le roi de Navarre partant pour Cahors, était purement diplomatique. La reine de Navarre connaissait à merveille le projet formé par son mari d'aller se saisir d'une ville sur laquelle il avait, par son mariage, d'incontestables droits ; mais il importait, à tous égards, que Marguerite parût avoir ignoré les desseins de son mari, afin surtout de ne pas sembler prendre part à la guerre qui éclatait entre le roi de France et le roi de Navarre. (*Page* 144. — *Le renvoi n'est pas indiqué.*)

XIX.

Berger de Xivrey a longuement commenté la lettre du roi de Navarre à Madame de Batz sur la prise de Cahors. Après avoir relevé cette qualification : « A ma cosine », employée, dit-il, pour cousine, il poursuit en ces termes :

« Ce titre, que le roi de Navarre donne à Madame de Batz, s'explique aisément par l'extraction illustre de cette dame et par celle de son mari. Bertrande de Montesquiou, femme du baron de Batz, descendait des anciens ducs de Gascogne ; Manaud de Batz, troisième fils de Pierre de Batz et de Marguerite de Léaumont, tirait son origine des anciens vicomtes du même pays, dignité dont furent revêtus, pendant le dixième siècle et une partie du onzième, les vicomtes de Lomagne, ancêtres directs des barons de Batz. Les preuves de cette descendance furent vérifiées en 1784 par une commission composée de dom Clément et de dom Poirier, religieux bénédictins ; de MM. de Bréquigny et Désormeaux, de l'Académie des inscriptions et belles-lettres ; Chérin, généalogiste des ordres du Roi ; Ardillier, administrateur général des domaines de la couronne, et Pavillet, premier commis de l'ordre du Saint-Esprit. »

A propos du début de la lettre royale : « Je ne me dépouillerai pas, « combien que je sois tout sang et poudre... » Berger de Xivrey fait les remarques suivantes :

« Ces mots, où il n'y a rien d'exagéré, indiquent d'une manière précise la date de cette lettre au moment où finissait le terrible combat de quatre jours, qui venait de réduire Cahors au pouvoir du roi de Navarre. D'Aubigné et Sully ont raconté cet événement avec des détails fort circonstanciés, et néanmoins cette lettre et la suivante ajoutent encore plusieurs notions précieuses à l'*Histoire universelle* et aux *Economies royales*. Le journal de Faurin nous apprend que cette lutte acharnée du roi de Navarre et des défenseurs de Cahors dura du samedi 28 mai au mardi 31. C'est donc le 31 au soir que dut être écrite cette lettre à Madame de Batz. La prise de Cahors est un événement capital dans l'histoire du roi de Navarre et de son parti. « En toutes ses autres actions, dit Davila, ayant rendu des preuves de sa vivacité merveilleuse, il donna en celle-ci autant d'étonnement à ses gens que de terreur à ses ennemis, leur faisant connaître à quel point il était vaillant et hardi dans les combats. »

Quand on connaît la véritable histoire de la prise de Cahors, on lit, avec un intérêt assaisonné d'une pointe de gaîté, les récits que nous allons reproduire.

Le 4 juin 1580, Daffis, premier président du parlement de Toulouse, adressait à Henri III la lettre suivante, publiée dans les *Archives historiques de la Gironde* par Tamizey de Larroque :

« Sire,

« Pour la continuation de nos plus grandes misères est survenue la prise de la ville de Cahours *par la prodition et intelligence d'aucuns des principaux habitants d'icelle et autres qui s'y étaient introduits en grand nombre*. Ce n'a été, néanmoins, sans que vos sujets aient fait tous devoir de la conserver. Mais l'entreprise était dressée de si longue main et les forces des adversaires étaient si prêtes, que les pauvres habitants n'y ont pu résister et enfuir ; la plupart ont été misérablement massacrés et meurtris. C'était une ville des plus grandes et plus catholiques dans ce ressort, qui s'était toujours bien maintenue. Etant d'ailleurs jugée forte de telle conséquence qu'*on n'en pense point après Toulouse de plus importante*. »

Le récit de P. de L'Estoile est franchement comique :

« Le dimanche 20ᵉ *jour* de mai (1580), partie par surprise, partie *par intelligence*, les huguenots de Gascogne, partisans du roi de Navarre, gagnèrent l'une des portes de la ville de Cahors, et y eut âpre combat, auquel le seigneur de Vesins, sénéchal et gouverneur de Mercy, fut blessé avec plusieurs des siens, et enfin, après avoir vertueusement combattu et soutenu l'assaut, *deux jours et deux nuits*, n'étant le plus fort, se retira à Gourdon. Le roi de Navarre y vint en personne, *dix heures après la première entrée des siens*, usant d'un trait et diligence de Béarnais, s'étant levé de son lit d'auprès de sa femme, avec laquelle il voulut coucher exprès, *afin qu'elle ne se défiât de rien*. Sur quoi ainsi elle osa bien assurer Leurs Majestés *que son mari n'y était pas*, encore qu'il y combattit en personne, y ayant perdu tout plein de bons soldats de sa garde et leur capitaine Saint-Martin, et étant demeuré à la fin maître de la ville. — La friandise du grand nombre de reliques et autres meubles et joyaux précieux étant dedans Cahors fut la *principale occasion* de l'entreprise. » (*Page* 151.)

XX.

La surprise de Mont-de-Marsan, en 1580, est racontée par Poeydavant :

« Bertrand Baylens, sieur de Poyanne, un des plus braves gentilshommes de la Gascogne et gouverneur de Dax, fit une entreprise hardie sur la ville de Mont-de-Marsan, qui appartenait au roi de Navarre, et qui était la meilleure place du pays. Il trouva le secret de gagner le meunier d'un moulin, dont il se saisit et où il entra par escalade avec son lieutenant Lartigue, suivi du reste de sa troupe. A la faveur de cet avantage, il aboutit facilement au pied des murs, près de la porte principale de la haute ville, dans laquelle était le château.

« Il y avait un corps de garde à cette porte qu'on ouvrait chaque nuit pour faire passer la ronde dans le faubourg, qui était clos de murailles. Poyanne se tint si tranquille avec ceux qui l'accompagnaient, que la ronde ayant repassé du faubourg dans la ville, il y entra pêle-mêle, tailla en pièces le corps de garde et se rendit maître de la ville.

« Dupleix ajoute que, pendant le combat qui se fit au corps de garde, un des habitants de la ville alla fermer la porte. Poyanne, qui s'en aperçut, courut l'ouvrir au même instant et, par ce moyen, introduisit le reste de ses soldats. »

Il fit ouvrir une autre porte pour livrer passage à Borda, maire de Dax, qui avait rendez-vous avec lui, à la tête d'un détachement. Les assaillants ne perdirent que vingt-cinq hommes. Poyanne fut blessé. La garnison fut plus éprouvée.

« On doit cet éloge à Poyanne que, quoique ayant sujet d'être irrité contre les ennemis, il ne s'en vengea nullement. Il se contenta seulement de réclamer le secours de Biron pour s'emparer du château, qui résistait encore ; mais la retraite de Poudenx, par laquelle la garnison fut affaiblie, le força bientôt à se rendre. Poyanne, ayant été laissé gouverneur de la ville, voulait faire démolir les fortifications ; mais le roi de Navarre obtint de son beau-frère (Henri III) la défense de continuer la démolition... » (*Page* 157.)

XXI.

Brantôme a porté sur le maréchal de Matignon, qu'il n'aimait pas, le jugement suivant : « Après que mondit maréchal de Biron fut parti de la Guienne, fut en sa place subrogé le maréchal de Matignon, un très fin et trinquat (rusé) Normand, et qui battait froid d'autant que l'autre battait chaud ; c'est ce qu'on disait à la cour, qu'il fallait un tel homme au roi de Navarre et au pays de Guienne, car cervelles chaudes les unes avec les autres ne font jamais bonne soupe. »

Les *Archives historiques de la Gironde* ont publié une très intéressante et très précieuse lettre de Matignon adressée à Henri IV, quinze jours après la mort de Henri III. On voit, dans ce document, que le maréchal mettait au service du nouveau roi de France un zèle et un dévouement sans bornes. La lettre est datée du 18 août 1589. (*Page* 158.)

XXII.

Après les négociations relatives au traité de Fleix, Monsieur, duc d'Anjou et d'Alençon, « fut reçu à Bordeaux, dit l'abbé O'Reilly dans son *Histoire*, avec une pompe extraordinaire ». Le lendemain de son arrivée, il se rendit au parlement avec le maréchal de Biron et y fût longuement harangué et complimenté. Trois jours après, il y eut une grande procession d'actions de grâce, à laquelle assistaient « toutes les autorités de la ville, tous les fonctionnaires publics, les paroisses avec leur croix, la musique de Saint-André et de Saint-Seurin, l'archevêque portant le Saint-Sacrement, suivi des évêques de Bazas et de Dax ; le duc d'Anjou, la reine Marguerite donnant le bras au grand sénéchal ; tous les seigneurs et dames de la suite... »

On a remarqué avec raison, dit l'auteur du *Château de Pau*, que tout ce qu'il y a de grand et d'élevé dans le caractère de Henri s'associe naturellement, et par un mélange piquant, à des traits d'une familiarité d'autant plus précieuse à recueillir, qu'elle est le vivant témoignage d'un cœur paternel et d'une sincérité pleine de candeur. Cette familiarité s'explique aussi par les mœurs béarnaises et par les habitudes que le roi avait contractées sous le toit de son aïeul. Il aimait à « se faire petit avec les petits ».

On a fait des volumes rien qu'avec les récits des aventures auxquelles nous faisons allusion. Voici une anecdote caractéristique entre toutes, empruntée à la *Notice sur Nérac* de M. de Villeneuve-Bargemont :

« Le duc d'Anjou, pendant le séjour qu'il fit à Nérac après la paix de Fleix, étant sorti pour aller parcourir les promenades qui ornent la ville, rentre fort mécontent de n'avoir été salué par personne et se plaint amèrement à son beau-frère de cette incivilité, qui était si contraire à tout le bien qu'il lui avait dit de ses sujets. « Je ne conçois rien à cela, dit Henri ; mais, ventre saint-gris ! « venez avec moi, nous éclaircirons la chose. » En effet, dès qu'ils

paraissent, la foule se presse autour d'eux. La joie, l'affection, le respect se peignent sur tous les visages. Henri frappe sur l'épaule de l'un, demande à l'autre des nouvelles de sa femme et de ses enfants, serre la main à celui-ci, fait un salut à celui-là, adresse quelques paroles honnêtes à tous, et rentre au château avec un cortège nombreux. « Eh bien! dit-il au duc d'Anjou, vous avais-je
« rien dit de trop sur l'honnêteté de mes braves bourgeois de
« Nérac? — Parbleu! je le crois bien : c'est vous qui leur faites
« presque toujours les avances... — Oh! par ma foi! mon frère,
« entre Gascons nous ne tirons jamais à la courte paille. Personne
« ne calcule avec moi, et je ne calcule avec personne; nous vivons
« à la bonne franquette, et l'amitié se mêle à toutes nos actions. »

« Qui n'a relu avec bonheur, ajoute Bascle de Lagrèze, les touchantes histoires du bon roi entrant incognito dans une chaumière, dans une hôtellerie, pour surprendre dans la bouche du peuple la vérité qu'on pouvait avoir intérêt à ne pas laisser pénétrer jusqu'à lui ? » (*Page* 158.)

XXIII.

Bascle de Lagrèze a consacré à Catherine de Bourbon un des plus intéressants chapitres du *Château de Pau*. Nous en détachons les lignes suivantes :

« En l'absence de Henri, qui poursuivait au loin ses aventureuses et nobles destinées, *sa très chère et très aimée sœur, Madame la princesse de Navarre, régente et lieutenante-générale*, résidait au château de Pau et s'occupait de la douce mission de faire le bonheur des Béarnais.

« Elle avait partagé avec son frère les tendresses d'une mère dévouée, et reçu comme lui une éducation sérieuse. Dans une sombre allée du parc royal, la reine Jeanne avait fait bâtir un petit castel qu'elle nommait « Castel-Béziat », charmante expression du pays qui devrait se traduire par *château chéri comme un enfant gâté*. Catherine y fut élevée. Le silence et la solitude ne conviennent-ils pas mieux pour l'éducation d'une jeune fille que les bruits de fêtes et d'intrigues dont retentissent les palais des rois ?

« Jeanne d'Albret, s'adressant à son fils dans son testament, « lui
« recommande expressément la tutelle et défense de Madame Cathe-
« rine sa sœur ». Henri aimait trop sa sœur pour ne pas se conformer au vœu de sa mère. Il se hâta d'obtenir pour elle la liberté de rentrer en Béarn, où la ramena Madame de Tignonville, sa gouvernante. C'est dans le palais de Pau que cette noble princesse, d'un esprit supérieur, d'un savoir prodigieux, s'occupa des affaires du pays, consacrant ses loisirs à la culture des arts, à la poésie et à la musique. Elle jouait très bien du luth et chantait encore mieux.

« Elle était aussi bonne que spirituelle. Son frère et elles s'aimaient comme s'étaient aimés Marguerite de Valois et François Ier. Plusieurs lettres de Henri IV prouvent bien tout l'attachement qu'il lui portait. Il lui écrivait un jour : « La racine de mon amitié sera toujours verte pour vous, ma chère sœur ». Dans une de ses lettres au roi de France, notre Henri s'excuse d'avoir tout quitté pour accourir à Pau, parce qu'il avait appris que sa sœur était malade.

« Catherine semblait être née pour régner ; si elle ne régna pas de droit, elle gouverna de fait nos contrées. Elle remplaçait son frère absent. Elle administrait ses États sous le titre de régente, et jamais administration plus douce ne fut plus prospère. Le feu des guerres de religion et les horreurs des discordes civiles qui désolaient la France, n'atteignirent pas le Béarn, et si quelques difficultés surgirent, elle sut les conjurer, en faisant appel à l'affection que lui portait le peuple.

« Catherine restait à Pau sans se marier. Cependant jamais princesse ne se vit recherchée par un plus grand nombre de prétendants. Palma Cayet en a fait la récapitulation détaillée et complète ; parmi eux figurent Monsieur, depuis duc d'Alençon, le duc de Lorraine (qui fut plus tard beau-père de Catherine), Philippe roi d'Espagne, le duc de Savoie, le roi d'Ecosse, le duc d'Anhalt, le duc de Montpensier, le comte de Soissons.

« C'est ce dernier prince qui avait inspiré une passion profonde à la sœur de Henri IV, dont le cœur était aussi aimant que celui de son frère. Le comte de Soissons, après avoir plu d'abord au roi de Navarre, encourut sa disgrâce pour toujours. Henri, dont le caractère était ouvert et loyal, ne pouvait souffrir le comte, toujours sérieux et dissimulé. Il l'accusait aussi d'avoir aspiré à se faire subroger à sa place, avec l'aide du pape, de l'Espagne et de la Ligue.

« Rien ne put changer les sentiments de Catherine. Durant vingt-cinq ans elle conserva son premier amour. Elle repoussait tous les prétendants, et attendait. Dans sa douce mélancolie, elle ne laissa jamais échapper une plainte, et semblait se complaire dans sa lointaine espérance.

« Lorsque notre Henri, ce parvenu légitime, fut enfin tranquillement assis sur le trône de France, il appela Catherine auprès de lui, désireux de lui faire oublier, par un mariage convenable, celui dont il avait empêché la réalisation.

« Catherine fut obligée de quitter Pau pour aller rejoindre son frère. La nouvelle de son départ jeta l'alarme dans le cœur des Béarnais. Ils comprenaient la perte immense qu'ils allaient faire. C'était leur dernière princesse qui allait leur être ravie. C'était leur protectrice, leur orgueil et leur amour, qui allait abandonner le château, à jamais déshérité de ses maîtres et de ses rois.

« Henri IV entoura sa sœur unique de soins et d'affection, autant que d'égards et d'honneurs. Elle avait partagé toutes ses idées, il voulut lui faire partager ses nouvelles croyances. Catherine était douée d'une trop grande fermeté de caractère pour abandonner facilement sa nouvelle religion ; cependant elle consentit à se faire instruire pour plaire au roi. Elle se décida enfin à un mariage tardif. Les archives du château ont conservé *les pactes de mariage d'entre haut et puissant prince Henry duc de Lorraine, et Madame Catherine, princesse de France et de Navarre, sœur unique du roi*, 1598. C'est le 31 janvier 1599 que le mariage fut célébré. En 1604, Catherine, qui n'avait pas revu sa ville de Pau, mourut à l'âge de 46 ans, précédant de six années son frère dans la tombe. » (*Page* 167. — *Le renvoi porte XVIII par erreur.*)

XXIV.

Nous avons plusieurs fois mentionné, dans notre récit, les diverses négociations du roi de Navarre avec les souverains étrangers. Des détails complémentaires au sujet de ces négociations peuvent offrir quelque intérêt.

Lors du voyage de Ségur à Londres, au mois de juillet 1583, il s'agissait pour Henri, non seulement de travailler, avec les princes protestants, à la création d'une ligue défensive et offensive (1), mais encore d'élaborer un projet de mariage entre Catherine de Bourbon, sa sœur, et Jacques, fils de Marie Stuart, déjà reconnu comme roi d'Ecosse, et à qui devait revenir la couronne d'Angleterre après la mort d'Elisabeth. Ce projet parut avoir, pendant longtemps, des chances d'aboutir, comme on en peut juger par la correspondance de Henri.

Catherine refusa Jacques. « Pour celui-là, disait-elle plus tard
« à Sully, j'avoue que je fus si sotte, à cause de quelques fantaisies
« que j'avais lors en tête, que je n'y voulus point entendre. »

Eu 1585, les Guises, Catherine de Médicis et le roi de Navarre engagèrent une triple négociation auprès des cantons catholiques suisses. M. L. Combes, professeur d'histoire à la Faculté des Lettres de Bordeaux, a publié en 1879, dans les *Annales* de cette Faculté, les lettres écrites, à ce sujet, par la Maison de Lorraine, par la reine-mère et par Henri. « Les Suisses, dit-il, valaient à eux seuls une armée, avec leur solidité, leur bravoure, leur fidélité. »

Voici l'expression caractéristique de la lettre du roi de Navarre aux cantons, en date du 10 juin 1585, lettre tirée, comme les autres, des archives de Lucerne :

« Messieurs, chacun peut juger par l'intérêt que j'avais au ser-
« vice de Sa Majesté, que je ne suis jamais entré dans les armes que
« pour ma juste défense et pour la protection d'une bonne et grande
« partie des sujets du roi, que je voyais livrés à une certaine ruine
« par l'établissement de ceux qui regardent plus la terre que les
« cieux, et qui n'avaient pas de moindres desseins que ceux dont

---

(1) Ce fut en ces circonstances que commença, entre le roi de Navarre — ou plutôt Du Plessis-Mornay — et les princes protestants, une très longue correspondance latine. On la trouve dans un livre publié à Utrecht en 1679 sous un titre dont voici les premiers mots : « *Henrici, Navarrorum regis epistolæ* ».

« nous voyons aujourd'hui les effets... — N'ai-je pas des catholiques
« avec moi, prêtres et religieux d'Agen ? Ne sont-ils pas traités par-
« faitement bien, etc., etc. ? Je vous témoigne ces choses devant les
« yeux, pour vous donner à entendre que cette crainte, qu'ils pré-
« tendent avoir, que je ne ruine la religion catholique si j'en avais
« les moyens, est trop éloignée de la raison de mes déportements
« passés, de l'âge florissant et du zèle du roi en sa religion, pour
« être vraie cause des émotions qu'ils font... — Les princes lor-
« rains ont des liaisons avec l'Autriche... Ainsi cela vous re-
« garde ; votre secours ne servira que de planche à faire passer
« ambitions et convoitises de ceux qui ont toujours assailli votre
« liberté et qui ont toujours été tenus en bride par le contre-poids
« et la grandeur de la France. »

C'est surtout à partir de l'année 1585 que se multiplient les négociations du roi de Navarre avec les souverains étrangers.

Le 8 mai 1585, Henri écrit à Walsingham, premier secrétaire
d'Angleterre, pour lui recommander M. de Ségur, chargé de solliciter des secours de la reine.

Le 9 juin, M. de Ségur écrivait à Walsingham : « Il est temps
que la reine nous témoigne sa bonne volonté. Si par autre moyen
nous pouvions retenir la rage des ligueurs, on ne l'eût importunée.
Nous avons cru et croyons qu'elle a soin de la conservation de ce
prince et de la nôtre, et pour ce, librement nous nous adressons à
S. M., à laquelle, s'il vous plaît, vous ferez voir un mémoire que
j'envoie. Il contient, par le menu, le nombre d'Allemands et Suisses
desquels nous avons besoin, et l'argent qui nous est nécessaire
pour les lever et amener en France... C'est peu que deux cent
mille écus à S. M. : le roi de Navarre a moyen de lui rendre et de
lui faire mille fois plus de services. Je vous supplie qu'on se ré-
solve bientôt à nous aider et qu'on me donne moyen de passer
bientôt en Allemagne publier la bonté de la reine et chercher
moyen de nuire à nos ennemis. Je vous envoie le nombre des forces
du roi et des Guises. » Le mémoire de la reine, dont parle Ségur, se terminait ainsi : « Les affaires de la chrétienté sont aujour-
d'hui en tel point qu'elles vont par heures et par minutes, au lieu
qu'elles coulaient ci-devant par ans et par mois ».

Le 13 octobre de cette même année, Walsingham écrivait à Ségur,
alors en Allemagne, que, sans vouloir abandonner la cause du
roi de Navarre et de ses amis, la reine Elisabeth, voyant les hésitations des princes allemands, avait résolu d'ajourner son intervention. Les princes agissant, elle agira. Elle promet, le cas échéant,
« la somme de cent mille écus, qui est beaucoup pour elle, attendu les grands frais qu'elle fait et sera contrainte de faire
ailleurs... »

M. de Ségur écrit d'Allemagne, le 4 novembre 1585, au roi de
Navarre, qu'il a déjà vu le duc Casimir, très dévoué à la cause et
prêt à agir ; que le duc de Luxembourg s'offre avec 6,000 chevaux et
4 régiments de lansquenets ; que beaucoup d'autres princes font

des propositions analogues; mais l'argent anglais manquant, il faut temporiser. De son côté, M. de Clervaux s'ingénie auprès des Suisses. En somme, Ségur a bon espoir et ne doute pas du succès définitif. Mais toute cette grave affaire allait bien lentement. Elle n'était pas encore conclue, lorsque s'ouvrit la grande crise de 1587.

La correspondance politique et religieuse entre le roi de Navarre et les princes protestants se poursuivait même à travers les événements si tragiques et si compliqués des années 1587, 1588 et 1589.

Dès l'année 1585, les princes d'Allemagne lui avaient fait remettre, par M. de Ségur-Pardaillan, un livre portant le titre de *Concorde* (*Concordiœ liber*)... Il n'y répondit qu'au mois de février 1589, et donna à entendre, ce qui était vrai, que les calvinistes français ne pouvaient s'accommoder, sans de nombreuses restrictions, de ce symbole de foi, auquel la plupart des docteurs de la Réforme en France refusèrent finalement leur adhésion. (*Pages* 173-189-193.)

XXV.

Le duc d'Epernon s'attacha d'abord au duc d'Anjou (plus tard Henri III), puis, pendant quelque temps, au roi de Navarre, et s'introduisit à la cour, où il devint un des mignons de Henri III, qui le combla d'honneurs et de richesses. Outre des sommes énormes, il reçut de lui les gouvernements des Trois-Evêchés, du Bourbonnais, de l'Angoumois, de la Saintonge, de l'Aunis, de la Touraine, de l'Anjou et de la Normandie, la charge de colonel-général de l'infanterie en 1581 et celle d'amiral, qu'il céda à son frère Bernard. Disgracié en 1588 et exilé à Loches, il rentra en faveur l'année suivante. Après la mort de Henri III, il refusa de servir Henri IV, et, se retirant avec une partie de l'armée, il mit le roi dans l'obligation de lever le siège de Paris. Plus tard, ayant fait sa soumission, il se montra le plus hautain et le plus turbulent des grands officiers de la couronne. Henri IV eut la faiblesse de recevoir plusieurs fois en grâce cet orgueilleux vassal. On sait que, comme gouverneur de Guienne en 1622, il s'y rendit odieux et eut de violents démêlés avec le parlement de Bordeaux et l'archevêque de Sourdis, qu'il osa bâtonner, mais à qui il fut obligé, l'année suivante, de demander pardon. Quand on étudie la vie et le caractère du duc d'Epernon, il est presque impossible d'y trouver un acte ou un trait qui ne mérite la réprobation générale. (*Page* 184.)

XXVI.

La déclaration qui fut publiée par le cardinal de Bourbon était datée de Péronne et du dernier jour de mars 1585. « C'était lui, dit le Père Daniel, qui parlait dans cet écrit. Il s'y intitulait premier prince du sang, comme il avait déjà fait au traité de Joinville, quoique cette qualité appartînt au roi de Navarre. Il insinuait que la succession à la couronne le regardait. Il y donnait aux ducs de Lorraine et de Guise le titre de lieutenants-généraux de la Ligue. Il y nommait, parmi les associés, outre les autres princes de la Maison de Lorraine, de Guise et de Vaudemont, le cardinal de Vendôme et les ducs de Nemours et de Nevers ; et ce qui paraît le plus surprenant, mais ce qui marque, en même temps, combien les intrigues des ligueurs étaient étendues, c'est qu'à la tête de la déclaration on mit une liste de ceux qui entraient dans l'association, où l'on voyait le pape, l'empereur, les princes de la Maison d'Autriche, le roi d'Espagne, etc. Cette liste avait de quoi imposer au peuple et effrayer le roi ; car il n'était pas vraisemblable que la Ligue eût osé s'autoriser de tant et de si grands noms, si toutes les puissances dont elle se faisait fort n'y avaient elles-mêmes consenti.

« Le premier et le principal motif exprimé dans la déclaration était que, le roi n'ayant pas d'enfant, on était menacé du danger d'avoir en France pour roi un prince hérétique et relaps, quoique le serment de nos rois à leur couronnement les obligeât à maintenir sur toute chose la religion catholique dans le royaume. On y ajoutait le refus des huguenots de rendre les villes de sûreté, leurs pratiques auprès des princes protestants d'Allemagne, les charges ou les fonctions ôtées aux seigneurs catholiques bien intentionnés pour la religion ; les moyens dont on se servait afin d'obliger les gouverneurs des places ennemies des huguenots à se défaire de leurs gouvernements pour de l'argent ; l'insatiable avarice des favoris ; la multitude des nouveaux impôts ; l'accablement et l'oppression de tous les ordres de l'État, et enfin l'inutilité du dessein formé aux États de Blois, de ne souffrir aucune autre religion dans le royaume que la catholique, dessein qui s'était évanoui par la damnable politique de ceux qui gouvernaient le roi et le royaume. » (*Page* 190.)

XXVII.

Le seul récit que nous connaissions de la surprise et de la reprise de Bourg en 1585 se trouve dans la *Vie des grands capitaines français*, de Brantôme :

« Ce bourg avait été surpris par les menées de M. de Lansac, bien qu'il fût lors en Espagne, et mena si accortement cette entreprise, laquelle s'exécuta fort heureusement, s'aidant d'un gentil soldat nommé Lantifaux, fors qu'une petite tour qui tint bon par un capitaine janissaire, gentil et déterminé soldat. Cependant, M. d'Epernon étant à Saintes, sur le point de partir pour la France, s'y achemina en telle diligence, que les entrepreneurs, s'étant mis plus à piller qu'à parachever la victoire, prirent l'épouvante dudit M. d'Epernon, et se sauvèrent par la mer, avec si peu de butin qu'ils purent emporter.

« M. de Lansac m'a dit depuis que, s'ils eussent tenu seulement quatre jours, qu'il venait au secours, menant une fort belle armée espagnole de mer, avec laquelle il eût bien fait du mal à Bordeaux et au pays.

« M. d'Epernon s'accommoda dudit bourg fort bien, et le mit en sa main, y établit bonne et forte garnison sous Campagnol, qui le garda très bien jusqu'à la restitution commandée par le roi (Henri IV). M. le maréchal demanda sa place, qui était de son gouvernement, à M. d'Epernon, lequel, autant ambitieux que courageux, ne la voulut point rendre, disant qu'il l'avait secourue, gagnée et conquise à la sueur de son corps, et que de droit elle était sienne. » (*Page* 196.)

XXVIII.

On ne connaît rien de bien précis sur les tentatives d'assassinat dirigées contre le roi de Navarre.

« Un jour, dit Samazeuilh, un capitaine espagnol, du nom de Loro, vint à Nérac offrir au roi de Navarre de lui livrer Fontarabie. Cet homme était effroyable à voir. « Il avait, dit d'Aubigné avec lequel il s'aboucha d'abord, l'œil louche, le nez troussé, les naseaux ouverts et le front enflé en rond. » Ses paroles plus affreuses encore, tout en soulevant le cœur de notre historien, finirent par lui inspirer de graves soupçons. Il s'agissait du massacre de toute la garnison de Fontarabie, à commencer par le frère de Loro qui la commandait, « car, disait-il, si mon frère gagnait, avec quelques soldats, un coin de tour, il serait secouru et nous perdus ». D'Aubigné, d'accord avec Frontenac, prit d'extrêmes précautions, lors de l'entrevue de ce capitaine espagnol avec leur maître, qui s'impatientait de la curatelle où le tenaient ses gens.

« Cependant les soupçons contre le capitaine Loro s'étant confirmés, il fut mis en prison ; puis pour éviter le bruit, car d'Aubigné donne à entendre que des *princes français* se trouvaient compromis dans cette sombre affaire, on le dirigea sur Casteljaloux. Parvenu sur le pont de Barbaste, Loro se précipita dans la Gélise, où il fit tout ce qu'il put pour se noyer; mais ses gardes l'en retirèrent, et n'ayant pu enfouir son secret au fond de cette rivière, il avoua tout à Casteljaloux, où on venait de le conduire. Les motifs déjà signalés firent qu'on l'exécuta dans sa prison. D'Aubigné termine ce récit par ces réflexions à l'adresse sans doute du duc d'Epernon : « Ah ! que ce prince n'a-t-il toujours été en si fidèles mains ! »

« Une autre fois, ce fut un nommé Gavarret, gentilhomme de Bordeaux et réformé converti à la religion romaine, qui, pour donner une garantie de sa foi, résolut de tuer le roi de Navarre. Monté sur un cheval de prix, il se présente au prince, en route avec trois écuyers seulement, pour se rendre à Gontaud. Henri, qui le soupçonnait, débute par louer l'allure de son cheval. Puis il lui demande de le lui laisser monter. Gavarret n'ayant osé lui refuser cette courtoisie, Henri se voit à peine en selle, sur le cheval de l'assassin, qu'il s'empare des pistolets trouvés à l'arçon, et les tire en l'air, à la grande surprise de Gavarret ; après quoi ce prince poussa d'un temps de galop, jusqu'à Gontaud, où il rendit le cheval et « donna l'ordre à Meslon de *se défaire du compagnon, comme il fit le plus honnêtement qu'il put* », ajoute d'Aubigné. D'autres attribuent cette tentative de régicide au capitaine Michaud, et transportent le lieu de la scène dans le bois d'Aillas. Mais si les noms diffèrent, l'identité des détails prouve qu'il s'agit du même crime. »

Léo Drouyn, dans ses *Variétés girondines*, donne un autre récit des faits et gestes de ce Gavarret ou Gabarret, récit tiré de l'*Histoire* de d'Aubigné et du Journal du chanoine Syreuilh : « Gabarret se retira dans le château de Semens où il demeurait ; ayant résolu de changer de religion et d'inaugurer sa conversion par un coup d'éclat, il fit prévenir, le 22 août 1580, huit capitaines huguenots et en particulier Meslon, qu'il avait des intelligences dans une importante place forte appartenant aux catholiques ; il les engageait à venir le voir à Semens, dîner avec lui, afin de combiner, pendant le repas, les moyens de parvenir à s'emparer de la forteresse qu'il ne nommait pas encore. Les huit capitaines s'y rendirent en effet, accompagnés de quatre marchands du pays et de soldats tous bien montés et armés, faisant, en tout, une troupe de 26 hommes.

« A peine était-on à table, que l'un des invités s'aperçut qu'il n'y avait pas de couteaux et en demanda ; à ces mots, le capitaine Lestaire sortit, puis revint aussitôt avec 58 hommes armés, qui massacrèrent les soldats et les capitaines qui ne pouvaient payer rançon et emprisonnèrent les autres ; puis Gabarret écrivit à du Puy, commençant sa lettre par ces mots : « Mon père », contraignit Meslon à lui écrire également de venir avec le capitaine d'Auché, trois autres et un jeune homme nommé Baptiste de Bat, parent aussi et pupille de du Puy qu'il ne quittait guère, et qui avait « une des plus belles voix et des mieux conduites qu'on eût pu ouïr ». De Bat avait été élevé avec Gabarret. A leur arrivée, ils furent massacrés, sauf de Bat et du Puy. » Gabarret mit ensuite à mort ces deux derniers convives, avec des raffinements de cruauté qui semblent avoir été inventés à plaisir. Meslon et deux autres prisonniers sauvèrent leur vie en payant une forte rançon.

L'histoire de Gabarret est restée mystérieuse en partie : l'origine en est obscure, et la fin inconnue. Un point semble pourtant acquis : c'est le motif de la grande haine de cet aventurier pour le roi de Navarre. Le 8 août 1580, Henri écrivait à André de Meslon : « Quant au sieur de Gabarret, je vous prie lui faire « entendre que je désire grandement le contenter, mais qu'il ne « m'est possible de lui accorder l'état de mestre-de-camp dans « Monségur qu'il prétend. D'autant que c'est une chose que je « n'ai encore faite en nulle autre place, en faveur de personne, « ni résolu faire ci-après ; mais s'il me veut venir trouver, je lui « ferai si bon traitement et si favorable qu'il en sera satisfait. »

Cette lettre, dit justement Léo Drouyn, nous initie aux motifs probables de la haine que Gabarret voua au roi et qui l'amena plus tard à tenter de l'assassiner. (*Page* 196.)

XXIX.

Voici l'analyse du traité de Nemours (7 juillet 1585) :

« Il y fut convenu qu'il n'y aurait désormais en France qu'une seule religion ; que les ministres huguenots sortiraient du royaume dans un mois, et dans six mois tous les autres qui ne voudraient pas rentrer dans la religion catholique ; que tout hérétique, pour la seule raison d'hérésie, serait incapable de posséder aucune charge, dignité ou bénéfice ; que les chambres mi-parties appelées chambres de l'édit seraient supprimées ; que le roi autoriserait ce traité par un édit irrévocable; et que lui, son conseil et tous les corps du royaume le confirmeraient par leur serment ; qu'il serait enregistré au parlement et exécuté sans délai ; qu'on retirerait des mains des huguenots les villes qu'on leur avait cédées ; que le cardinal de Bourbon aurait Soissons pour ville de sûreté; le duc de Mercœur, Dinan et Le Conquet, en Bretagne ; le duc de Guise, Verdun, Toul, Saint-Dizier et Châlons; le duc de Mayenne, le château de Dijon, la ville et château de Beaune ; le duc d'Aumale, Saint-Esprit de Rue, en Picardie ; que le gouvernement de Bourbonnais, vacant par la mort du sieur de Ruffec, serait donné au duc d'Elbeuf ; que le cardinal de Bourbon aurait, pour sûreté de sa personne, soixante-dix gardes à cheval et trente arquebusiers; et les ducs de Mercœur, de Guise et Mayenne, trente gardes à cheval ; et que tout ce qui avait été fait et entrepris par la Ligue catholique serait avoué et approuvé du roi, comme fait pour son service et pour celui de l'Etat. A tout cela il fut ajouté que la citadelle de Lyon serait rasée, que le roi fournirait aux Ligués la somme de deux cent mille écus, dont les deux tiers seraient employés à payer les troupes étrangères qu'ils avaient levées, et qu'il donnerait cent autres mille écus pour bâtir une citadelle à Verdun, outre l'entretien des gardes qu'il accordait aux princes ligués.

« Tel fut le fameux édit de Nemours, que l'on put appeler le triomphe des rebelles et l'anéantissement de l'autorité royale. » (*Page* 198.)

XXX.

J.-F. Samazeuilh a recueilli les détails relatifs à l'expédition de Marguerite contre Villeneuve-sur-Lot :

« C'est la reine de Navarre qui conduisit elle-même ses troupes au siège de Villeneuve. Quelques pratiques dans la partie de cette place située sur la rive gauche du Lot lui firent livrer les portes. Mais Nicolas de Cieutat, seigneur de Pujols, premier consul, défendit l'autre partie, sur la rive droite, avec autant de succès que de courage. Marguerite s'empare de ce magistrat, qui se présentait devant elle pour lui offrir de respectueuses observations, et le faisant conduire à la vue des remparts de Villeneuve, elle mande au fils de Cieutat que son père va périr, s'il ne rend la place à l'instant.

« Que l'on juge de la douleur de ce jeune commandant. Cependant il se recueille, il se ranime à la pensée qu'il est possible de sauver à la fois et Villeneuve et le premier consul. Aux signes qu'il fait comme pour parlementer, les gens de Marguerite s'approchent avec leur prisonnier. Aussitôt la porte s'ouvre et vomit sur eux vingt braves. L'ennemi, surpris, déconcerté, cède à cette généreuse attaque, et le père, délivré, rentre dans la ville avec ses libérateurs. Bientôt on entend un bruit de fanfares sur la route de Périgord. De toutes parts on annonce l'arrivée du roi de Navarre ; des prisonniers, adroitement relâchés, portent cette nouvelle au camp de Marguerite, et cette princesse s'enfuit vers Agen. » (*Page* 199.)

XXXI.

Le roi de Navarre fit publier le manifeste de Saint-Paul-de-Cap-de-Joux après avoir conféré dans cette ville avec le prince de Condé et le maréchal de Montmorency. Cet écrit, intitulé : *Avertissement sur l'intention et but de Messieurs de Guise dans la prise des armes*, et composé par Du Plessis-Mornay, contenait, entre autres choses, les preuves du dessein que les cadets de la Maison de Lorraine avaient formé de se frayer un chemin au trône par la destruction de la Maison royale. Il était signé de Henri et de Condé. Le maréchal de Montmorency publia, de son côté, une déclaration semblable. (*Page* 202.)

XXXII.

Les sentiments et les arguments de la lettre « à MM. de la Faculté de théologie du collége de Sorbonne », œuvre de Du Plessis-Mornay, sont résumés avec force dans la dernière page :

« Jugez donc ici, Messieurs, qui des deux parties a plus de droit,
« qui des deux doit avoir plus de respect en son droit, qui des deux
« aussi propose un expédient plus salutaire à ces Etats, plus favo-
« rable à l'Eglise. L'étranger requiert que l'enfant de la maison soit
« chassé par force, sous prétexte d'hérésie, l'étranger qui de long-
« temps trame d'entrer en sa place ; moi certes, je n'ai désiré et ne
« désire que d'être ouï en ma cause, d'être instruit en un concile, de
« mieux faire, si mieux je suis enseigné...

« Si, nonobstant ma requête, on poursuit, contre tout ordre de
« l'Eglise, par proscriptions, meurtres et autres rigueurs et bar-
« baries, à ces énormes précipitations et violences je me délibère
« d'opposer une juste défense, et la malédiction en soit sur ceux
« qui ont troublé cet Etat sous le faux prétexte de l'Eglise... »
(*Page* 204.)

XXXIII.

Diane d'Andouins, vicomtesse de Louvigny, surnommée la
« belle Corysandre », était fille unique de Paul d'Andouins, vicomte de Louvigny, seigneur de Lescun. Elle épousa, en 1567, Philibert de Gramont, comte de Guiche, qui eut un bras emporté au siège de La Fère, en 1580, et mourut de ses blessures. Sa liaison avec le roi de Navarre paraît remonter aux premières années de son veuvage.

La comtesse de Gramont fut la constante amie de Henri, qui songea, quelque temps, avant son avènement au trône de France, à répudier Marguerite de Valois pour épouser cette femme, dont l'affection et la générosité efficace l'avaient si puissamment soutenu au milieu de tant de luttes. Après leur rupture, graduellement amenée par les infidélités du roi, Corysandre, qui était, depuis longtemps, la confidente de Catherine de Bourbon, encouragea et servit son projet de mariage avec le comte de Soissons. Il s'ensuivit, entre elle et le roi, une irrémédiable froideur. La comtesse survécut à Henri IV. On date sa mort de l'année 1624. Son souvenir est inséparable, dans l'histoire, de celui du prince dont elle aima avec une passion désintéressée la personne et la cause.

La comtesse de Gramont était une femme lettrée. Elle composait de beaux vers, qui malheureusement ne sont pas venus jusqu'à nous, et on vantait son habileté à chanter en s'accompagnant sur le luth. Michel de Montaigne lui a décerné un glorieux témoignage en lui dédiant les sonnets d'Etienne de La Boétie, « pour l'honneur, disait-il, que ce leur sera d'avoir pour guide cette grande Diane d'Andouins, d'autant qu'il y a peu de femmes en France qui jugent mieux et se servent plus à propos que vous de la poésie. »
(*Page* 206.)

XXXIV.

Léo Drouyn, dans les *Variétés girondines*, reproduit les protestations des officiers de la garnison de Monségur en faveur d'André de Meslon. Nous donnons un de ces certificats:

« Je soussigné déclare que je n'ai jamais tenu langage à personne
« du monde au préjudice de l'honneur du sieur de Meslon, ni n'ai ja-
« mais dit qu'il eût failli aux devoirs de sa charge de gouverneur
« de Monségur, et qu'il n'eût fait ce qu'homme d'honneur doit
« faire, durant le siège; et s'il y a quelqu'un qui ait dit ou veuille
« dire que j'ai parlé au contraire, je dis qu'il a menti.
                                                            « La Croix. »

Ce La Croix était capitaine au régiment des gardes du roi de Navarre. (*Page* 224.)

XXXV.

Par le récit du siège de Castillon (1586) qui, rédigé d'après d'Aubigné et de Thou, se trouve dans *l'Histoire de Libourne*, par M. Raymond Guinodie, on peut se convaincre que ce siège fut un des plus remarquables de l'époque. Les assiégés y firent preuve d'héroïsme, et les assiégeants, d'une énergie passionnée. Il ne restait plus à la place qu'une centaine de défenseurs valides, lorsqu'elle capitula. Turenne, Vivans et Favas prolongèrent sa résistance par les attaques continuelles dont ils harcelaient les troupes de Mayenne. Il paraît certain que si la peste n'avait pas régné dans les murs de Castillon, d'où finirent par s'écarter les secours envoyés par les réformés, le duc, à bout de forces lui-même, aurait compté un échec de plus dans sa campagne. (*Page* 230.)

XXXVI.

Loin de reconnaître l'insuccès de la campagne de Mayenne (1586) en Guienne et en Gascogne, les partisans de la Maison de Guise exaltèrent outre mesure les prétendus exploits d'un de leurs princes. Mais les réformés ne laissèrent point passer ces éloges sans critique. La réplique suivante de Du Plessis-Mornay donnera une idée de cette polémique :

« La vérité est que 15 ou 16 arquebusiers furent taillés en pièces. Pour telle victoire on n'accorda jamais triomphe à Rome. Mais il aurait dû dire que le sieur de Béthune, gouverneur de Monflanquin, lui défit, en ce temps, une compagnie de gendarmes entière ; que celles de Clairac, en moins d'une semaine, lui taillèrent en pièces 18 corps de garde... De même nature sont les conquêtes qu'il dit du Mas-d'Agenais, Damazan, Tonneins, Meilhan, etc., et faut dire qu'il est malicieux ou mauvais capitaine ; car on sait qu'il y a deux sortes de places : les unes qui peuvent soutenir les efforts d'une armée, les autres, non. Celles-là, on les débat jusqu'à l'extrémité, ce que M. de Mayenne a très bien expérimenté ; celles-ci, et de cette espèce sont celles qu'il nomme, on les garde pour faire vivre les troupes et pour être au large, si longtemps qu'on peut, résolu de les quitter, à la venue d'une grande force. Et de fait, Le Mas et Damazan sont deux villettes qui ne valent pas Toury en Beauce ; et la reine de Navarre ayant fait prendre Tonneins par ses gardes, le roi de Navarre les y força, le même jour, à coups de main. Et Meilhan qu'il dit ici, a été, depuis, repris sans peine par le sieur de Vivans, qui le tient aujourd'hui. Mais pensons certainement qu'ils ont bien peu de villes, puisqu'ils font mine de ces villages. » (*Page* 231.)

XXXVII.

La harangue historique et immortelle du roi de Navarre avant la bataille de Coutras est celle que nous avons rapportée : « Souvenez-« vous que vous êtes Bourbons ! » Elle fut prononcée, le pied à l'étrier. La tradition en a fait parvenir jusqu'à nous deux autres, dont voici le texte :

« *Au prince de Condé et au comte de Soissons.*

« Vous voyez, mes cousins, que c'est à notre Maison que l'on s'a-
« dresse. Il ne serait pas raisonnable que ce beau danseur et ces
« mignons de cour en emportassent les trois principales têtes, que
« Dieu a réservées pour conserver les autres avec l'Etat. Cette querelle
« nous est commune ; l'issue de cette journée nous laissera plus
« d'envieux que de malfaisants, nous en partagerons l'honneur en
« commun. »

« *Aux capitaines et soldats.*

« Mes amis, voici une curée qui se présente bien autre que vos
« butins passés ; c'est un nouveau marié qui a encore l'argent de son
« mariage en ses coffres ; toute l'élite des courtisans est avec lui.
« Courage ! il n'y aura si petit entre vous qui ne soit désormais
« monté sur de grands chevaux et servi en vaisselle d'argent. Qui
« n'espérerait la victoire, vous voyant si bien encouragés ? Ils sont
« à nous ; je le juge par l'envie que vous avez de combattre ; mais
« pourtant nous devons tous croire que l'événement en est en la main
« de Dieu, lequel sachant et favorisant la justice de nos armes, vous
« fera voir à nos pieds ceux qui devraient plutôt nous honorer que

« combattre. Prions-le donc qu'il nous assiste. Cet acte sera le plus
« grand que nous ayons fait ; la gloire en demeurera à Dieu, le ser-
« vice au roi, notre souverain seigneur, l'honneur à nous, et le salut
« à l'Etat. »

Pendant la déroute de l'armée de Joyeuse, un mouvement confus
s'étant produit à l'horizon du champ de bataille, quelque alarme
se répandit autour du roi, et il entendit les officiers se demander entre eux s'il n'y avait pas à redouter l'arrivée de l'armée du maréchal
de Matignon : « — Eh bien ! s'écria gaîment Henri, ce sera ce
« qu'on n'a jamais vu : deux batailles en un jour ! »

La plupart des détails relatifs à la journée de Coutras sont litté-
ralement empruntés à l'*Histoire* du Père Daniel, qui, résumant les
relations contemporaines, a donné de cette bataille le récit le plus
clair et le plus complet. (*Page* 256.)

XXXVIII.

On lit dans une lettre d'Etienne Pasquier adressée à son fils Nicolas Pasquier :

« La reine-mère est décédée, à Blois, la veille des Rois dernière,
au grand étonnement de nous tous ; je ne doute point que les
nouvelles n'en soient arrivées jusqu'à vous : toutefois peut-être
n'en avez-vous entendu toutes les particularités. Elle avait été
grandement malade et gardait encore la chambre, quand soudain,
après la mort de M. de Guise, le roi la lui vint assez brusquement
annoncer : dont elle reçut tel trouble en son âme, que dès lors
elle commença d'empirer à vue d'œil. Toutefois, ne voulant dé-
plaire à son fils, elle couvrit son maltalent (chagrin) au moins
mal qu'il lui fut possible, et quatre ou cinq jours après voulut
aller à l'église, et au retour vint visiter M. le cardinal de Bourbon, prisonnier, qui commença, avec abondance de larmes, de
lui imputer que, sans la foi qu'elle leur avait baillée, ni lui ni
ses neveux de Guise ne fussent venus en ce lieu. Lors ils commencèrent tous deux de faire fontaine de leurs yeux, et soudain
après, cette pauvre dame, toute trempée de larmes, retourne en
sa chambre, sans souper. Le lendemain, lundi, elle s'alite, et le
mercredi, veille des Rois, elle meurt. » (*Page* 275.)

XXXIX.

Par le traité de Tours, il est convenu que « le roi de Navarre, avec toute fidélité et affection, servira le roi de toutes ses forces et moyens dépendant tant de son particulier que de tout son parti, contre ceux qui violent l'autorité de S. M. et troublent son Etat, et ne les emploiera ailleurs, soit dedans ou dehors, sans le commandement ou consentement de S. M. ».

Pour faciliter l'accomplissement de cette tâche, « est faite et accordée trêve générale et suspension d'armes et de toute hostilité par tout le royaume de France entre S. M. et ledit sieur roi de Navarre... ».

Pour « plus grande commodité, la place des Ponts-de-Cé sera remise entre les mains du roi de Navarre, qui, en ce lieu, passera la Loire. Le passage effectué, le roi de Navarre marchera droit à l'ennemi ».

D'autres stipulations sont faites au sujet des impositions, des questions financières et de l'exercice du culte. (*Page* 283.)

XL.

C'est d'après le recueil de Musset-Pathay que nous avons donné en partie les paroles adressées par le roi de Navarre à Henri III, en l'abordant à Plessis-lès-Tours. Elles sont peu connues, mais on ne peut guère douter de leur authenticité, tant elles sont conformes, par la pensée et par l'expression, au langage habituel de Henri. (*Page* 285.)

Voici le texte complet de la lettre reproduite en fac-simile :

« Monsieur de Batz, j'ai entendu avec plaisir les services que
« vous et M. de Roquelaure avez faits à ceux de la Religion, et la
« sauveté que vous particulièrement avez donnée, en votre château
« de Suberbies, à ceux de mon pays de Béarn, et aussi l'offre, que
« j'accepte pour ce temps, de votre dit château. De quoi je vous
« veux bien remercier, et prier de croire que, combien que soyez
« de ceux-là du Pape, je n'avais, comme vous le cuydiez, méfiance

« de vous dessus ces choses. Ceux qui suivent tout droit leur
« conscience sont de ma religion, et moi je suis de celle de tous
« ceux-là qui sont braves et bons. Sur ce, je ne ferai la présente
« plus longue, sinon pour vous recommander la place qu'avez en
« mains, et d'être sur vos gardes, pour ce que ne peut faillir que
« n'ayez bientôt du bruit aux oreilles. Mais de cela je m'en repose
« sur vous, comme le devez faire sur

« Votre plus assuré et meilleur ami.

« HENRY. »

Le portrait placé au frontispice a été *révélé* dans les *Châteaux historiques de la France*. Il fait partie de la galerie des tableaux du château de Sully-sur-Loire.

Le roi de Navarre « approche de la trentaine; l'œil est vif, le teint clair, la bouche narquoise, la barbe terminée en pointe, ce qui était encore la mode à ce moment ». La date approximative de 1580 peut être placée au bas de ce portrait.

ERRATA

Page 17 ligne 5. — *Chambres de comptes*; lisez : *des comptes*.
— 39 ligne 36. — *Couru*; lisez : *courus*.
— 63 en tête. — *Chapitre IV*; lisez : *VI*.
— 97 en tête. — *Livre I*; lisez : *II*.
— 129 ligne 12. — *Le tout s'entr'ouvrit*; lisez : *la tour*.
— 144 ligne 9. — Après *mains*, il faut le renvoi (1).
— 153 en tête. — *Chapitre VI*; lisez : *VII*.
— 157 en tête. — *Henri IV en Gascogne*; lisez : *Livre II. Chapitre VII*.
— 161 en tête. — (1581-1585); lisez : (1581-1585).
— 167 au renvoi. — *XVIII*; lisez : *XXIII*.
— 194 ligne 12. — *Fut*; à annuler.
— 205 ligne 39. — *Confications*; lisez : *confiscation*.
— 210 ligne 23. — *Plus faibles*; lisez : *faible*.
— 265 ligne 20. — *Huguemots*; lisez : *huguenots*.

TABLE DES MATIÈRES

LIVRE PREMIER.

(1553-1575)

CHAPITRE PREMIER

Le royaume de Navarre depuis les Carlovingiens jusqu'aux Valois. — Son démembrement par Ferdinand le Catholique. — Les Etats de la Maison d'Albret. — Les prétendants de Jeanne d'Albret. — Ses fiançailles, à Châtellerault, avec le duc de Clèves. — Marguerite, reine de Navarre, et la Réforme. — Antoine de Bourbon, duc de Vendôme, épouse Jeanne d'Albret. — Leurs deux premiers enfants. — Mort de la reine Marguerite. — Henri d'Albret et sa fille. — Naissance de Henri de Bourbon, prince de Navarre. — Ses huit nourrices. — Le baptême catholique de Henri. — Le calvinisme en 1553 . . . . . . , ... 5

CHAPITRE II

La gouvernante du prince de Navarre. — Le château de Coarraze. — L'éducation à la « béarnaise ». — Les premières leçons. — Mort de Henri d'Albret. — Résumé de son règne. — L'aïeul et le petit-fils. — Avènement de Jeanne et d'Antoine. — Les desseins de Henri II sur la Navarre et le Béarn. — Antoine protège la Réforme. — Menaces du roi de France. — Le prince de Navarre à la cour de Henri II. — Naissance de Catherine de Bourbon. — La paix de Cateau-Cambrésis. — Mort de Henri II et avènement de François II. — La politique de Catherine de Médicis. — Les Bourbons évincés par les Guises. — La revanche du roi et de la reine de Navarre. — La conjuration d'Amboise. — Mort de François II et avènement de Charles IX. — Catherine de Médicis régente. — Le triumvirat. — Le chancelier Michel de l'Hospital et l'édit de Janvier. — Les troubles. — La prise d'armes de Condé et de Coligny. . . 14

CHAPITRE III

L'éducation du prince de Navarre. — Ses gouverneurs et son premier précepteur. — Le caractère et la méthode de La Gaucherie. — Maximes et sentences. — Le Coriolan français et le chevalier Bayard. — La première lettre connue de Henri. — Ses condisciples au collège de Navarre. — Le sentiment religieux du maître et de l'élève. — Pressentiments de La Gaucherie. — L'instruction militaire. — Le plus bel habit de Henri. — L'otage de Catherine de Médicis. — Le « petit Vendômet ». — Choix d'une devise. — Les deux premiers amis du prince. — Mort de La Gaucherie. 26

CHAPITRE IV.

Catherine de Médicis entre les catholiques et les protestants. — Antoine de Bourbon retourne au catholicisme. — Ses querelles avec Jeanne d'Albret, résolûment calviniste. — Henri entre la messe et le prêche. — Réponse de la reine de Navarre à Catherine de Médicis. — Jeanne quitte la cour de France. — Lettre de Henri. — La guerre civile. — Le siège de Rouen. — Mort d'Antoine de Bourbon. — Jeanne d'Albret zélatrice de la Réforme. — Le monitoire de Pie IV contre la reine de Navarre, dont Charles IX prend la défense. — Jeanne ramène son fils en Béarn. — Le complot franco-espagnol contre Jeanne et ses enfants. — Catherine de Médicis ressaisit son « otage ». — Voyage de la cour en France. — Charles IX dans le Midi. — La prédiction de Nostradamus. — L'entrevue de Bayonne. — Le prince de Navarre devant l'ennemi héréditaire. — La cour à Nérac. — L'assemblée de Moulins. — Retour de Jeanne et de Henri en Béarn. 33

CHAPITRE V

La popularité du prince de Navarre. — Florent Chrestien. — L'éducation littéraire, militaire et politique. — Voyage de Henri dans les États de sa mère. — Son séjour à Bordeaux. — Reprise des hostilités entre les protestants et la cour. — La tentative de Meaux. — Bataille de Saint-Denis. — Paix de Lonjumeau. — Le geôlier politique et militaire de Jeanne d'Albret. — Henri réclame vainement le gouvernement effectif de Guienne. — Autres griefs des réformés. — Projet d'arrestation de Condé, de Coligny et de plusieurs autres chefs calvinistes. — Ils se sauvent à La Rochelle. — Retraite du chancelier de l'Hospital. — Boutade du prince de Navarre contre le cardinal de Lorraine. — Jeanne quitte ses États, malgré Montluc, et se retire à La Rochelle avec ses enfants. — Ses lettres à la cour de France et à la reine d'Angleterre. — L'organisation militaire du parti calviniste. — La première armure de Henri. — Essai de pacification. — Edit de Saint-Maur contre les protestants. — Les forces des calvinistes et leurs succès 46

CHAPITRE VI

L'armée du duc d'Anjou. — Temporisation. — Escarmouche de Loudun. — Les renforts attendus. — Bataille de Bassac ou de Jarnac. — Mort du prince de Condé. — Son éloge par La Noue. — Jeanne d'Albret à Tonnay-Charente. — Henri proclamé généralissime. — Affaires de Béarn. — Arrivée des reîtres en Limousin. — La campagne de Montgomery en Gascogne et en Béarn. — Combat de la Roche-Abeille. — Siège de Poitiers, désapprouvé par le prince de Navarre. — Tactique du duc d'Anjou. — Combat de Saint-Clair. — Mesures de proscription contre Coligny. — L'avis avant la bataille. — Bataille de Moncontour — L'inaction de Henri et la grande faute de l'amiral. — Héroïsme de Jeanne d'Albret. 56

CHAPITRE VII

Les lenteurs du duc d'Anjou. — Les desseins des réformés. — Siège de Saint-Jean-d'Angély. — Commencement de la grande retraite de Coligny. — Le passage de la Dordogne. — Le pont et le moulin du Port-Sainte-Marie. — Jonction avec l'armée de Montgomery. — L'armée des princes en Languedoc. —

« Justice de Rapin. » — Négociations pour la paix. — La « pelote de neige ». — Passage du Rhône. — Arrivée à Saint-Etienne. — Maladie de l'amiral. — Combat d'Arnay-le-Duc. — Première victoire de Henri. — Ce qu'il apprit dans la retraite de Coligny, — Les affaires en Saintonge et en Poitou. — Bataille de Sainte-Gemme. — La Noue Bras-de-fer. — Montluc à Rabastens. — Coligny à La Charité. — La trêve. — Paix de Saint-Germain. 64

CHAPITRE VIII

Le piège manifeste. — Aveuglement des calvinistes. — Coligny séduit. — Résistance de Jeanne d'Albret et de Henri. — Jeanne cède enfin. — La reine de Navarre à Blois. — Ses tribulations. — Sa lettre au prince de Navarre. — Signature du contrat de mariage de Henri avec Marguerite de Valois. — Jeanne d'Albret à Paris. — Sa maladie et sa mort. — Elle ne fut pas empoisonnée. — Son testament. — Jugement sur la vie de cette reine. 70

CHAPITRE IX

Henri roi de Navarre. — Ses hésitations à Chaunai. — Il entre dans Paris avec huit cents gentilshommes. — Son mariage. — La Saint-Barthélemy. — Le « Discours de Cracovie ». — La préméditation. — Le roi de Navarre et le prince de Condé sommés d'abjurer. — Conséquences de l'abjuration. — Abjuration forcée, comédie obligatoire. — Comment Henri joua son rôle. — Révolte de La Rochelle. — Siège de La Rochelle. — Défense héroïque. — Le duc d'Anjou élu roi de Pologne. — Accommodement avec les Rochelais. — L'édit par ordre. — Le massacre de Hagetmau. — Naissance du parti des « Malcontents ». Le duc d'Alençon et ses complots. — La conspiration de 1574. — La déposition du roi de Navarre. — Les calvinistes reprennent les armes et sont combattus par trois armées royales. — Mort de Charles IX. — Ses dernières paroles au roi de Navarre. — Henri III fait bon accueil à son beau-frère. — Autres complots du duc d'Alençon. — Il s'échappe de la cour et se ligue avec les protestants. — Le roi de Navarre médite un projet d'évasion. . . 79

LIVRE DEUXIÈME

(1576-1580)

CHAPITRE PREMIER

L'évasion. — Henri, libre, retourne au calvinisme. — Le frère et la sœur. — Le traité de Beaulieu et ses conséquences. — Naissance et organisation de la Ligue. — Situation difficile. — Esprit politique de Henri. — Sa correspondance avec les Rochelais. — Séjour à La Rochelle. — Lettre du roi de France à Montluc. — Le roi de Navarre, le maréchal de Damville et les « politiques ». — Lettre de Henri à Manaud de Batz. — Requête des Bordelais. 89

CHAPITRE II

Henri à Brouage et à Périgueux. — Séjour à Agen. — Entrevues politiques. — Du Plessis-Mornay. — Conquêtes pacifiques. — Surprise de Saint-Jean-d'Angély par le prince de Condé. — La convocation des Etats-Généraux. — Les députés calvinistes. — Henri à Nérac. — Démarche de la reine-mère. — Bordeaux ferme ses portes au roi de Navarre. — Exhortation aux Bordelais. — Les Etats de Blois. — Le vote contre l'hérésie. — Protestation des députés calvinistes. — La triple députation. — Révocation de l'édit de Beaulieu. — Henri III approuve et signe la Ligue. — Reprise des hostilités. — Protestation de Condé et manifeste du roi de Navarre. — L'aventure d'Eauze. — La pitié sous les armes. — Le « Faucheur ». — Les affaires de Mirande, de Beaumont, de Lomagne et du Mas-de-Verdun. — Henri et les pauvres gens. — Jean de Favas. — L'attentat de Bazas. — Prise de La Réole. — Attaque de Saint-Macaire. 98

CHAPITRE III

Le siège de Marmande. — Bravoure du roi de Navarre. — Arrivée de la députation des Etats. — La trêve de Sainte-Bazeille. — Démêlés de Henri avec la ville d'Auch. — Réponse de Henri aux députés. — Sa lettre aux Etats. — Autre députation. — La diplomatie du roi de Navarre. — L'armée de Monsieur sur la Loire et en Auvergne. — Le duc de Mayenne en Saintonge. — Mésintelligence entre Henri et Condé. — Prise de Brouage. — Situation critique des réformés. — Le maréchal de Damville se sépare d'eux. — La cour leur offre la paix. — Négociations. — Déclaration de Henri au duc de Montpensier. — La paix de Bergerac. . . . . , ... 112

CHAPITRE IV

Paix illusoire. — Le nouveau lieutenant-général en Guienne. — Henri ne gagne pas au change. — Biron et l'éducation militaire du roi de Navarre. — Henri et Catherine de Médicis. — La cour de Navarre s'établit à Nérac. — L'affaire de Langon. — Le voyage de Catherine et de Marguerite en Gascogne. — Les deux reines à Bordeaux. — Henri les reçoit à La Réole. — Séjour à Auch. — La Réole livrée aux troupes royales. — L'« Escadron volant ». — Surprise de Fleurance. — « Chou pour chou. » — Surprise de Saint-Emilion. — La conférence de Nérac. — Traité favorable aux calvinistes. — La cour de Nérac. — Galanteries dangereuses. — Les revanches de Catherine de Médicis. — Séductions et calomnies. — Le roi de Navarre entre les protestants et les catholiques. — Beaux traits de caractère — Mémorable déclaration. — Départ de la reine-mère. — La chasse aux ours. — Mésaventures de la reine de Navarre à Pau. 121

CHAPITRE V

Départ de Pau. — Henri malade à Eauze — Les Etats de Béarn. — Fragilité de la paix. — La surprise de Figeac. — La paix prêchée, la guerre préparée. — Le rôle de Condé et celui de Damville. — Assemblée de Mazères. — L'embuscade sur la route de Castres. — Entente du roi de Navarre avec Châtillon et Lesdiguières. — Desseins belliqueux. — Lettre à Henri III. — Lettre-manifeste à la reine de Navarre. — Manifeste de l'Isle à la noblesse. — Correspondance avant l'entrée en campagne. 137

CHAPITRE VI

La « guerre des Amoureux ». — La dot de Marguerite. — Révolte de Cahors. — Le baron de Vesins. — Préparatifs de l'expédition contre Cahors. — Cahors au xvie siècle. — Le plan de l'attaque. — Les pétards. — Succès et revers. — Conseils de retraite et réponse du roi. — Bataille de rue. — Le roi soldat. — Arrivée de Chouppes. — Le terrain gagné. — Arrivée et défaite d'un secours. — Prise du collège. — Les quatorze barricades. — Exploit du roi de Navarre. — Cri magnanime. — Le post-scriptum royal. — La lettre à Madame de Batz. — Effets de la prise de Cahors. — La petite guerre. — Prise de Monségur par le capitaine Meslon. — Négociations pour la levée d'une armée auxiliaire. 147

CHAPITRE VII

La campagne du maréchal de Biron. — Combats devant Marmande. — Les menées du prince de Condé. — Le stratagème de Biron. — Les boulets mal-appris. — Mayenne en Dauphiné. — Lesdiguières. — Siège et prise de La Fère par le maréchal de Matignon. — Surprise de Mont-de-Marsan par Baylens de Poyanne. — Désarroi des calvinistes. — Les vues de Monsieur, duc d'Anjou et d'Alençon. — Son entremise pour amener la paix. — Traité de Fleix. — Séjour de Monsieur en Guienne et en Gascogne. — La chambre de justice de Guienne. — La demi-promesse de Henri. — Monsieur recrute des officiers à la cour de Navarre 154

LIVRE TROISIÈME
(1581-1585)

CHAPITRE PREMIER

Le triomphe de la patience. — Le roi de Navarre et Théodore de Bèze. — Surprise de Périgueux par les catholiques. — Correspondance de Henri avec Brantôme. — Assemblée de Béziers. — Velléités pacifiques. — Préparatifs de voyage de Marguerite à la cour de France. — Les toilettes de la reine de Navarre. — Henri à Saint-Jean-d'Angély. — Son entrevue avec Catherine de Médicis, à Saint-Maixent. — La cure aux Eaux-Chaudes. — Assemblée de Saint-Jean-d'Angély. — Les projets de mariage de Catherine de Bourbon. — Négociation avec le duc de Savoie. — L'affaire des frères Casse. — Invitation de Henri III et réponse du roi de Navarre 161

CHAPITRE II

Déclarations de Henri au coadjuteur de Rouen. — Désordres en Rouergue, en Quercy et à Mont-de-Marsan. — Tentatives de corruption de l'Espagne, révélées par Henri au roi de France. — Correspondance latine avec les princes protestants de l'Europe. — Querelles de Henri III avec la reine de Navarre. — Marguerite chassée de la cour. — Arrestation de ses dames d'honneur. — Duplicité de Henri III. — Reprise de Mont-de-Marsan par le roi de Navarre. — Michel de Montaigne. — Actes arbitraires du maréchal de Matignon. — Réclamation de Henri. — Attitude des habitants de Casteljaloux. — Négociations au sujet du retour de Marguerite à Nérac. — La Ligue protestante : vues chimériques et but pratique 171

CHAPITRE III

Mort de Monsieur, duc d'Anjou et d'Alençon. — La « folie d'Anvers » et l'incurie politique des Valois. — Conséquences de la mort de Monsieur. — Le roi de Navarre sur la première marche du trône. — Visées de la Maison de Lorraine. — Henri revendique son titre de « seconde personne du royaume ». — Mission du duc d'Épernon auprès du roi de Navarre. — La conférence de Pamiers. — Le pour et le contre. — Détermination de Henri. — Indiscrétion de Du Plessis-Mornay. — Rapprochement entre les deux rois. — Assemblée de Montauban. — Traité de Joinville entre la Ligue et le roi d'Espagne. — Négociations en Suisse. — Ambassade des Pays-Bas à Henri III. — Déclaration de la Ligue. — La Ligue en armes 181

CHAPITRE IV

Entrevue, à Castres, du roi de Navarre et du maréchal de Montmorency. — L'avis de Henri III. — Offres du roi de Navarre au roi de France. — L'assemblée de Guîtres et ses résolutions. — Négociations de Ségur en Angleterre et en Allemagne. — Déclaration de Henri. — Les hostilités de la reine de Navarre. — Surprise de Bourg par la Ligue. — Prise du Bec-d'Ambès par Matignon. — Gabarret 191

CHAPITRE V

Le traité de Nemours. — Les « funérailles en robe d'écarlate ». — Alliance définitive du roi de Navarre et du maréchal de Montmorency. — Préparatifs de Henri. — Lettre à Henri III. — La guerre de la reine Marguerite. — Elle est chassée d'Agen. — Sa chute. — Les Seize. — Les Guises somment Henri III de faire la guerre au roi de Navarre. — Nouvelle démarche de Henri III auprès de son beau-frère. — Insuccès de cette démarche. — Le manifeste de Saint-Paul-Cap-de-Joux. 197

CHAPITRE VI

Sixte-Quint et la Ligue. — La bulle du 9 septembre 1585 contre le roi de Navarre et le prince de Condé. — Réponse de Henri à la bulle. — Début de la « guerre des Trois Henri ». — Condé reprend les armes en Poitou et en Saintonge. — Il assiège Brouage. — Sa désastreuse expédition dans l'Anjou. — Henri III se décide à faire la guerre aux calvinistes. — Formation de trois armées royales. — Energie du roi de Navarre. — La comtesse de Gramont. — Son caractère ; son dévouement au roi de Navarre ; son rôle. — Voyage de Henri à Montauban. 203

LIVRE QUATRIÈME

(1586-1589)

CHAPITRE PREMIER

Les quatre manifestes du roi de Navarre. — Jonction de l'armée de Mayenne et de l'armée de Matignon. — Conduite du maréchal. — Prise de Montignac en Périgord par Mayenne. — Dénombrement des deux armées royales. — Résolution et bonne humeur. — Premier siège de Castets. — Henri fait lever ce siège à Matignon. — Le plan du roi de Navarre. — Voyage de Henri à Pau. — Les Etats de Béarn et les subsides. — Retour précipité. — Le roi cerné. — Les deux messages de Henri à son « Faucheur ». — La comédie militaire de Nérac. — Illusions de Mayenne et de Poyanne. — Odyssée du roi de Navarre, de Nérac à Sainte-Foy. — Le duc de Mayenne et le vicomte d'Aubeterre. . . 209

CHAPITRE II

Caumont et Sainte-Bazeille. — Préparatifs de résistance. — Le chroniqueur royal. — Siège et reddition de Sainte-Bazeille. — Sévérité du roi de Navarre. — Castets acheté à Favas par le duc de Mayenne. — Mésintelligence entre Mayenne et Matignon. — Siège et reddition de Monségur. — André de Meslon.

— Séjour et intrigues de Mayenne à Bordeaux. — Affaires de Poitou et de Saintonge. — Retour d'Angleterre de Condé. — Prise du château de Royan. — Exploits de Condé. — Siège de Brouage. — Arrivée du roi de Navarre devant cette place. — Obstruction du second havre de France. — Le maréchal de Biron en Saintonge. — Siège de Marans. — Trêve entre le roi de Navarre et le maréchal. — Le vrai motif de cette trêve. — Tentatives de négociation. — Un chef-d'œuvre épistolaire. — Lettre prophétique d'Elisabeth d'Angleterre à Henri III. — Siège et prise de Castillon par Mayenne et Matignon. — Le dernier exploit du duc de Mayenne en Guienne. — Brocard huguenot. — Apologie du duc et réponse des calvinistes. 219

CHAPITRE III.

Les ambassadeurs des princes protestants à Paris. — Leur requête et la réponse de Henri III. — Entrevue de Saint-Brice. — Méfiance des calvinistes. — Discussions pendant l'entrevue. — Ajournement et reprise des négociations. — Catherine de Médicis et Turenne. — Perfidie de la reine-mère. — Rentrée en campagne. — Reprise de Castillon par Turenne. — Succès du roi de Navarre en Saintonge et en Poitou. — L'armée du duc de Joyeuse et ses succès. — Joyeuse retourne à la cour. — Expédition de Henri jusque sur la Loire. — Le comte de Soissons et le prince de Conti entrent à son service. — Henri rétrograde jusqu'en Poitou. — Les trois nouvelles armées royales. — Henri III à Gien. — Le nouveau manifeste du roi de Navarre. 232

CHAPITRE IV

Le duc de Joyeuse cherche la bataille, et le roi de Navarre temporise. — Les motifs de la poursuite et ceux de la temporisation. — Joyeuse dédaigne l'appui de Matignon. — Occupation de Coutras. — Henri veut éviter la bataille en passant l'Isle. — Joyeuse ne lui laisse pas achever cette manœuvre. — Jactance de Joyeuse. — Journée de Coutras. — Le champ de bataille. — Les deux armées. — Echec des calvinistes. — Revanche. — Les grandes charges et la mêlée. — Défaite de l'armée catholique. — Exploits du roi de Navarre. — Mort de Joyeuse. — Les pertes des deux armées. — Après la victoire. — Grandeur d'âme de Henri. — Controverses sur la journée de Coutras. — Lettre au roi de France. — Lettre à Matignon. 243

CHAPITRE V

Voyage de Henri en Gascogne et en Béarn. — Le comte de Soissons et ses vues d'avenir. — Défaite des auxiliaires allemands et suisses. — Saül et David. — Conseil de la Ligue à Nancy. — Siège de Sarlat par Turenne. — Défense victorieuse. — Expédition de Favas en Gascogne. — Petits faits de guerre racontés par Henri. — Le mal domestique. — Mort du prince de Condé à Saint-Jean-d'Angély. — Arrestation de la princesse de Condé. — Les récits du roi de Navarre. — Nouveaux projets d'attentat contre sa personne. — Perte de Marans. — Monbéqui et Dieupentale. — Les menées factieuses des Seize. — Menaces de Henri III. — Les Seize appellent le duc de Guise à leur aide. — La journée des Barricades. — Henri III en fuite. — Négociations des factieux avec le roi. — Il leur accorde l'édit d'union du 21 juillet. — Toute-puissance des Guises et de la Ligue. — Henri III reconnaît pour héritier présomptif le cardinal de Bourbon. — L'arrière-pensée royale. 257

CHAPITRE VI

La politique du roi de Navarre en face de Henri III et de la Ligue. — Lettre à l'abbesse de Fontevrault. — Lettre au vicomte d'Aubeterre. — La ruine de l'*Armada*. — Les affaires des calvinistes en Dauphiné, en Languedoc et en Guienne. — Sage activité de Henri. — Grandes et petites négociations. —

Les Etats-Généraux à Blois. — Discours de Henri III. — La Ligue amnistiée dans le passé et incriminée dans l'avenir. — Revanche des Guises. — Condamnation du roi de Navarre par les Etats. — Résistance de Henri III. — Le roi de Navarre à l'assemblée de La Rochelle. — Réclamation des députés, à Blois et à La Rochelle, contre les abus de pouvoir. — Henri reprend le harnais. — Prise de Niort. — Le coup d'Etat de Blois. — Les deux conseils donnés au roi de France. — Assassinat du duc de Guise. — Henri III ne sait pas profiter de son crime. — Négociations puériles. — Soulèvement universel contre le roi de France. — Menaces du Saint-Siège. — Débandade de l'armée royale. — Mort de Catherine de Médicis. — Son dernier conseil à Henri III. — Il se décide à négocier avec son beau-frère. — Expéditions et maladie du roi de Navarre. 267

CHAPITRE VII

Négociation entre les deux rois. — Le rôle de Rosny et celui de Du Plessis-Mornay. — Opposition et intrigues de Morosini, légat du pape. — Prise de Châtellerault et de l'Ile-Bouchard. — Tergiversations de Henri III. — Ferme attitude du roi de Navarre. — Le « moyen de servir ». — L'accord s'établit. — Le manifeste de Châtellerault. 278

CHAPITRE VIII

La trêve de Tours. — Passage de la Loire. — Nouvelle déclaration. — Henri III veut recevoir le roi de Navarre. — Méfiance et murmures des vieux huguenots. — Henri va au rendez-vous. — Entrevue de Plessis-lès-Tours. — Paroles du roi de Navarre. — Heureux effets de la réconciliation. — Henri se remet en campagne. — Attaque de Tours par l'armée de Mayenne. — Conseils salutaires du roi de Navarre à Henri III. — Succès des royalistes. — La grande armée royale. — Monitoire de Sixte-Quint contre Henri III. — Siège de Pontoise. — Les deux rois devant Paris. — Assassinat de Henri III à Saint-Cloud. — Sa mort. — Henri IV en Gascogne et Henri IV en France. . . . . , ... 283

CONCLUSION 291

APPENDICE. 295

ERRATA. 330

POITIERS. — TYPOGRAPHIE OUDIN.

www.ingramcontent.com/pod-product-compliance
Lightning Source LLC
Chambersburg PA
CBHW060502170426
43199CB00011B/1294